노자와
경영리더십

노자와 경영리더십

지은이 최경수
펴낸이 김기창
표지디자인 정신영
편집디자인 최은경

초판 1쇄 펴낸날 2010년 10월 25일

도서출판 문사철

주　　소　서울 종로구 명륜동 1가 51번지
　　　　　트리플 빌딩 102호
전　　화　02 741 7719
팩　　스　0303 0300 7719
홈페이지　www.lihiphi.com
전자우편　bk010@naver.com
출판등록　제 300-2008-40호
I S B N　978-89-93958-18-8

＊ 책값은 뒤표지에 있습니다.

노자와 경영리더십

최경수 지음

도서출판 **문사철**

머리말

2500여 년 전 노자가 갈파한 사상은 오늘날에 이르기까지도 어김없이 우리의 생활에 무한한 가치를 간직한 지혜의 샘물을 뿜어내고 있다.

그는 물같이 사고하고 행동하도록 하고 있다. 물은 순리대로 나아가면서 각각의 상황에 맞추어서 신축성 있게 능히 변해서 부증불감不增不減의 평상심, 즉 능변여상能變如常을 유지하고 있으며, 불구부정不垢不淨의 평등사상으로 온 세상을 깨끗이 씻어주고 불생불멸不生不滅의 끊어지지 않는 힘찬 에너지의 원동력이 되고 있다.

노자가 제시하는 언행으로 나아가면 일시적으로 손해를 보는 것 같이 보일지 모르나 장기적으로 보면 건강한 삶을 유지해 나갈 수 있다. 그는 공간·시간·인간의 측면에서 걸림이 없는 삶을 영위하며 자유자재의 마음가짐으로 헤쳐 나가 싸우지 않고, 이길 수 있을 정도의 철저한 사전 준비를 강조하고 있다.

본서本書는 국내외의 유명한 정치가, 사상가, 군인, 경영자 등이 역사적으로 수행해왔던 여러 형태의 리더십을 예를 들어 설명하였기 때문에 각 분야의 경영리더십에도 직, 간접적으로 그 유용성이 충분히 발휘될 수 있도록 기술하고자 하였다.

2010년 8월
저자 최경수

차례

머리말 _ 5

제1장 도라고 할 수 있는 도 _ 11
제2장 세상 사람들의 인식 _ 15
제3장 똑똑한 자만 숭상하지 말라 _ 21
제4장 도는 비어있음 _ 27
제5장 천지는 인을 내세우지 않는다 _ 31
제6장 어머니라는 신은 죽지 않는다 _ 35
제7장 하늘은 길고 땅은 오래 간다 _ 38
제8장 가장 높은 착함은 물과 같다 _ 42
제9장 가득 차는데 더 가지려고 한다 _ 46
제10장 정신과 육체를 서로 의존한다 _ 49

제11장 무의 유용 _ 53
제12장 기본적인 도의 실질추구 _ 57
제13장 명예와 굴욕 _ 61
제14장 보아도 보지 못한다 _ 67
제15장 착함을 이룬 도사 _ 72
제16장 한없이 비었다 _ 77
제17장 으뜸가는 것 _ 84
제18장 큰 도를 버리면 _ 91
제19장 거룩함과 앎을 내세우지 않으면 _ 97
제20장 학문을 뛰어넘으면 걱정이 없다 _ 104

제21장 큰 덕의 모습 _ 112
제22장 구부러져야 온전하다 _ 119
제23장 자연은 말이 적다 _ 124
제24장 발돋움은 오래서지 못한다 _ 129

제25장 그 무엇이 있어 저절로 이루어져 나감 _ 138
제26장 신중은 가벼운 것의 뿌리이다 _ 144
제27장 잘 감은 굴러간 자국이 없다 _ 151
제28장 각 그 다음을 알고 지켜 조화를 이룬다 _ 158
제29장 장차 천하를 붙잡으려고 하면 _ 166
제30장 도로써 지도자를 도웁다 _ 172

제31장 전쟁을 찬양하는 자 _ 182
제32장 도는 영원하나 이름이 없다 _ 188
제33장 자기를 아는 자는 밝게 깨달은 자다 _ 195
제34장 큰 도는 허공과 같이 넓다 _ 200
제35장 도를 붙잡다 _ 206
제36장 거두어들이려면 _ 213
제37장 도는 항상 무리하지 않는다 _ 218
제38장 최고의 덕은 자기의 덕을 내세우지 않는다 _ 227
제39장 원래의 도를 얻다 _ 239
제40장 돌아감은 도의 움직임에 의한 결과이다 _ 246

제41장 성숙한 자가 도를 들으면 _ 256
제42장 도에서 모든 것이 나온다 _ 263
제43장 천하에 지극히 부드러움 _ 274
제44장 명예와 몸, 어느 것이 더 귀중한가 _ 286
제45장 큰 성공은 모자람에서 비롯된다 _ 295
제46장 세상에 도가 바로서면 _ 303
제47장 문 밖에 나가지 않아도 _ 313
제48장 도로써 매일 악을 없애나간다 _ 322
제49장 성인은 고착된 마음을 가지지 않는다 _ 333
제50장 벗어나야 살고 빠지면 죽는다 _ 339

제51장 도는 모든 것을 낳는다 _ 348
제52장 천하는 시작이 있다 _ 358

제53장 일시적 아집에 머물면 _ 372
제54장 건전한 자는 뽑히지 않는다 _ 387
제55장 진리가 충만하다 _ 395
제56장 깨달은 자는 말로 내세우지 않는다 _ 402
제57장 바름으로써 나라를 다스린다 _ 410
제58장 정치가 후덕하면 _ 427
제59장 사람을 다스리고 하늘을 섬긴다 _ 437
제60장 큰 나라를 다스리다 _ 450

제61장 큰 나라는 하류와 같다 _ 460
제62장 도가 만물 속에 있다 _ 470
제63장 무위로 행하라 _ 477
제64장 평안해야 쉽게 나아갈 수 있다 _ 487
제65장 옛날부터 잘 되어감은 도로써 다스리는데 있다 _ 506
제66장 강과 바다가 모든 골짜기의 왕이 될 수 있는 까닭 _ 514
제67장 세상이 나의 도가 크다고 말하지만 _ 521
제68장 잘 이끌어 나가는 자 _ 529
제69장 싸우기 전에 유념하여야 할 말씀 _ 538
제70장 내 말은 매우 알기 쉽다 _ 549

제71장 알지 못함을 안다 _ 557
제72장 두려워 할 바를 두려워하지 않으면 _ 567
제73장 함부로 나서게 되면 _ 576
제74장 사람들이 죽음을 두려워하지 않으면 _ 585
제75장 사람들이 굶주리는 것은 _ 593
제76장 사람은 유약으로 살아야 한다 _ 603
제77장 하늘의 도는 활을 당기는 것과 같다 _ 610
제78장 세상에서 물보다 더 부드럽고 약한 것은 없다 _ 616
제79장 큰 원한은 화해하라 _ 624
제80장 작은 나라이고 백성이 적어도 된다 _ 631
제81장 믿음직스러운 말은 아름답지 않다 _ 637

제1장
도가도 道可道
도라고 할 수 있는 도

**無名天地之始 有名萬物之母 故常無 欲以觀其妙 常有欲以觀其徼
此兩者 同出而異名 同謂之玄 玄之又玄 衆妙之門**

도라고 말할 수 있거나 알 수 있는 도는 영원한 도가 아니다. 이름 지을 수 있는 이름은 영원한 이름이 아니다. 이름 지을 수 없는 도가 하늘과 땅의 시작이 되고 이름 지을 수 있는 것은 만물의 어머니이다. 그러므로 언제나 욕심이 없으면 그 신비함을 볼 수 있고, 언제나 욕심이 있으면 각가지의 현실세계의 나타남을 보게 된다. 이 양자는 동일한 뿌리에서 나오지만 그 이름을 달리한다. 함께 말해서 이는 신비라 한다. 신비 중의 신비다. 모든 신비의 문이다.

도라고 할 수 있는 도

도를 우리의 이성으로 명료하게 인식하여 규정할 수 있다면 그것은 영원한 도가 아니다. 상도常道는 깨달음[覺]이며, 영원히 변하지 않는 진리로서 불역不易에 속한다. 주역周易은 불역不易, 변역變易, 간이簡易로 그 내용을 구성하고 있다. 불역은 시간, 공간, 인간의 관점에서 변하지 않는 진리로서 예를 들면 우리의 몸과 마음을 깨끗이 하여야 한다는 것은 시대와 장소에 관계없이 보편타당한 이치로 인정받게 된다. 변역은 공간에 따라서 변화되어 조화될 수 있다는 하나의 진리로서 예를 들면 계절에 따라서 옷을 바꾸어 입어야 한다든지, 병의 종류에 따라 각각 다른 약으로써 처방하여야 한다는 것이다. 간이는 문제가 발생하였을 때 간단하고 쉽게 해결하여야 한다는 것이다. 문제를 가장 쉽고 간단하게 해결할 수 있는 방법은 문제가 발생하기 전에 문제를 지워야 한다는 것이다. 이는 싸움하지 않고 이길 수 있어야 한다는 것과 같은 의미로도 파악할 수 있다.

그런데 도는 사람의 인식으로 이름 지어 분별·구분해 놓을 수 없다는 것이다. 이름 지을 수 없는 도는 무극無極, 인연법因緣法, 하나님, 무위無爲와 같은 진리를 표창하는 것으로서 하늘과 땅의 시작에 대한 기초가 된다. 이름 지을 수 있는 것은 태극太極과 같은 것으로서 천지운행의 실천적 순리이며, 따라서 만물의 어머니로서 역할한다. 그러므로 욕심이 없어지게 되면 심신이 깨끗하고 고요하게 되어 더 강한 에너지를 결집할 수 있고 자기와 타인·주위환경의 발전에 이바지할 수 있는 바탕이 형성된다. 결과적으로 이는 진공묘유眞空妙有가 된다. 그러나 욕심을 가지게 되면 각 가지의 번뇌煩惱와 육도윤회六道輪廻의 길이 펼쳐지게 된다.

이 깨달음과 번뇌는 도의 성숙도에 그 근원을 두고 있다. 동일한 문제에 대해서도 우리들의 마음가짐에 따라서 본뇌의 연속이 될 수도 있고, 간이로써 해결할 수 있는 신비한 현상이 나타날 수 있다. 이는 공즉시색空卽是色이며 색즉시공色卽是空을 의미하게 된다.

: 장자의 도적에 대한 경영

도는 이성으로 인식할 수 없고 그 무엇인가 잘 파악할 수도 없으나, 그 존재는 어느 곳에서든지 산재해 있다. 장자가 예를 들고 있는 도적의 경우에도 무위의 도가 그 조직 자체를 움직이게 하여 결합·유지시킬 수 있는 힘을 가지게 된다. 장자는 도적에도 도가 있느냐고 하는 물음에 대하여 다음과 같이 그 도에 대하여 설명하고 있다.

부망의夫妄意 **실중지장**室中之藏 **성야**聖也
아무렇게 생각하여도 방안에 저장된 것을 알아맞히면 성인이라 할 수 있다.

입선入先 **용야**勇也
들어갈 때는 먼저 앞서는 것이 용감한 것이라 할 수 있다.

출후出後 **의야**義也
나올 때는 마지막 이어야 의리가 있는 것이라 할 수 있다.

지가부知可否 **지야**知也
도둑질을 할 것인지의 여부를 잘 판단하여야 지혜롭다 할 수 있다.

분균分均 **인야**仁也
도둑질한 물건을 잘 나누어야 덕이 있는 것으로 볼 수 있다.

경영도 어느 의미에서 도적의 도를 응용할 수 있다.
투자, 기업합병, 인재 선발에 있어서 그 의사결정 전에 그 의사결정 대상이 내포하고 있는 핵심역량을 잘 추정하지 못하면 오랜 기간에 걸쳐 고질적인 문제를 야기시키게 된다.

경영자가 그 리더십을 발휘하기 위하여서는 솔선수범하여야 한다. 영국에서 신사로서 존경받기 위해서는 이러한 덕성이 요구되고 있다. 영국령 포클랜드 섬의 영유권을 놓고 알젠틴과 영국간의 전쟁에서 영국의 한 왕자가 비행기를 몰고 이 전쟁에 참여한 것을 그 예로 들 수 있다.

경영상 문제가 발생하였을 때에는 경영자나 조직구성원이 그 문제를 최종적으로 마무리 할 수 있는 책임감이 있어야 주위로부터 신뢰성을 얻게 된다.

수년전 김포공항에 착륙시 비행기에서 화재가 발생하여 많은 인명 피해를 가져 왔는데, 그 조종을 담당한 기장은 충분히 탈출할 수 있는데도 불구하고 마지막까지 남아 순직한 것은 그 예라 할 수 있다.

각 경영계층의 임직원은 경영과정에서 수많은 의사결정을 하여야 하는데 자기가 결정·수행한 경영행위가 정치, 경제, 사회, 도덕적의 관점에서 어떠한 영향을 미치는가를 세밀히 검토한 이후에 이루어지지 않으면 이것이 작은 불씨가 되어 기업경영을 위태롭게 할 수도 있으므로 이에 관련된 노하우Know How를 개발할 필요성이 있다.

경영성과는 잘 분배되어야 하는데, 그 분배내용은 금전이외에 적성배치, 직위부여, 귀속의 안정성, 업무다양성, 실현성취도, 기타 사기앙양책 등 다양하므로 이에 대한 공정성이 충족되어야 활기 있는 조직구성과 운영이 형성되어 진다.

제2장
천하개지 天下皆知
세상 사람들의 인식

天下皆知美之爲美 斯惡已 皆知善之爲善 斯不善已 有無之相生也 難易之相成也 長短之相形也 高下之相傾也 音聲之相和也 先後之相隨也 是以聖人處無爲之事 行不言之敎 萬物作而不始 爲而不恃 成而不居 夫唯不居 是以不去

세상 사람들이 일반적으로 아름다운 것을 아름답다고 다 인식하고 있지만 그것은 아름답지 않고 추한 것이 될 수 있다. 모두 착한 것을 착하다고 인식하고 있지만 그것은 착하지 않을 수 있다. 그러므로 있음과 없음이 서로 생기고 어려움과 쉬움이 서로 이루어진다. 김과 짧음이 서로 비교된다. 높음과 낮음이 서로 견주어 본다. 소리와 울림이 서로 어울러서 그 음색이 나타난다. 앞과 뒤가 서로 따름을 가지고 있다. 그래서 성인은 무위의 일에 처한다. 말없는 가르침을 행한다. 만물이 생겼으나 자기 것이라 안한다. 하고서도 자랑하지 않는다. 이루었으나 그 곳에 머물지 않는다. 오직 머물지 않음으로써 영원한 것이 된다.

: 세상 사람들의 인식

세상 사람들은 각자의 분별심이나 가치관에 따라서 그 아름다움, 착함을 인식·판단하지만 절대적인 진선미眞善美와는 거리가 먼 경우가 많다.

있음과 없음, 어려움과 쉬움, 김과 짧음, 높음과 낮음, 소리와 울림, 앞섬과 뒤처짐은 각자의 주관적·상대적 기준에 따라 측정 평가된 것이므로 시간과 공간을 초월하여 보타당한 견해라고 보기 어렵다.

그래서 성인은 이러한 상대적 모순을 해결하기 위하여 자기를 내세우지 않는 무기無己, 자기가 기여한 것이라는 의식이 없는 무공無功, 자기의 이름을 널리 떨치고자 하지 않는 무명無名, 그리고 아무런 바람이 없이 사랑과 자비를 베푸는 무주상보시無住相布施와 같은 무위無爲의 일에 처하게 된다.

만물은 끊임없이 변화하는 제행무상諸行無常으로서 생주이멸生住異滅의 과정을 힘들이지 않고 거치게 된다.

만물은 생겼으나 자기의 것이라고 하지 않으며 자랑이나 집착도 하지 않는다.

요컨대 자기를 내세우지 않아야 문제가 사전에 지워진다. 예를 들면 불과 물은 상극관계에 있으나, 밥을 짓기 위해서는 불과 물이 필요불가결의 요소이다. 그런데 불은 적절히 피워야 하고 물도 적당한 양이 투입되어야 맛있는 밥이 된다.

: 각 가치관의 주의·주장에 따른 분별적 경영

피터 드러커Peter F. Drucker(1909~2005)는 칼 마르크스Karl Marx(1818~1883)가 필연적으로 혁명을 유발하게 되는 프롤레타리아 계급(노동을 팔아서 생계를 유지하는 19세기 노동계급)의 궁핍화에 대한 예언은 잘못된 것으로 증명되었다고 주장하고 있다.

마르크스가 생존 시에는 산업혁명으로 도구~기계가 인간의 수동작업을 대체하는 시기였으며, 자본가가 생산수단을 소유·통제하고 노동자는 아무런 생산수단을 가지지 않는 단순노동자로서 힘없고 소외된 계층으로 전락하게 되며, 자본가와 노동자의 갈등구조는 해결되지 않고 평행선을 계속 유지하지 않을 수 없다는 사고가 팽배되어 있었다. 따라서 마르크스는 소수의 자본가에 의해 지배·통제되는 사회는 노동계층에 의하여 타도되지 않을 수 없다는 것이다.

마르크스의 공산주의는 헤겔의 일 중심철학에서 유래되었다고 주장하는 학자들이 많다.

헤겔은 일과 노동을 구분하였는데 집에서 어머니가 하는 일은 일이요 식모가 하는 일은 노동이다라고 하여 노동을 없애고 일을 하는 세상을 만들자고 하는 생각이었다. 그래서 공산당은 너도 나도 일하고 일 안하는 사람은 죽이자 라는 구호를 외쳤던 것이다. 그런데 그 일의 내용은 단순노동이며, 노동시간의 연장에 의하여 성과달성을 기대하였고, 별다른 동기부여수단 없이 열심히 일할 것을 독려하는데 그쳐 변화하는 시대의 흐름에 대처하지 못하여 공산주의의 몰락을 초래하게 된 것이다.

마르크스에 의하면 자본가는 노동자의 노동시간과 그에 따른 성과를 착취하여 부를 증대시킴으로써 가난한 사람들은 더욱 가난하게 되고 부유한 사람들은 더욱 부유해지므로 이를 공산주의라는 사회제도에 의해 극복하여야 한다는 것이다.

그런데 드러커에 의하면 테일러$^{Frederick\ Winslow\ Taylor}$(1816~1915)의 과학적 관리법에 의하여 마르크스이론은 붕괴된 것이라고 주장하고 있다.

이 과학적 관리법은 단순작업에 대하여 무조건 노동시간을 연장시키고 열심히 일하므로 감소하는 양자의 대립관계보다도 지식을 작업의 연구 및 분석에 적용시켜 작업의 과학화에 의해 생산성 향상을 달성할 수 있으며, 그 성과는 경영자와 노동자 간의 조화 및 신뢰를 바탕으로 노동자에게 적절한 혜택이 주어져야 한다는 것이다. 이로써 노동자와 자본가는 해결접점을 찾고, 그 갈등을 해소시킬 수 있는 계기를 마련할 수 있다는 것이다.

테일러의 과학적 관리법의 원칙은

① 진정한 과학의 개발
② 노동자의 과학적 선발
③ 노동자의 과학적인 교육과 계발
④ 경영자와 노동자 사이의 친밀한 협동을 근간으로 하고 과업달성자는 높은 임율을, 그 미달자는 낮은 임율을 적용시키는 차별성과급제도를 설정하였다.

그 당시 이 과학적 관리법에 반기를 든 미국의 병기창, 조선소등의 강성 노동조합은 5년 내지 7년의 도제수업을 받아야 노동조합 회원이 되도록 하였으며, 이 체제 내에서 장인의 비법으로 전수받아 그 비밀유지를 맹세하도록 하였으나, 체계적인 훈련이나 작업연구가 되지 않은 상태이었다. 그런데 제1차 세계대전 및 제2차 세계대전 때 테일러의 과학적 관리법이 작업 및 생산과정에 도입됨에 따라 전쟁승리의 기반을 형성하게 되었다. 예를 들면 그 당시에 있어서 정밀과학기구가 효과적 전쟁수행에 필수적 구비요건인데, 히틀러는 미국이 광학숙련공을 길러내는데 적어도 5년이 걸릴 것으로 예상하였다. 그러나 미국은 과학적 관리법을 적용시켜 수개월 내 반숙련공을 숙달시키고, 대량생산 할 수 있는 조립라인을 구축하여 전쟁수행력을 가일층 증대시킨 것이다.

그런데 이 과학적 관리법은 다음과 같은 문제점을 내포하고 있다.

1) 인간을 기계시하여 인간행동에 대한 이해가 결여되고 있다.
2) 달성하여야 할 과업을 일류노동자만이 가능한 최대량으로 설정하고 있다.
3) 전반적인 경영관리가 아니라 공장관리나 생산관리 또는 노무관리에 지나지 않았다.
4) 시간연구의 결과를 과학적·객관적이라 하여 노동조합과의 교섭대상에서 제외시켜 노사분쟁을 야기시켰다.
5) 과업설정과정에 시간연구자의 주관이 개입될 가능성이 높다. 따라서 분배의 불공정성이 야기될 수 있다.
6) 능률의 저하가 작업자의 태만에만 그 요인을 두고 있다.

마르크스의 가정은 노사갈등구조가 계속 평행선을 달릴 뿐이며, 그 결과나 해결책으로서 노동자가 자본가를 타도하는 방안을 제시하였다. 이에 대하여 테일러는 완벽하지는 않지만 과학적 관리법의 도입을 제창함에 따라 노동시간연장 이외의 수단에 의하여 생산성을 향상시켜, 양사가 혜택을 받는 상황을 가져오게 하였다. 경영자와 노동자의 상호 협동에 의하여 양자의 조화를 접합시키려고 노력한 점에서 그의 창의성이 돋보인다.

　우리 사회에 있어서 경제 및 경영에 대한 주장 및 주의가 아무리 훌륭하다고 하더라도 상대방에 대한 배려나 양보 등에 대한 인간의 마음이 형성되지 않으면 그 효과를 충분히 발휘할 수 없는 것이다.

제3장
불상현 不尙賢
똑똑한 자만 숭상하지 말라

**不尙賢 使民不爭 不貴難得之貨 使民不爲盜 不見可欲 使心不亂
是以聖人之治 虛其心 實其腹 弱其志 强其骨 常使民 無知無欲
使夫智者 不敢爲也 爲無爲則無不治**

똑똑한 자를 높이지 않으면 백성들로 하여금 싸움하지 않도록 한다. 얻기 어려운 재화를 귀하게 여기지 않으면 국민들로 하여금 도둑질을 하지 않게 한다. 탐나고 유혹되는 것을 권장하지 않아야 사람들의 마음이 혼란하지 않게 된다. 그래서 성인의 다스림은 그 마음이 비워있고 배가 든든하여 무엇을 억지로 하겠다고 하는 의지가 없고 자기의 소질에 대해서는 강한 힘을 가지고 있다. 사람들이 감투쓰겠다는 마음이나 부자되겠다는 욕심이 없도록 하면 잘났다고 생각하고 있는 자도 감히 그렇게 하지 못한다. 무사無邪, 무욕無慾과 같은 무위로써 행하면 다스릴 필요가 없다.

: **똑똑한 자만 숭상하지 말라**

세상 사람들이 선망하고 인기가 있으며 똑똑한 사람으로 자만하고 있는 정치인, 고위공직자, 교수, 법조인, 운동선수, 예술가, 언론인, 연예인, 종교인 등을 무조건 부러워하는 사회적 분위기가 되어서는 안된다는 것이다.

진실과 순리에 기초를 두지 않고 권모술수나 아귀다툼에 따른 출세는 인간관계에 심각한 경쟁을 부추겨 사회에 혼란을 가져온다.

인간은 일반적으로 정직, 독립, 자유라는 기본적 요건을 굳건하게 갖추고 자기의 적성에 맞는 일을 가꾸어 나감으로써 활기 있고 살만한 세상이 전개될 수 있는 것이다.

사치품, 귀중품 등 손에 넣기 어려운 재화를 앞 다투어 가지고 과시하려고 하는 풍조가 만연한다면 부정 · 부패도 끊이지 않게 된다.

물건을 보면 욕심이 생긴다는 견물생심見物生心이라는 말이 있는데 자기의 분수에 따라서 생활하여야 한다는 가치관이 확실하게 정립되어 있으면 이러한 생각이 들어설 여지가 없게 된다. 오늘날 우리의 사회는 3C라는 소비생활에 휩싸여 있다. 예컨대 카드Card, 차Car 휴대전화Cellphone가 우리 생활에 필수적요건으로 되어 이것들이 없으면 허전하고 부끄럽거나 다른 사람이 의아하게 보지만, 그 피해도 만만치 않음을 알 수 있다.

실질적으로 필요하지 아니한 것도 당연히 필수적인 것으로 사회적으로 인식되어 지면 상대적 빈곤이 쓸데없이 발생하게 되어 그 충족되지 못한 사람들은 더욱 더 가난한 것처럼 느껴진다.

토끼가 밤나무 밑에 잠자고 있었는데 밤송이가 토끼머리위에 떨어지자 토끼는 깜짝 놀라 달리기 시작하였다. 그 주위에 있는 노루, 사자, 호랑이, 기린, 코끼리 등도 토기가 달리는 것을 보자 어떠한 영문인지도 모른 체 각자 가는 곳이나 목적도 없이 그냥 힘껏 달리기만 하였다는 우화가 그 내용을 반영하고 있다.

그래서 철든 자가 공명정대한 정치를 하거나 솔선수범을 하면 일반국민도 도덕적재무장에 힘쓸 것이고, 경제적으로는 상대적 빈곤을 덜 느끼게 되며, 모든 수단을 동원하여 상대방을 제치고 올라서 보겠다는 의지가 부질없는 허황된 것임을 일깨워 준다.

　기본적으로 자기 자신의 욕망을 극복·통제·조절하여 강한 힘과 기氣를 가지고 자기의 소질에 맞는 일에 정진해 나가야 한다.

　성인의 다스림에 의하여 사람들이 분별지로서 학식이나 기교로 인한 출세와 재물에 대한 탐욕이 없도록 하면 자기를 똑똑한 측에 귀속시키고 사회적으로 인정받는 자들도 감히 자기들이 욕구하는 바에 따라서 업業과 죄罪를 짓게 할 수 없는 것이다.

　무위로써 다스리게 되면 힘들이지 않고 저절로 다스려진다. 요컨대 현명한 자를 부러워하는데 매달리는 것보다 자기 자신이 무위의 도를 갖추어 나가는데 매진하는 것이 보다 값있는 삶이 된다는 것이다.

: 도산 안창호의 겸손경영

자기가 훌륭하다고 내세우지도 않고 개인적 욕심도 없이 무위無爲의 언행으로 우리 민족의 독립 발전을 헌신적으로 경영한 사람으로서 도산 안창호(1878~1938)를 살펴보지 않을 수 없다.

　그는 22세 때 미국에 유학하여 얼마 되지 않은 어떤 날 샌프란시스코의 길가에서 한인 두 사람이 상투를 마주잡고 싸우는 광경을 미국인이 재미있게 구경하고 있는 것을 보았다. 그 이유는 두 사람은 인삼행상인데 상호 협정한 판매지역을 침범하였기 때문이었다.

머나먼 이국땅에서 벌어진 동포들의 싸움 광경에 그는 느낀 바가 있었다. 그래서 그리고 그는 그곳의 재미동포를 호별로 방문하여

① 거처가 더럽다.
② 집에 화초가 없다.
③ 집에서 냄새가 난다.
④ 떠들어 댄다.

는 등의 사실을 파악하고 먼저 미국인이 볼 때 부끄럽지 않는 한인가족을 만들어 보겠다는 생각을 하게 된 것이다. 그래서 그는 ① 거짓말 안하기 ② 시간 및 약속을 엄수하여 신의 지키기 ③ 주위를 깨끗이 청소하기 ④ 먼저 인사하기 ⑤ 동포간 단결하여 힘모으기 등의 운동을 펼친 결과 한인들의 생활을 변화시켰다. 미국의 한 자본가는 도산에게 한국인을 지도하는데 사용할 수 있는 회관을 무료로 제공하였으며, 미국의 사업주들은 도산이 주도하고 있는 국민회가 공급하는 노동자를 신임하게 되었고 미국의 관청에서도 한국인에 대한 제반 법적 · 경제적 · 사회적 문제를 국민회와 상의하거나 일임하여 처리하게 되었던 것이다.

또한 그 당시 상거래활동과 관련하여 도산은 다음과 같이 역설하고 있다.

1) 한국인의 상점에서는 안심하고 물건을 살 수 있다.
2) 한국인 노동자는 믿고 일을 맡길 수 있다.
3) 한국인의 언약이라면 믿을 수 있다.

이는 우리 민족이 존경할 만한 사람들이라는 신용을 얻으면 세계 어디를 가도 걸림이 없이 좋은 성과를 얻을 수 있을 것이라는 도산의 신념이 사실화한 것이었으며, 오늘날 기업경영에서도 고려되어 실천되어야 할 항목이라 할 수 있다.

도산은 농담이라도 거짓말을 하여서는 아니되며, 한번 약속한 것은 어떠한 일이 있어도 지켜나가도록 하는데 철저하였다.

또한 그는 어떤 조직이건 간에 최고의 위치에 있는 것을 갈망하지 않았으며, 오로지 그 조직의 운영이 잘 되기를 뒷받침하고 있을 뿐이었고, 자기의 신념도 자기 개인의 명의를 발표하기를 원치 아니하였다.

그는 학식은 배울 수 있고 남에게 빌 수도 있으며, 수완도 없으면 부족한대로 나갈 수 있었다고 술회하고 있다. 그러나 진실이 없는 사람은 아무데도 쓸 수 없다는 것이다.

도산은 흥사단 등 조직구성원을 선발할 때에는 사회의 명성, 학식, 수완 같은 것은 둘째로 여겼다. 진실한 사람 이것이 첫째 조건이었다.

인격이 건전치 못한 사람의 지식과 기술은 나라의 이익을 위하여서 쓰이지 아니하고 도리어 나라에 해롭게 쓰이는 일이 많다는 것이다.

일본의 검사가 도산의 독립운동은 헛수고라는 뜻에서 일본의 실력을 아느냐 하는 물음에 대하여 그는 "잘 안다. 아시아에서 가장 강한 무력을 가진 나라다. 나는 일본이 무력만한 도덕력을 겸하여 가지기를 동양인의 명예를 위하여서 원한다"라고 답변하였다.

도산은 자기를 높이는데 관심이 없었으며, 숭상되기를 바라지도 않았고, 우리 민족에 대하여는 정직, 신의, 단결, 조화를 갖추어 정치 · 경제 · 사회적으로 힘이 있고 독립성이 강한 나라를 만드는데 심혈을 기울였으며, 무력을 과시하고 있는 일본에 대하여는 도덕성을 갖추도록 충고하고 있다.

제4장
도충 道沖

도는 비어있음

道沖而用之又不盈 淵兮 似萬物之宗 挫其銳 解其紛 和其光 同其塵 湛兮 似或存 吾不知其誰之子 象帝之先

도는 텅비어져 사용해도 끝이 없으며 채워지지도 않는다. 그 깊음이 만물의 근원과 같다. 날카로움을 없애고 복잡한 문제를 해결한다. 그 빛을 내세우지 않음으로써 조화시키고 먼지 같은 중생과도 같이 한다. 맑음이여 정말 사는 것 같다. 나는 누구의 아들인지를 모른다. 도는 하느님보다 앞선 것 같다.

도는 비어있음

도는 무한하게 텅 비어 있으므로 얼마든지 걸림 없이 쓰여질 수 있으며, 채우려고 해도 뚫린 듯이 채워지지 않는다.

대도무문大道無門이란 말이 있다. 큰 도는 문으로 막지 않아 누구나 들어 갈 수 있도록 허용하고 있으나, 사람들은 이를 마다하고 고난의 좁은 문에 들어가려고 애를 쓰고 있다.

그 도는 깊은 심연과 같이 깨끗하고 평온하여 만물을 도용할 수 있는 기초가 되는 것 같다. 마음이 비어있고 맑으며 조용해지면 모가 난 성격이 원만하게 되며, 인간관계의 어려운 문제도 쉽게 해결될 수 있다.

　자기 잘남의 빛을 과시하지 않고 조화스럽게 사랑을 베풀고, 중생의 괴로움을 함께 헤쳐 나가려고 해야한다.

　깨끗해짐에 따라 심신이 가벼워지고 황홀해져 참되게 사는 것 같다.

　나는 누구의 아들인지를 모른다라고 하는 것은 도가 어디에서 생성되었는지를 알 수 없다는 것이다.

　그래서 도는 만물을 형성시킨 하느님보다 먼저 있은 것 같다.

　요컨대 어떤 종교, 교리, 경전, 교주에 집착하여 걸림이 되고 있는 것보다도 무위의 도를 꿰뚫어 진·선·미가 갖춘 인간의 성숙이 우선적으로 성립되어야 한다는 것이다.

: 헨리포드와 마쓰시타 고노스케의 빈마음 경영

　기업, 국가, 비영리단체 등의 조직은 그 존재가 사회에 가치를 부가시켜 나가지 않으면 그 운영이나 존립이 곤란해지게 된다.

　기업경영의 주된 목적이 이익달성에 있다고 주장되고 있으나, 그 기업의 생산제품의 가치가 그 수요자가 지급하고자하는 가격보다 큰 경우에 보다 타당한 논리로 수용될 수 있을 것이다.

　이러한 기업의 가치경영이 어떻게 하여 달성할 수 있을 것인가?

　먼저 기업에 관련된 소비자, 원자재공급자, 근로자, 주주, 정부당국, 기타공공단체, 자연환경보호자 등의 이해관계자들에게 피해나

손해를 주는 것에 초점을 두는 것보다도 어떻게 하면 공정하게 이익이나 효익을 부여 할 것인가 하는데 기여하여야 할 것이다.

즉 기업이 사회에 대한 착취자가 아닌 행복제공자로서 인정받는 빈마음 경영을 구사할 수 있어야 한다는 것이다. 예를 들면 헨리포드 Henry Ford(1863~1947)는 1908년경 자동차가 고가품으로서 사회적 지위를 상징되고 있는 상황에서, 대중의 생활필수품으로서의 자동차를 싼 값으로 생산하고자는 사고를 가지고 1912년 T형 모델자동차를 $578에, 1920년대 중반에는 이를 $290에 판매하였다. 이로써 1921년형 T형모델자동차의 시장점유율이 약 60%에 이르게 되었다. 또한 포드는 1914년경 근로자에게 하루 8시간 노동과 최저임금 $5보장으로 포드공장의 노동조합 결성이 와해되었고 수입이 늘어난 노동자들이 자동차 고객으로 부상하게 되었다.

일본의 마쓰시타 고노스케(1894~1989)는 기업가는 기업에 관련된 모든 사람에게 행복을 파는 장사라는 생각을 가지고 세상을 위하여 일하면 돈은 저절로 굴러 들어온다는 경영철학을 세운 것이다.

그래서 그는 소비자에게는 고품질과 저가격, 근로자에게는 고임금과 고용의 안정을 부여하고자 하였으며, 이는 기술혁신과 근면 및 절약에 의해 달성하고자 하였다. 1950년경 그는 텔레비전, 전기냉장고, 전기세탁기 등 가전제품에 대한 기술개발을 통하여 국민들에게 편리한 생활을 부여하고자 한 것이다.

그리고 1979년 마쓰시타는 일본정치개혁을 위한 인재양성소로서 정경숙政經塾을 설립하여 훌륭한 사회기여자를 배출하는데 심혈을 기울인 것이다.

기업, 사회, 국가의 발전은 빈마음 경영철학을 가진 자의 기여가 필수불가결의 요소가 되고 있다. 이 빈마음 경영철학은 사무심事無心과 심무사心無事와도 관련이 있다.

사무심은 기본적으로 마음이 깨끗한 물과 같이 청정하거나 정직하여 일의 경영이 잘 될 수 있다는 것이다.

심무사는 일하는데 아무런 문제가 없어야 마음이 평안해져 일상생활이나 조직경영에 건강하게 이바지할 수 있게 된다는 것이다.

무사無事가 되기 위하여서는 그 일을 함에 있어서 유희삼매遊戲三昧가 될 수 있어야 한다.

유희(fun)는 일을 노는 것과 같이 즐겁게 수행할 수 있는 상태가 된 것이고, 삼매(focus)는 그 일에 집중할 수 있는 능력을 말한다. 돋보기도 한 곳으로 햇빛의 중심이 모아져야 종이를 타게 한다.

제5장
천지불인 天地不仁
천지는 인을 내세우지 않는다

天地不仁 以萬物爲芻狗 聖人不仁 以百姓爲芻狗 天地之間 其猶橐籥乎 虛而不屈 動而愈出 多聞數窮 不如守中

천지는 자기를 인仁이라고 주장하거나 생각 안한다. 만물에 있어서 천지는 추구와 같이 이용되어 진다. 성인은 자기 자신의 일을 내세우지 않는다. 백성에 있어서 성인은 추구와 같은 역할을 한다. 하늘과 땅 사이는 풀무와 같은 역할을 하는 것이 있어야 한다. 비워 있으면 굽어지지 않아 움직이면 더욱 더 나온다. 말이 많으면 자주 궁하게 되므로 자기의 중심을 가짐보다 더 나은 것이 없다.

천지는 인을 내세우지 않는다

천지는 힘들이지 않고 저절로 조화를 이루면서 온 생명을 보살피고 키워나가지만 자기의 사랑이나 자비를 뽐내는 법이 없다.

천지는 만물이 각각 그 생존목적에 알맞게 적응하고 성장될 수 있도록 하는데 뿌리의 역할을 한다.

짚으로 만든 허수아비 개라고 부르는 추구는 제사에 이용되고 난 이후 버려진다. 그런데 추구가 제사에 요긴하게 사용되지만 버려질 때 자기의 유용성을 결코 주장하지 않는다. 만물이 자연의 순리와 섭리에 따라 적자생존하며 거치는 생주이멸^{生住異滅}의 과정에서 그 생명의 근원이 되고 있으나, 자기를 내세우고자 하는 의도가 없음을 비유적으로 제시하고 있다.

성인도 자기가 인을 베푼다고 생각하지 않는다. 다만, 진리에 근거하여 도^{道}를 수행함으로써 그 과정에서 자연적으로 중생을 제도하게 된 것이며, 이것도 자리이타^{自利利他}의 결과로 판단하고 있다. 그래서 성인이 백성을 위하여 불사르고 없어지는 것이 마치 추구의 이용됨과 버려짐에 비유하여 설명하고 있다. 성인이 백성을 잘 양성·제도하여 건강하고 행복하게 만든다고 하더라도 이를 자기의 은덕이라고 주장하지 않는다는 것이다.

하늘과 땅 사이 존재하고 있는 만물이 조화롭게 생성하기 위하여서는 풀무와 같이 역할하는 것이 있어야 한다.

풀무와 같이 비워있고 구부러지지 않으면 그 속의 바람회전대가 움직이면 움직일수록 바람은 더욱 더 나오게 된다. 이를 진공묘유^{眞空妙有}라고도 한다.

우리의 마음도 기체와 같이 비워있으면 걸림이 없게 되어 자유자재의 바라는 바가 없는 소득을 얻을 수 있다. 자기의 공로, 명성 등을 내세우거나 주장하는데 열중하다보면 자기의 무거운 짐을 지탱하지 못해 무너지게 되는 경우를 때때로 볼 수 있다.

오로지 자기의 마음을 알맞게 조절하고 극기하여 중심을 잡아 나가야 함이 무엇보다도 중요한 것이다.

희로애락의 노예에서 벗어나는 중^{中}이 되어야 한다는 것이다.

[喜怒哀樂未發之中]

: 잭 웰치와 소크라테스의 자기를 내세우지 않는 경영

GE의 최고 경영자 이었던 잭 웰치$^{Jack\ Welch}$는 자기의 성공이 자기가 고용한 사람들에 의하여 이루어진 것을 절실히 깨닫고 있었다. 그래서 그는 자기의 주위에 최고의 인재가 둘러싸여 있도록 하였다. 이 최고의 인재는 기본적으로 자기가 맡은바 업무에 열정^{passion}과 성취의욕으로 충만해 있어야 하며, 이 열정은 구체적으로 4E를 갖추어야 한다는 것이다.

4E는 자기성취활력 및 능력^{energy}, 구성원 및 조직 전체에 대한 활력 주입 능력^{energize}, 결단력^{edge}, 실행력^{execute}으로 구성되고 있다.

경영은 팀워크$^{team\ work}$로서 조직구성원이 한 방향으로 한 마음이 집중되어 그 목적을 달성할 수 있는 에너지를 보유하고 있을 때 탄환열차의 속도로 나아갈 수 있는 것이며, 어느 몇 사람의 천재에 의하여 이루어지는 것만은 아니다.

그러므로 경영자는 자기의 성과나 공적을 나타내는데 앞서는 것보다도 잠재력 있는 최고의 인재를 적절히 선발·배치·교육·보상·동기 부여하여 그 부가가치를 증대시키는데 우선하는 자세가 자기와 조직전체를 위하는 길이라 할 수 있다.

그리고 각 경영자는 자기의 의도나 영역만을 고수하여 조직전체의 관점에서 악영향을 미치는 경우가 발생하게 되는데, 그 핵심역량이 효과적으로 형성될 수 있도록 조화되어야 하고, 또한 중요한 경영정보를 차단하거나 독점되어서는 안 되며 계층간, 부문간, 외부의 이해관계자 간에 그 의사소통이 원활하여야 한다.

경영은 각 구성원의 자질이나 강점을 살려나감으로써 발전을 할 수 있는데, 경영자의 정책이 조직구성원의 잘못에만 근거를 두고 그 문책에 역점을 두게 되면 능력 있는 자는 감소되고 무사안일주의자만 남게 되는 경향을 낳게 한다.

　소크라테스는 자기가 명확히 알고 있는 것은 아무것도 알지 못하고 있다는 사실뿐이라고 갈파하였다. 그는 자기의 지식에 대하여 허공과 같이 텅 비워 놓음으로써 자유로운 사유를 할 수 있는 무한한 여지를 남겨놓고 있으며, 겸허하고 걸림이 없는 자세로써 정치 · 경제 · 사회의 문제를 지우거나 해결할 수 있는 지혜와 지도력을 형성할 수 있도록 한 것이다.

제6장

곡신불사 谷神不死

어머니라는 신은 죽지 않는다

谷神不死 是謂玄牝 玄牝之門 是謂天地之根 綿綿若存 用之不勤

어머니 신神은 죽지 않는다. 이는 진리의 어머니이다. 그 어머니의 문은 천지의 뿌리인 도道이다. 계속 존재하여 진리가 흘러나온다. 그 움직임이 힘들 것 없다.

어머니라는 신은 죽지 않는다

곡이란 골짜기와 같이 텅 비워져 있는 자연의 모습으로 나타낼 수도 있고, 어머니의 자발적이고 헌신적인 사랑을 허공과 같은 것으로 설명할 수 있다. 신도 비워있는 허虛와 공空과 같은 요소를 내포하고 있다. 그러므로 곡신은 허공 중의 허공을 의미하게 되며, 따라서 이러한 도道는 영원한 것이다. 그래서 곡신을 진리의 어머니로서 관세음보살이나 예수 등으로 표현할 수도 있다.

그 현빈(진리의 어머니)의 문은 천지가 나오는 뿌리가 된다. 그 도道는 무주상보시無住相布施와 같은 허공이므로 걸림이 없이 계속 흘러나와 존재하며, 만물을 살리는데 힘들 것이 없는 간이簡易에 이르게 된다.

슈바이처의 베품경영

기업 경영이 개선되고 발전하려면 그 일의 주체자로서 구성원이 주어진 과업을 성취하고자 하는 동기부여가 되어 있고 달성할 수 있는 충분한 능력을 갖추고 있어야 한다는 것이다.

경영자는 경영조직의 바라는 목적달성을 위하여 구성원의 태도와 자세를 변화시켜 한 마음이 될 수 있도록 하여야 하고, 그 수행 능력을 향상시킬 수 있는 조력자가 되어야 한다.

훌륭한 조력자가 되기 위하여서는 구성원으로부터 신뢰를 받을 수 있어야 한다. 경영자나 상급자가 그 신뢰를 받기 위하여서는 자기자신의 정도正道를 확립하여야 한다.

이는 자기의 인격과 과업수행능력을 끊임없이 계발하여 업무에 즐겁게 집중하는 실천을 솔선하여 나타냄과 동시에 자기가 아니면 안된다는 엘리트의식은 과감하게 버려야 한다. 왜냐하면 훌륭한 경영성과는 그 조직구성원이 스스로 기여하고자 하는 훌륭한 의지의 뒷받침이 없이는 이를 할 수 없기 때문이다.

각 경영층의 지도자가 그 성과의 기본적인 힘의 원천을 무시하고, 자기의 공로를 내세우는데 중점을 두게 되면 조직구성원의 협력을 약화시키는 방향으로 나아가게 된다.

자기가 없어도 잘 굴러 갈 수 있는 경영 시스템이 추출되어야 그 경영이 잘 된 것으로 평가할 수 있다.

각 경영자나 상급자가 그 구성원에게 베풀 수 있는 가장 가치 높은 봉사는 경제적인 배분에만 역점을 두는 것보다도 경영조직이나 사회에서 원활하게 헤쳐나갈 수 있는 그들 스스로의 자질을 향상시키는데 있다고 할 수 있다.

각 구성원의 자질향상은 각자의 약점을 제거시키기에 앞서 저마다의 강점을 발견하여 여기에 중점을 두고 발전시켜 나감으로써 그 약점을 점차적으로 보완시킬 수 있는 것이다.

슈바이처(1875~1965)는 신학을 연구한 목사이며 파이프오르간의 명연주자인 동시에 파이프오르간 제작 및 연주법에 관한 책을 저술한 음악가로서 안정된 사회적 지위를 유지하고 있었다.

그러나 그는 자기의 새로운 활동은 사랑의 종교에 대한 설교가 아니라 그것을 실제로 실천하는 것이어야 한다고 생각하였다. 그래서 그는 아프리카의 적도지방인 가붕에서 의료봉사활동을 하기 위하여 1905년부터 1911년 까지 의학공부를 하여 의사자격을 얻게 되었다.

결국 슈바이처는 신학, 음악, 의학의 습득목적이 자기를 위한 것이라기보다도 인류에게 봉사하겠다는데 초점을 맞추고 있었던 것이다.

오늘날 경영도 이 베품의 사고를 기초로 자기를 연마하여 타구성원도 발전시키는 방향이 되어야 할 것이다.

제7장
천장지구 天長地久
하늘은 길고 땅은 오래 간다

天長地久 天地所以能長且久者 以其不自生 故能長生 是以聖人後其身而身先 外其身而身存 以其無私 故能成其私

하늘은 길고 땅은 오래간다. 하늘과 땅이 능히 길고 오래가는 이유는 무엇인가. 그것은 자기가 없기 때문이다. 그래서 능히 오래 산다. 그러므로 성인은 남에게 져줌으로써 앞서게 된다. 또한 동물적 자아에서 벗어나야 실존이 된다. 자기라는 것이 없기 때문에 그런 것이 아닌가. 그래서 내가 성숙하게 된다.

하늘은 길고 땅은 오래간다

성인은 하늘같이 높게 존경받고, 땅과 같이 오래 사랑을 받는다는 것을 비유적으로 설명하고 있다.

　천지가 능히 길고 오래가는 이유는 무엇인가. 그 것은 천지가 만물을 살게 하지만 자기 자신을 나타내지 않은 진공이기 때문에 항상 그 가치를 오래 살릴 수 있다. 그래서 성인은 앞서나가기 보다도 생명수와 같이 깨끗한 물이 필요한 것과 같이 부득이한 경우에 자기가 앞장서서 희생함으로써 자연과 같은 삶을 살게 된다. 그리고 자기의 욕망·주장·집착에서 벗어남으로써 더욱 진실된 인간으로 남게 된다.

요컨대 자기란 것이 없는 무아가 되거나, 십자가를 짊어지게 됨으로써 그렇게 되는 것이 아닌가.

그러므로 자연적이고 자유롭게 내가 깨끗해지고 진실해지는 변화에 의하여 내가 성불하고 부활하는 실존이 되는 것이다.

성경의 마태복음 제18장 3절에 의하면 진실로 너희에게 이르노니 너희가 돌이켜 어린아이들과 같이 되지 않으면 천국에 들어가지 못하리라 하였으며, 그 4절에는 "그러므로 누구든지 이 어린아이와 같이 자기를 낮추는 사람이 천국에서 큰 자"라고 기술하고 있다.

어린아이와 같이 욕망에 대하여 천진난만하고 소병소뇌少病少惱할 뿐이며, 더욱 더 겸손할수록 성숙된 인간이 될 수 있는 바탕을 마련할 수 있다는 의미이다.

: 경쟁시장에서의 장기존속 경영

기업도 장기존속하기 위하여서는 해당되는 소비자로부터 신뢰성을 얻어야 한다. 이 신뢰성은 고객이 지급하는 가격에 비하여 그 사용에 따른 효용성이 주는 가치가 높을 때 얻을 수 있다. 그러므로 제품가격은 될 수 있는 한 하락시키고, 그 효용가치는 증대시켜 나감으로써 그 경쟁력 향상을 통하여 그 수요를 창출할 수 있는 것이다.

판매가격은 경영합리화에 의한 비용절감으로 하락시킬 수 있고,

소비자의 효용가치증대는 제품차별화 등과 같은 기업경쟁우위성에 의하여 달성할 수 있다.

기업경쟁우위성은 기존 경쟁시장공간내 향상과 비경쟁시장공간창출에 의하여 형성되어 진다.

기존 경쟁시장내향상은 기존 제품이나 마케팅활동 등을 개선하거나 한정된 기존 제품시장체제내에서 자기의 시장점유범위를 증대시키는 것이라 할 수 있으며 치열한 경쟁과 이에 따른 위험 증대 및 비용상승을 부담시킬 가능성이 높다. 비경쟁시장공간창출은 경쟁이 없는 새로운 시장을 형성시키는 것으로서 기업경영의 개선보다도 경영혁신을 통하여 기존 경쟁시장의 구조나 범위를 벗어나 독점 마케팅 전략을 구사하고 그 경영실패의 위험도 최소화되는 상황을 낳게 한다. 예를 들면 빌게이츠의 컴퓨터 소프트웨어, 삼성전자의 휴대폰, 코카콜라, 디즈니랜드, 몽골군의 전투능력, 이순신의 거북선 등이 그 경우에 해당된다.

장기존속경영의 기초는 신뢰성에 있으며, 이 신뢰성이 확보되면 브랜드brand경영으로 이어져 고객의 충성도를 점증시킬 수 있으며, 따라서 쉽게 경영성과를 가져올 수 있는 계기가 마련된다.

경영혁신은 경영환경의 전환에 따라 기존의 경영체제가 외부적 시장에 초점을 맞추어 고객을 만족시키고 새로운 기업가치를 창조할 수 있도록 조직전체의 자세가 변화하는 것이라 할 수 있다.

그러므로 경영혁신은 기존의 지식, 제품, 고객의 요구, 시장 등에서 문제나 부족한 사항을 발견하여 새롭고 훨씬 더 효과적인 가치경영시스템으로 변화시키게 된다.

경영혁신에는 생산자혁신, 소비자혁신, 물류혁신, 인적자원개발

혁신 등으로 분류할 수 있다.

　생산자혁신은 제품과 서비스에 관련된 혁신이고, 소비자혁신은 시장과 소비자행동에 관련된 혁신이다. 물류혁신은 제품을 생산하여 소비자에게 전달할 때까지 필요한 모든 종류의 운영에 관련된 혁신이며, 인적자원개발혁신은 인적자원의 선발·배치·평가·성과배분·사기양양 등에 관련된 혁신이다.

제8장
상선약수 上善若水
가장 높은 착함은 물과 같다

上善若水 水善利萬物而不爭 處衆人所惡 故幾於道 居善地 心善淵 與善仁 言善信 正善治 事善能 動善時 夫惟不爭 故無尤

가장 좋은 착함은 물과 같다. 물의 착함은 만물을 이롭게 하지만 다투지 않는다. 중생이 제일 싫어하는 곳에 산다. 그러므로 이는 도에 가깝다. 그 머묾은 평안한 곳이 된다. 마음은 깊어서 선정에 놓이게 된다. 줌으로써 끝없는 자비와 사랑이 부여된다. 그 말은 믿음직하다. 철인정치가 되어야 제대로 잘 다스린다. 일을 함에 있어서 할 수 없는 것이 없다. 움직일 때 그 시기가 잘 맞는다. 그럼에도 절대로 싸우지 않는다. 그러므로 허물이 없다.

가장 높은 착함은 물과 같다

무위는 힘들이지 않고 자연의 시스템과 같이 저절로 잘 되어 나갈 수 있어야 한다는 것을 의미하기도 하는데, 그 자연 중에서 물을 예로 들어서 가장 훌륭한 도를 행함은 물과 같다고 설명하고 있다. 물은 만물을 살리는 근원이 되고 있지만 자기의 공로나 기여를 내세워 다투지 않는다. 물은 타인이 멀리하거나 싫어하는 곳에 가서 깨끗이 문제해결을 하거나 봉사하고자하는 성질을 가지고 있으므로 성인의 도에 가까운 역할을 하게 된다. 부처란 "똥 닦아주는 똥 막대기"라고 한 옛날 선사의 말과 같이 자기의 입장만을 주장함이 없이 끊임없이 헌신하는 모습을 떠올리게 된다.

물이 모여서 머무는 곳은 오아시스와 같이 남에게 도움을 줄 수 있는 안락한 상황에 놓이게 된다. 물이 깊은 호수를 이루게 되면 평안하고 고유한 상태가 되므로 마음도 이런 모습이 되면 선정에 이르게 된다. 물은 모든 만물을 다 살리는 한량없는 사랑을 베풀고 그 나타냄은 믿을 수 있는 성인의 언행일치와 같다. 비가 와야 온 세상이 깨끗하게 정화淨化되어 잘 운행되어 지는 것과 같이 나라의 올바른 다스림도 물과 같이 성숙한 철인 정치인이 나와야 제대로 되어 나갈 수 있으며, 나아가서 어려운 일들도 쉽게 해결할 수 있어 되지 않는 일이 없게 될 것이다.

물은 만물이 필요한 시기에 맞추어 도움을 주나 자기를 내세우지 않기 때문에 분쟁이 없으며 따라서 물이 움직여 나가게 되면 아무 문제나 허물이 없게 된다.

물과 같은 경영

물은 다음과 같은 성질을 가지고 있으므로 물과 같이 경영하였을 때 훌륭한 리더십을 발휘할 수 있다.

1) 물은 항상 위에서 밑으로 흘러가는 순리順理에 따르고 있다. 기업경영에 있어서 억지로 일을 무리하게 처리하려고 하거나 권모

술수를 쓰게 되면 결국 문제를 일으켜 장애를 가져오게 된다.

 2) 물은 만물이 잘살 수 있도록 기여하나 그에 대하여 주어지는 어떠한 보상이나 대가 등에 관심을 가지고 있지 않다.
 그러므로 물은 자기가 이루어 놓은 성과에 대하여 내세우거나 따지지를 않는다.
 경영성과에 대하여 자기공로를 너무 주장하게 되면 그 이해관계자간에 갈등을 조장시켜 경영조직의 단결력이 와해되기 쉽다.

 3) 물은 한 곳에 머물게 되면 썩기 때문에 계속적으로 흘러가고자 하며 유연성을 가지고 있다.
 경영도 환경변화에 따라 잘 적응하여 능히 그 환경을 이끌어나가는 주체가 되어 변화된 현실을 극복하여 함께 발전하여야 하며, 바뀐 경영환경에 맞지 않는 과거의 경영사고나 방법에만 집착하게 되면 경영실패의 가능성을 높이게 된다.

 4) 물방울은 약하지만 오랜 기간 계속적으로 바위위에 떨어질 때 그 바위가 움푹 파헤쳐지거나 구멍이 뚫릴 수도 있다.
 기업경영에도 이 물방울전략을 응용하게 되면 경쟁력 우위성을 확보할 수 있을 것이다.

 5) 옹달샘에는 깨끗한 물이 계속 솟아나와 만물을 정화시키고 생기를 주는 순수성과 에너지를 지니고 있다.
 기업경영도 도덕성을 구비한 청정한 가치창조를 끊임없이 형성시킬 수 있는 옹달샘전략을 구사해 나갈 때 그 존재이유의 타당성을 인정받게 될 것이다.

6) 물은 땅에서 자기 할 일을 다하기 위하여 왔다가 그 일을 수행한 이후에 하늘로 갔다가 또다시 땅으로 오게 되는 영속성을 가지고 있다.

기업경영도 새로운 가치창조를 위하여 개선과 혁신을 거듭해 나감으로써 그 계속성이 유지될 수 있는 것이다.

7) 물은 외부로부터 자극을 받게 되면 진동하는 파장을 발산하게 된다.

물에 대하여 감사합니다 등의 격려의 말을 하거나 좋은 음악을 들려주게 되면 아름다운 6각형의 결정체를 시킨다는 연구가 있다.

우리의 몸도 약 70%가 물로 구성되어 있을 뿐만 아니라 외부의 자극에 대하여 민감하게 반응하여 파장을 발산하게 된다.

따라서 경영조직구성원이 사랑, 감사, 희망, 믿음의 마음을 가질 수 있도록 하는 리더십이 발휘되면 건강한 경영구성체가 되며 엄청난 에너지를 발산할 수 있을 것이다.

특히 경영조직구성원 상호간 부드럽고, 따뜻한 대화가 일상적으로 이루어지고, 격려하고 배려하는 기업문화를 형성시키는 것이 기업경영의 필수불가결의 기초라 할 수 있다.

제9장
지이영지 持而盈之
가득 차는데 더 가지려고 한다

持而盈之 不如其已 揣而銳之 不可長保 金玉盈室 莫之能守 富貴而驕 自遺其咎 功遂身退 天之道也

가득 차는데 더 가지려고 한다. 그것은 덜 가지는 것보다 못하다. 갈고 다듬어서 너무 날카롭게 되면 그것은 오래가지 못한다. 금과 구슬 같은 보석이 집에 가득하면 그것을 어떻게 지키겠느냐. 돈 많고 벼슬 있어 교만하다면 자기 스스로 허물을 남긴다. 공을 세워 이름이 있게 되면 마침내 퇴진하는 것이 하늘의 도道이다.

가득 차는데 더 가지려고 한다

부귀영화가 가득차 있는데 더 가지려고 욕심을 부리거나 아귀다툼을 일삼는 어리석은 짓을 하게 되면, 이는 결국 재앙을 불러 일으켜 덜 가지는 것보다 못하게 될 수도 있다.

음식도 어느 정도 자기의 양에 맞도록 먹고 그쳐야 되는데 더 이상 먹게 되면 건강을 해치게 되는 것이다. 칼날이 날카롭게 되려면 달구고 두드리는 등 온갖 노력을 다하여야 하는 것처럼 여러 가지 수단과 방법을 동원하여 높은 지위와 감투를 얻게 되었는데 이에 만족하지 않고 보다 더 높은 자리를 원하게 되면, 예리한 칼날이 잘 부러지는 것과 같이 그 높은 자리도 오래 가지 못한다는 것이다.
   금은보화를 잔뜩 모아가지고 있으면 어느 사이에 소문이 퍼져 일가친척, 친구, 선후배, 기타관련 희망자 등이 몰려와 그 재산을 호시탐탐虎視眈眈 노려 이를 지키는데 온 정신을 쏟아야 하는 곤욕을 치러야 한다는 고민에 놓이게 된다. 사람이 부자가 되거나 권세가 있게 되면 그 태도나 행태가 거만하게 되기 쉽다. 이와 같이 자기 자신을 내세우는 아만은 결국 인간관계를 악화시켜 어느 순간에 부와 권력이 물거품이 될 수 있다는 것이다. 공을 세워 명예를 얻게 되면 만족하고 자기보다도 더 일을 잘할 수 있는 사람에게 양보할 수 있는 아량을 보이는 성숙한 인격을 가지는 것이 저절로 되어가는 자연의 도에 따르는 것이라 할 수 있다. 역사상 수많은 정치인들이 권력에 눈이 어두워 장기집권의 야욕에서 벗어나지 못하여, 결국 비참한 결말을 맞이하게 된 것을 상기해 보면 알 수 있는 것이다.

도요타의 함께 잘 사는 경영

기업경영은 각 구성 팀의 업무수행 협조체제team work가 원활히 잘 되어야 그 목적을 무난히 달성할 수 있다. 좋은 아이디어를 내는 소수의 인재도 필요하지만, 그 연결되어있는 다수의 각 구성원의 지원이 뒷받침되지 않으면 그 새로운 제안이 빛을 발할 수 없게 된다. 최고경영자는 이 협조체제의 형성에 기여하여야 하며, 그 성과

배분에도 공정성을 유지하여야 한다.

경영조직이 장기적으로 유지·발전되기 위하여서는 경영활동이나 내용이 개선되고 혁신되어야 한다. 경영환경변화에 보다 즉각적으로 느끼고 인식할 수 있는 계층은 재고자산의 현황, 제품의 생산·판매의 증감 및 이에 따른 원자재의 수급, 자금흐름 등을 직접적으로 취급하고 있는 현장부서라 할 수 있다. 그러므로 이 현장부서의 구성원이 경영활동이나 내용에 대한 정보보고와 그 개선 및 혁신에 직접 참여할 수 있는 동기부여가 이루어져야 할 것이다.

이 현장부서의 구성원도 주인의식을 갖고 적극적인 경영변화에 인식을 확대시킬 때 그 경영에너지는 엄청난 것이 될 수 있다. 도요타가 여기에 착안하여 경영업적을 신장시키고 있음이 실증적으로 파악되고 있다. 현장부서의 정보 및 제안 내용은 상하좌우의 각 부서에서 검토되어 하나의 결정체로서의 경영개선 및 혁신의 지침을 마련할 수 있을 것이다.

기업경영의 외적·내적 정보는 각 경영계층의 구성원이 공유하도록 하여야 전체 경영 협조체제가 보다 더 효과적으로 운영될 수 있다. 예를 들면 도요타 노동조합은 2005년도에 회사에서 초과순이익을 달성하였는데도 불구하고 임금동결을 선언하였는데, 이는 회사의 제반 정보가 종업원들에게 충분히 전달되고 이해되었을 뿐만 아니라 경영정책자를 믿고 있으며, 장기경영발전계획의 관점에서 결정된 것이라고도 할 수 있다. 또한 도요타와 같이 최고경영자가 조직 내에서 인간존중 경영문화를 형성시키고자하는 의지를 발현시킬 때 각 경영계층간 신뢰성을 갖게 되어 함께 잘 사는 경영을 이룩할 수 있는 것이다.

제10장
재영백포載營魄抱
정신과 육체를 서로 의존한다

載營魄抱一 能無離乎 專氣致柔 能如嬰兒乎 滌除玄覽 能無疵乎 愛民治國 能無爲乎 天門開闔 能爲雌乎 明白四達 能無知乎 生之畜之 生而不有 爲而不恃 長而不宰 是謂玄德

정신과 육체는 서로 의존한다. 그것들은 하나로 합쳐져야 하며, 분리되어서는 안된다. 기운이 몸에 꽉 차고, 지극히 부드러워야 하는데 능히 어린이와 같이 되겠는가. 거울은 깨끗이 닦아 먼지가 묻어있으면 안된다. 능히 분별지와 같은 하자가 있어서는 안된다. 백성을 사랑하고 나라를 다스림에 있어서는 능히 무위의 도로써 이루어 나가야 한다. 하늘의 문이 열리고 닫히나 그 문은 능히 어렵지 않게 절제될 수 있어야 한다. 막힘이 없이 훤하게 알아야 함에 있어 능히 앎이 없음을 깨달아야 한다. 낳고 기르지만 그 낳음이 나의 소유가 되는 것은 아니다. 어떤 행위를 하지만 의지하거나 자랑하여서는 안된다. 비록 만물의 우두머리가 될지언정 지배하려고 하지 않는다. 이것이 넓고 묘한 덕이다.

정신과 육체는 서로 의존한다

정신과 육체는 서로 의존하여 작용하고 있기 때문에 하나의 결합된 실체로 함께 나아가며 분리되어 지지 않는다. 기가 가득차고 그 부드러움이 지극한 경지에 이르고 있는 어린이와 같이 되어야 하지 않겠는가. 어린이는 육체적으론 매우 부드러우며, 정신적으로 욕심이 많지 않고 순수하므로 깨끗한 물이 생기가 있듯이 그 기^{氣}가 가득 차게 될 것이다.

거울에 먼지가 묻어 있으면 올바르게 그 모습을 비춰 나타내지 못하는 것과 같이 분별심이라는 장애를 가지고 있으면 건전한 정신으로 생활하기가 어렵다.

백성과 나라를 잘 다스리는 데에는 사전에 문제가 지워지고 저절로 잘 되어나가는 자주적 시스템이 마련되는 무위의 도가 필요하지 않을까. 자연속의 만물이 음양의 현상으로 변하듯이 하늘의 문이 열리고 닫히는 것으로 비유적으로 표현하고 있다. 남녀관계도 정도^{正道}로 나아가야 하며 문란해서는 자연의 순리를 그르치게 된다는 것이다.

통하지 않은 것이 없을 정도로 꿰뚫고 알아야 함에 있어서도 자기가 잘 알지 못하고 있다는 사실을 깨달아야 한다는 것이다. 자기가 잘 알기 위해서는 그 앎이 자기의 몸에 체현^{體現}되어 그 진리가 실행되어야만 한다. 자연 속에서 만물이 생기고 육성되지만 자기의 소유라고 주장하지 않는다. 자연은 더할 나위 없이 저절로 되는 무위의 행위를 하지만 그 성과에 기대하지 않는다. 만물의 우두머리이지만 자기가 지배 · 통제하려고 하지 않는다. 이것들이 넓고 높은 최고의 나아가야할 길이다.

⋮ 차별화에 의한 건강경영

건강은 육체적physically및 정신적mentally뿐만 아니라, 환경적environmentally, 영적spiritually으로 건전하여야만 이루어 질 수 있다.

여기서 환경적 건강은 정치 · 경제 · 사회 · 교육 등의 환경에 대해 잘 적응할 수 있음으로써 얻게 되는 건강이라 할 수 있다.

기업도 유형 · 무형의 자원, 조직구성원의 마음 상태, 환경적응력 등에 관련하여 그 건강경영을 가름할 수 있다.

기업에 관련된 건강경영은 다음 사항이 고려되어야 한다.

1) 글로벌 경영시대에 처하여 우리나라가 기업경영하기에 매력적인 터전이 될 수 있어야 한다. 국가의 규제강화, 공장설립토지 가격상승, 물류비용증대, 노사분규심화 등에 의하여 생산기지를 외국으로 옮기는 사례가 발생하여서는 안 된다.

2) 기업경영에 지식근로자의 중요성을 인식하는 사회적 가치관이 확립되어야 한다.

3) 차별화된 제품 · 가격 · 유통경로 · 판매촉진 등을 제시하여 차별화된 기업으로 인식시키는 브랜드brand경영을 정착시켜 나가야 한다.

지속적인 차별화가 유지되기 위하여서는 타 경쟁기업이 모방하기 곤란한 기술, 자원, 조직문화를 보유하고 있어야 한다. 예를 들면 도요타자동차에는 우수한 기술, 품질, 생산 공정 등에 관하여 타 경쟁자가 이해할 수 있지만 그 생산시스템을 재현할 수 없는 특수성이 놓여 있다. 왜냐하면 이는 도요타가 계속 자기의 시스템을 환경변화에 따라 개선시킬 뿐만 아니라 독자적인 기업문화가 작용하기 때문이다.

4) 불필요한 제품, 생산공정, 생산준비시간, 고객, 마켓팅활동, 판매후 서비스 등은 폐기시키거나 축소시키고, 발전 가능성이 있는 제품이나 서비스에 대하여는 보다 중점적인 투자를 하여야 한다.

5) 시장점유율 확대에 의한 성장성도 중요하지만 수익성이 떨어지면 경쟁에서 탈락하게 되므로 성장성과 수익성의 상호관계를 적절히 고려하여 경영전략을 설정하여야 한다.

6) 고객이 일정품질의 수준 하에서 지급하고자 하거나, 지급할 수 있는 가격을 고려하여 최소의 원가로 생산하는 전략을 구사하여야 한다.

7) 생산업자, 원자재공급자, 유통경로담당자, 소비자 간에 새로운 정보망network을 형성하여 필요한 정보가 빠르게 전달되어 제품 공급 및 개발, 납기, 원자재수급등에 있어서 신속성이 유지되어야 한다.

8) 다른 기업이 발견하지 못한 새로운 고객층이나 용도에 대한 분야niche를 파악하여 이에 따른 품질, 가격, 판매지역 등에 경영역량을 집중하여야 한다.

9) 각 경영층의 구성원 간 조직목적달성을 위한 한마음의 결집력이 형성되어야 한다.

제11장
무지용 無之用
무의 유용

三十輻共一轂 當其無 有車之用 埏埴以爲器 當其無 有器之用 鑿戶牖以爲室 當其無 有室之用 故有之以爲利 無之以爲用

30개 살이 함께 바퀴통 구멍에 모인다. 그 구멍이 있어서 차구실을 한다. 진흙을 이겨서 그릇을 만든다. 그 곳에도 공간이 있어서 용기의 구실을 한다. 문이나 창을 내어서 방을 만드는데 그 공간이 있어야 방의 구실을 하게 된다. 그러므로 있는 것을 이롭게 만드는 것은 없는 것이 그 역할을 하기 때문이다.

무의 유용

수레바퀴에 달린 30개의 살이 바퀴통에 모이는데 이 바퀴통안쪽의 테에 수레 축을 끼울 수 있는 구멍이 있어야 바퀴의 역할을 하게 되어 차가 굴러갈 수 있다. 진흙을 이겨서 그릇을 만들게 되는데 그 그릇에 공간을 만들어 놓아야 사용가치가 있게 된다. 방도 문이나 창과 같은 공간이 있어야 빛이나 공기가 통하게 되어 방의 구실을 하게 된다. 그러므로 그 존재가치가 보다 나은 유용성을 유지하기 위하여서는 비어있는 공간과 같은 무無라는 요소가 필요하다는 것이다.

우리의 마음에서 탐진치貪嗔痴라는 삼독三毒이 제거됨으로써 보다 여유있고 활기찬 생활을 영위할 수 있는 것이다.

고용안정화에 따른 사회책임경영

기업이 계속적으로 유지 · 성장하기 위하여서는 일정수준 이상의 이익을 실현하여야 하나 그 이익은 최소한도 사회에 폐해를 끼치지 않는 범위 내에서 달성된 것이어야 한다. 여기서는 이에 관련하여 자연환경조정경영과 고용안정화경영에 한해서 검토하고자 한다. 자연환경조정경영은 자연자원의 유지 · 보전을 위하여 기업의 경영활동이 이에 적응 · 조화해 나가는 것을 의미하게 된다. 기업은 경영활동을 하는 과정에서 공기, 물, 토지 등의 자연자원에 대해 공해를 일으키게 되는 경우가 있다. 이 공해에 대하여 기업은 회피하려고 하여서는 아니되며 그 원상회복을 위한 책임을 부담하여야 하고, 보다 적극적으로 환경친화적인 기술을 개발하여 경영성과를 높이는 행태가 되어야 할 것이다.

오늘날 자동차의 경우 그 출발할 때는 가솔린을 사용하나 주행시에는 전기를 사용하여 환경오염을 줄이는 하이브리드 기술을 구사하고 있는 것을 그 예로 들 수 있다. 글로벌기업경영의 체제하에서 환경적응적인 제품의 생산이 되지 않으면 각 국의 환경기준 준수규제의 강화로 인하여 판로가 막히게 된다는 것이 명확한 상태에 있다. 프로이드는 우리 인생에 있어서 가장 중요한 것은 사랑하는 사람이 있어야 하고, 자기의 개성과 생활을 영위할 수 있는 일을 가지고 있어야 한다고 했다. 2006년도의 경우 일본, 프랑스, 독일, 영국, 미국 등에 있어서는 실업률이 감소되고 고용시장이 활황을 나타내고 있으나, 우리나라의 경우 청년실업률이 약 8%~10%에 이르고 있다.

이 실업원인은

① 기업의 해외 이전
② 높은 임금과 노동시장의 경직성
③ 노동조합의 강성
④ 정부의 각종 규제 강화
⑤ 지식근로자의 부족 등이다.

그러므로 이 실업이 없어지기 위해서는 근본적으로 정부, 기업, 노동조합, 근로자가 서로 협조하고 양보하는 공간이 마련되지 않으면 안된다.

기업 측에서는 될 수 있는 한 일정고용수준을 유지하려고 노력하여야 하며, 근로자 측에서는 불황기에 급료 및 임금의 삭감을 수용하는 자세를 보여야 할 것이다. 1997년도 우리나라에 있어서 IMF의 경제통제사태의 발생 시 어떤 기업은 한 사람도 해고하지 않은 상태에서 임직원의 급료를 최저생계비 수준으로 지급함으로써 기업경영에 필요한 인적자원을 계속 보유하여 현재에는 경영정상화를 이루고 보다 나은 방향에서 원상회복되고 있는 사례도 있다. 그리고 기업은 평범한 사람이 비범한 일을 할 수 있도록 만들어서 단순작업장에서 지식근로자를 이행시켜 생산성을 증대시켜야하며, 이를 위해 평생교육의 중요성을 인식하여야 한다. 현장작업자는 자기가 맡은 업무에 관하여 과학자가 탐구하는 자세를 가질 수 있도록 하는 회사분위기를 조성하여야 할 것이다. 복지국가는 세금의 증대에 의하여 빈곤층을 구제하는데 있는 것이라기보다도 기업경제의 관점에서 지식의 생산성을 크게 향상시킴으로써 고부가가치를 창출하는데서 성공할 수 있다.

제12장

위복 爲腹

기본적인 도의 실질추구

五色 令人目盲 五音 令人耳聾 五味 令人口爽 馳騁田獵 令人心發狂 難得之貨 令人行妨 是以聖人爲腹 不爲目 故去彼取此

5색은 사람의 눈을 멀게 한다. 5음은 사람의 귀를 멀게 한다. 5미는 사람의 입맛을 잃게 한다. 말을 타고 나가는 사냥은 사람의 마음을 미치게 한다. 얻기 어려운 돈 때문에 사람이 가야할 길을 못 가게 한다. 그래서 성인은 언제나 자기 속의 마음을 중요하게 생각하고 눈에 보이는 겉 나를 취하지 않는다. 그러므로 겉 나를 버리고 속 나를 거둔다.

기본적인 도의 실질추구

사람이 5색(빨강·파랑·노랑·하양·검정색)의 감각적인 화려함에 집착하다보면 그 눈이 멀게 될 정도로 그것에 정신이 나가게 된다. 사람이 5음(궁·상·각·치·우)의 감각적인 쾌락에 빠지게 되면 그 귀를 멀게 한다. 사람이 5미(신·짠·매운·단·쓴맛)의 감각적인 탐닉은 그 입맛을 잃게 한다.

 사람의 눈, 귀, 혀가 쾌락적이고 감각적인 탐욕에 집착하게 되면 여기에 정신이 빼앗겨 청정淸淨한 마음이 유지될 수 없다. 말을 하고 사냥을 하기 위하여 달려 나가는 것은 살생을 행하고자하는 인간 잔혹성의 발초이므로 그 마음이 정상적으로 평온해질 수 없는 것이다. 돈이나 재화가 아무리 얻기 어렵다 하더라도 정직한 마음으로 벌어야 하는데 이에 대한 욕심이 너무 많게 되면 그 수단과 방법을 가리지 않는다. 그래서 성인은 언제나 기본적인 도道의 실질적 추구를 중요시 하고, 외부적 겉치레는 취하지 않는다. 그러므로 외형적이고 감각적인 나를 버리고 내부적으로 진실된 나를 얻고자 한다.

∶ 인간관계경영

기업경영의 기본은 각 구성원이 자기의 입장에서 각자 욕구충족을 관철시키고자 하면 헤쳐나가야 할 경영의 도道를 찾아 볼 수 없으므로 관계되고 있는 상대방 중심의 사고방식의 인간경영이 요구되고 있다. 여기서는 우리가 알고 있는 철강왕 앤드루 카네기가 아닌 사람으로서 교육가 데일 카네기Dale Carnegie(1888~1955)의 인간관계론을 중심으로 다음과 같이 제시하고자 한다.

  1) 할 수 없다와 불가능을 할 수 있다와 가능하다는 자세로써 인간관계를 형성한다.

2) 받는 자보다 주는 자가 되어라.
① 행복한자가 되려면 남을 행복하게 만들라.
② 친절과 봉사의 사람이 되어라.
③ 섬길 줄 아는 지도자가 되어라.
④ 미소를 선사하라.
⑤ 개처럼 타인에게 관심을 가져라.

3) 상대방을 칭찬하고 격려하라.
① 상대방의 장점을 칭찬하고 그 동안 상대방으로부터 받은 여러 가지 혜택에 대하여 감사를 표시하라.
② 상대방의 약간의 개선에도 아낌없이 칭찬하라.
③ 상대방의 잘못은 고치면 된다고 격려해 주자.
④ 불화가 생기면 상대방의 정당성을 찾아내어 그것에 대하여 칭찬하고, 상대방의 체면을 세워주라.

4) 상대방과의 대화시 될 수 있는 한 원만한 관계를 유지하라.
① 논쟁을 하려고 하지 말고 여유있게 설득하라.
② 상대방의 말을 주의 깊게 듣고, 연설가보다는 청취자가 되어야 한다.
③ 상대방에게 명령하지 말고 제안을 하라.
④ 상대방이 몹시 중요하게 생각하는 것을 중심으로 대화하라.
⑤ 상대방이 실수나 잘못한 일이 있으면 직접적으로 그 잘못을 지적하는 것보다도 상대방이 자기의 잘못을 알 수 있도록 간접적인 충고나 기타의 방법을 동원하라.
⑥ 비판을 받지 않으려면 비판을 하지 말라.

⑦ 우리의 사소한 성공이나 재능을 과시하는 대화를 하여서는 안되며, 그 대신 상대방이 자기의 성공을 말할 수 있도록 유도하기 위하여 상대방의 업적을 물어보도록 하여야 한다.
⑧ 자기의 잘못은 신속히 인정하라.

5) 상대방을 원수보다는 될 수 있는 한 친구로 만들도록 하라.
① 상대방의 입장에서 모든 것을 바라보라.
② 항상 상대방의 인격을 높여 주고 자기 자신은 겸손하도록 하라.
③ 만나는 사람마다 귀빈대우를 해주라.
④ 원수를 원한다면 당신의 친구를 초월하라. 친구를 원한다면 당신의 친구가 당신을 초월하도록 만들어라. 왜냐하면 우리가 친구를 초월하면 그는 열등감, 질투 그리고 증오심을 가지기 쉽다.
⑤ 원수에 대한 생각 때문에 시간을 낭비하지 말라.
⑥ 상대방이 중요한 인물이라고 느끼도록 만들어라. 어떠한 업무를 수행함에 있어서 그가 중요한 인물이라는 것을 인지하지 못하면 그 일은 성공하기가 어렵다.

제13장
총욕寵辱
명예와 굴욕

寵辱若驚 貴大患若身 何謂寵辱 寵爲下 得之若驚 失之若驚 是謂寵辱若驚 何謂貴大患若身 吾所以有大患者 爲吾有身 及吾無身 吾有何患 故貴以身爲天下 可以託天下 愛以身爲天下 可以寄天下

감투에 대한 은총과 욕됨은 놀랄 정도로 충격을 준다. 가장 큰 걱정은 이를 자기 몸과 같이 중하게 여기는데 있다. 무엇을 가리켜 총욕에 따라 정신 나갈 정도로 놀라게 한다고 말하는가. 총은 감투를 얻을 것이고, 욕은 감투가 떨어진 것이다. 감투는 얻어도 놀라고 감투는 잃어도 놀란다. 이를 총욕약경이라 한다. 무엇 때문에 그것이 자기 생명과 같다고 할 때 가장 큰 걱정이 되는가. 나에게 큰 걱정이 되는 까닭은 나를 내세우기 때문이다. 내가 나라는 것이 없으면 무슨 걱정이 있겠는가. 그러므로 초월된 몸을 귀중하게 여기고 천하를 위하게 되면 이 천하를 맡길 수 있다. 초월한 몸을 사랑하고 천하를 위하게 되면 능히 천하를 부탁할 수 있다.

명예와 굴욕

감투나 명예의 집착에 따른 사랑받음과 욕됨은 정신을 나갈 정도로 놀라게 한다. 또한 가장 큰 문제점이나 걱정은 이를 자기 목숨과 같이 귀중하게 생각하려고 하는 데에 있다. 무엇을 가르쳐 명예와 굴욕의 굴레 아래에서 정신이 나갈 정도로 놀라게 한다고 말할 것인가.

총寵은 감투나 벼슬을 얻어 상승세를 타는 것이고, 욕辱은 그 반대로 하락세로 돌아선 것이다. 감투나 벼슬에 집착하게 되면 그 것을 얻거나 잃게 되면 어느 경우에도 그 정신적 타격이 심하여 희로애락이 크게 교차하게 된다. 이것을 명예와 굴욕이 놀람과 같다고 하는 것이다. 감투나 명예가 자기 생명과 같다고 할 때 가장 큰 문제점이나 걱정으로 되고 있는 기본적 원인은 무엇인가? 내가 큰 걱정이 되는 이유는 내 자신을 내세우거나 내 몸을 우선하기 때문이다. 나라는 것이 없게 되어 명예나 감투에 빠지지 않으면 무슨 걱정이 있겠는가. 그러므로 현실의 명예와 굴욕으로부터 초월된 몸을 소중하게 여기고 천하를 위하게 되면 이 천하를 맡길 수 있다. 현실의 명예와 감투 등에 집착하지 않는 진리의 몸을 사랑하고 천하를 위하게 되면 천하를 부탁해도 된다.

권력유지경영

벼슬이나 명예를 좋아하는 사람은 이를 얻고 유지하기 위하여 엄청난 노력을 서슴지 않고 있으며, 그것을 잃게 되었을 때 비참한 심정을 감추지 않고 있다.

이탈리아의 마키아벨리(1469~1527)는 군주가 자기의 권력을 구하고 계속 보유하기 위하여서는 경우에 따라서 권모술수도 부려야 한다고 군주론에서 역설하고 있다.

그 주장내용을 요약하면 다음과 같다.

1) 상대방에 피해를 입히려면 도저히 대항할 수 없을 정도로 잔인하게 하라.

2) 권력을 유지하려는 군주는 필요한 경우 거짓말이나 약속어김 등 부도덕한 행동을 할 줄 알아야 한다. 어쩔 수 없는 일이라면 악행을 저지르는 것에 너무 부담을 갖지 않아도 된다.

3) 군주는 부하가 자기의 지위에 도전하는 경우에는 어떤 종류의 조치나 행위를 거리낌 없이 행사할 것이라는 두려움의 대상이 되어야 한다.

4) 군주가 신의를 지키는 것이 자신에게 불리하거나 신의를 지켜야 할 이유가 더 이상 존재하지 않으면 그것을 지킬 필요도 없고 지켜서도 안된다.

5) 군주가 모방하여야 할 짐승은 여우와 사자이다. 왜냐하면 여우는 함정에 잘 빠지지 않고 무엇을 겉으로 드러내지 않고 잘 숨겨두며, 사자는 늑대를 물리칠 수 있기 때문이다.

6) 군주는 자기의 권력을 보존하기 위하여 인간과 짐승의 양면적인 본성을 사용할 줄 알아야 한다.

7) 영리한 군주는 미움 받는 일은 자기 자신이 직접 하지 않고 타인을 시켜서 떠넘기도록 하여야 한다.

8) 군주로서 권력을 유지하려 할 때 자기에게 도움이 필요한 특정집단이 부패되어 있어도 그들의 비위를 맞추어 주어야 한다. 이런 상황에서 도덕적으로만 행동하는 것은 군주에게 해롭다.

9) 부하가 잘못하였을 때 군주는 그들에게 잔인하다는 인상을

주어야 군대 등 조직의 기강이 선다. 군주는 사랑받는 것보다도 두려움의 대상이 되는 것이 낫다. 그러나 원한을 사는 일로서 그들의 재산이나 아내를 강탈하는 등을 하여서는 안 된다.

10) 군주가 되려면 신중한 것 보다는 과격한 것이 좋다.

11) 현실을 무시하고 자기의 도덕적·윤리적 이상만 내세우는 군주는 권력을 유지하기보다도 파멸될 뿐이다.

12) 현명한 군주는 인자, 신의, 정직, 믿음, 의리가 있는 것처럼 보여야 한다. 그러나 필요한 경우 언제라도 그와는 전연 다른 행동을 할 준비가 마련되어 있어야 한다.

13) 자기 나라를 지키는데 용병에 의존하는 군주는 절대 안정된 통치를 할 수 없다. 유능한 용병은 경우에 따라서 고용주를 공격하거나 그 의견을 무시하고 전쟁을 수행함으로써 자신의 세력을 넓히기를 원한다.

14) 용병이 아닌 지원군에 의존하여 전쟁을 한 결과 지원군이 승리하면 사후에 그들의 처분에 맡겨지는 형편이 된다.

15) 군주 자신의 무력에 기반을 두지 않을 권력이나 명성처럼 취약하고 불안한 것은 없다.

16) 군주가 타인의 도움으로 권력을 얻은 경우에는 그 권력을 획득하기는 쉬우나 그 지위를 계속 유지하기는 매우 어렵다. 도움을 준 자의 마음이 변하거나 정치적으로 몰락한 경우 그 권력을 잡은 자도 망할 가능성이 높다.

17) 군주는 측근에게 원한을 사면 파멸한다. 따라서 자기에게 가까운 사람들에게 인자하게 비위를 맞추어 주어야 암살 등 보복을 피할 수 있다.

18) 측근의 능력은 지도자의 자질을 반영한다.

19) 현명한 군주는 자신이 원할 때만 일정 조언자로부터 조언을 듣는다. 누구인가를 상관하지 않고 조언이나 비판을 듣게 되면 자신의 권위가 없어진 것으로 보이게 된다.

20) 옛 정권에 불만을 가진 자는 새 정권에도 만족하지 않을 가능성이 높으므로 불평분자는 등용하지 말아야 한다.

마키아벨리는 29세의 나이로 1498년 이탈리아의 피렌체 공화국의 국방 및 내부장관의 역할을 하는 제2 서기관장으로 임명되었으며 그 후 14년간 피렌체를 위하여 헌신하였으나, 정치적 음모활동으로 인해 투옥되었다. 그는 교황취임특사로 출옥하여 50세까지 군주론 등의 저술활동 하였으며, 57세 때에는 피렌체의 방위위원장에 임명되었으나 또 다른 공화정권이 생겨 그 직위에서 해고되었으며, 58세 때 병으로 사망하였다. 군주론은 마키아벨리가 44세 때 4, 5개월 동안 쓴 것이고, 이 당시 피렌체의 지배자인 로렌츠 데 메디치 공작에게 바쳤으나 완전히 무시당하고 말았다.

이 마키아벨리즘은 이탈리아의 통일 등 군주가 바라는 목적을 위해서는 경우에 따라서 자비, 신의, 정직 등 전통적인 윤리관은 무시해도 좋으며, 무자비하고 교활한 군주의 상을 제시하고 있음에 따라 여러 사람들에게 비판을 받아 왔으며 마키아벨리가 죽은 후 30년 동안 로마교황청에서 금서목록에 포함시켰다. 그러나 루소를 비롯한 18세기 계몽주의자들은 이 책을 장려 보급시키고자 하였으며, 루소는 군주론을 공화주의자의 교과서라고 지칭하였다. 어떤 정치학자는 정치는 도덕·윤리에서 독립된 것이며 국가기능의 자율성이 강조되어야 한다는 관점에서 이 군주론을 두둔하고 있다.

　이 군주론은 현대적 조직경영에도 참고 될 만한 내용들이 어느 정도 수록되고 있으나, 군주의 정치가 잘 되지 않는 경우에는 속임수나 잔인무도한 행위 및 반칙을 해서라도 군주의 목적을 달성시켜 가는데 기본적인 주안점을 두고 있으므로 장기적으로 안정되고 활기차며 신뢰성 있는 조직경영의 환경 및 터전을 마련하기에는 역부족이 될 것이라고 본다.

제14장
시지불견 視之不見
보아도 보지 못한다

視之不見 名曰夷 聽之不聞 名曰希 搏之不得 名曰微 此三者 不可致詰 故混而爲一 其上不皦 其下不昧 繩繩不可名 復歸於無物 是謂無狀之狀 無物之象 是謂恍惚 迎之不見其首 隨之不見其後 執古之道 以御今之有 能知古始 是謂道紀

보아도 보지 못한다. 이를 이라 한다. 들어도 듣지 못한다. 이를 희라 한다. 잡으려고 해도 얻을 수 없다. 이를 미라 한다. 이 셋은 따져서 될 일이 아니다. 그러므로 이 모두가 하나의 진리가 된다. 그 위에는 밝지도 않다. 그 아래는 어둡지도 않다. 계속 이어져 나가고 있으나 이름을 붙일 수 없다. 바라는 바가 없는 세계로 돌아간다. 이를 일러 모습이 없는 모습이고 형상이 없는 상이라 한다. 이를 일러 황홀이라 한다. 맞이하려고 해도 그 머리를 볼 수 없으며 따라가도 그 뒷모습을 보지 못한다. 옛 도道를 잡아서 지금의 나를 다스리게 한다. 기본인 도道를 능히 잘 알게 되면 이것이 도道의 핵심이다.

보아도 보지 못한다

보려고 해도 그 모양이 흐릿해서 볼 수 없고, 들어보려고 해도 고요히 속삭인 듯 들리지 않으며, 잡으려고 해도 숨어있는 듯 잡을 수 없다. 이 세 가지 현상은 감각적 혹은 이성적으로 파악될 수 없는 도道의 세계로 통하고 있다. 도의 형이상학적形而上學的 측면은 명확하게 정의하거나 파악하기가 어렵다. 그런데 도는 현실생활과 밀접한 관련이 있으므로 이를 형이하학적形而下學的 측면에서 인仁 · 의義 · 예禮 · 지智 · 신信과 같이 어느 정도 규범화 할 수도 있다.

그러나 도는 기본적으로 온 만물을 살리기 위하여 물과 같이 무한정하게 계속 흘러가고 있으나 이에 이름을 붙여 그 내용을 명료하게 한정적으로 표시할 수는 없다. 결국 도는 바라는 바가 없는 텅 빔과 고요함의 허정虛靜의 세계로 돌아가게 된다. 그래서 그것은 어떠한 모습이나 모양을 의도적으로 나타내려고 하지 않는 깨끗한 진공眞空의 무아인 황홀한 경지에 이르게 된다.

도는 시작도 없고 끝도 없으므로 그 첫모습이나 뒷모양을 볼 수 없다. 도는 시간을 초월한 것이므로 현실적인 시간흐름에서 해탈된 것이라 할 수 있다.

그러나 도의 근원을 붙잡고 체현體現하면, 자연적으로 탐욕 · 성냄 · 어리석음으로부터 벗어날 수 있게 되어 나를 고苦로부터 해탈하게 한다. 이를 진공묘유眞空妙有라고 한다. 이 진공묘유를 깨닫게 될 때 도의 핵심이 형성하게 된다.

철인경영哲人經營

인도를 대영대국의 3백년 식민정치의 속박에서 벗어나 독립하도록 한 기초는 간디Gandhi(1869~1948)의 눈이 보이지 않는 무형의 정신력에 영향을 받은바가 크다고 할 수 있다.

어떤 젊은이가 간디에게 진리가 무엇이냐고 물었다. 간디는 이에 대하여 진리는 거짓말을 하지 않는데 있다고 말하였으며, 거짓 없는 참이 신神이라고 하는 신념을 가지고 있었다. 간디는 이 참이라는 진리를 하나의 뿌리로 삼아 자기와의 싸움을 일생동안 해왔다. 그리고 자기 혹은 타인과의 약속은 자기 생명을 지키는 것보다 더 소중하게 생각하였다.

그는 변호사가 되기 위하여 영국에 유학가기 전 자기 어머니에게 앞으로 금주·금욕·금육식을 하기로 약속을 하고 떠났다. 영국유학시절 주위의 사람들이 육식하지 않으면 살아나가지 못한다고 하였으나, 그는 비록 하루 종일 굶는 한이 있더라도 자기가 어머니에게 육식하지 않겠다고 약속한 이상 일체 입에 육고기를 넣지 않았다.

또한 그는 영국에서 어느 친절한 부인이 다른 아가씨를 결혼상대로 소개하여 교제를 계속한 때가 있었는데, 편지로 자기는 결혼하였으며 한 아이의 아버지라는 사실을 전달하여 숨겨 둔 거짓의 사실을 밝혔던 것이다. 그리고 간디는 38세 때 자기 부인에게 성생활을 하지 않기로 말한 이후 죽을 때까지 그 약속을 지켰다.

이 거짓 없는 참에 대한 믿음과 생명에 대한 사랑을 기초로 하여 무저항의 저항이라는 정신적 운동을 전개하였다. 이 운동은 1919년 2월 시작하였는데, 그 참가자는 사랑과 신념과 희생의 적극적인 힘을 가지고, 해당 상대방의 재산·생명에 대하여 폭력을 사용하지 않는다는 것을 명제로 하고 있었다.

간디는 1920년 8월 1일부터 영국정부에 대하여 비협력운동을 개시할 것을 선언하였다. 효과적인 비협력운동은 조직에 의한 전민중적

운동이 되어야 하며, 완전한 질서가 유지된 상태에서 선량한 생명에 무모한 폐해를 주는 폭력을 사용해서는 안 된다는 것을 그 근간으로 하고 있다.

비협력 운동의 전략은 간디와 비협력 운동 위원회가 규정했으며 다음과 같은 방법들을 포함하고 있다.

1) 명예와 명예직에 대한 모든 칭호의 포기.
2) 정부제공 대여에 불참.
3) 법률가의 업무 중지와 개인적인 중재에 의한 법적논쟁의 해결.
4) 아동과 학부형에 의한 공립학교 등교거부.
5) 정부주도의 개혁위원회의 거부
6) 정부의 정당이나 다른 공공기관에 불참.
7) 어떤 관직이나 군직에 대한 수락 거부.
8) 스와데시(민족적 독립 혹은 자치) 독트린 확대에 관한 동의

이 비협력운동이외에 일부 엘리트 계층에서 시민불복종운동을 전개하였는데, 이는 납세거부 등 법률에 의한 복종거부이며 일종의 법률위반에 해당되므로 간디는 민중들이 스스로 통제·자제할 수 있는 성숙단계에 이르기까지는 이를 억제해주기를 기대하였다.

간디는 군중의 폭력을 우려하였으며 군중은 엄격한 질서를 유지할 것을 호소하였고, 인도의 자유가 폭력에 의해 성취되는 것을 반대하였다. 이 비폭력 사상은 간디가 마련한 아함사(비살상)의 서약서에 잘 나타나 있다.

이에 의하면 어떤 생명체도 죽이지 않는다는 것만으로 충분하지

않다. 인간은 그가 정의롭지 못하다고 믿는 사람들까지도 해를 끼쳐서는 안 된다. 나아가서 그들에게 화를 내어서도 안 되며 사랑을 하여야 한다. 난폭한 정치에는 반대하나 그 폭군을 해쳐서는 안 된다. 그 폭군을 사랑으로 정복하여야 한다. 그의 잘못된 의지에 복종하지 않음으로써 죽임을 당하는 일이 있더라도 그들의 악독한 탄압을 인내하여야 한다는 것이다.

이 비폭력원리는 1920년 12월 인도의 국민회의파 총회에서 승인·지지를 받았으며, 1921년 간디는 인도에서 도덕적 지도자로서 존경받게 되었으며 정치적 분야에서도 막대한 영향을 끼칠 수 있는 위치에 놓여 있었다.

그러나 그는 자만하지 않았으며 자기의 권위를 남용하여 정치적·경제적·사회적·종교적 개혁을 서두르지 않았다.

이 비협력운동은 영국이나 서구에 반대하려고 하는 것이 아니고 물질문명에 따르는 탐욕확대와 약자인 타민족과 타인에 대한 착취를 반대하고, 스와데시(자치)를 이루겠다는 것이다.

간디는 폭력과 부를 추종하는 인간의 탐·진·치와 자기의 야욕을 정당화시키는 무지無知를 일깨우기 위하여 무저항과 비폭력의 원리로써 과감하게 도전하여 인도인에게 용기를 불러일으키고, 물리적 힘에 근거를 둔 대영제국의 억압에서 벗어나도록 한 것이다.

이는 간디가 세계평화와 인간성 회복을 위하여 우리 인류에게 전한 사랑어린 교훈이라 할 수 있다.

제15장
고지선위사 古之善爲士
착함을 이룬 도사

古之善爲士者 微妙玄通 深不可識 夫惟不可識 故强爲之容 豫兮 若冬涉川 猶兮 若畏四隣 儼兮 其若客 渙兮 其若氷之將釋 敦兮 其若樸 曠兮 其若谷 混兮 其若濁 孰能濁 以靜者徐淸 孰能安 以動者徐生 保此道者 不欲尙盈 夫惟不盈 故 能蔽 不新成

옛날 착함을 이룬 선비는 미묘하고 큰 도道가 통하였다. 그 깊이를 알 수 없어 그저 오직 알지 못한다. 그러므로 억지로 그 모습을 나타내자면 삼가기가 겨울에 내를 건너듯 어려운 것 같이 한다. 주저함이 사방의 주위를 두려운 듯 두리번거리는 것 같이 한다. 엄숙하고 의젓함이 손님과 같다. 흩어짐이 얼음이 녹아 흩어지는 것 같다. 도타움이 나무 둥치와 같다. 텅 빔이 골짜기와 같다. 휘저음은 탁함과 같이 보이나, 본래는 깨끗한 것이다. 누가 능히 탁함을 정숙함으로써 서서히 맑게 할 것인가. 누가 능히 오랫동안 안주함을 움직여 서서히 살릴 수 있을 것인가. 이러한 도道를 가진 자는 욕망을 채우려고 하지 않는다. 그 오직 허虛하게 된다. 그러므로 능히 묵은 것으로 새로 이루어 진 것은 아니다.

: 착함을 이룬 도사

옛날에 도道에 통한 훌륭하고 성숙한 도사道士가 있었는데 그의 도는 미묘하고 걸림이 없으며 깊어서 알 수가 없다. 즉 그 도의 중심에는 허虛가 자리 잡고 있으며, 깨끗한 무심無心이 움직이고 있기 때문에 그 모습을 그릴 수가 없다.

그렇지만 억지로 그 도의 모습을 표현하자면 마치 겨울에 내를 건너듯 삼가고 조심하며, 그 주저함이 사방의 주위를 두려워하는 듯이 살피는 것과 같이 부득이한 경우에만 나서서 도움을 줄까하고 망설이며, 엄숙하고 의젓한 손님과 같다. 너그럽기는 얼음이 녹아 풀리는 것 같고, 소박함은 나무등걸처럼 꾸밈이 없고 순수하며, 텅빔은 골짜기와 같이 비워서 걸림이 없다.

세상을 휘젓게 되면 소용돌이가 되어 혼탁한 것 같지만 본래는 깨끗한 진공眞空이 존재하고 있는 것이다. 누가 이 혼란되고 탁한 세상을 가라앉혀 서서히 맑게 할 수 있으며, 누가 한곳에 고요히 머물고 있는 맑음을 서서히 움직여 생기있는 에너지로 전환시킬 수 있을 것인가? 깨끗한 물은 그대로 머물고만 있어서는 그 가치가 없으며 만물을 살리는데 쓰여져야만 하는 것이다. 깨끗한 물로서만 남게 될 때는 소승小乘이 되고, 만물을 살리기 위해 나아 갈 때 대승大乘의 길이 열리게 된다.

이러한 도를 보유한 자는 더 소득하고자 하는 바가 없으며, 오직 항상 비워 있을 뿐이다. 그러므로 도가 아무리 오래되고 구식인 것이라도 새롭게 할 필요가 없는 진공眞空으로 존재하고 있다.

요컨대 도는 시작도 없고[無始], 끝도 없는[無終] 영원한 것이라 할 수 있다.

삼매경영 三昧經營

인간은 자기의 적성을 찾아서 그 적성에 맞는 일에 집중함으로써 자리이타自利利他의 길로 나가게 된다. 그 적성은 오성悟性, 이성理性, 감성感性, 영성靈性으로 나누어서 설명되고 있다.

오성은 과학, 이성은 철학, 감성은 예술, 영성은 종교를 수행하는데 각각 관련이 있다.

그런데 정약용丁若鏞(1762~1836)은 자기가 보유하고 있는 4가지 적성을 골고루 유감없이 집중·개발하여 그 당시의 국가경영에 기여하였을 뿐더러 오늘날 조직경영에 있어서도 하나의 지침을 제시하고 있다.

그는 과학분야에서 수원 화성 설계, 기중기 제작 및 배다리(주교舟橋)설계, 천연두치료법에 관한 의학서적인 『마과회통麻科會通』 및 농사에 관한 책으로서 『응지론농정소應旨論農政疏』의 저술 등을 남기고 있다. 이러한 업적은 서양의 과학기술이 지닌 합리성과 효용성의 자연 과학적 사고를 폭넓게 수용한 결과이며, 따라서 관상술, 풍수설, 역수법 등은 비과학적이라고 보아 배격하고 있다.

종교·철학의 분야에서 그는 천주교사상도 사색하여 그 당시에 지배되고 있는 유교를 재조명하고 유교사상의 본래 뜻하는 실상을 파악하여, 유교이념을 보다 새롭게 해석하고자 하는 시도를 하였다. 따라서 경직화되어가고 있는 유교문화를 보다 보편적인 평등사상으로 개선시키고자 하였으며, 유교의 근본원리를 인간관계를 잘하는 것에 중점을 두고 무엇보다도 만남을 잘 하여야 한다고 역설하고 있다.

유교의 핵심인 인仁은 인간의 인간에 대한 사랑이며, 인을 실천하는 방법으로서 서恕를 내세우고 있다. 서는 자기의 마음을 남의 마음과 일치시키는 것이며, 이를 위하여서는 그 주체의 솔선수범이 요구되는 것이라 할 수 있다.

그의 실학實學 개념은 나라의 개혁된 과학·기술의 기초 하에서 경제적 발전과 더불어 사회교화기능이 한계에 도달한 유교문화의 체질을 개선시켜 도덕적으로 가치 높은 사회를 체계적으로 구현시키고자 하는데 있었다.

그 당시 노론 벽파僻派가 정약용을 제거하기 위한 수단으로서 천주교관련설을 줄기차게 주장함으로써 결국 그는 1801년부터 강진이라는 곳에 유배되어 18년 동안 지내게 되었는데, 이 유배생활을 저술을 위한 좋은 기회라고 생각한 듯이 그곳에서 경전에 관련된 232권, 경세론에 관련된 96권을 저술하였다. 그는 1818년 67세 봄에『목민심서牧民心書』를 완성하고, 동년 8월에는 이태순의 상소로 유배에서 풀려나게 되었다.『목민심서』는 지방행정관의 정치·경제·사회 등에 관련된 행동지침서로서 12편으로 되어 있으며, 각 편에는 6조로 나누어 총 72조로 구성되어 있다. 이는 정치, 경제, 사회 등에 대한 실효성 있는 개혁방안과 인격적 도덕성을 강조하고 있다. 그 주된 내용은 다음과 같다.

1) 부임6조赴任六條 : 지방행정관이 임명을 받고 부임하는 경우 해당되는 사무 수행시 명심하여야 할 사항.
2) 율기6조律己六條 : 지방행정관의 심신의 자세와 올바른 행동기준에 관한 사항.

3) 봉공6조^{奉公六條} : 지방행정관의 임금의 명령에 대한 기본적인 준수 기준, 상하간 예의 범절, 문서보고, 출장, 공납에 관한 사항.

  4) 애민6조^{愛民六條} : 지방행정관이 백성을 보살피는 일로서 노인 및 어린이 보호, 혼인권장, 상사^{喪事}, 건강, 이재민 대책에 관한 사항.

  5) 이전6조^{吏典六條} : 인사에 관한 일로서 문인 및 무인의 관리통제, 인원기용 · 배치 · 평가에 관한 사항.

  6) 호전6조^{戶典六條} : 논밭의 측정 · 행정, 조세부과, 농사장려, 호적, 양곡관리에 관한 사항.

  7) 예전6조^{禮典六條} : 제사, 손님접대, 교육, 신분제도, 과거제도에 관한 사항.

  8) 병전6조^{兵典六條} : 군정과 군사에 관한 사항.

  9) 형전6조^{刑典六條} : 형법의 공정처리에 관한 사항.

  10) 공전6조^{工典六條} : 산림, 도로, 수자원유지 · 이용, 건물 · 성곽의 구축 및 수선의 행정에 관한 사항.

  11) 진황6조^{賑荒六條} : 흉년의 대비책에 관한 사항.

  12) 해관6조^{解官六條} : 관직에서 떠날 때 인수 · 인계에 관한 사항.

  그는 예술분야에 있어서도 시, 그림, 서예에서 뛰어난 재능을 발휘한 것으로 나타내고 있다.

  정약용은 자기에게 아무리 어려운 고난이 닥치더라도 무엇이 사회의 참된 진리인가를 열린 마음으로 꾸준히 정진하여 밝혀내고 이를 실용적으로 사회에 응용 · 증명하고자 하는 진실된 도인의 자세와 행태를 보여준 것이라 할 수 있으며, 이는 오늘날 기업 · 국가 등의 경영조직에 있어서도 실질적인 본보기가 되고 있는 것이다.

제16장

치허극 致虛極

한없이 비었다

至虛極也 守靜篤也 萬物旁作 吾以觀其復也 夫物芸芸 各復其根
歸根曰靜 靜曰復命 復命曰常 知常曰明 不知常 妄作凶 知常容
容乃公 公乃王 王乃天 天乃道 道乃久 沒身不殆

한없이 비었다. 고요함을 굳건히 지킨다. 만물은 함께 자란다. 나는 그 돌아감을 보았다. 모든 만물이 무성하게 자랐다. 각각 그 뿌리로 돌아간다. 그 뿌리로 돌아가면 고요해진다. 고요해 지면 생명이 돌아난다. 새싹이 계속 나야 영원한 도이다. 영원한 도를 알게 되면 깨닫게 된다. 도를 알지 못하면 그 잘못됨이 흉한 결과가 된다. 그 영원한 도를 알면 포용하고 포용하면 공정하고 공정하면 존재왕이 된다. 존재왕이 되면 하늘같이 괸다. 하늘은 도이며 도는 영원하다. 죽어도 위태로운 것이 없다.

한없이 비었다

하늘과 같이 한없이 비워서 공空이나 무아無我가 되고 그 고요함을 땅과 같이 굳건히 지켜 선정禪定·열반涅槃이 되면 만물은 저절로 잘되어 가고 잘 자라게 된다.

나는 그 자연적 돌아감의 도道를 보게 된다. 만물은 각각 자기의 개성에 따라 다양하고 무성하게 성장해 나가지만 궁극적으로는 그 뿌리로 돌아가게 된다. 그 뿌리로 돌아감은 고요한 정靜에 이르게 됨을 말한다. 고요한 정靜되기 위해서 십자가十字架의 고난을 극복하여야 한다. 고요해지면 새로운 생명이 부활하게 된다.

어떠한 어려움이나 괴로움이 닥친다 하더라도 흔들리지 않는 평상심平常心이 유지되어야 부활이 되고 성불成佛이 될 수 있는 터전을 마련할 수 있는 것이다. 생명이 부활하게 되면 영원한 불역不易의 도가 파생되어 진다. 영원한 불역의 도를 알게 되면 깨달은 것이라 한다. 불역의 도를 알지 못하면 잘못된 생각인 망상妄想과 잘못된 행동인 망동妄動을 하는 나쁜 결과를 낳게 한다.

그 영원한 도를 알게 되면 너그러움의 포용력이나 크고 밝은 깨달음인 원각圓覺을 가지게 되며, 이 원각의 대광명大光明은 차별없이 누구에게나 공정하게 진리의 빛을 발산하게 된다. 원각을 대중에게 무차별로 베풀게 되면 존재왕 같은 실존이 된다. 여기서 실존이 되면 자기 속에서 빛이나 옹달샘이 자연적 흘러나오게 된다.

이 실존으로서 존재왕은 하늘과 같으며, 이 하늘은 도인 것이며, 도는 영원히 빛난다. 그래서 죽어도 위태롭지 않는 불생불멸不生不滅이 된다.

: 평상적경영平常的經營

평상적 경영은 경영조직이 수많은 어려운 난관에 처하더라도 이겨낼 수 있는 기초가 마련되어 있고 안정과 평화가 유지된 가운데서 건전하게 발전되어 나가는 경영을 의미한다. 예컨대 조직의 내외적 환경이 혼란보다 평상적 조화와 균형이 이루어진 상태에서 보다 능률적이고 효과적 경영이 실현된다는 것이다. 경영조직이 고요한 정靜의 상태가 유지되기 위하여서는 그 내외적 갈등구조가 해소될 수 있는 평화주의가 정착해야 한다. 공자孔子(BC552~BC479)는 중국의 춘추전국시대의 성인으로서 평화주의의 이념으로써 평상적 경영을 실현하고자 하였다. 춘추전국시대는 기원전 770년부터 기원전 403년까지의 약 300년간에 걸쳐 중국에서 17개의 독립국가가 난립하여 상호간 분쟁이 끊임없이 일어나고 있었다.

공자는 19세 때에 노나라의 말단 공무원을 시작하여, 56세 때에 올바른 정치를 조언하기 위하여 노나라에서 진나라로 가고, 이어서 채나라, 섭나라, 초나라, 위나라 등으로 전전 하였으나, 각 나라마다 기존 세력의 저항으로 인하여 자기의 뜻을 펼칠 기회를 충분히 얻지 못하였을 뿐더러 그를 상갓집 개라고 혹평을 하는 자도 생겨났으며, 기원전 484년 68세 때 고국인 노나라로 다시 돌아오고 말았다.

공자는 51세 때부터 몇 년간 노나라에서 시장, 재무 및 법무장관 등의 관직을 얻었으나, 69세 때부터는 정치보다는 교육에 전념하여 후학의 양성에 매진하였다.

공자의 평상적 경영을 위한 사상이나 사고는 다음의 관점에서 기술하고자 한다.

(1) 정치 및 경영의 기본적 이념

공자는 법보다 도덕을 근본으로 삼는 덕치주의^{德治主義}로 정치를 하게 되면 각 나라가 잘 다스려 질 수 있고, 군주 등 지도자들의 남의 나라를 침범하여 그 권력과 부를 확장하려고 하는 욕심에서 벗어날 수 있는 고요한 정^靜에 도달할 수 있으므로 전쟁이 일어나지 않고 평화가 정착되어 백성들도 잘살아 나갈 수 있다는 것을 역설하였다. 이 정치이념은 구체적으로 근본이 서야 길이 열린다는 본립도생^{本立道生}을 제시하고 있다.

그 근본은 인^仁을 지칭하게 되는데 자기를 극복하고 예로 돌아가면 인을 행하게 되고(극기복례위인^{克己復禮爲仁}), 천하도 「인」으로 귀착한다(천하귀인언^{天下歸仁焉})는 것이다. 여기서 예^禮는 겸손, 양보, 배려 등 긍정적 사고를 얻게 된 것을 의미할 수 있으며, 쉽게 말해서 신사^{紳士}가 된 것이다. 「인」은 사랑이나 자비로써도 표현할 수 있으므로 인자는 자기가 서려고 원한다면 다른 사람도 세워 주어야 한다. 또한 자기가 통달하려고 원한다면 다른 사람도 통달하게 하여야 한다는 것이다.(부인자^{夫仁者} 기욕립이립인^{己欲立而立人} 기욕달이달인^{己欲達而達人})

그리고 극기의 관점에서 "이기기만 좋아함, 자기공로자랑, 원망, 탐욕을 자제하여 이를 실행에 옮기지 않으면 능히 인이라 할 수 있다(극벌원욕^{克伐怨欲} 불행언^{不行焉} 가이위인의^{可以爲仁矣})"고 표현하였으며, 이러한 비긍정적인 요소가 해소되지 않으면 상호 갈등을 심화시켜 조직의 에너지가 형성되지 않게 된다는 것이다. 인^仁 이외에 공자는 "인생의 핵심은 「정직」에 있으며, 정직하지 않는데 살아가는 것은 요행히 그 생존 못함을 면하였을 뿐이다(인지생야직

人之生也直 망지생야罔之生也 행이면幸而免)"라고 강조하였다.

기업경영문화에 있어서 정직이 사라지면 기업내부나 외부에서 신뢰성을 잃게 되어 장기적 기업존속이 위태롭게 되지 않을 수 없다.

(2) 리더십

공자는 리더십과 관련하여 임금이 임금답게, 신하가 신하답게, 아버지가 아버지답게, 아들이 아들답게 할 수 있도록 하는 것(군군君君·신신臣臣·부부父父·자자子子)이 정사政事의 주된 일이라고 보고 있었다. 그것을 그것답게 하기 위한 리더십은 솔선수범率先垂範, 중용中庸, 적성適性, 조화調和 등이 요구되고 있다.

솔선수범에 관련하여서는 지도자가 그 자신이 바르면 명령하지 않아도 실행되어지며, 그 자신이 바르지 못하면 비록 명령하더라도 따르지 않게 된다는 것이다.(기신정其身正 불령이행不令而行 기신부정其身不正 수령부종雖令不從)

중용은 어떤 일에 처하여 너무 자기입장에서만 집착하여 지나치지 않도록 하여야 하며(무과無過), 무관심이나 불성실로 인하여 미치지 못함이 없어야 한다는 것(불급不及)이라 할 수 있다. 따라서 중용은 중간이 아니고 시간적·공간적으로 알맞게 적응해 나가는 지혜를 의미하게 된다. 적성의 관점에서 훌륭한 지도자는 다른 사람의 아름다움을 이루게 하고, 남이 잘못되기를 기도하지 않도록 한다. 그러나 소인은 이와 반대이다. (군자君子 성인지미成人之美 불성인지악不成人之惡 소인반시小人反是) 인재양성에 있어서 열 가지 중 하나만 잘하더라도 이 장점을 키워나가야 하고, 열 가지 중 하나만 못하면 끌어내리는 경영풍토가 되어서는 안 된다. 훌륭한 지도자는 조직에 조화되지만 의리에 근거하여 불의에 동화되지 않고, 소인은 자기의 이익에 따라 움직일 뿐 조화되지 않는다.(군자君子 화이부동和而不同 소인小人 동이부화同而不和) 이는 지도자나 조직구성원이 경영의 효과적인 목적달성을 위하여 협조하여야 할 때는 적극적으로 그 뒷받침이 되어 주어야 하며, 개인 및 집단이기주의에만 편승하여서는 안 된다는 것이다.

(3) 연구개발

공자는 남이 나를 알아주지 않는다고 걱정하지 말고, 자신이 능하지 못함을 걱정하라(불환인지부지기야不患人知不己知 환부지인야患不之人也)고 하여 자기의 독자적 능력개발을 우선시 하였다. 이 능력개발을 위하여서는 옛 것을 근거로 깊이 탐색하고 그리고 새로운 것을 파악하도록 한다. 그러면 능히 그 분야에 있어서 일류의 전문가가 될 수 있다.(온고지이신溫故而知新 가이위사의可以爲師矣)는 것이다. 이는 이미 존재하고 있는 지식체계에 새로운 노하우Know How를 첨가시킴으로써 능률적인 연구개발이 가능하다는 것이다. 어떤 진리 및 원리를 깨닫거나 발견하기 위하여서는 분발하여 먹는 것도 잊고 즐거워서 근심도 사라지며 장차 늙음이 닥쳐오는 것도 모를 정도가 되어야 하지 않겠느냐고 역설하고 있다(발분망식發慎忘食 낙이망우樂以忘憂 부지노지不知老之 장지운將至云). 그러므로 일 자체가 노는 것 같이 재미있어야 하고 집중할 수 있는 경우에 지식개선 및 지식혁명을 초래할 가능성이 높다. 그리고 싹이 났으나 꽃이 피지 못하는 경우도 있고, 꽃은 피었으나 열매가 맺지 못하는 경우가 있다고(묘이불수자苗而不秀者 유의부有矣夫 수이불실자秀而不實者) 말하여 연구개발의 성공이 이루어 질 때까지 중단하지 말고 꾸준히 인내하면서 정진해 나가야 한다는 것을 강조하고 있다.

(4) 인간관계

조직 내에서 타 구성원이 자기를 어떻게 보고 있느냐 하는 것도 어느 정도 고려나 관심의 대상이 될 수 있지만 너무 이것에 집착하다 보면 조직구성원 각자가 자기 적성을 잘 발휘하거나 키워나갈 수 없게 될 가능성이 높다.

공자는 이에 대하여 사람이 알아주지 않는다고 서운해 하지 않아야 군자라고 하지 않겠는가(인부지이人不知而 불온不慍 불역군자不亦君子)라고 하였으며, 나아가서 사람들이 자기를 알아주지 않음을 걱정하지 말고 내가 다른 사람을 알지 못함을 걱정하라(불환인지不患人之 부기지不己知 환부지인야患不知人也)고 조언함으로써 보다 여유있고 성숙한 인간을 기대하고 있다. 중요한 문제는 자기를 알아주지 않는다고 걱정하는데 있는 것이 아니고 자기가 인정받기 위해서 유능한 인간이 되도록 하는 그 무엇을 구하는데 있다고 볼 수 있다 (불환막기지不患莫己知 구위가지야求爲可知也).

공자는 우리가 어떤 직위에 있지 않음을 걱정하지 말고 독립해서 나아갈 기초를 가지고 있는지를 우선적으로 살펴보아야 한다 (불환무립不患無位 환소이립患所以立)는 것을 권유하고 있다.

요컨대 공자는 70세에 이르러서 인생의 어려운 고난을 뚫고서 자기의 마음이 자유롭게 욕구 하고자 하는바에 따라 움직여도 그 결과는 언제든지 훌륭한 법도를 벗어나지 않는 성인이 된 것이다.(칠십이종심소욕七十而從心所欲 불유구不踰矩)

제17장
태상太上
으뜸가는 것

太上 下知有之 其次 親譽之 其次 畏之 其次 侮之 信不足 安有
不信 猶兮 其貴言 功成事遂 百姓 皆曰 我自然

맨 위로는 백성들이 왕이 있는 줄 알지 못함이요. 그 다음은 백성들이 좋아하고, 칭찬하는 것이다. 그 다음은 두려워함이다. 그 다음은 업신여김을 받는 것이다. 그래서 신뢰성이 없어서 믿지 못하게 된다. 말을 삼가고 귀중히 여긴다. 공을 이루고 일을 만들어 감에 있어서 백성 모두가 자기 자신이 저절로 자치가 되었다고 말한다.

으뜸가는 것

최고의 정치는 백성들이 왕이 있는지 없는지를 알지 못 할 정도가 되어야 한다는 것이다. 왜냐하면 자연이 누구의 인위적인 지시도 없이 자치적이고 체계적으로 저절로 잘 운영되듯이 정치가 돌아간다면 으뜸이 되는 것이다.

그 다음은 백성들이 그 정치의 되어감을 인식하고 칭찬해 주겠다는 생각을 가지는 경우이다. 그 다음은 왕의 정치로부터 피해를 받지 않을까 무서워하거나 두려워하는 단계이다. 그 다음은 귀찮아 기피하고 업신여김을 당하는 것이다.

이렇게 되면 백성들은 정치 지도자들을 신뢰하지 않게 되어 그 말을 믿지도 않고 따르지도 않게 된다. 왕과 같은 지도자는 말을 신중히 하여야 하는데 그 신뢰를 받지 못한 자는 백성을 안심시키려고 오히려 자기 말을 떠벌리고 야단친다.
　일의 성과를 내서 진행해 감에 있어서 백성 모두가 자기 자신이 자치가 되었다고 생각하고 말할 때 그 정치나 지도력이 최고의 경지에 이른 것이다.

：으뜸경영

　태종 이방원은 세자로 이미 책봉된 맏아들인 양녕대군에 대해서 나라를 이끌어 나갈 왕으로서의 자격에 대하여 확신이 서지 않아 1418년 6월 이를 폐하여 광주로 추방하고, 셋째 아들인 충녕대군을 왕세자로 추대하여 세종대왕이 되도록 하였다.
　세자가 된지 2개월 후인 1418년 8월 충녕대군은 갑자기 태종으로부터 왕위를 이양한다는 명을 듣고 사양하였으나 태종의 강권으로 수락을 하였으며, 태종이 세상을 떠난 1422년 5월까지는 태종의 지도하에서 견습 왕으로서의 역할을 하게 된 것이었다.
　1422년 태종의 사망으로 세종은 26세 때부터 홀로서기 위한 여러 가지 시련을 인내와 포용력으로서 극복하여 신뢰받는 지도자로 등장하게 된다.
　세종대왕은 국력이 체계적으로 개선·강화되는 자주적 시스템을 파악하여 그 기초를 수립·설정하여 오늘날까지 그 영향을 미치고 있다.

(1) 국방력 강화

안정된 민생이 유지되기 위하여서는 국방력을 강화하여 타민족의 침략을 막았다. 세종 15년(1433년)에는 북방의 여진을 정벌하였고, 1434년 김종서가 함길도에 부임하면서 6진 개척을 본격화하여 두만강을 경계로 한 영토를 굳건히 구축하였다. 여진정벌에 있어서 세종은 먼저 소수의 인원으로 정보전을 기획하여 적의 동태를 파악·교란하고 전쟁기습시기, 부교의 설치 등에 기여하여 승리하게 되는 군사전략가의 모습을 나타내고 있다.

(2) 과학 및 기술의 발전

세종은 농업을 근본으로 삼는 그 당시에 필요한 과학 및 기술발전에 심혈을 기울이었다. 관상감을 설치하여 천문天文을 관찰하여 일월성신日月星辰의 운행에 관한 역서曆書를 매년 반포하였는데, 중국의 역법보다도 우리나라에 맞는 독자적인 천문계산법을 만든 것이다. 즉 한양과 북경은 위도가 다르므로 한양을 표준으로 하는 역서를 만드는 기본법을 강구하였다. 그리고 천인계급인 장영실을 발탁하여 해, 달, 별의 운행상황을 관측하는 관측기觀測器를 제작하도록 하였으며, 또한 해시계, 물시계, 측우기測雨器 등을 만들게 하여 농업의 기술개발과 과학화에 박차를 가하였다.

그 이외에 농민들이 자기 지방 풍토에 맞는 농사법을 시행할 수 있도록 하기 위하여 농사직설農事直說이라는 책을 발간하여 농사

짓는 방법이 크게 개선되도록 하였다.

셋째, 자주정신과 창의력을 기본으로 하여 우리나라 역사와 음악을 탁월하게 재정립하고 지식혁명이라 할 수 있는 한글을 창제하였다.

(3) 역사와 음악의 재정립과 한글의 창제

세종은 우리나라를 보다 잘 이해하고 자주적이 되기 위해서는 무엇보다도 우리나라 역사의 내용을 올바르게 직시할 수 있어야 한다는 것을 절감하였다. 이에 따라 세종은 재위기간 중 정도전 등이 기술한 고려국사의 개정을 거듭하여 1451년(문종1년)에 기전체 고려사와 1452년(문종2년)에 편년체인 고려사절요를 완성하게 된다. 그리고 세종은 우리나라 땅에 어떠한 유물과 유적이 있는지를 철저히 조사하게 하여 체계화하도록 하였다.

세종은 예禮와 악樂이 조화를 이루는 문화국가를 형성시키려고 하는 이념을 가지고 세종7년(1425년)부터 박연을 중심으로 하여 고전적인 아악을 정비하고 각종 악기를 제작하여 세종15년(1433년)에는 중국 못지않은 음악 수준을 갖추게 되었다. 이는 국민의 마음을 순화시키고 평화롭게 하기 위해서는 훌륭한 음악이 조성되어 있어야 한다는데 역점을 두었던 것이라 할 수 있다. 그런데 그 당시 박연 등은 중국식 아악의 복원에 집착하고 있었으나 세종은 중국음악이 우리보다 낫다하여 거기에만 몰두하면 우리음악의 장래는 어떻게 될 것인가 하고 우려를 표명하였다.

그래서 세종은 아악을 기본으로 하되 전통적인 우리의 향악의 수준을 글어 올리려고 하는 의도를 가지고 향악의 정비에 박차를 가하였다. 세종이 한글을 창제하기 전에는 주로 양반계급인 소수의 특권층에서만 한자라는 중국 글을 사용하여 왔으며, 대부분의 일반백성은 1만3천자가 넘는 중국의 한문글자를 배우기 어려워 문맹으로 남게 되는 양극화현상이 나타나고 있었다. 또한 글은 글대로 따로 있고, 말은 말대로 따로 있어서 온 국민이 자기 뜻을 글로써 소통할 수 없는 무지한 국민들을 둔 나라가 부강할 수 없다는 것을 인식했던 세종은 한글을 만들었던 것이다.

한글창제는 충신·효자·열녀의 행적을 모아서 만든 삼강행실三綱行實이나 기타 고전을 번역하여 어리석은 백성이 쉽게 이해하고 깨달으면 그들의 예의범절이 훌륭해 질 수 있고, 법률과 관청에서 어려운 말이 추방되어 백성들이 알기 쉽게 글을 이해하여 억울한 피해를 받지 않고 보다 편리한 언어생활을 할 수 있도록 하고자 한데 그 기초를 두고 있다. 그래서 세종은 1446년 9월 집현전의 일부 지식층과 더불어 엄밀하게 연구한 훈민정음訓民正音 28자를 처음으로 반포하게 된 것이다. 여기서 집현전은 건국초기 왕권의 쟁탈로 인하여 많은 인재들이 제거되어 나라를 이끌어 나갈 인재가 부족하게 된 결과 태종 이방원의 의도에 따라 설치된 것이며 세종 때에는 나라 발전에 실질적으로 필요한 세종의 구상을 현실화시키고 구체화하는데 핵심적인 역할을 하였다.

세종은 어렵게 만든 한글의 부족한 점을 보완하여 널리 보급·실행하고 한글 창제에 관한 표음법 등을 연구하고 삼강행실 등 고전 등을 우리말로 번역하기 위하여 언문청諺文廳을 신설하게 되었다. 또한 관리를 뽑을 때도 언문으로 글을 짓게 하는 과거령을 제청하도록 하였다. 이로써 세종의 지식혁명이 특권층에서 전체국민에게로 확산되도록 하여 오늘날까지 우리나라의 문화 및 문명과 국력의 향상에 엄청난 기여를 하게 되는 계기를 마련하게 된 것이다.

그런데 세종이 창제한 한글에 대하여 그 당시 강력하게 반대하는 집단이 있어 그 일반화에 어려움을 겪게 되나 세종의 일관된 자주정신를 관철시키고 있다.

집현전의 부제학인 최만리崔萬理와 일부학자들이 제기한 한글반대 상소문을 요약하면 다음과 같다.

① 우리나라에서는 조선의 건국 이래로 대국을 섬겨서 한결같이 중화의 제도를 따랐다. 한글을 창제·선도하는 것은 문명한 나라가 오랑캐로 변하며, 언문을 만들어서 중국을 버리고 스스로 오랑캐가 되었다.

② 언문을 시행하게 되면 관리나 학자들이 28자 언문으로 족히 입신출세하게 되므로 힘들어서 성리학을 공부하지 않을 것이다. 따라서 한글을 보편화시키면 우리나라에서 학문을 숭상하던 누적된 문화가 점차로 소멸할 것이다. 그리고 문명한 정치 아래 전통을 파괴시키면서 도를 구하려 하던 뜻을 그대로 이어 받을 수 없다.

③ 언문이라는 것은 신기한 한 가지 재주에 지나지 않으며, 학문의 손실이고 정치에 유익하지 않다.

④ 언문을 말로 청취케 하면 어리석은 사람도 알아들을 수 있으므로 법률을 언문으로 고친다는 것은 별로 실효가 없다.

⑤ 언문을 창제·보급하는데 공간적·시간적으로 신중하게 고려하지 않고 조급하게 서두르고 있다. 흉년 등에 대한 대책 등의 정사가 급선무이며, 언문제작은 시급한 것이 아니다.

⑥ 언문이 비록 유익하다고 할지라도 동궁이 성리학을 팽개치면 중요한 학문의 손실이 되고 덕성의 구비에 부족한 결과를 낼 가능성이 높다.

이에 대하여 세종은 최만리 등을 불러 "당신들은 조선 사람이 아니다 명나라 사람의 종노릇하기가 평생소원이구나"하고 반문하였으며, 나라 글의 창제는 국민들에게 자주자립의 정신을 세워주자는 것이고 백성들이 간편하게 글자를 사용할 수 있도록 하기 위한 것이라는 사실을 강조하였다.

제18장

대도폐 大道廢

큰 도를 버리면

大道廢 安有仁義 慧智出 安有大僞 六親不和 安有孝慈 邦家昏亂 安有忠臣

큰 도道를 내버리게 되면 인의라는 것이 생겨나게 된다. 잔꾀가 나오게 되면 결과적으로 큰 거짓이 될 수 있다. 육친이 서로 화합하지 못하면 효자가 나온다. 국가가 혼란하면 충신이 있게 마련이다.

큰 도를 버리면

무위라고 하는 큰 도를 버리게 되면 인의라고 하는 율법에 얽매이게 된다. 무위는 탐진치食瞋痴의 삼독三毒이 제거되고 진선미眞善美에 따라서 살아가기 때문에 사전에 문제가 자연적으로 지워진다. 만약 사전에 문제가 지워지지 않는다면 그 문제가 발생하였을 때 인의와 같은 규범에 기준하여 문제를 해결하고자 한다.

세상에는 공산주의, 마키아벨리즘 등과 같은 주의主義, 주장·사상·정책 등이 나와서 그 시대의 상황에 따라서 활개를 치게 되는데, 이는 인간이 차별성을 가지고 만들어 낸 한정된 지혜에 지나지 않게 된다. 그러므로 이 잔꾀와 같은 지략智略은 나중에 올바르지 못한 것으로 판명되어 정치·경제·사회적으로 심각한 폐해를 끼치는 경우가 많다. 요컨대 잘못된 지혜는 처음부터 발현하지 않는 것이 오히려 화를 면할 수 있다. 부자父子, 형제兄弟, 부부夫婦와 같은 육친이 서로 싸우게 되면 효자의 필요성을 절실히 느끼고 이를 키워나가게 된다. 그러므로 육친이 사전에 화합되면 효孝나 불효不孝라고 하는 문제해결의 방법론 자체도 거론되지 않는다는 것이다.

국가가 어둡고 어지럽게 되면 충신이 나라를 살리기 위하여 나타나지 않을 수 없다는 것이다. 만약 나라가 밝고 안정되어 잘 운영되어 그 시스템 내에서 각자 맡은바 임무를 다하며 그 사명을 성취해 나간다면 그것이 바로 충신인 것이지, 특별한 충신이 머리부터 마련되어 있어야 한다는 것은 아니다.

: 사전 문제 지움의 경영

무위라 함은 사전에 문제를 지움으로써 사후에 별다른 행위를 하지 않더라도 자연적으로 잘 운영되어 갈 수 있음을 시사하고 있다.

준비가 되어 있으면 근심·걱정이 없어진다는 유비무환有備無患도 사전에 문제지움과 관련이 있는 무위의 개념에 귀속시킬 수 있다.

이순신(1545~1598)은 일본과의 해전에서 23전 23승이라는 놀라운 전과를 올렸다. 이러한 성과는 이순신이 사전에 엄청난 준비를 하여 이길 수 있는 자신이 생겼을 때 작전을 개시하였기 때문이라 할 수 있다.

그 당시 일본의 경우는 유효사정거리가 200m~300m 되는 조총을 사격하면서 접근하여 상대의 배에 올라 백병전을 하는데 능숙한 면이 있었으나, 일본 배는 얇은 삼나무 판자로 만들었으며 그 배의 밑바닥이 뾰족하여 수심이 얕은 곳에서는 가라앉을 가능성이 높은 것이었다. 이를 면밀히 검토한 이순신은 원균 등 다른 장수들이 접근전을 고려하고 있음에도 불구하고 원거리 포격전이 승산이 있음을 포착하게 되었다. 그래서 무게 200kg, 길이 3m이고 사정거리 1km이상인 천자총통 天字銃筒 을 만들어 길이 2.7m가 되는 대장군전이라는 화살과 조란탄을 조선 판옥선에서 발사하였는데, 얇은 삼나무 판자로 만든 일본군 전투선은 이 대장군전을 맞으면 배에 큰 구멍이 나 침몰하지 않을 수 없었으며, 1592년 5월 3일 첫 번째 싸움터인 목포해전에서 승리하여 그 성능을 유감없이 발휘하였던 것이다.

　여기서 조선 판옥선은 소나무로 되어 있고 그 배의 골격은 가롱목을 이용한 매우 견고한 것이었으며 보통 때는 32명, 긴급 시에는 64명이 동시에 노를 저어 나갔으므로 그 당시로서는 상당히 빠른 것이었다. 그리고 조란탄은 골프공만한 쇠구슬을 최대 400개 정도 천자총동 등에 넣어 발사하는 엄청난 공격력을 가진 무기이었다.

　이 조선 판옥선 이외에 이순신은 조선 초에 거북선이 있었다는 사실을 발견하고, 우수한 배 기술자이고 유격대장이었던 나대용 羅大用 에게 의뢰하여 당초 거북선을 보완·개선시켜 임진왜란이 일어나기 하루 전에 완성하여 총통실험발사를 실시한 결과 성공을 거두었다. 이 거북선은 조선해군의 주된 전투함으로서 상대방의 중심적선을 격파시키기 위한 돌격선으로 이용되거나, 대형을 학의 날개처럼 넓게 펼쳐 그 안에 적이 들어오도록 하여 포위하는 전법이라 할 수 있는 학익진鶴翼陣에서 이 날개의 양쪽 끝에 배치시켜 그 임무를 수행하였다.

　이 거북선의 성능은 다음과 같이 기술되고 있다.

1) 거북선은 속력이 다른 배의 3배이다.
2) 거북선은 군사를 저편에서 보이지 않도록 하였다. 그래서 상대편에서 우리 군사를 조준하여 쏠 수 없다.
3) 거북선은 전후좌우에 72포혈이 있어서 일시에 포나 화살을 발사하면 적선이 쉽게 접근할 수 없다.
4) 배가 크고 골격이 매우 견고하며 중요한 곳은 철갑으로 씌웠기 때문에 적선이 부딪쳤을 때 심한 타격을 받게 된다.
5) 바람에 의한 돛대를 사용하지 않으며, 갑판에는 날카로운 철침 1200개 정도가 거꾸로 박혀있으므로 적병이 배에 올라와 접근전을 하거나 불을 놓을 수 없다.
6) 입으로 연기를 토하기 때문에 배의 모습을 감출 수 있다.
7) 배가 크기 때문에 물과 양식을 많이 실어서 오래 항해할 수 있다.

　따라서 거북선은 그 당시에 있어서 동서양을 막론하고 보기 드문 뛰어난 성능을 가진 전투함이었다. 이순신은 이 강력한 전함과 화포 등을 사전에 마련하였을 뿐만 아니라 자기가 맡은 해역에 관련하여 조서의 배치, 해류가 흐르는 방향 및 특징, 조수간만, 해상의 일조日照정도를 재조사 하였으며, 해류의 변화가 심한 해역에서는 직접 연습훈련을 하여 전투의 형태, 노 젓는 방법 등을 적절히 모색하였던 것이다.

이순신은 이와 같이 전함이나 무기 등을 일본해군에 비하여 월등히 우수한 상태로 준비하여 작전함으로써 이미 이겨놓고 싸운 것이나 다름이 없었다.

임진왜란을 일으킨 일본의 최고 권력자인 도요토미 히데요시豊臣秀吉는 일본의 유명한 장수들이 이순신과의 해전에서 한 번도 이기지 못하자 조선수군이 싸움을 걸어오더라도 맞대결하지 말고 부산 근해에 집합해 머물러 있으라하고, 조선에는 당파싸움이 심하므로 이를 이용하여 이순신을 중상모략케 함으로써 조선 자체에서 스스로 그를 제거시키도록 하는 방안을 지시하였다. 그래서 한국말을 잘하는 요시라라는 중을 시켜 가토 기요마사加藤淸正가 배 한척을 타고 조선에 오다가 바람을 만나 조그만 섬에 7일 갇혀있다는 첩보를 조선 측에 흘렸다. 이에 조선조정은 이순신으로 하여금 그 일본장수를 사로잡도록 명령하였으나, 이순신은 이 밀고를 하나의 유인책으로 보고 거부함으로써 '큰 소리를 하여 임금을 속인다(허장대언기망군부虛張大言期罔君父)'라는 죄목으로 체포하도록 하였다. 요컨대 이순신은 자기 자신이 어떤 의사결정의 상황에서 명확한 정보나 지식이 충분하지 않아 해결할 자신이 없거나, 그 시행결과의 성공을 적절히 예측·파악할 수 없으면 작전개시를 하지 않은 것이다. 그 이후 이순신을 대신하여 삼도수군통제사가 된 원균이 거제도 근처인 칠전량 해전에서 일본군에 패하여 판옥선이 100척 이상이 파손되고, 조선 수군 10,000명 이상이 전사하였다.

선조왕은 조선수군의 이 전멸상을 보고받고 이순신을 다시 삼도

수군통제사로 임명하였으나, 남은 것은 12척의 판옥선과 1,000명 정도의 수군 밖에 없었다.

　1597년 9월 중순경 일본해군이 약 130척의 전함을 이끌고 어란도를 떠나 진도와 해남사이에 있는 명량해협에 조선의 위장어선단을 따라 들어왔다. 이 명량해협을 지나면 목포와 가깝고 서해안으로 이어지게 된다. 그런데 일본수군이 명량해협에 들어왔을 때 갑자기 해류의 흐름이 반대방향으로 바뀌어서 일본수군의 전함의 속도가 느려지고 그 대열이 흩어진 사이에 조선수군이 13척의 판옥선으로 집중적으로 공격하여 일본수군은 31척의 전함을 잃게 되고 이로써 이순신은 13척이라는 아주 적은 수의 전함으로써 이 해역에서 승리를 이끌었다. 이 해전의 승리도 이순신이 명량해협의 해류의 흐름 방향이나 방향전환정도, 지형, 물결의 속도 등을 사전에 치밀하게 고려하여 일본수군을 이곳에 유인하여 싸운 결과라고 할 수 있다.

　현대경영에 있어서도 이순신이 수행한 사전에 있어서 철저한 준비는 그 실패의 확률을 상당히 줄일 수 있다는 것을 일깨워 주고 있다.

제19장

절성기지 絶聖棄智

거룩함과 앎을 내세우지 않으면

絶聖棄智 民利百倍 絶仁棄義 民復孝慈 絶巧棄利 盜賊無有 此三者 以爲文不足 故令有所屬 見素抱樸 小私寡欲

거룩함을 끊고 앎을 버리면 사람들이 백배나 좋아진다. 형식적인 인仁을 끊고 의義를 버리면 사람들은 효와 자비로 돌아온다. 교묘함을 끊고 영리함을 버리면 도적이 없어진다. 이 삼자를 글로써 나타내어 해결하기에는 부족하며, 잘 되지도 않는다. 따라서 백성들로 하여금 본래의 소속된 바로 돌아가게 해야 한다. 본성을 발견하고 꾸밈없음을 안는다. 사사로움은 작게, 욕심은 적게 된다.

거룩함과 앎을 내세우지 않으면

자기가 성직자, 학자 등으로서 거룩하고 앎이 많다는 것을 인지하고 내세우지 않고, 순수하며 겸손한 마음으로써 백성을 실질적으로 교화시킨다면 이상세계를 구현할 수 있는 것이다.

　인과 의를 율법적인 테두리 내에서 규정·분별하여 강제시키는 것보다도 인간 내부의 스스로 혹은 저절로 되는 효와 자비를 복원시키는 것이 중요하다. 자기 자신의 이익을 위하여 잔꾀를 부리지 않고 대승적 입장에서 사랑이나 자비를 베풀면 남의 것을 뺏고자 하는 마음이 없어지게 된다.

　종교로서 성지聖知, 율법으로서 인의仁義, 처세로서 공리功利를 인위적인 글로써 나타내어 발생된 문제를 해결해 보기에는 부족하며 잘되지 않는다. 그래서 백성들로 하여금 본래의 바탕이라 할 수 있는 도道에 귀속되도록 해야 한다.

　오염되지 아니한 본래의 깨끗함의 기초 아래 각자의 소질을 발견하고 통나무와 같이 다듬지 않은 있는 그대로의 분별심이 없는 자연으로 돌아가야 자기의 생명을 진실로 다할 수 있다. 이로써 자기라는 것이 없어지면 욕심이 비워진다.

: **순박경영**

백범白凡 김구金九(1876~1949)의 조상은 농사를 짓다가 군역전軍役田이라는 땅을 짓게 되면서부터 상민의 계열에 서게 되었다.

　김구는 상민이라는 비천한 계급에 속했지만 향학열에 불타 11세 때부터 한문, 병서, 대학, 당시唐詩 등을 배웠으며, 16세 때에는 풍수와 관상도 공부하였다.

　김구는 17세 때 상민이지만 얼굴 등 외모보다 마음 좋은 사람이 되기로 맹세하고 평등주의를 근간으로 하고 있는 동학에 참여하여 그 다음해 동학의 최고회의에서 해주의 탐관오리와 왜놈을 잡는 선봉장으로서 지명되어 팔봉접주가 되었다. 이 선봉장은 싸움터에서 목숨을 걸고 앞장서게 됨으로써 대부분 기피하게 되는데 김구는 쾌히 이를 받아들여 해주성을 공격하였으나 실패 하였다.

그가 19세 때에는 동학당을 토벌하기 위한 의병소의 우두머리인 안진사(안중근의 부친)의 회유에 따라 유교에 깊은 지식이 있는 고산림을 만나 사서삼경 등 유교경전에 관하여 지도를 받게 된다.

20세가 된 1896년 2월 김구는 국모인 왕성왕후의 원수를 갚는다는 뜻에서 일본군사 간첩을 죽여 곧 체포된 후 인천 감옥소로 이동되어 사형이 확정되었으나, 사형직전 그 죄목이 국모보수國母報讐(명성황후의 원수를 갚음)인 것을 고종이 보고 사형을 정지시켰다. 그는 이 수형기간에 대학 등 고전과 세계의 정치, 문화, 경제, 과학 등을 기술한 신서적을 열심히 탐독하여 낭비되는 시간이 없도록 하였다. 그 이외 감방에서 죄수들에게 한글과 고전을 가르치고 소장을 대신 써주어 억울한 죄를 면하도록 하는 경우도 있었다.

그 후 1898년 3월 그는 탈옥하여 공주 마곡사의 중이 되어 약 1년간 불교수행을 하였다.

27세가 된 1903년 김구는 약혼녀인 여옥이 병으로 세상 떠난 후 기독교를 믿게 되었고 공립학교 교원이 되었다.

1919년에는 상해로 망명하여 임시정부 초대 경무국장이 되었으며, 1932년 1월 8일 이봉창의 일황저격 사건과 동년 4월 29일 윤봉길의사의 폭탄 투척사건에 대한 지휘 및 배후조정을 하였다.

1935년부터 1945년 11월 23일 한국에 귀국하기 전까지 상해 임시정부의 국무위원 및 주석 등에 취임하여 독립운동에 헌신하였으며, 1949년 6월 26일 경교장에서 안두희의 흉탄에 맞아 서거하였다.

(1) 겸손과 순수성

공식적인 학력이 없는 김구는 자기의 불리한 사회환경을 박차고 일어날 수 있는 과감한 용기와 에너지를 적극적으로 활용하여 우리 민족의 자주독립에 온 몸을 던져 기여함으로써 그 강한 뜻과 의미를 우리에게 전해주고 있다.

그는 말하기를 "나는 내가 못난 줄을 잘 알았다. 그러나 아무리 못났더라도 국민의 하나, 민족의 하나라는 사실을 믿음으로 내가 할 수 있는 일을 쉬지 않고 하여 온 것이다"라고 술회하고 있다.

김구가 자기의 호號를 백범白凡이라고 한 것은 가장 천하다는 백정과 무식한 범부에 이르기까지 모두가 적어도 나만한 애국심을 가진 사람이 되게 하고자 하는 의미가 내포된 것이라고 한다.

1919년 삼일운동 직후 김구는 상해로 망명하여 임시정부에 취업하기 위하여 그 곳의 내무총장인 안창호와의 첫 면접에서 임시정부의 문지기를 보게 해 달라고 청하였으나 나이가 많다는 이유로 국무회의에서 경무국장의 사령을 주었다. 이에 대해 그는 문지기자격이던 내가 다른 사람보다 나은 것이 아니라 사람이 없어진 때문이라고 설명하였다.

김구는 언제, 어디서나 국가나 민족과 결부시켜 생각·행동하며 자기를 내세우지 않는 순박성을 가진 것이라 할 수 있다.

(2) 독립, 철학, 자유의 실현

김구는 내 소원이 무엇이냐 하나님이 세 번 물으신다면 모두 우리나라 대한의 완전한 자주독립이요 하고 대답할 것이라고 기술하고 있다. 또한 한나라가 서서 한 민족이 국민생활을 잘 하려면 반드시 기초가 되는 철학이 있어야 한다는 것이다. 타민족의 철학에 의지하게 되면 우리 사상의 독립, 정신의 독립을 이룰 수 없으며 따라서 우리는 우리의 철학을 찾고 세워야 한다고 주장하였다. 이것을 깨닫는 날이 우리 동포가 진실로 독립정신을 가지는 날이요, 참으로 독립하는 날이라고 역설하고 있다.

"우리 민족의 머리에 들어박힌 것은 원수같은 사대사상뿐이 아니냐? 주자학을 주자이상으로 발달시킨 결과 팔짱을 끼고 앉아 손가락 하나 안 놀리고 주둥이만 까게 하여서 민족의 원기를 소진하여 머리에 남은 것은 편협한 당파싸움과 의뢰심뿐"이라고 한탄하고 있다.

나아가서 국가의 독립은 일시적인 사건에 의하여 쟁취하는 것보다도 널리 동지를 모으고 동포를 가르쳐서 실력을 기른 뒤에 크게 싸울 준비를 하여야 한다는 것이다.

김구의 정치이념은 자유로써 특정 계급의 독재를 배격하였다. 그는 국가와 민족보다도 양반계급의 지도력을 강조하는 주자학적 정치형태나 특정 노동자 계급을 우선시하는 공산주의에 동의하지 않고 있으며, 이는 정치의 자유를 해치는 걸림돌이 된다고 간주하고 있다.

우리나라가 그 당시에 군사력·경제적 부강의 관점에서 일류가 되지 못한다고 할지라도 우리 국민이 세계에서 가장 아름다운 마음을 가진 나라가 되기를 바랐으며, 그렇게 되면 우리의 주위 환경도 아름답게 된다는 것이다.

우리 인류가 불행한 근본적 원인은 자비·사랑·인의가 부족한 때문이며, 이러한 마음가짐이 발달되면 우리가 가진 자원력으로써도 편안히 살아 나갈 수 있다는 것이다.

공식적인 학교교육을 받지 못한 김구가 이와 같은 훌륭한 사상이나 사고방식을 가지게 된 것은 청년기의 시작이라 할 수 있는 17세 이후에 동학교인, 불교인, 기독교인으로서 직접적으로 참여하였고, 유교에 대하여는 고산림이라는 우수한 선생으로부터 배움이 있었다는 데서 찾을 수 있으며, 본인 자신도 열과 성을 다하여 그 가르침을 닦아서 체현시킨 결과라 할 수 있다.

(3) 리더십

김구는 조직이 추구하는 목표가 올바르다고 생각할 때에는 앞장서서 일이 잘될 수 있도록 면밀히 계획을 세우고 자기 일신상의 보호·명예·영달은 전혀 고려하지 않으며 과감하게 전력투구하는 솔선수범의 행동하는 모습을 항상 보임으로써 그 구성원의 협조를 이끌어 낼 수 있었던 것이다. 이는 동학교의 팔봉지역의 선봉장, 이봉창 및 윤봉길 의사의 사건에 대한 진두지휘와 그 내용의 공개, 해방 이후 남북통일을 위하여 어떤 위험도 개의치 않고 북한을 방문·회담하거나 기타 제 정치단체에 행한 그 설득작업 등을 그 예로 들 수 있다.

그는 언제 어디서나 소박하고 서민적인 풍모로써 다른 사람과 잘 어울릴 수 있는 인간관계를 형성하고, 사람들에게 무엇인가를 줄 수 있는 위치에 선 인간에게는 언제나 힘이 주어진다는 믿음을 가지고 실천함으로써 조직구성원으로부터 인정과 존경을 받을 수 있는 능력을 유감없이 발휘한 것이다. 그 당시 우리나라의 자주독립을 달성하기 위한 정치·경제·사회적 제 환경은 암흑이 드리운 채

도저히 헤쳐 나가기 어려운 상태이었으나 그는 불굴의 의지와 긍정적 마음으로 이를 포기하지 않았다.

그는 우리나라가 진정한 자주적 독립국가가 되기 위하여서는 경제력·자위력을 갖춘 문화국가로서 지식산업에 대한 교육의 중요성을 강조하고 있다. 요컨대 민국주의 정치는 대다수 일반국민들에 대한 좋은 교육에서 시작될 수 있다는 것이다. 왜냐하면 국가의 경쟁력은 소수의 탁월한 인재에게만 의존하는 제도보다도 전체 국민에 대한 참교육에 의해 보다 높은 수준의 지식과 지혜의 집합에 의한 에너지의 보유 및 확산에 근거를 두고 있어야 하기 때문이다.

따라서 그는 건전한 철학의 기초 위에 서지 아니한 지식·기술의 교육은 그 개인과 그를 포함한 국가에 악영향을 미치게 된다고 역설하고 있다.

제20장
절학무우 絶學無憂
학문을 뛰어넘으면 걱정이 없다

絶學無憂 唯與訶 相去幾何 善與惡 相去若何 人之所畏 不可不畏
荒兮 其未央哉 衆人熙熙 如享太牢 如春登臺 我獨泊兮其未兆 如
嬰兒之未孩 儽儽兮若無所歸 衆人皆有餘 而我獨若遺 我愚人之心
也哉 沌沌兮 俗人昭昭 我獨昏昏 俗人察察 我獨悶悶 澹兮其若海
飂兮若無止 衆人皆有以 而我獨頑似鄙 我獨異於人 而貴食母

학문을 뛰어 넘으면 걱정이 없게 된다. 정중하게 응답하는 것과 무성의하게 대답하는 것이 상호 차이가 얼마인가. 선함과 악함이 어느 한쪽이 언제나 머물고 있음이 얼마인 것 같은가. 다른 사람이 두려워하는 것이면 자기도 두려워하게 된다. 이에 따라 그 혼란은 끝이 없게 된다. 여럿사람이 즐거워하는 것은 잔치를 지내는 것과 같다. 마치 봄에 높은 대에 오르는 것 같다. 나 혼자 담박, 순수한 것만 좋아해서 다른 것은 관심의 밖에 있다. 마치 미숙한 어린아이가 어머니 등에 업혀서 어디에 의지하여 돌아갈 곳이 없는 것과 같구나. 거의 모든 일반적인 사람들은 현실생활에 집착하거나 미련을 가지고 나 혼자 여기로부터 벗어나고 있다. 나의 우직한 마음이여 멍청한 것 같구나. 일반 사람들은 세상일에 밝고 똑똑한데 나 혼자 어리석을 정도로 세상일에 어둡다. 세상 사람들은 분별지에 밝지만 나 혼자 분별지에 어둡구나. 마음의 담담함이 바다와 같구나. 바람의 불어옴이여 쉼이 없다. 대부분의 사람들은 모두 유위의 삶을 영위하지만 나는 홀로 무위에 조금의 틈도 없이 완고하다. 내가 다른 사람과 다른 것은 도를 구함을 귀히 여긴다.

학문을 뛰어 넘으면 걱정이 없다

학문은 우리 생활에 필요한 것이지만 이는 통일지가 아니고 차별지가 되므로 여기에만 집착한다고 해서 인생문제가 모두 해결될 수 없다. 왜냐하면 올바른 사고방식이나 인간으로서 성숙성이 뒷받침되지 아니한 과학·기술은 세상에 해를 끼칠 수도 있다. 즉 우리는 학자 이전에 깨달은 각자覺者가 되어야 한다는 것이다.

선불교에서는 불립문자不立文字를 내세우고 있다. 불립문자는 경전 등에서 나오는 문자나 그에 대한 해설력에 매달리는 것보다 실제로 얼마나 자기 자신이 본래의 부처의 믿음으로써 생활해 나갈 수 있는가를 중요시 하는 의미를 내포하고 있다.

상대방이 부르는데 관심을 기울여서 깍듯이 예라고 대답하는 것과 무표정하게 건성으로 예라고 응대하는 것과의 차이는 얼마나 될 것인가. 상호간의 대화에 있어서 예의를 지키는 것은 대단히 중요한 일이지만, 훌륭한 인격이 되어 있으면 이러한 외부적 나타냄은 저절로 해결될 수 있다는 것이다.

인간의 상대적 세계에서 규정되어진 선과악은 일정한 것 같지만 제행무상諸行無常의 진리에 따라 시간적·공간적으로 그 관점은 변동·변화되지 않을 수 없는 것이다.

이와 같은 이분별적 사고방식이나 흑백논리는 다른 사람들이 두려워하며, 따라서 나 자신도 이를 두려워하지 않을 수 없다. 이러한 분별지에 따라서 그 시비나 혼란은 끊이지 않고 계속 이어지게 된다.

일반 사람들은 세상의 쾌락을 즐거워하여 마치 잔치를 지내거나 봄날에 놀이터에 나아가 노는데 정신이 팔리기가 쉽다. 그러나 성인은 혼자 순박함을 좋아하여 쾌락을 즐거워하고자 하는 징조가 나타나지 않는다.

마치 순진한 어린애는 어머니에 업혀서 갈뿐 그 이외에 찾아 갈 다른 곳이 없다고 생각한다. 이는 도^道에 통일·집중되어 다른 것은 생각하려 해도 별로 재미가 없으며, 요컨대 법열^{法悅}이 최고이다라고 느끼고 있다. 여러 사람들이 모두 현실 세상에 자기 이익을 위하여 타협하고 집착을 버리지 못하고 있지만 나는 혼자 이러한 삶으로부터 동떨어져 외면되고 있는 것 같다.

나는 기교부리지 않는 담박한 마음으로써 담담하고 분별심을 없앨 뿐이다.

또한 일반사람들은 세상일에 약삭빠르지만 나는 생사의 윤회를 벗어나고자 함으로 세상일에 어둡다. 세상 사람들이 자기 입장에서 따지는데 밝지만 나 혼자 쳐지는 것 같다. 그러나 흔들리지 않는 평상심^{平常心}이 바다와 같다. 진리의 바람이 쉼이 없어 마치 옹달샘에서 깨끗한 물이 계속 흘러나오고 있는 것 같다. 사람들은 일반적으로 모두 유위로써 삶을 영위하는데 만족하나, 나 혼자 무위의 도로 나아감에 빈틈이 없이 견고하다.

요컨대 나는 일반적인 다른 사람과 달리 도^道를 구함을 귀중한 것으로 생각하고 있다.

: 품질 혁신 경영

카네기Andrew Carnegie(1835~1919)는 스코틀랜드의 덤퍼믈린이란 곳에서 태어났으며 그의 아버지는 가내 직조기 수공업자였다.

그의 정규교육은 1843년 8세가 되어서야 시작되었으며, 1848년 가난에서 벗어나지 못한 카네기 집안은 미국의 피츠버그시로 이주하게 된다. 카네기는 13세 때 면직공장에서 실감는 일로 1주에 1달라 20센트, 그 후 공장 지하실의 증기솥에 불 때는 일에 1주 2달라를 받았다. 1850년도에는 전보배달부로서 1주에 2달라 50센트를 받게 되었고, 1853년에는 그에 대한 성실하고 예의바른 태도가 점차 알려지게 됨에 따라 펜실베이니아 철도회사의 월급 35달러의 사무원으로 시작하여 12년간 여기에 근무하게 된다.

1862년에는 목조다리 대신 강철로 만든 다리의 대체 필요성을 인식하고 키스톤 교량제작소의 설립에 창업자의 한사람으로서 투자하게 되었다. 1867년에는 합병의 방법에 의하여 거대한 종합제철소인 유니온 철공소Union Iron Mill를 설립하였다. 그는 이러한 철강사업 이외에 주식투자수익 및 은행이자로 엄청난 부를 축적하기 시작하였다.

1875년에는 무쇠를 대신하여 최초로 강철을 제조하게 되는 세계 최대 강철공장을 세우게 된다. 1892년에는 세계 최강의 강철회사로서 카네기 브라더스 회사가 새로 설립되었으며, 카네기는 여기에 1,380만 달러를 출자하여 최대 주주가 된다.

1901년 카네기 강철회사는 모건계열의 강철회사에 합병되어 카네기는 강철사업 등에서 은퇴하고 그 이후 자선, 교육, 문화 등의 사업에 헌신하게 된다. 카네기가 거대한 부를 형성하게 된 요인을 열거하면 다음과 같다.

1) 자기에게 주어진 일이나 직업에 대하여 최선을 다하는 성실성과 책임감에 기초하여 주위로부터 신뢰성을 얻었으며, 좋은 기회가 있을 때에는 그 것을 놓치지 않는 집중력을 구사하였다. 그 이외에 그는 긍정적이고 온화한 성격에 협상력도 뛰어났기 때문에 만나는 대부분의 사람들이 같이 일하기를 원하였으며, 결국 이들로부터 필요할 때 결정적인 도움을 받게 되는 상황을 만들었던 것이다.

2) 시간적·공간적으로 업종의 미래 성장가능성을 보다 정확하게 예측하여 창업하거나 합병하여 회사의 규모를 보다 짧은 기간에 키워나갈 수 있는 여건을 만들었다. 1862년 키스톤 교량제작소는 그 당시 철도산업의 급성장으로 인하여 나무다리 대신에 강철다리가 절실히 요구될 것이라고 예측하고 발기인으로서 투자하게 되었으며, 그 예측이 적중하였다. 카네기는 철도 운송에 있어서 침대차 사업의 유망성을 예측하고 은행으로부터 차입한 돈을 투자하여 엄청난 이익배당금을 받게 되었다. 그리고 남북전쟁으로 인해 철에 대한 수요의 급증으로 철의 가격이 급상승하였으나 그 공급이 이에 따라가지 못하는 상황 하에서 카네기는 철강제조업에 관련된 두 곳의 회사에 투자하여 떼돈을 벌게 된다.

3) 카네기가 투자하거나 운영한 회사는 최선의 품질을 갖춘 제품을 소비자에게 제시하는데 열과 성을 다하였다. 예를 들면 키스톤 교량제작소에서 제작한 다리는 좋은 자재를 충분히 쓰고, 설계상

과학적 타당성, 작업환경 및 공정의 질적 우수성, 엄격한 검사 등을 갖추어 제작된 것이므로 아무리 센 바람에도 끄떡없이 견고하게 견디었던 것이다. 이는 장기간 정직한 다리를 놓는 것을 주된 목적으로 설치해 나감으로써 성공한 것이다. 또한 그는 베세머제강법에 의하여 종래까지 사용되어 왔던 무쇠를 대신하여 내구력이 뛰어난 강철의 시대를 낳게 된다는데 주의를 기울여 1873년 강철레일회사를 조직하였으며, 1875년 9월 1일 최초로 강철이 만들어져 획기적인 제품혁신이 이루어지게 된다.

4) 자기의 에너지를 여러 가지 분야에 분산시키는 것은 현명하지 못하다고 기술하고 있다. 그는 젊은 시절에 철강의 생산에 전력을 집중하여 이 방면의 달인이 되고자 하였으며, 이 사업에 대한 새로운 운영과정을 연구·개발함으로써 건실한 기업의 수익과 성장을 형성할 수 있다는 것이다. 특히 주식투자나 기타 투기에 휘말리게 되면 건전한 판단력을 잃게 되어 착실한 기업을 운영할 수 없다는 것을 강조하고 있다.

5) 카네기는 인생의 스승을 찾아내어 깊은 관계를 유지하거나 교제하는 것이 사업경영에 필수적이라는 것을 깨달았다. 그는 공식적인 학교 교육을 제대로 받지 못하였으나, 30세 초반 때 철학자, 사회학자, 문학가 등과의 교류로 자기의 지적 부족분을 충족시키고자 노력을 거듭하였으며 공자, 불교, 조로아스터교 등에 관한 서적을 탐독하고 높은 철학의 경지로 나아가려고 하였다.

1882년경에는 철학자 스펜서를 만나서 그의 이론을 이해하고 난 이후 빛이 보이고 자기 나름대로 진리를 깨우치게 되었음을 술회하고 있다.

그런데 카네기는 부에 대한 욕심이 강한 것으로 간주되어 이기주의자 혹은 악덕자본가로 비난을 받기도 하였으며, 무기제조에 착수하여 거액을 벌어들인 후에 평화주의자라고 나서는 행위 등은 위선자로 여겨졌다.

그러나 그는 여자문제로 구설수에 오른 적이 없었으며, 카네기 가족 내의 사생활은 흠을 잡을 것이 없었다. 그리고 1900년경 이후에는 세계평화를 위한 평화재단이나 공공복지·문화·예술·교육·의학 등을 위한 여러 재단을 설립하여 자기의 재산을 사회에 환원하는데 열심이었다.

1868년 카네기는 다음에 관련된 항목을 주된 내용으로 하여 자선사업에 대한 계획을 수립하였다.

① 대학설립 ② 무료도서관설립 ③ 인간의 고통을 경감시키는데 필요한 병원이나 의과대학, 연구실, 기타 기관을 최소한 한 개 이상씩 설립 ④ 대중공원 설치 ⑤ 남녀노소를 위한 음악회나 모임을 개최할 수 있는 건물 설립 ⑥ 대중 수영장 설치 ⑦ 지속적인 교회지원

그는 과도한 급료 인상에 의하여 부가 각 개인에게 적은 액수로 분산되는 것보다도 축적된 부를 인류를 위해 운영·사용되어질 때 더 고귀하고 현명한 일이라고 판단한 것이다. 또한 그는 한 두 사람에게 유산을 물려주는 것은 마땅하지 않으며 돈을 많이 안고 죽은 사람은 불명예를 안고 죽은 것이라고 간주하였다.

관대한 임금인상으로 개인적인 생활수준을 높이는 것보다도

교육·예술·종교 등의 공익기금제공에 충실하겠다는 카네기의 사고에 대하여 악덕 노동착취자라는 비난이 거세게 일기도 하였다. 노동자들은 자기들의 밥값을 감축해서 남은 돈으로 공익사업에 쓴다고 불평하였으나, 카네기는 이에 대해 요지부동의 자세를 취하였다.

1919년까지 카네기가 제공한 자선기금은 현재 통화가치로 약 30억 달러에 달하였으며, 그의 유산으로부터 형성되어 나오는 자선금도 오늘날까지 지속적으로 사회에 기여하고 있다.

카네기의 묘비에는 다음과 같은 문구가 쓰여 있다.

"여기에 자신보다 더 현명한 사람들을 주위에 둘 줄 알았던 사람이 누워있다."

제21장
공덕지용 孔德之容
큰 덕의 모습

孔德之容 惟道是從 道之爲物 惟恍惟惚 惚兮恍兮 其中有象 恍兮
惚兮 其中有物 窈兮冥兮 其中有精 其精甚眞 其中有信 自古及今
其名不去 以閱衆甫 吾何以知衆甫之狀哉 以此

큰 덕의 모습은 오직 도에 따를 뿐이다. 도란 어떤 것인가 황홀할 뿐이다. 황홀감이여 그 가운데 나타냄이 있다. 황홀함이여 그 가운데 되어감이 있다. 고요함이여 깊음이여 그 가운데 나아감이 있다. 그 나아감은 매우 참되어 그 가운데 믿음이 있다. 예부터 지금까지 그 이름은 없어지지 않으며 만물을 보살핀다. 내가 무엇으로 만물의 비롯함을 알 수 있는가. 이는 도로써 이루어진다.

큰 덕의 모습

큰 덕의 모습은 오로지 도인 무위자연을 따를 뿐이다. 이 도는 한없이 황홀하고 신비해서 볼 수도 없으며 명확히 정의하기도 어렵다. 그 황홀한 가운데에는 진리의 빛에 대한 나타냄을 찾을 수 있는데 이를 견성見性이라 할 수 있다. 견성은 불성佛性을 인간이 본래 가지고 있는 보배라는 사실을 깨닫게 하는 것이다.

이 황홀한 진리를 키워나가고 수행해나가면 말씀이 육신이 되거나 성불成佛이 된다.

탐진치食瞋痴가 없어져 일반의 고요함과 깊음이 어울어진 가운데 생명의 에너지인 기氣가 뻗어 나오게 된다. 허공이 되어야 무한정의 에너지를 걸림없이 베풀 수 있게 된다.

이 베품의 힘은 거짓이 없어 믿음이 저절로 생긴다. 옛날부터 지금까지 이러한 도의 본질은 우리의 생활로부터 한시도 떠나 본 적이 없으며, 만물을 보살피는 기본이 되고 있다. 만물이 저절로 순조롭게 움직이거나 운영되고 있는 것은 무위자연이라는 도에 기초를 두고 있다는 것을 깨닫지 않을 수 없는 것이다.

왜냐하면 무위자연이라는 도는 진공묘유眞空妙有의 결과를 낳기 때문이다.

링컨의 큰 덕 경영

큰 덕의 힘으로 나라를 통합하여 오늘 날의 미국이라는 강대국을 형성시키는데 중요한 역할을 한 사람으로서 링컨Abraham Lincoln(1809~1865)을 내세우지 않을 수 없다.

링컨은 1809년 켄터키 하딘 카운티에서 출생하였으며, 그 당시 그의 집안은 농사를 주업으로 하여 생활할 정도에 지나지 않았다. 그래서 그도 어려서부터 22세까지 농사일을 하였으며, 1831년부터 1년간 상점 점원으로 일하였다.

1832년 4월 그는 인디언 추장인 블랙호크가 일으킨 전쟁에서 이웃 사람들의 압도적 지지로 중대장에 선임되어 이 전투에 약 3개월간 참가하였다.

그 이후 링컨에 관련된 중요한 약력을 제시하면 다음과 같다.

1832년 8월 : 일리노이 주의회 의원에 출마하여 낙선
1834년 : 일리노이 주의회 의원에 당선
1836년 : 독학으로 변호사 시험에 합격
1837년 : 일리노이 법원에서 변호사 자격증을 교부받고 변호사 개업
1846년 : 국회하원의원에 당선
1849년 : 하원의원 임기가 끝나고 시골 변호사로서 재개업하여 약 5년
간 업무에 전념함.
1855년 : 상원의원 낙선
1856년 : 공화당 부통령 후보경선에서 탈락
1858년 : 상원의원 선거에서 낙선
1860년 : 공화당 대통령후보로 지명되어 대통령에 당선
1864년 : 대통령 재선에서 당선
1865년 : 포드 극장에서 암살당함.

미국의 정치사에 있어서 링컨은 미합중국의 통일과 노예해방에 지대한 공헌을 한 대통령으로서 알려지고 있다.

그 당시 미국의 북부는 상공업이 주된 산업이었으므로 노예제도를 계속 유지하는 것이 필수적 조건이 되지 않았으나, 남부에서는 농업 중심으로서 목화재배에 따른 주된 노동력을 제공해 줄 수 있는 노예제도가 절실히 요구되었다.

링컨은 노예제도가 인간의 이기적 본성에 근거를 두고 있으며,

정의를 실현하여야 하는 도덕성에 어긋나는 것이라고 하여 이에 반대하는 입장을 취하였다. 그러나 그는 그 당시에 이미 실시되고 있었던 노예제도에 대하여는 명확한 해결방안이나 입장을 제시하지 않고 있었지만, 노예제도를 캔자스나 네브래스카의 지역에 도입·확장시키기 위하여 1852년에 통과된 캔자스-네브래스카의 법안에 대해서 인간의 자유를 구속시키는 불의이므로 인정될 수 없다는 것을 주장할 뿐이었다.

1861년 2월 남부의 7개 주는 남부연합을 결성하여 미시시피 출신의 제퍼슨 데이비스를 새로운 대통령으로 선출하고 미연방으로부터 공식적으로 탈퇴를 선언하였으며, 그 이후 4개 주가 남부연합에 가입하였다.

그런데 1861년 3월 4일 미국의 제 16대 대통령으로 취임한 링컨은 어느 주도 미연방으로부터 분리하거나 탈퇴할 권리가 없다고 선언하였다. 남부연합은 1861년 4월 12일 사우스 캐롤라이나주의 수도인 찰스턴 항구의 요새를 공격하여 남북전쟁이 시작되었다.

남북전쟁당시 북부의 유니온은 총 인구가 약 2,300만 명이었으나, 남부의 총 인구는 약 900만이고 이 중 약 400만 명은 흑인노예로서 전쟁에 동원하기 어려운 상태에 있었다. 이와 같이 수적으로는 북부가 우세하였으나 남부에는 다수의 유능한 군사지휘관이 포진하고 있어 그렇지 못한 북부에 커다란 위협을 주고 있었다.

이러한 전쟁상황 하에서 군사학의 연구나 실전경험이 거의 없는 링컨은 여러 지역에서 북군이 동시에 총 공세를 취하는 전략을 주장·실시케 하여 그 승리에 상당한 효과를 거둔 것으로 평가받고 있다.

상호간 일진일퇴한 남북전쟁에서 결과적으로 1865년 4월 9일 남부의 리 장군이 연방군 총사령관 그랜트 장군에게 항복함으로써 약 4년간에 걸친 치열한 남북전쟁이 끝나게 되었다.

약 1년 미만의 초등교육만을 받은 상태에서 읽고, 쓰며, 셈하기 정도의 실력밖에 없었던 링컨이 어떠한 경영의 힘에 근거하여 위대한 업적을 성취할 수 있었는가를 다음과 같은 관점에서 검토해 보고자 한다.

1) 가까운 곳에서 현재에 주어진 환경하에서 최선을 다하여 잘 배우고 성실하여 주위로부터 신뢰를 얻게 되면 먼 곳까지 미래에 점차적으로 그리고 자연적으로 그 힘이 뻗어나가게 된다는 것이다. 이것이 그의 생활철학이며 성공의 비결이었다. 초등학교를 9개월밖에 다니지 아니한 링컨은 어릴 때 어머니가 읽어주는 성경말씀을 듣고 인생이 나아가야 할 초석을 다지고 인식하기 시작하였다. 그가 24세 때 자기 친구가 측량기사를 구한다는 말을 듣고 측량에 문외한인 그는 한 달 반 만에 주야로 이에 대한 책을 모두 독파하고 측량기구 사용법을 거의 파악하여 취직하게 되었다.

1836년 링컨은 변호사 시험에 합격하게 되는데 이것도 친구로부터 법률서적을 빌려 모든 정력을 바쳐 공부한 결과이다. 1841년 링컨은 법률의 이론과 실제에 뛰어난 로건과 몇 년간 변호사를 동업하면서 그로부터 법률에 관련된 수련을 철저하게 받았으며, 정확을 기하기 위하여 변론에 앞서 철저히 준비를 하도록 배워 그 후에 일류 변호사가 된다.

1832년 일리노이 국의원 선거에서 13명의 입후보자 중 8위로 낙선하였으나 그가 거주한 뉴세일럼의 300표 중에서 277표를 얻어 그를 잘 아는 가까운 지역의 사람들로부터 전폭적인 지지를 받고 있다는 사실이 미래에 성장할 에너지 원천이 되고 있었던 것이다. 요컨대 그는 언젠가는 자기에게도 기회가 올 것이라고 믿으며 계속 배우며 자기를 갖추어 나간 것이라 할 수 있다.

2) 그가 대통령이 되기까지 그의 직업은 농부, 뱃사공, 막노동꾼, 점원, 민병대장, 우체부, 측량기사, 변호사, 주의원, 하원의원 등이었으나, 각 직분을 감사한 듯이 최선을 다하였으며, 그 직책이나 직위답게 행동하였다.

그는 하원 및 상원의원 등의 선거에서 일곱 번이나 낙선하고 사업을 두 번이나 망쳤으나, 이러한 실패를 새로운 도전을 위한 디딤돌로 생각하고, 7전8기의 오뚝이 정신으로 일어선 것이다.

3) 링컨은 자기의 사적 감정이나 이해관계보다 어떤 업무에 적합하고 유능한 사람이면 인재로 발굴하여 그 능력이나 적성을 조직에 적절히 발휘하도록 하였다. 예를 들면 링컨을 변호사시절부터 비난하고 모욕한 변호사 스탠턴을 여럿 사람들의 반대에도 불구하고 그의 사명감이 투철하다고 국방장관에 임명하여 남북전쟁에 따른 국난을 해결하는데 충분히 기여하도록 하였다. 그래서 그는 적을 없애는 가장 좋은 방법은 적을 사랑과 친절로써 자기의 친구로 만드는 것이라는 것을 확신하고 이를 실천하고자 하였다.

링컨은 결과에 대한 책임은 자기가 지고, 영광은 모두 부하에게 돌리는 것을 자랑스럽게 생각하였다. 예컨대 링컨은 게티즈버그 전투에서 조지 미드$^{George\ Gordon\ Meade}$장군에게 공격 명령을 내리면서 이 작전이 성공한다면 그 것은 모두 미드 장군의 공로이며, 만일 실패한다면 그 책임은 내가 명령하였으므로 나에게 있습니다 라고 편지를 보낸 적이 있었다.

그리고 그는 용서와 관용의 달인이었다. 전쟁에 승리한 링컨은 남부인들을 형제들처럼 대하고 용서를 하였다. 따라서 미합중국의 대통령 링컨은 남부의 모든 사람들에게 모든 재산권의 회복을 포함한 전면적인 사면을 선포하였던 것이다.

4) 링컨은 우울증, 정치적 목적을 위한 권모술수 구사, 부부간의 잦은 갈등, 이자놀이, 노예해방선언의 정치·군사적 방편으로 이용 등과 같은 사실에 관련하여 비난을 받았으나, 기본적으로 긍정적사고, 정의의 힘, 인격의 원만성으로써 이들 문제점을 극복함과 동시에 상호간 화합과 통일에 기여한 것이다.

제22장

곡즉전 曲則全

구부러져야 온전하다

曲則全 枉則直 窪則盈 幣則新 少則得 多則惑 是以聖人抱一爲天下式 不自見 故明 不自是 故彰 不自伐 故有功 不自矜 故長 夫唯不爭 故天下莫能與之爭 古之所謂曲則全者 豈虛言哉 誠全而歸之

구부러져 나가야 온전하다 굽혀야 곧게 된다. 움푹해야 차게 된다. 능히 은둔할 수 있어야 새롭게 된다. 적어야 얻는다. 많으면 혼란하다. 이래서 성인은 하나의 도에 통하고 있음으로 천하의 본보기가 된다. 자기를 나타내지 않으므로 밝아지고 자기가 옳다고 하지 않으므로 드러나고 자기가 자랑하지 않으므로 공이 있고 자기가 잘난 체하지 않으므로 오래간다. 그저 오직 다투지 않는다. 그래서 천하가 능히 성인과의 싸움에 대처할 수 없다. 옛말에서 이르는 곡즉전이란 것이 헛된 말인가. 참으로 온전하려면 이 도로 돌아갈 뿐이다

구부러져야 온전하다

꼬불꼬불해야 온전하다. 우리의 내장도 꼬불꼬불해야 신축성과 유연성이 있게 되어 제 역할과 기능을 원활히 수행할 수 있다. 우리의 환경은 시간의 흐름에 따라 변화되어 나가므로 여기에 알맞게 적응함으로써 정상적으로 운영될 수 있는 능변여상能變如常이 되어야 한다는 것이다.

자기 자신을 굽혀서 무아無我의 경지에 이르러야 바르게 된다. 이는 겸손한 마음으로 선생님의 가르침을 잘 받아 성숙하게 될 수 있는 자세가 되어 있어야 한다는 것이다.

그릇도 비워져 있어야 물을 채울 수 있듯이 중생의 마음도 비워야 불심佛心이 채워진다.

또한 나서지 않고 자기를 굽혀서 능히 뒷전에서 머물 수 있어야 더 새롭게 나아갈 수 있다. 올바르게 새로운 길을 모색하기 위해서는 해결능력 없이 세상일에 뛰어드는 것보다도 적절한 준비나 기본을 형성하기 위하여 움추려서 자기의 실력을 다지는 단계나 기회가 마련되어야 한다. 즉 제가치국평천하齊家治國平天下에 앞서서 수신修身을 할 수 있는 충분한 기간이나 여유도 가질 수 있어야 한다는 것이다.

적음에 만족할 줄 알면 보다 큰 얻음을 낳게 한다. 마음이 가난한 자가 행복하게 된다는 성경의 말씀과 같이 소욕지족小欲知足이 되면 그 만큼 즐거워 질 수 있다.

탐진치貪瞋痴의 삼독三毒이 우리의 심신에 많이 스며들면 들수록 혼란이 가중되어 진다. 이 삼독에서 유래되어 지는 호색好色, 호화好貨, 호명好名, 호식好食은 인간관계를 복잡·곤란하게 할 뿐만 아니라 우리의 건강을 해치게 하는 주된 요인이 되고 있다. 요컨대 성인은 하나의 도를 구현하고 있으므로 천하의 으뜸이 된다.

자기를 나타내려고 애쓰지 않으면 그 밝음이 더욱 빛나며, 자기를 옳다고 하지 않으면 그 옳음이 더욱 명백해 진다. 자기를 자랑하지 않으면 그 공功이 더욱 거룩하게 되며, 자기를 잘난 체하지 않으면 그 평안平安이 더욱 오래 지속된다.

자기가 공(空)이 되고 무아가 되어 이제 더 바랄 것이 없거나 얻을 것을 기대할 필요가 없으면 다툼이 없게 되며, 따라서 성인에 대하여는 이 세상이 싸움할 근거나 이유도 없게 된다. 옛날부터 전해 내려온 구부러지면 온전해 진다는 이치가 어찌 헛된 말인가. 무위 자연의 도로 돌아가면 참으로 온전하게 된다.

: 유연성 경영

제 14대 달라이라마(1935~)는 어떠한 어려운 환경에 처하더라도 다양한 시각과 넓은 포용력으로써 자기의 생활뿐만 아니라 다른 사람과의 관계에 있어서 유연하게 대처하는 자세로 나아가고 있다.

그는 1935년 티베트 동북부의 탁처라는 마을에서 농부의 아들로 태어나서 1937년 제 13대 달라이라마의 환생으로 인정되어 1940년에 라사에 모셔졌다. 그러나 티베트에 대한 중국의 무자비한 지배·통제로 인하여 1959년에 그는 평민복을 입고 라사를 탈출하여 인도로부터 정치적 망명허락을 받아 1960년에는 인도에서 티베트 망명정부를 수립하였다. 1973년부터는 각국을 방문하여 중생의 행복을 위하여 강연과 저술활동을 전개하고 있으며, 티베트의 독립이 원만하게 해결될 수 있도록 노력을 경주하고 있다.

달라이라마는 우리가 주어진 환경을 어떻게 받아들이며 자신이 가진 것에 대하여 얼마나 만족하는가에 따라서 우리의 행복이 좌우되어 진다고 가르치고 있다. 그에 의하면 이 행복은 우리가 자비,

사랑, 친절, 겸손, 창조 등과 같은 긍정적인 생각을 키워나가려고 애쓰는데서 나타나며, 따라서 탐욕, 시기, 질투, 분노, 집착, 거만 등의 부정적인 생각은 물리쳐야 우리가 바라는 밝은 삶이 이루어질 수 있다는 것이다. 이 부정적인 생각을 긍정적인 생각으로 바꾸는 마음의 수행에는 기본적으로 인내와 관용이 뒷받침되지 않으면 안 된다.

조직경영에 있어서도 모든 인간존재나 관계를 긍정적으로 바라보고 그들의 긍정적인 면과 장점 및 적성을 발견하려고 하는 열린 마음으로 다가가면 융통성 있게 사람을 대할 수 있다.

조직의 성과에 쳐지는 인간을 잡초제거 하듯이 뽑아내는데 인사관리의 초점을 맞추는 것보다도 왜 그들이 그런 나쁜 결과를 가져 왔는지를 파악하여 개선시킬 수 있는 환경의 마련이 우선적 과제로 설정되어야 한다는 것이다. 왜냐하면 인간의 지식이나 지능이 자비심과 같은 긍정적인 마음과 균형을 이루지 못할 때 재난을 불러일으킬 수 있기 때문이다.

우리의 사회나 조직에서는 자기와 이해관계가 상반되거나 자기를 해치고자 하는 사람을 만나게 되는 경우가 많은데 이들과의 갈등을 어떻게 해결하여야 할 것인가가 중요하다.

이에 관련하여 달라이라마는 우리를 힘들게 하는 사람도 나쁘게만 볼 것이 아니라, 우리에게 인내와 관용을 수행할 값진 기회를 제공하여 성장할 수 있도록 하므로, 적대적 감정보다도 오히려 존경하여야 한다고 역설하고 있다. 즉 적에 대한 태도를 바꾸고 그들을 소중히 여기는 방법을 체득하여야 한다는 것이다. 만약 어릴 때부터 지금까지 자기 주위에 반대하지 않고 떠받들어 주는 사람만

만났더라면 우리는 유치할 정도의 정신상태만 유지할 수밖에 없다는 것이다. 그래서 그는 "다른 사람이 시기심으로 나를 욕하고 비난해도 나를 기쁜 마음으로 패배하게 하고 승리는 그들에게 주소서"라고 빌고 있다. 그리고 "내가 도와준 사람이 나를 심하게 해칠 때 그를 최고의 스승으로 여기게 하소서"라고 기도하고 있다.

삶의 과정으로서 생로병사生老病死에는 괴로움이 따르기 마련이다. 이 고통은 우리의 삶에 있어서 피할 수 없는 시간적·공간적 변화에 적응하지 않거나 탐진치만貪瞋痴慢에 집착하게 될 때 발생되어 지고 있다. 고통은 자기 존재의 자연스런 일부라는 사실을 인정하고, 고통을 피하는데 급급하는 것보다도 이를 참을 수 있거나 제거할 수 있는 능력을 키워나가야 한다는 것이다. 고통 속에서 의미를 발견하는 한 그 고통을 쉽게 견딜 수 있고 살아남을 수 있다. 한 고통을 이겨내면 고통을 이길 수 있는 에너지가 축적되어 다른 고통이 올 때 보다 편하게 물리칠 수 있다. 나병 환자들은 통증을 느끼지 못한다. 그래서 그 병은 더욱 악화되어 간다. 따라서 통증은 적이 아니고 훌륭한 생물학적 시스템의 하나이다. 이는 경고의 의미를 부여하여 우리의 몸을 보호하여야 할 것을 알려준다.

종교 간에도 갈등이 심화되어 종교전쟁이 일어나고 있다. 그런데 달라이라마는 모든 종교가 사랑, 자비, 용서를 가르치며 그 전달하고자 하는 말씀은 거의 같다고 생각하고 있다. 따라서 세계의 모든 주요 종교의 가치는 존중되어야 하며, 한 종교는 다른 종교로부터 도움과 영감을 받고 있다는 사실도 인정하여야 한다는 것이다.

요컨대 종교는 세상의 고통과 갈등을 해소시킬 수 있는 수단이나 치료제가 되어야 한다고 강조하고 있다.

제23장
희언자연 希言自然
자연은 말이 적다

希言自然 飄風不終朝 驟雨不終日 孰爲此者 天地 天地尙不能久 而況於人乎 故從事 而道者同於道 德者同於德 失者同於失 同於 道者 道亦樂得之 同於德者 德亦樂得之 同於失者 失亦樂得之 信 不足焉 有不信焉

자연은 말이 적다. 회오리바람이 아침을 넘기지 못하고 소나기도 하루를 가지 않는다. 누가 이런 것을 하는가, 하늘 땅인가. 하늘 땅도 변화되지 않고 오랫동안 그대로 있을 수 없다. 하물며 사람으로서 어떻게 그대로 오래갈 것인가. 그러므로 도를 따르고자 하면 그 도와 하나가 되어야 한다. 덕이란 덕과 하나가 되듯 같이하는 것이며 잃음도 잃음과 하나가 되듯 같이하여야 한다. 도와 같이하면 도 역시 기쁨을 얻도록 한다. 덕과 같이하면 덕 역시 기쁨을 얻도록 한다. 잃음과 같이 하면 잃음 역시 즐거움을 얻게 된다. 이러한 같이함에 대한 믿음이 모자라면 결국 도를 믿지 못하게 되는 결과를 낳게 된다.

자연은 말이 적다

자연은 말을 하지 않더라도 저절로 잘 되어 나가므로 그렇게 말이 필요한 것이 아니다.

   자연의 일종의 행위라고도 볼 수 있는 회오리바람이나 소나기도 아침이나 하루를 넘기지 않고 잠깐 동안 그 모습을 드러낼 뿐 원래의 평온을 유지한다.

이는 다름 아닌 천지가 우리에게 보여주는 태도이며 자세이다. 천지는 조금 아프고 조금 고뇌하는 소병소뇌少病少惱할 뿐 법석을 부리지 않는다. 얼마간 참으면 세월이 해결해 준다는 의미를 찾아 볼 수 있다.

자연이 오래 동안 변화되지 않고 머물러 있을 수 없듯이 인간도 시간적·공간적으로 변하지 않는 고정적인 실체로 남을 수 없다. 그런데 자연이 자기를 내세우지 않고 부분적으로 균형을 잃어도 저절로 조화되면서 운영되어 지는 것과 같은 도를 깨달으려면, 이 도와 내가 하나가 되어야 한다는 것이다. 마치 이는 내가 하나님의 안에 있고, 하나님이 내안에 있어야 한다는 의미와도 통하게 된다. 이는 제행무상諸行無常의 상황 하에서 무위자연의 허虛의 도에 이르러야 정상의 상태로 돌아갈 수 있다는 것이다. 도를 수행하는 덕자는 일도출생사一道出生死라는 번뇌해탈과 일체무애인一切無碍人 이라는 대자유인의 덕을 얻어나가야 한다.

도를 수행하는 자는 얻어나가야 할 덕도 중요하지만, 도자로서 버려야 할 탐욕, 성냄, 이기주의, 부정적 생각 등을 우리 마음에서 주저없이 비울 수 있는 실자가 되어야 진공묘유眞空妙有가 된다.

무위자연의 도라는 진리를 깨달은 도자, 이 도를 실천하여 언행일치言行一致가 되는 덕자, 그리고 삼독三毒과 같은 부정적 요소를 버리는 실자와 같이 하면, 무한한 기쁨을 얻게 된다. 자기 자신을 무위자연의 도에 받쳐야 법열法悅을 얻는다는 믿음이 부족하면, 결국 그 믿음이 없게 되어 도와는 거리가 먼 삶을 영위하게 된다는 것이다.

퇴계의 버리는 실자失者경영

퇴계退溪 이황李滉(1501~1570)은 50세 가까이에 지위·권력·명예에서 아무런 미련도 없이 물러나가 진리의 탐구에 몰입함으로써 중상모략의 피비린내 나는 세 번의 사화에서 벗어날 수 있었는지도 모른다.

그는 연산군 7년 안동에서 진사 이식李埴의 막내아들로 태어났으며 34세 때 대과에 급제하였는데 원래 학문에만 정진하려고 하였으나 집안이 가난하고 늙은 어머니의 권유로 과거에 응시하게 되었던 것이다.

그 이후 퇴계는 홍문관, 승문원, 경연, 춘추관 등 주로 학문의 연구와 관련된 직책을 수행하였으며, 47세(1548년)때에는 단양군수로 자원해 내려와 약 9개월간 봉직하였고, 그 다음해에 풍기군수에서 병으로 인한 사직서를 제출하였다. 이후에도 21년간 53번이나 벼슬을 하사 받았으나 매번 사양하였으며, 52세 때에는 국립대학 총장격인 성균관의 대사성大司成에 임명받았으나 신병을 이유로 곧 사퇴하고 말았다.

퇴계라는 글자는 세속의 벼슬에서 물러나 계곡에서 살고 싶다는 것을 의미하고 있다. 그리고 퇴계가 살았던 시기는 연산군 10년 갑자사화, 중종 14년 기묘사화, 명종 즉위년 을사사화가 발생할 만큼 정치적 혼란의 연속이었으며, 부패한 관료사회가 만연되어 은둔의 학문적 세계에서 진리를 탐구하여 세상을 더 밝게 깨우치는 것이 보다 가치있는 일이라고 생각할 수 있었을 것이다.

그가 60세 때에는 도산서당을 설립하여 자기 자신의 학문에 대한 연마뿐만 아니라 후학의 양성에 전력을 기울였다.

특히 퇴계의 주자서절요朱子書節要는 일본의 근세 유학자에게 파급되어 일본 명치유신의 근본이념으로 뿌리를 내리게 된다.

퇴계의 명성은 그 당시 최고통치자들이 관직을 맡아서 나라에 기여해 줄 것을 애원할 정도이었으나, 독자적인 수수한 학문연구와 교육이 자기 적성에 더 알맞은 것이라고 이를 사양하였을 뿐만 아니라 학문하는 자세도 겸손을 바탕으로 자기의 오류를 과감하게 수정해 나가는 방향을 취하였다.

퇴계는 사단칠정론四端七情論에서 이기이원론理氣二元論을 제시하였다.

여기서 사단은 맹자가 말한 것으로 인仁에서 나오는 측은지심惻隱之心(남이 어려울 때 남의 입장에서 도와주고자 하는 마음), 의義에서 나오는 수오지심羞惡之心(악한 일을 수치스럽게 여기는 마음), 예禮에서 나오는 사양지심辭讓之心(남을 배려하여 양보하는 마음), 지智에서 나오는 시비지심是非之心(옳고 그름을 판단하는 마음)과 같은 인간 본성에 관련된 것이며, 체體이고 미발未發이다.

칠정七情은 예기禮記에서 말한 것으로 희노애구애오욕喜怒哀懼愛惡慾의 인간 감정의 총칭이며, 용用이고 이발已發이다.

퇴계는 사단이라는 도심道心이 드러나서 이理가 나타나게 된 것[理發]이고, 칠정이라는 인심人心이 드러나서 기氣가 나타나게 된 것[氣發]이며, 이理는 장수, 기氣는 졸병이니, 어디까지나 경敬을 중심으로 하는 수양에서 형성되는 이理로써 기氣를 선하게 다루어야 하는 이기이원론理氣二元論을 주장하였다.

이에 대하여 자기의 제자라고 할 수 있는 고봉高奉 기대승奇大升

(1527~1572)은 4년간 상호 오고간 편지에서 이와 기는 관념적으로 구분할 수 있으나 구체적인 마음의 작용에서는 구별할 수 없다는 이기공발설理氣共發說 혹은 이기일원론理氣一元論으로 그 반대의견을 제시하였다. 즉 이는 형이상학적인 이理와 형이하학적인 기氣는 장수와 졸병과 같은 종속관계와 같이 구분되는 것보다도 상호간에 떼어 놓을 수 없는 불가분의 관계를 형성하고 있다는 것이다.

따라서 퇴계는 고봉의 주장을 면밀히 고찰한 결과 자기의 이기 이원론에서 설명한 내용 중에는 오류가 있음을 인정하고, 이와 기는 분리하여 논할 수 없다는 불리不離와 동시에 한데 섞어서 안 된다는 부잡不雜의 성격을 가지고 있는 것이라고 자기의 원래 주장의 내용을 약간 수정하였다.

마치 사람이 말을 타고 가는 경우처럼 사람인 이理가 말인 기氣를 타고 움직이게 되나, 상호간 혼합될 수 없다는 것이다.

사단이라는 도심은 사람의 이성 혹은 양지良知에 따라 말을 움직이게 하는 것이고, 칠정이라는 인심은 사람이 말의 다리만 믿고 그대로 나아가는 현상으로 표시할 수 있다. 그래서 퇴계는 사람은 이와 기를 겸비하게 되므로 이들을 분리할 수 없으나 이理는 마음을 통제할 수 있는 원천적 역할을 하므로 형이상학으로서 상위개념에 귀속시키고, 기氣는 말과 같이 날뛰는 감정으로 통제를 받아야 하므로 형이하학적으로서 하위개념에 두고 있다.

제24장

기자불립 企者不立

발돋움은 오래서지 못한다

企者不立 跨者不行 自見者不明 自是者不彰 自伐者無功 自矜者不長 其在道也 曰餘食贅行 物或惡之 故有道者不處

발돋움은 오래 서지 못한다. 넓게 벌림은 오래가지 못한다. 자기가 잘 본다 하는 자는 밝지 못하고 자기가 옳다고 하는 자는 잘 나타나지 못한다. 자기가 했다고 자랑하는 자는 공이 없게 된다. 자기가 잘났다고 하면 오래가지 않는다. 이런 것들은 도에 있어서 군것질이나 식은 밥에 지나지 않는다. 세상 사람들은 이러한 일들에 관여하여 서로 미워하게 된다. 그러나 도를 가진 자는 거기에 처하지 않는다.

발돋움은 오래서지 못한다

발돋움해서 남보다 더 많은 유익한 것을 보려고 애쓰지만 그 자세로는 오래 견디지 못한다. 또한 남보다 빨리 가려고 양다리를 최대한으로 벌려서 걷지만 계속 이런 식으로 걸어갈 수 없는 것이다.

자기 자신을 드러내려고 하는 자는 남을 위한 밝은 빛이 되지 못하며, 자기 자신이 맹목적으로 옳다고 믿거나 주장하는 자는 자기의 오류를 발견하기가 어려워 바른 지침을 제시할 수 없게 된다.

자기가 해내었다고 자랑하게 되면 서로 공을 내세우는 다툼이 있게 되어 결국 그 공이 무산되기 마련이다.

　지도자는 항상 성과의 결과를 자기를 도와준 사람에게 돌려야 갈등이 없어지고 더욱 발전할 수 있는 환경을 조성할 수 있다. 자기가 잘났다고 위에 올라가려고 과시하게 되면 주위로부터 존경을 오랫동안 받을 수 없다. 오히려 겸손한 자세로써 주위를 포용하게 되면 필요한 사람으로 환영받게 된다.

　억지로 과시하거나 잘났다고 내세우는 것은 도道의 관점에서 볼 때 쓸데없는 짓에 지나지 않는다.

　세상 사람들은 이처럼 쓸데없는 일에 관여하거나 집착하게 되어 서로 미워하거나 싸우게 된다.

　그러나 무위의 도를 가진 자는 이러한 일들로부터 벗어나 있으므로 평온한 마음을 유지할 수 있다.

: **처칠의 일관경영**

영국의 수상을 지낸 처칠(1874~1965)은 여러 가지의 문제점을 안고 있었지만 초지일관初志一貫의 자세로써 자기가 목표로 한 일들을 꾸준하게 수행한 것이라 할 수 있다. 자기 가식없이 솔직·담백하고 공정하게 일처리를 함으로써 자기에게 주어진 사명을 오랜 기간에 걸쳐서 진력할 수 있었던 것이다. 처칠은 귀족가문에서 태어났지만, 그의 아버지인 랜돌프(37세 때 재무부장관을 역임하였으나 46세 때 매독으로 사망)는 자기 아들의 능력을 낮게 평가하여 큰 기대를 하지 않았다.

처칠의 어머니 제니는 미국인으로서 남자관계가 복잡하였으며 첫 번째 남편인 랜돌프가 죽고 난 이후에 45세 때에 자기보다 20세 정도 연하인 젊은 남자와 두 번이나 결혼하였으며, 처칠을 10년 동안 기숙학교에 맡기면서도 찾아간 적이 없을 정도로 아들에 대하여 무관심한 태도를 보였다.

처칠은 34세 때 11세나 어린 클레멘타인과 결혼하였으나 서로 성격이 맞지 않아 그렇게 원만한 결혼생활이었다고는 할 수 없었다.

그는 초등학교, 고등학교의 생활에서도 자기가 좋아하는 과목에 대해서만 열중하고, 라틴어, 그리스어, 수학 등은 그에게 감당하기 어려운 과제였으며, 질서와 규율을 중시하는 영국의 학교 교육에 대하여서도 자기 기준에 따라 행동함으로써 교사들로부터 처벌을 당하는 경우가 많았고, 친구들로부터도 따돌림을 당한 처지였다.

고등학교 성적이 나쁜 처칠은 옥스퍼드나 케임브리지 같은 일류대학교는 원서를 제출하지 못해 샌드허스트 사관학교에 세 번 재수하여 운이 좋아 겨우 합격할 정도이었다.

처칠은 술을 좋아해서 아침부터 수차례 마셨으며, 담배도 값비싼 쿠바산인 고급시가를 하루에 20개비 이상씩 피워 평생토록 폐렴에 시달리었다. 취미는 그림 그리는 것이 이외에는 별다른 것이 없었으며, 도박을 좋아하여 카지노 출입뿐만 아니라 프랑스까지 원정도박을 할 정도여서 상당한 재정적 부담이 되었다.

처칠은 1924년부터 약 5년간 재무부장관에 재직하여 경제에 대해서 어느 정도 안다고 생각하였는지, 1929년경 약 20억 원에 달하는 자금을 증권에 투자하였으나 그 당시 세계경제의 대공황으로 인하여 증권이 휴지조각으로 변하여 평생 모은 재산을 거의 다 날리게 되어 파산지경에 몰리게 되었다.

그래서 그는 신문 등의 매체에 글을 쓰거나 강연을 하여 생계를 겨우 유지하였으며, 1929년부터 1939년까지의 약 10년간은 일정한 수입이나 직책도 없이 방황하고 있었다. 게다가 1931년에는 강연 등의 수입을 얻기 위하여 미국에 건너갔으나 교통사고를 당하여 중상을 입고 장기간 입원하는 신세가 되었다. 이 당시 금주법이 시행되고 있는 미국에서도 처칠은 교통사고 후유증 치료를 위해 술이 필요하다는 진단서를 받아 별로 큰 걱정없이 병원에서 위스키를 마실 수 있었다.

처칠은 자신이 옳다고 믿으면 어떠한 상황에도 좀처럼 타협을 하지 않았으며 모든 문제에 있어서 스스로 앞장서서 자기가 중심이 되고 싶어하는 성향 때문에 남이 잘못한 일도 자기가 뒤집어쓰는 경우가 많았다. 또한 그는 자기 자랑에 열중하였고 남의 이야기를 잘 듣지 않는 대화법을 구사하였다. 따라서 그는 절친한 친구도 별로 없었으며 뒷받침해주는 어떤 정치적, 종교적 파벌도 형성하지 못하였으며, 30대 후반 이후부터 가끔씩 몰려오는 우울증에 시달리곤 하였다.

그는 1899년 아프리카의 보어 전쟁에서 포로로 잡혔으나 죽음을 무릅쓰고 탈출하여 1900년도에는 26세의 나이로 하원의원에 당선되어 정치의 길로 나아가게 되었다.

그의 정치적 약력을 대강 소개하면 다음과 같다.

1900 하원의원에 당선

1905~1908 식민부차관

1910~1911 내무부장관, 태팬디 탄광지역의 광부폭동에 대한 강제진압으로 사임

1911~1915 해군부장관, 다다넬스 패전 책임으로 사임

1917~1918 전쟁부장관, 러시아 공산정권 타도를 주장하다 시대에 뒤떨어진 역사의 반동세력으로 몰림

1921~1922 식민부장관 취임

1924~1929 재무부장관, 금본위제도실시로 대량실업, 노동자 총파업, 디플레이션 등 발생

1930~1939 10년간 일정한 직업 없음.

1939~1940 해군부장관

1940~1945 영국 수상

1945~1951 야당 다수

1951~1955 영국 수상

1953 심장마비 발생, 노벨문학상 수여받음

1965 사망

이상과 같이 처칠은 정치인으로 성공하기에는 여러 가지 열악한 조건들이 놓여 있었으나, 그가 이를 극복하고 자기의 목표를 향하여 질주할 수 있었던 원인을 다음과 같은 관점에서 파악하고자 한다.

1) 처칠은 독불장군식으로 거의 남의 의사를 무시하고 일을 추진하였기 때문에 자기 주위의 사람들로부터 이기주의자, 배신자,

기회주의자, 파시스트, 전쟁미치광이, 고집불통, 술고래 등과 같은 중상모략을 심하게 받아왔다. 이에 대하여 그는 마치 시간이 지나면 해결되겠지 하는 태도로 아무런 반응을 보이지 않고 평정을 유지함으로써 쓸데없는 곳에 정력을 낭비하지 않을 수 있었다. 그리고 남이 잘못한 일이 비록 자기의 책임으로 귀착되어도 이를 변명하거나 전가시키려고 하지 않았다. 이러한 대응자세는 그가 어릴 때부터 교사, 친구, 동료정치인들로부터 수많은 따돌림을 당하여 자기 스스로 이를 해결하는 과정에서 터득한 사고방식이라고도 할 수 있다.

2) 그는 절망하는 것은 범죄이며, 따라서 세상이 점점 좋아지리라고 믿고 있을 정도로 낙관적이고 긍정적 생각을 가지고, 다가오는 어려운 문제들을 풀어나가려고 하였다.

1916년 프랑스 최전선에 나가있는 장교들에게 그가 한 연설에서 "웃으시오. 그리고 부하들에게 웃음을 가르치시오. 웃음이 없다면 미소라도 지으시오. 미소를 지을 수 없다면 가능한 한 물러나 있으시오"라고 하여 부정적 사고가 긍정적 사고를 꺾지 않도록 배려하였다. 또한 제 2차 세계대전초기 독일에 연패하고 있는 영국은 독일에 항복하지 않으면 안 되는 상황에 까지 몰리었으나, 처칠은 라디오 방송을 통하여 국민들에게 희망을 심어주고 어떠한 난관에 봉착하더라도 전 인류의 자유와 민족주의의 지킴을 위하여 항복이나 굴복보다도 전쟁에 승리하여야만 하는 역사적 사명감을 역설하였다.

3) 처칠은 학벌, 배경, 재력 등 정치를 하는데 기본적으로 유리한 요소를 가지고 있지 않았고, 자기 방식대로의 주장이 강하여 주위로부터 협조를 얻는데 어려움이 많았기 때문에 66세 이전까지는 하원의원, 장관 등을 지냈으나 그렇게 순탄한 인생여정이 아니었다. 그러나 그는 보통사람들의 은퇴시기인 66세 이후에 수상직을 10년간, 야당당수를 5년간 수행하였으며, 81세 때에는 노벨문학상을 부여받게 되는 찬란한 무대를 장식하였다.

이는 그가 대부분의 사람들이 늦었다고 포기하는 나이에 새롭게 도전하는 정신으로 스스로 성장을 멈추지 않아 시대가 그를 필요로 하였을 때 최선의 공헌을 한 것이라 할 수 있다. 그의 이러한 의지는 1941년 10월 그의 모교인 해로고등학교에서 행한 연설 중 상대가 아무리 압도적으로 우세한 힘을 가졌더라도 절대로 포기하지 말라고 당부한 사실에서도 잘 나타내고 있다.

4) 처칠의 정치 및 사회흐름에 관한 예측력은 상당히 정확한 것이었다.

그의 주장이 처음에는 황당무계한 것으로 간주되어 비판을 받았으나 그 예측이 사실로 입증되어 감에 따라 그의 언행에 대한 신뢰성이 높아져 성공의 발판을 굳건히 할 수 있었다. 이는 그가 원칙과 정도正道를 중시하고 역사적 흐름을 잘 간파할 수 있는 탁월한 직관력을 가지고 있었기 때문이다.

다음 사항은 처칠이 주장한 일부 사례로서 그 예측이 결과적으로 현실화 되었다.

- 1930년대 인도의 독립에 관하여 일반여론은 인도를 자치령으로 만든 뒤 점차적으로 독립시켜야 한다는데 대하여 처칠은 인도의 독립운동을 이끈 일부 토착귀족들이 국민을 착취하거나 종교·인종문제로 인도사회의 갈등이 심화될 것을 우려하여 인도독립을 반대하였다.
- 1938년 독일 히틀러가 유럽의 평화를 미끼로 체코국토 일부를 양도받았으나 이는 히틀러의 속임수이며 독일이 타 유럽나라를 재침략할 것이라고 공언하였다.
- 2차대전 후 미국의 웨스트민스터 대학의 초청 강연에서 공산주의자들의 평창정책에 의한 침략전쟁의 토발 가능성을 주장하였다.

5) 처칠은 30세 때에는 보수당에서 자유무역원칙을 내세우는 자유당으로 옮기고, 50세 때에는 노동자기반인 자유당에서 보수당으로 옮기게 되어 정치적 철새 혹은 기회주의자라고 비판을 받았는데, 자기 나름대로의 정치적 철학이나 신념에 따라 당적이전을 하는 원칙 지향성과 유연성을 보이고 있다.

소련과 함께 나치와 싸울 때에 영국은 소련과 손을 잡는 친구가 되었으나, 소련이 전제적인 공산주의를 유럽에 강요할 때에는 소련과 적대관계를 유지하였으며, 2차 대전의 승리를 위하여서는 미국의 협력이 절실하다는 것을 인식하고 자기위주이고 고집불통인 처칠은 미국의 루스벨트 대통령에게 자존심을 버리고 온갖 정성을 다 기울였다. 이는 노련한 정치가가 된 처칠이 그 때의 상황에 맞추어 중도中道로 나아간 것이라 볼 수 있다.

6) 처칠은 자기가 맡은 직책에 관련하여 전체적인 구조나 과정을 완전히 파악하여 자기의 것으로 만든 다음에 자기 나름의 그 일에 대한 방향이나 개선책을 마련하였으며, 구체적인 세부사항에 대해서도 관심을 가지고 그 운영의 묘미를 살리려고 하였다. 이는 먼저 숲의 윤곽이나 특성을 인지하고 각 나무의 상태를 점검하는 것과 같은 것이다.

이를 위하여 그는 현장 돌아다니기 확인경영management by walking around에 철저한 면모를 보였다.

제25장
유물혼성 有物混成
그 무엇이 있어 저절로 이루어져 나감

**有物混成 先天地生 寂兮廖兮 獨立不改 周行而不殆 可以爲天下母
吾不知其名 字之曰道 吾强爲之名曰大 大曰逝 逝曰遠 遠曰反 故
道大 天大 地大 王亦大 域中有四大 而王居其一焉 人法地 地法天
天法道 道法自然**

그 무엇이 있어서 잘 이루어져 나가도록 한다. 이는 천지보다 먼저 있었다. 고요하고 가물거리는 것 같구나. 그러나 독립되어 변하지 않는다. 아무리 돌아다녀도 위태하지 않는다. 능히 천하의 어머니라 할 수 있다. 나는 그 이름을 알지 못한다. 문자로 도라고 말하여 본다. 억지로 이름하여 크다고 할 수 있다. 크다 하면 떠나간다는 것이고 떠나면 멀어져 간다는 것이며 멀어지면 다시 되돌아옴이 있게 된다. 그러므로 도, 하늘, 땅, 성인은 크다. 세상에는 큰 것이 4개 있다. 성인도 그 중 하나에 처하게 된다. 사람은 땅을 본받고 땅은 하늘을 본받고 하늘은 도를 본받고 도는 자연을 본받는다.

: 그 무엇이 있어 저절로 이루어져 나감

그 무엇이 있어서 세상이 잘 형성되어 나가고 있는데 이는 모든 것의 근원인 도道라고 할 수 있으며 천지보다 먼저 존재한 것이다.
　도는 고요하고 순수하여 깨끗한 것이며, 말로나 글로써 표현하거나 눈으로 보아서 파악하기 어려우므로 그렇게 뚜렷한 것은 아니다.

따라서 집착과 혼란이 없는 마음으로 집중하여 아물거리는 도를 붙잡아야 한다는 것이다.

이는 변하지 않는 진리로서 주역에서 지칭하고 있는 불역不易에 해당되며, 불생불멸不生不滅이다.

그러므로 이 도로써 나아가게 되면 위태롭지 않으며 걸림이 없게 되는 일체무애인一切無碍人이라는 대자유인大自由人이 된다.

또한 도道는 그 이름을 무엇으로 붙일 것인지도 잘 알수 없고, 문자로 써도 표현할 수 없으나, 억지로 말해본다면 걸림이 없는 무한한 허공에 비유할 수 있다. 큰 진리를 깨닫기 위해서는 중생의 세상을 떠나 피안의 세계로 깊게 파고 들어가야 한다. 아울러 깨달은 진리를 그대로 실천하게 되는 언행일치言行一致가 이루어 졌을 때 그 도덕성은 높이 올라가게 된다. 즉 불교에서 말하는 보시, 지계, 인욕, 정진, 선정, 지혜의 수행으로써 피안의 세계로 가면 악업과 점점 멀어지게 된다.

도덕이 높이 올라가게 되면 동시에 도가 더욱 더 넓게 반사되어 펼쳐져 나가는 회향廻向이 일어나게 된다. 요컨대 악업과 멀어지면 선업이 이루어져 사랑과 자비가 온 우주에 뿜어져 나오게 된다는 것이다. 그러므로 진리라는 도, 하늘과 땅이라는 자연, 그리고 우리에게 귀한 가르침을 예시해 주는 성인은 실존으로 그 역할을 하게 된다. 이와 같이 우리가 세상을 지혜롭게 살아 나가는데 꼭 필요한 위의 4가지 요소가 있는데, 여기서 성인이라는 대선생도 없어서는 안될 존재인 것이다.

사람은 땅을 본받고, 땅은 하늘을 본받고, 하늘은 도를 본받고, 도는 자연을 본받게 된다고 한다. 결국 사람은 무위無爲인 자연을 본받아야 한다는 것이다. 무위자연은 사전에 문제를 지움으로써 우리 생활을 간단하고 쉽게 해주는 간이簡易에 의해서 저절로 풀어지도록 하는데 그 무엇을 암시해 주고 있다.

: 이율곡의 성실경영

우리 생활에 있어서 성실하게 뜻을 세워 실천해 나가면 무위자연의 도를 이루는 기초가 된다.

조선 중기의 훌륭한 유학자인 이율곡(1536~1584)은 실질적으로 일에 나아가 옳음을 구하는 실사구시實事求是의 경영을 중시하였다.

이율곡의 어머니인 신사임당申師任堂(1504~1551)은 그의 어린 시절 학문적 가정교사뿐만 아니라 인격 형성에 지대한 영향을 끼쳤으나 율곡이 16세 때 별세하였다. 그는 23세 때 58세인 이퇴계를 2박 3일 동안 만나 주로 유교에 관한 토론을 하였으며, 헤어질 때 퇴계는 율곡에게 경敬에 머물러서 궁극적으로 사물의 이치를 탐구·파악 하라고 하는 거경궁리居敬窮理라는 붓글씨를 써주었다. 여기서 거경은 성실·정직·겸손 등과 같은 긍정적 자세나 태도를 지극한 마음으로 갖추어 나가야 한다는 것이며, 궁리는 보편타당한 사물의 이치를 깨달을 때까지 계속적으로 탐구하여야 한다는 것이다.

그는 1558년(명종 13년) 겨울 성균관의 명륜당에서 별시해別試解라는 특별시험에 응시하여 장원급제하였다.

그 이후 그는 1564년(29세)부터 1583년(48세)까지 사간원, 홍문관, 황해도 관찰사, 이조판서, 병조판서 등을 역임하였는데, 불의를 참지 못하고 바른 말을 잘하는 곧은 선비의 기질을 가지고 있었고, 엘리트 의식이 강하여 인화관계가 좋지 못함에 따라 정적政敵이 많았다.

이율곡은 1583년(선조16년) 4월 남왜북호南倭北胡의 침입에 대비하여 10만 양병설을 주장하였으나, 그 뜻을 이루지 못하였을 뿐만 아니라 그를 시기하는 자들이 병조판서의 권력을 남용하고 임금을 무시하였다는 이유로 그해 6월 삼사의 탄핵과 이에 따른 파면을 종용받아 파주 율곡리로 돌아갔으며, 1584년(선조 17년) 1월에 49세로 별세하였다.

이율곡의 성실경영의 주된 내용은 다음과 같은 관점에서 검토할 수 있다.

1) 자기를 수양하고 사람을 잘 다스리고 교화하는 수기치인修己治人도 실용성이 있는 수기지실修己之實과 교화지실敎化之實이 되어 현실문제의 해결 가능성이 있어야 하는 지행합일知行合一을 강조하고 있다.

따라서 학문은 우리의 생활세계로부터 떨어져서도 안 되며, 그 시대나 시기에 알맞게 적응할 수 있는 사상이 내포된 것이어야 한다.

요컨대 율곡의 학문은 철인이 정치나 경영을 하는 내성외왕內聖外王을 역설하고 있다.

2) 실천적인 요소인 기氣나 원리의 요소인 이理는 균형있게 조화

되어야 한다는 것이다.

여기서 기氣는 모든 사물을 이루는데 필요한 자연현상적 요소로 형이하形而下를 의미하고, 이理는 인간을 포함한 모든 사물이 그렇게 되는 까닭이나 마땅히 그렇게 되지 않으면 안되는 법칙이나 규범으로서 형이상形而上을 나타내고 있다.

율곡은 기氣인 칠정七情은 이理인 사단四端을 포괄한다고 주장하였다. 칠정은 욕망을 위하여 발하게 되는 인심人心을 의미하나, 인심이라도 적절히 조정하여 중도中道로 나아가면 도심道心이 된다는 것이다.

이理인 도심은 기氣가 나타남으로써 자연적으로 기氣속에 존재하게 된다는 기발이이승氣發而理乘을 내세우고 있다.

3) 효사상孝思想을 현실적으로 가정을 다스리고 조직을 움직이는 주된 동력원으로 역설하고 있다.

효는 가정이라는 공간에서 인仁, 자비, 사랑의 표현이라 할 수 있다.

요컨대 가정에서의 효에 내재된 자비, 사랑, 충성에 대한 언행의 학습이 잘 되어야 사회에서의 자비·사랑이 원숙되어 진다는 것이고, 따라서 이로 인한 우리의 실제 생활이나 조직 내에서 진선미가 체현될 수 있다는 것이다.

4) 백성에게 제일 중요한 것은 안정된 생업生業을 유지시켜 편안하게 하는 것이다. 따라서 백성을 기르고, 가르쳐서, 그들이 활력이 넘쳐 즐거운 마음으로 성장할 수 있도록 하는 활민活民, 쾌중심快衆心,

서민력舒民力(백성을 발전·신장 시키는 힘)을 가질 수 있어야 한다는 것이다.

율곡은 기본적으로 백성의 생활을 위하여[爲民], 백성을 사랑하고[愛民], 이롭게 하여야[利民] 할 것을 천명하였다.

제26장
중위경근 重爲輕根
신중은 가벼운 것의 뿌리이다

重爲輕根 靜爲躁君 是以君子終日行 不離輜重 雖有榮觀 燕處超然 奈何萬乘之主 而以身輕天下 輕則失本 躁則失君

신중은 가벼운 것의 뿌리이다. 고요함은 조급함의 주인이 된다. 그래서 성인은 하루 종일 가더라도 무거운 짐수레를 떠나지 않는다. 비록 화려한 볼거리가 있더라도 한가한 곳에 머물며 초연하다. 어찌 만가지를 다스리는 주체로서 세상에 대하여 경솔하게 처신하겠는가. 경솔하면 신하를 잃고 조급하면 성인이 될 자격이 없게 된다.

신중은 가벼운 것의 뿌리이다

가벼움은 그 뿌리로서 신중함을 향하여 수정되어 나가야 한다. 예컨대 마음이 중심을 잡고 있으면 그 언행이나 감정이 쉽게 큰 폭으로 변동되지 않게 된다.

고요함이나 정숙함은 조급함을 물리칠 수 있는 대들보가 된다. 그래서 성인은 하루종일 가더라도 무거운 짐수레로부터 떠나지 않는다. 이 짐수레와 같은 도道는 어느 의미에선 거추장스럽지만 어렵고, 괴로운 인생문제를 유연하게 사전에 해결해 줄 수 있는 방편이 될 수 있으므로 버릴 수 없는 것이다.

세상의 유혹은 화려하게 보여 매력을 끄는 이면이 있다. 그러나 성인은 그러한 욕망이나 환상으로부터 벗어나서 깨끗하고 유유자적한 곳에 머물고자 한다.

모든 만물을 다스려야 하는 주체나 실존이 어찌하여 그 언행을 가볍게 나타낼 수 있을 것인가.

경솔하게 되면 자기의 부하들이 어느 장단에 맞추어 춤을 추어야 할 것인지를 신뢰할 수 없게 되어 신하의 마음을 붙잡을 수 없다. 또한 혼란스럽고 급한 마음이 되면 리더의 자질을 발휘할 수 없게된다. 고요한 가운데서 문제의 핵심을 꿰뚫어 볼 수 있는 지혜의 안목이 생겨야 올바른 방향으로 경영할 수 있는 리더가 될 수 있다.

: 조광조의 신중경영

조광조趙光祖(1482~1519)는 조선 제 11대 왕인 중종이 재위 시에 탁월한 성리학자이며 그 실천가로서 왕도정치의 이념이나 이상을 실제로 적용시켜 도의국가를 완성시키려고 하였으나 중종의 거부반응과 이에 동조·가세한 반대세력의 탄원상소에 의해 전라남도 화순군 능주에 유배된 지 1개월 만에 사약을 받고 죽임을 당하였다.

조광조는 연산군 이후 왜곡된 정치·사회체제에 대하여 혁신적인 개혁을 사심 없이 단행하고자 하였다는 데에는 별다른 이의가 없으나, 그 시대의 상황이나 왕도정치의 실행에 대한 중종의 포용 능력이나 사고방식을 고려하지 않고 자기가 옳다고 생각하는 바에 따라 과격한 정책을 조급하게 구사한 결과, 그 개혁이 성공하지 못한 것이라고 비판하는 자들도 드물지 않게 찾아볼 수 있다.

조광조는 1488년 17세가 되던 해에 무오사화^{戊午士禍}로 인해 강원도 회천에서 유배중인 한훤당^{寒喧堂} 김굉필^{金宏弼}(1454~1504)을 찾아가 제자가 되었으며 그로부터 소학^{小學}과 근사록^{近思錄}을 주로 배웠다. 그 이후 조광조의 약력을 기술하면 다음과 같다.

1510년 중종 5년 : 진사시^{進士詩}에서 춘부^{春賦}를 지어 장원으로 합격

1515년 중종 10년 : 조지서^{造紙署}의 사지^{司紙}의 벼슬을 제수 받음, 동년 8월 알성시^{謁聖試}에서 1등 합격, 동년 11월 사가원의 좌정언^{左正言}으로 제수 받음

1518년 중종 13년 : 소격서를 없애자고 계청하여 허락을 받음.
사헌부의 대사헌에 임명됨.

1519년 중종 14년 : 78인의 정국공신의 위훈삭제 계청하여 왕의 허락받음.
기묘사화로 투옥됨.
전라남도 화순인 능주에 유배됨.
사약을 받고 죽음.

연산군의 폭정은 신하들의 반정에 의하여 마감되고 그 이후 정국수습을 위하여 연산군의 이복형제인 중종이 그 반란 공신들에 의하여 임금으로 옹립되었으나, 허수아비에 지나지 않았다. 그 당시

이들 반정세력은 무소불위의 막강한 권력을 휘둘렀으며, 따라서 중종의 왕비 신씨도 반정반대로 이들에 의하여 살해된 신수근의 딸이라 하여 중종이 왕이 된지 일주일 만에 중종의 반대에도 불구하고 폐위되었다.

 중종 14년경에 이르러서는 훈구파가 세력을 주도하고 있었는데, 중종은 훈구파를 견제하고 왕권을 강화하기 위해 새로운 세력의 필요하게 되었다. 여기서 훈구파는 연산군을 몰락시키는데 공을 세워 훈작을 받을 수 있는 정국공신을 말하여, 이 훈구파 중 공신으로 책봉되면 공직, 토지 및 노비 등을 받아 정치·경제·사회적으로 영화를 누리고, 자신은 물론 자손대대로 귀족의 신분으로 행세할 수 있도록 보장되었다. 1515년 중종 10년 8월에 중종이 성균관에서 실시한 알성시謁聖試에서 직접 문과시험문제를 출제하게 되었는데 그 내용은 옛 성인이 내세우는 이상정치를 실현하기 위하여 어떠한 정책이 필요한가에 대한 것이다. 이 시험에 응시한 34세의 조광조는 을과장원으로 합격함과 동시에 그 답안내용이 중종의 심금을 울리게 되어 종이를 제작하는 부서의 초급관리로 임명되었고, 그 이후 그는 승진을 거듭하여 1518년 11월에는 사헌부의 수장인 대사헌大司憲이라는 지위에까지 오르게 되었으나, 중종의 변심으로 다음해 12월 사약을 받고 죽게 된다.

 중종은 훈구파의 정치적 세력을 약화시키고 왕권정치를 강화하기 위하여 조선 성리학의 전통을 계승한 것으로 보는 사림파士林波의 한사람인 조광조를 등용시켜 개혁정치를 실현시킨 내용은 다음과 같다.

1) 성리학의 인仁과 덕德을 바탕으로 백성을 다스리는 사상을 실제 정치에 실현시키는 왕도정치를 형성시키고자 하였다. 이를 위하여서는 임금이 기본적으로 인격수양을 도모하여 공자와 같은 군자가 나라를 다스리는 철인정치를 주장하였다.

  2) 전국 각지에 향약鄕約이라는 다음과 같은 생활규범을 실시하도록 하였다.

   ① 덕업상권德業相勸 : 효도 등의 미덕을 서로 권함.

   ② 과실상규過失相規 : 잘못된 일을 서로 고쳐 나감.

   ③ 예속상교禮俗相交 : 예절을 다하여 서로 사귀기로 함.

   ④ 환난상휼患難相恤 : 천재지변 등의 어려움이 발생하였을 때 서로 도와주도록 함.

  3) 연산군을 제거하고 중종을 임금으로 내세우는데 공헌한 훈구파의 정국공신 103명 중 78명에 대하여 그 자격을 박탈하였다.

  4) 도교를 삿된 종교로 규정하고 도교의 관청인 소격서昭格署 혁파를 상소하여 폐기를 하도록 하였다.

  5) 뛰어난 인재이면 그 신분에 관계없이 과감하게 등용하고자 하는 신분철폐사상을 파급시켰다.

  그 당시에 있어서 조광조의 개혁정치는 반대파인 훈구파의 입장에서 보면 급진적이고 과격한 것이라 할 수 있으며, 중종과도 점차적으로 의견대립을 노출시켰다. 조광조가 과거제도를 대신하여 현량과賢良科를 실시하도록 한 것은 자기의 적성에 맞는 인재만을 등용시키기 위한 수단이라는 비난이 기존세력으로부터 쏟아졌으며, 또한 훈구파의 정국공신의 자격박탈 문제도 중종이 처음에는 수긍하였으나 상황의 변동에 따라 찬성하지 않는 우유부단을 보였다. 또한 소격서혁파 문제에 대해서도 중종은 세종과 성종이 태평성대를 이루었을 때에도 없어지지 않았다고 그 폐지에 반대 주장을 내었다.

조광조는 임금 앞에서 경서를 강연하는 자리인 경연經筵에서 한 번 말을 시작하면 끝이 없어서 다른 사람은 말할 기회조차 주지 않았다. 그리고 조광조의 일파인 양팽손, 기준, 박세희, 최산두 등이 계속 발언을 독점하여 어떤 때에는 경연이 하루 종일 계속되어 신하는 물론 중종까지도 괴로움을 참지 못해 싫은 기색을 나타내었다고 한다. 그는 자기의 주장이나 뜻이 성리학의 경서라 할 수 있는 소학小學이나 근사록近思錄에 근거하고 있기 때문에 옳은 것이며, 따라서 이를 너무 강조한 나머지 일방적이고 독선적인 대화방법을 구사한 것이라 할 수 있다.

중종은 즉위한지 10년 이상이 지나자 어느 정도 독자적인 정치력을 발휘할 자신감을 갖게 된 반면에 조광조는 도학자인 선비로서 유교경전의 규범에 근거하여 타협없는 도덕정치와 개혁을 보다 급진적으로 강요함으로써 상호간 갈등의 불씨가 생기기 시작하였다.

그리고 그 당시 조광조의 정치력 영향력이 커지자, 중종은 그의 형식적인 집권초기에 훈구파에 의해 시달려온 악몽을 상기한 듯이 조광조를 왕권까지 위협할 존재로 보아 위기감을 느끼고 결국 기묘사화己卯士禍를 일으켜 그를 제거하게 된다.

여기서 사화는 당쟁과는 달리 반대파로 지목되는 선비들이 죽임을 당하거나 유배를 가는 것 등과 같은 재앙적 참상을 일으키게 하는 사건이라 할 수 있다.

 중종은 자기를 왕으로 옹립한 정국공신으로서 훈구세력을 약화시키기 위하여 조광조와 같은 신진 사림파를 등용하였다가 다시 훈구세력을 선택하는 등 그 중심을 잡지 못한 체 기회적인 처세의 행태로 인하여 정치·사회적으로 혼란을 가중시켰다.

 이에 비하여 조광조는 기본적으로 성리학이라는 도덕철학을 바탕으로 하여 정치구현을 하고자 하는 순박하고 정직한 사람이었다. 그러나 그는 선악을 너무 명확히 구분하여, 선에만 집착할 뿐 악한 자를 선도함에는 별로 큰 노력을 기울이지 않고, 그 뿌리를 될 수 있는 한 빠른 시간에 송두리째 뽑아버리고자 한데서 문제의 발단이 있었다.

 조선시대와 같은 군주시대에는 임금의 인격과 통치능력에 의해 나라의 흥망이 상당히 영향을 받게 된다. 그런데 조광조는 중종의 성격, 능력, 사상, 수용력 등을 충분히 고려하지 않고 자기의 소신에 따라 나라를 급속히 변혁시키고자 한데에서 그 심각성을 더해 간 것이었다.

제27장

선행무철적 善行無轍迹

잘 감은 굴러간 자국이 없다

善行 無轍迹 善言 無瑕讁 善數 不用籌策 善閉 無關楗而不可開 善結 無繩約而不可解 是以聖人常善求人 故無棄人 常善救物 故無棄物 是謂襲明 故善人者 不善人之師 不善人者 善人之資 不貴其師 不愛其資 雖智大迷 是謂要妙

잘 감은 굴러간 자국이 없다. 잘 말함은 흠과 티가 없게된다. 잘 된 계획은 계략의 도구가 필요하지 않다. 잘 닫음은 빗장이 없고 열 필요도 없다. 잘 묶음은 졸라맴도 없고 풀 필요도 없다. 그래서 성인은 늘 사람을 잘 구하고 버리지 않는다. 사물을 항상 잘 파악하여 구함으로써 모든 물건을 버리지 않는다. 이를 일러 매우 밝음이라 한다. 그러므로 그것을 잘 찾아내는 착한 이가 착하지 못한 자의 선생이 된다. 착하지 못한 이는 착한 자가 구원하여야 할 일감의 대상이 된다. 그 선생을 귀하게 여기지 않더라도 그 제자를 사랑하지 않으면 비록 지식을 내세우더라도 매우 혼란된 세계가 될 것이다. 이것이 소위 긴요한 신비이다.

잘 감은 굴러간 자국이 없다

선행이란 무집착행이라 할 수 있다. 집착하지 않고 가거나 가지 않으면 하자를 남기지 않는다. 이는 금강경에서 머무는 바가 없이 그 마음을 내어야 한다는 응무소주이생기심應無所住而生其心과 같은 뜻이 된다.

여기서 선善은 무無와 불필요不必要로서도 해석할 수 있다.

필요없는 말을 하지 않거나 말할 필요가 없으면 그에 따른 하자가 생기지 않아 비판을 받지 않게 된다. 좋은 계획이나 계획할 필요가 없으면 술책術策이나 계략을 위한 도구가 필요없다. 닫을 필요가 없으면 열쇠도 필요없고, 열려고 애쓰지 않는다. 묶을 필요가 없으면 사전에 졸라 매지 않아도 되고, 풀려고 애쓰지도 않는다. 즉 신용이 있으면 계약서가 없어도 문제가 생기지 않는다는 것이다. 따라서 성인은 항상 각자에 맞는 소질을 발견하여 개발시킴으로써 필요한 사람으로 만들기 때문에 버리지 않게 된다.

사물도 그 장점, 필요성 등 간파·인식하여 유용하게 이용할 수 있도록 함으로써 세상에 필요 없는 물건은 없는 것으로 만든다.

이를 말해서 늘 익숙되어진 밝음이라 한다. 이 밝음은 무명이 없어지고 광명심이 가득한 성인에 이른 단계라 할 수 있다. 그러므로 그것을 그것답게 하는 선인은 그렇지 못한 자의 선생이 된다.

도인이 되지 못하거나, 되려고 노력하는 불선인은 선인이 키워 나가야 할 일거리의 대상 및 사명으로서 자산이나 자본이다. 불선인도 선인이 되도록 하여 앞으로 세상을 이끌어 나갈 인재라는 것이다. 그래서 선생을 귀중하게 여기지 않고 인적자원으로서 제자를 사랑하지 않으면 안 된다. 왜냐하면 비록 각자가 자기의 지식을 내세운다 할지라도 불선인을 버리지 않고 가꾸어 나가는 선인이 없는 상황에서는 매우 혼미한 세상이 될 것이기 때문이다.

이것이 매우 오묘한 신비가 된다.

: 맹자의 부끄러움 없는 경영

맹자孟子는 명확하지는 않지만 BC 372년부터 BC 289년까지 산 것으로 추정되고, 추鄒나라의 소지주 중류가정에서 태어났으며, 어렸을 때 아버지를 여의었다. 그의 어머니는 맹자의 교육에 심혈을 기울여 그가 훌륭한 인격자가 되는 기초형성에 상당한 기여를 한 것으로 보고 있다. 예를 들면 그녀는 맹자의 좋은 교육환경을 위하여 세 번이나 이사를 하여 맹모삼천지교孟母三遷之敎라는 말이 전해져 올 정도의 열성을 보였던 것이다.

맹자는 공자의 제자인 자사子思의 문인門人으로부터 유교를 배워 공자의 인의에 관한 사상을 근거로 자기의 생각이나 입장을 가미한 자기의 주장을 전개하였으며, 그 당시 여러 논객들과도 토론을 펼쳐 나갔다.

공자의 시대보다 약 100년 이후인 맹자가 살았던 시기는 전국시대로서 각 국이 신흥지주계층의 부상과 더불어 자기 나라의 경제적·군사적 경쟁우위를 위한 부국강병富國强兵을 목표로 하여 그 당시의 훌륭한 지식인이나 사상가들의 조언을 적극적으로 수용할 자세가 되어 있었다. 따라서 맹자는 30세 후반부터 약 20년간 제齊, 양梁, 진秦나라 등 여러 곳을 돌아다니며 덕德에 의한 왕도정치를 역설하였으나, 현실적으로 욕심이 많은 제후들이 그의 말대로 실행하기가 어려운 실정이었다. 그러나 맹자는 각국의 왕으로부터 지도의 요청을 받고 수십 대의 수레와 수백 명의 수행원을 이끌고 각 나라를 유세하다가 기원전 311년경 고향인 추나라에 돌아와 60세 이후부터 학문에 정진하였다. 맹자는 사람이 욕망만 있고 인의仁義가 없으면 동물과 구별되지 않으므로 부끄러워해야 하며, 이를 기반으로 하여 걸림이 없는 호쾌한 도덕적 용기를 형성하여야 한다고 역설하였다.

이에 관련된 맹자의 사상을 다음과 같은 관점에서 파악해 보고자 한다.

(1) 사단설四端說

이는 측은지심惻隱之心, 수오지심羞惡之心, 사양지심辭讓之心, 시비지심是非之心으로 나누어 설명하고 있다.

측은지심은 남을 사랑하여 가엾게 여기는 마음으로서 인仁을 나타내고 있다. 수오지심은 자신이나 남의 잘못을 부끄러워하거나 증오하는 마음으로서 의義를 의미하고 있다. 사양지심은 자기 자신의 이기심을 없애고 타인을 공경하거나 타인에게 양보하는 마음으로서 예禮로 풀이할 수 있다. 시비지심은 옳고 그름을 판단하는 마음으로서 지智의 역할이 된다.

(2) 성선설性善說

이는 사람은 본래 인의예지의 착한 마음을 가지고 있으나 양심을 잃게 되면 그 아름다움이 없어지게 된다는 것이다.

웅달샘에서 끊임없이 나오는 물은 처음부터 깨끗하나, 흘러가는 과정에서 오염되면 구정물이 되는데 이를 깨끗이 되도록 정수淨水하는 것이 도道를 수행하는 것이라 할 수 있다.

예컨대 자기가 본질적으로 가지고 있는 사단四端의 성性을 도道로써 성실하게 실천해 나감으로써 그 진실된 실상이 성취되는 것이다.

그러므로 누구나 노력하면 성인聖人이 될 수 있다는 것이다.

(3) 효제孝悌

효는 아랫사람이 윗사람에 대하여 공경하는 마음을 가지고 받들어 모시는 것이고, 제는 윗사람이 아랫사람에 대하여 소중히 아끼는 마음을 가지고 그 적성을 길러 나가도록 하는 것이라 할 수 있다.

윗사람과 아랫사람은 일반적으로 상당한 갈등 및 모순관계가 내재하고 있으며, 따라서 서로 화합되기 위하여서는 윗사람이 먼저 선행善行을 하는데 솔선수범하는 리더십이 절실히 필요하다.

효제는 가족, 직장 등 자기가 매일 가까이 마주치게 되는 상황에서 원만한 인간관계를 형성하는데 필수적 요건이 되고 있다. 이 가까운 관계에서 친밀성이 유지되지 않으면, 더 넓은 정치·경제·사회적인 복잡한 조직을 원활하게 운영하기가 어려울 것이다.

그러므로 자기로부터 가까운 곳에서의 효제에 대한 학습은 더 먼 곳까지 퍼져나가 보다 나은 인간관계를 형성시키는 기초가 된다.

(4) 호연지기浩然之氣

호연지기는 걸림이 없이 앞으로 꾸준히 나아갈 수 있는 힘이나 에너지를 의미하게 된다.

이 에너지는 인·의·예·지의 사단을 구비함으로써 유지할 수 있다.

인자무적仁者無敵이라고 제시된 바와 같이 어질면 번영하게 되고, 어질지 못하면 욕을 먹게 된다.

그런데 인仁은 활을 쏘는 것과 같이 하여야 한다. 즉 온 정성을 다하여 화살을 표적에 맞히려고 하는 집중된 마음으로 인仁을 지성至誠으로 실천해 나감으로써 그 훈습된 에너지나 힘을 축적할 수 있다는 것이다.

의義는 사람이 걸어야할 정도正道로서, 그 올바른 길을 벗어났을 때 부끄러워하고 고쳐나가려고 하는 마음이 뒷받침되지 않으면 그 기氣가 살아 날 수 없게 된다.

예禮는 자기 자신의 잘남을 내세우려고 하는 것보다 타인을 먼저 고려하는 겸손이나 절제를 내포하고 있다. 이러한 겸손이나 절제가 있어야 그 에너지를 형성할 수 있는 여지를 제공하게 된다.

지智는 옳고 그름을 판단하는 마음으로서, 그 판단이 서지 않으면 우왕좌왕하게 되는 혼미한 상태에 빠져 자기에게 축적된 힘이나 에너지가 쇠약하게 된다. 밝게 관조觀照할 수 있는 마음이나 생각이 형성되지 않으면 쓸데없는 곳에 에너지를 낭비하게 된다.

(5) 무항산무항심無恒産無恒心

이는 일정한 소득이 없으면 안정된 마음이나 선행善行을 지향하는 마음이 없이 방탕, 사악, 사치, 편벽 등과 같이 제멋대로 행동하게 된다는 것이다.

국민이 최소한 기본적인 생활을 영위할 수 있는 일정한 생업을 가질 수 있도록 하는 시스템이나 체제가 마련되어 있지 않으면 국민이 안정된 마음으로 삶을 누릴 수 있기가 어렵다는 것이다.

이는 맹자의 시대뿐만 아니라 오늘날 우리 사회에서도 해결하여야 하는 기초적 명제로 되고 있다.

(6) 삼락三樂

맹자는 군자에게 다음과 같은 세 가지의 즐거움이 있다고 생각하였다.

1) 부모님을 모시고 형제와 화목하게 지낼 수 있는 것.

인간 및 사회관계의 기초는 자기로부터 가장 가까운 부모나 형제간의 관계에서 출발한다고 할 수 있다. 자기와 가족 및 집안에서의 관계가 원만하고 즐겁게 지낼 수 있다면 더 넓고 복잡한 사회관계에서도 유연하게 대처할 수 있는 기틀을 만들 수 있게 된다는 것이다.

2) 위로는 하늘에 대해서 부끄러움이 없고, 아래로는 사람에 대해서 부끄러움이 없는 것.

하늘을 우러러보아 부끄러움이 없어야 한다는 것은 진리를 사랑하여야 한다는 의미이고, 하늘 아래에서의 사람에 대해서 미안함이 없어야 한다는 것은 도덕적인 선善을 수행하여야 한다는 명제를 설명하고 있다.

3) 천하의 뛰어난 인재를 얻어서 교육하는 것.

영재를 얻어 교육시킨다는 것은 앞으로의 사회 및 국가의 발전에 기여할 수 있는 원동력을 형성시키고자 하는 의도를 가지고 있다.

제28장
지기웅수기자 知其雄守其雌
각 그 다움을 알고 지켜 조화를 이룬다

知其雄 守其雌 爲天下谿 爲天下谿 常德不離 復歸於嬰兒 知其白 守其黑 爲天下式 爲天下式 常德不忒 復歸於無極 知其榮 守其辱 爲天下谷 爲天下谷 常德乃足 復歸於樸 樸散則爲器 聖人用之 則爲官長 故大制不割

남성다움을 알고 여성다움을 지키면 세상의 계곡이 된다. 세상의 계곡이 되면 영원한 덕이 떠나지 않는다. 다시 갓난아기로 돌아갈 수 있다. 흰 것(밝은 것)을 알면서 검은 것(어두운 것)을 지키면 세상의 본보기가 될 것이다. 이것이 세상의 본보기가 되면 영원한 덕에 어긋나지 않고 다시 무극의 진리로 돌아간다. 그 영화를 알면서 인욕을 지킴으로서 세상을 이끌어 갈 수 있는 골짜기(지도자)가 된다. 세상의 골짜기가 되어 영원한 덕이 충족하게 되면 다시 통나무와 같은 무위라는 도의 세계로 돌아간다. 통나무가 깨어져야 그릇이 된다. 성인은 이를 사용하여 세상을 지도한다. 그러므로 큰 지도자는 무위의 도를 떠나서 다스리지 않는다.

각 그 다움을 알고 지켜 조화를 이룬다

남성다움의 억셈을 알고 여성다움의 부드러움을 지키면 세상의 계곡과 같이 끌어들여 포용함으로써 조화를 이루게 한다. 이는 각자가 대립관계를 형성하는 것보다도 각자의 장점과 강점을 인정하게 되는 화합된 태도나 자세로 나아가야만 상호간에 내포하고 있는 모순의 문제가 해결될 수 있다는 것이다.

　세상의 계곡과 같이 평등하게 모두를 껴안을 수 있고 편안하게 해주며, 가까이 갈 수 있도록 해주는 곳이 되면 무위無爲・무아無我의 도道가 떠나지 않는다. 또한 이런 상황이 되면 가장 약한 것 같지만 강하며, 깨끗하고 순수한 갓난아기로 다시 돌아갈 수 있게 된다. 또한 흰 것으로 표상되고 있는 밝은 지혜를 알고, 검은 것으로 의미할 수 있는 번뇌를 수용하면 세상에서 야기되는 문제들을 해결하는 기본적 양식이 될 것이다. 번뇌가 다가왔을 때 이것을 피하기보다 이를 반갑게 맞아 고민하고 사색・인내하여 풀이해 나감으로써 그 대처할 수 있는 능력으로서 지혜는 더욱 더 향상되고 증대될 수 있으므로 번뇌가 지혜나 보리菩提를 낳게 하는 원동력이 되고 있다. 따라서 번뇌즉보리煩惱卽菩提가 된다.

　우리의 일상생활에 있어서 이러한 과정이 되풀이되어 우리의 마음을 깨끗이 순화시킬 수 있는 능력이 정착되면 영원한 사랑이나 자비에 어긋나지 않는 삶을 살게 될 것이며, 따라서 무위의 도道로 다시 돌아가게 된다.

　자기가 해탈되고 걸림이 없는 공空이 되면 상락아정常樂我淨의 세계에서 노닐 수 있음을 알고, 또한 한없는 굴욕을 참게 되면 골짜기와 같이 세상을 포용하여 순화・화합시키는 근원이 된다.

　세상의 골짜기가 되어 영원한 사랑이나 자비의 덕이 충족하게 되면 통나무와 같은 본래의 깨끗하고 순수한 진선미의 세계로 돌아가게 된다.

　통나무와 같은 무위자연의 형이상학으로부터 현실적 제반 문제를 해결할 수 있는 형이하학으로서 용기用器가 만들어 진다. 요컨대 성인은 무위자연의 도를 사용하여 이 세상을 다스리게 된다. 그러므로 큰 지도자는 그 도道에 근거하여 자기의 사명을 수행하게 된다. 큰 선생은 우리 생활에 펼쳐져 있는 여러 모순을 극복·조화시키기 위하여 무위의 도를 떠나지 않는다.

루즈벨트의 화합경영

루즈벨트Franklin Delano Roosevelt(1882~1945)는 1882년 미국 북서부의 부유한 시골 가정에서 태어났으며, 1900년도에 하버드대학의 법학과에 입학하여 대학신문의 기자 겸 편집장의 역할을 수행하였다.

그는 1910년 민주당후보로 뉴욕주 상원의원선거에서 당선되었고, 1913년에는 윌슨대통령에 의해 해양성차관으로 임명되어 1920년까지 근무하였다.

그러나 그가 39세 때인 1921년 8월에는 소아마비에 걸려 두 다리를 자유롭게 쓸 수 없게 되어 정치 및 기타 대회활동을 중단할 처지에 놓여 있었으나, 이러한 개인적인 어려움을 극복하고 1924년부터 정치활동을 재개하여 1928년과 1930년에는 뉴욕주지사에 출마하여 각각 당선되었다.

또한 그는 50세인 1932년에는 제 32대 미국 대통령으로 당선된 것을 시작으로 하여 1936년, 1940년, 1944년에도 연속적으로 각각 당선됨으로써 미국 역사상 4번이나 대통령에 당선되는 유일한 기록을 남기게 되었다.

그가 이와 같이 미국의 4선 대통령이 되어 훌륭한 업적을 남기게 된 이유는 정치·경제·사회적 외적요인과 이에 알맞은 내적인 리더십이 결부되어 나타난 결과라 할 수 있다.

외적 요인으로서 중요한 것은 1930년도에 불어 닥친 미국의 경제공황이고, 그 이후 1941년 일본의 진주만 공격으로 인한 미국의 제2차 세계대전 개입이라고 할 수 있다.

이러한 미국이 경제 및 국가안보의 중대한 위기상황에 처하였을 때 불굴의 의지로써 이를 해결할 수 있는 최고지도자로서의 적임자가 루즈벨트라고 미국 국민들이 믿고 그에게 대통령이 될 수 있도록 표를 던진 것이 아닌가 추측해 볼 수 있다.

그가 이러한 정치·경제·안보의 위기상황을 돌파할 수 있는 화합된 리더십은 다음과 같은 관점에서 기술하고자 한다.

(1) 공정성과 동기부여에 대한 확신

루즈벨트는 대통령에 취임한 직후인 1933년 3월 8일 백악관의 직무실에서 앞으로의 기자회견 시 관례로 되어 있는 서면으로 질문사항을 미리 제출할 필요가 없다고 선언함으로써 자기의 직무를 전력으로 탐구·파악하여 개인적인 편견없이 공정하고 성실하게 수행해 나갈 것이라고 하는 자신감을 나타내었다.

그가 대통령으로 취임한 1933년에는 경제적 대공황으로 인해 1,200만의 실직자, 공산품생산 50% 감소, 농산물재고 증가, 주식시세 폭락, 정부재정의 궁핍 등과 같은 극한 상황으로 몰리게 되었다.

그는 미국에 있어서 이러한 경제적 대공황은 1929년 이전의 성장기 · 경기호황기에 기업이 축적된 이익이나 자금을 소비자, 근로자, 주주에 대하여 각각 공정하게 배분하지 못한 결과이며, 아울러 소비자의 유효수요를 고려하지 않은 과도한 투자와 증권시장에서의 투기자금화 등으로 경제순환이 원활히 되지 않아 경제가 구조적으로 붕괴된 것이라고 진단하였다.

기업이 형성한 소득은 비생산적인 분야로 유출되는 것을 차단시킴과 동시에 소비자에게는 적정한 가격제시, 근로자에 대해서는 그 생산성의 범위 내에서 정당한 임금지급, 주주에게는 적절한 이익배당 등과 같은 공정성이 유지됨으로써 기업의 제품을 소비할 수 있는 실질적 유효수요를 창출하여야 한다는 것이다.

관성은 움직이지 않는 물체는 계속 움직이지 않으려고 하는 측면이 있는 반면에 한번 물체가 움직이면 똑같은 속도로, 같은 방향으로 움직이려고 하는 현상도 내포하고 있다.

루즈벨트는 동기부여에 있어서 후자의 관성법칙을 활용하고자 하였으며, 이를 위해 리더는 구성원의 의욕에 도화선을 당길 수 있어야 하고, 자기가 하고자 하는 일들에 대한 내용을 관련자들이 충분히 납득하고 이해할 수 있도록 하는 설득력을 갖추어야 한다고 역설하였다.

또한 그는 다른 사람들을 이기게 함으로써 스스로 이기는 사람이 되고자 하였다. 왜냐하면 그는 지도자가 얻는 것은 추종자로부터 **빼앗는** 것이 아니라 추종자에게 봉사함으로써 추종자를 지배할 수 있다고 생각하고 있었기 때문이다.

(2) 신뢰성 확보

조직을 원활히 이끌어 나가기 위해서는 조직구성원들로부터 신뢰성을 확보하여야 한다는 사실이 기본으로 되고 있다. 이 신뢰성은 지도자가 언행일치를 실현시켜야 얻을 수 있다.

그래서 그는 다리의 불편함 때문에 난롯가 대화를 개발하여 진실을 가능한 한 긍정적으로 국민들에게 알리려고 하였으며, 긍정적인 내용이 부정적인 요소를 압도할 수 있을 것으로 믿었고, 따라서 문제해결에 있어서 먼저 긍정적인 느낌이 조직전체에 널리 퍼질 수 있도록 하여 일을 추진하는데 있어서 강력하고 역동적인 에너지원을 보유하고자 하였다.

이 당시 루즈벨트는 3R(relief : 구제, recovery : 재건, reform : 개혁)이라는 목표를 제시하여 그 실천에 박차를 가하였다.

구제는 극빈자와 실직자를 재생시키도록 하는데 있다. 이 구제를 위하여 테네시유역개발공사Tennessee Valley Authority를 설립하여 댐공사를 시작함으로써 놀고 있는 노동력을 흡수하고, 공공사업진흥국Public Work Administration을 창설하여 1935년부터 1941년까지 수백만의 노동자들이 도로, 공항, 학교 등의 건설, 각종 사회 및 의료센터 설비사업, 기타서비스 업종 등에 고용될 수 있도록 하였으며, 국가청년국National Youth Administration을 설립하여 특히 청년들의 구직문제에 전담하도록 하였다.

재건은 각 국가구성원 간 공정한 권리나 의무를 형성시켜 산업 및 기업의 생산 활성화를 기한다는 의미에서 국가재건국National Recovery Administration을 창립하여 사업주로 하여금 공정경쟁규약에 서명하도록 하고, 그 이외에 생산·가격·노동조건도 적절히 조정할 수 있도록 하는 시스템을 마련하도록 하였다.

　개혁은 주로 금융경제의 관점에서 화폐개혁을 단행하여 금본위제도를 폐지하고, 달러가치를 절하시킴으로써 수출경쟁력을 높이는 데 주력하였으며, 증권거래법을 설정하여 상장증권의 발행 및 거래에 있어서 건전화를 기하도록 하였다. 요컨대 루즈벨트는 악화된 경제상황의 원인분석과 그 대책에 관하여 정확한 직관력을 가지고 해결해 나갔으며, 그 중요한 항목의 선정이나 완급조절에 대해서도 적절한 전략을 구사하여 위기상황을 탈출해 나가는데 전력을 기울인 것이다.

　1930년도에 미국의 군사력은 세계 17위 정도에 지나지 않았으며, 지상군은 20만 명에 미치지 못하고 있었다. 그러나 1941년 12월 7일 일본이 하와이에 있는 진주만 해군기지를 폭격하여 태평양함대에 치명적인 손상을 줌에 따라 일본과의 전쟁상태에 돌입하게 되었다.

　이로써 미국연방정부는 1,000억 달러에 달하는 군수물자를 주문하여 거대한 전쟁산업을 구성하였고, 루즈벨트는 백악관에 사령부the map room를 설치하여 자신은 더 이상 대통령이 아닌 총사령관으로 불러주기를 요구하였으며, 라디오를 통해 국민들에게 필요시마다 전쟁상황을 자세히 설명해주고 희망을 가질 것을 역설하였다.

　미국연방 최고 재판소는 루즈벨트가 이끄는 연방정부가 국민의 사회 및 경제에 불법적으로 간섭한다는 관점에서 그 제도에 제동을 걸게 되었다. 예를 들면 1935년도에 공정경쟁규약들이 헌법에 명시된 상업활동조항과 모순된다고 판단하여 국가재건국을 폐지시키고, 1936년도에는 경작지 축소를 통한 농산물 가격회복과 수확의 효율적 관리를 주된 내용으로 하는 농업조정법을 무효화시켜 버렸다.

    그런데 루즈벨트는 1938년 새로운 노동조정법을 제출하여 가결시키고, 또한 연방최고재판소의 연로한 배심원들이 은퇴함에 따라 그 시대에 적절히 부응할 수 있는 자유적이고 개혁적인 인사들을 채울 수 있게 되었다. 이로써 루즈벨트는 시간적·공간적 관점에서 미국의 헌법이 동맥경화증으로부터 벗어날 수 있게 되었다고 판단하여 새로운 연방재판소개혁안을 제시하게 되었다.

제29장
장욕취천하 將欲取天下
장차 천하를 붙잡으려고 하면

將欲取天下而爲之 吾見其不得已 天下神器 不可爲也 爲者敗之 執者失之 物或行或隨 或嘘或吹 或强或羸 或載或隳 是以聖人去甚 去奢 去泰

장차 천하를 붙잡으려고 하는 자는 부득이하여 할 수 없이 한다는 상황에서만 가능하다. 천하는 신의 물건이다. 내가 어떻게 할 수가 없다. 내가 어떻게 하려고 하면 실패한다. 거기에 집착하게 되면 잃게 된다. 만물은 가는 것도 있고 따라오는 것도 있다. 약하게 불기도 하고 세게 불기도 한다. 싣는 것도 있고 무너져 떨어지는 것도 있다. 이로써 성인은 심한 것, 사치한 것, 교만한 것을 버려야 한다.

: 장차 천하를 붙잡으려고 하면

자기의 능력이나 분수를 고려함이 없이 세상을 붙잡으려고 하거나 자기가 욕망하는 대로의 목적만 달성하려고 한다면 수많은 어려움에 봉착하게 될 뿐만 아니라 또한 그 기대를 제대로 성취할 수도 없게 된다.

그런데 어떤 과업을 수행함에 있어서 자기가 솔선수범하거나 도움을 주지 않으면 될 수 없는 부득이한 경우에도 자기의 지혜나 재능을 발휘할 수 있는 여건이 적절히 조성되어야만 한다는 것이다. 이는 자기가 권력·명예·부에 몰두하여 그 일을 착수하기보다는 여유있는 마음의 자세가 먼저 기본적으로 갖추어져야 한다는 것이다.

세상은 무위와 같은 도道가 이끌어 나가므로, 잘못된 진리나 진실로부터 벗어나서 자기 마음대로 어떻게 할 수 없는 이치를 깨달을 수 있는 것이다. 예컨대 내가 자연과 같은 무위의 도를 벗어나서 자기의 욕망에 따라 나아가게 되면 결국 실패하게 되는 과정으로 나아가게 되고, 그러한 무명無明에 따른 착각에 집착하면 자기도 잃게 된다.

모든 사물에 대한 이치가 자기가 소유한 것이라고 굳게 믿는 것도 떠나기 마련이고, 또한 자기에게로 쉽게 오고 있는 것 같으나 결국은 헤어지기를 기약하게 된다는 사실도 명심하여야 한다. 그러므로 명예, 재산, 이성 등이 어느 날 갑자기 자기를 떠날 수밖에 없을 때 너무 잡으려고 발버둥치지 말아야 하며, 또한 그 모든 것들이 영원히 자기의 것이라고 고착하지 않는 자연스러움이 있어야 편안을 누릴 수 있다. 시간적·공간적 변화에 따라 달라지는 우리의 마음은 부드럽거나 세게, 강하거나 약하게, 얻어가지려고 하거나 내어버리려고 하는 다양한 모습으로 요동을 치게 된다. 그래서 성인들은 지나침, 사치함, 교만함 등을 버리고 무심無心, 무위無爲, 무구無求가 되는 중도中道의 길을 걷게 된다.

：마틴 루터 킹의 부득이한 경영

마틴 루터 킹(1929~1968)은 침례교회 목사의 아들로 애틀랜타 시에서 태어나 15세 때에 모어하우스 대학에 입학하여 4년 후에 동대학을 졸업하였다. 그는 1948년 9월에 그로저 신학대학에 입학하여 1951년 5월에는 동대학에서 신학 학사학위를 받고, 1954년 9월부터 앨라배마주 몽고메리에서 목사생활을 시작하였으며, 1955년 6월에는 보스턴 대학에서 신학 박사학위를 받았다. 그런데 그는 1968년 4월 테네시주 멤피스에서 암살당하였다. 그 암살의 배경에는 정부 내 비밀조직과 마피아 등 범죄조직이 관련된 것으로 추정되고 있었다. 그가 미국에서 살았을 당시에는 흑인이 노예가 아닌 자유로운 신분의 상태에서 놓여 있었으나, 정치 · 경제 · 사회 · 법률적으로 흑백의 인종차별이 심하여 누군가가 이 갈등을 풀 수 있는 지도자가 요구되었으며, 이에 깊은 사랑의 정신을 가진 마틴 루터 킹이 부득이하게 헌신적 노력을 기울이지 않으면 안되는 상황이 전개되었다. 이 당시 흑인에 대한 차별제도는 버스 내 좌석의 인종분리, 식당 내 카운터 의자 착석금지, 주거의 실질적 부자유, 경찰 · 시공무원 · 소방관의 임용 차단, 투표권 몰수, 교육 불평등, 고용 및 승진의 제한 등으로서 미국 사회에 전반적으로 관습화 되어 있었다. 그 몇 가지 예로서 흑인은 버스에서 백인들이 앉게 되어있는 몇 줄의 앞좌석에는 앉을 수 없으며, 운전수가 이 앞좌석에 앉은 흑인에게 뒤로 옮기라고 하였을 때 이를 거부하면 시에서 제정한 인종차별 조례위반으로 경찰서에 연행되어 재판에 회부되는 절차를 밟게 된다. 그리고 흑인들은 음식이나 주류를 파는 식당의 카운터의 의자에서는 음식을 먹지 못하도록 하였으며, 중개소에서 흑인이 이사하려고 하였을 때에는 백인지역에는 소개해 주지 않음으로써 실질적으로 주거이전의 자유가 없어지게 되었다.

이러한 상황에서 마틴 루터 킹이 백인의 법적·정치적·사회적·경제적 우위성에 따른 강한 압박 및 차별에 대하여 어떠한 철학 및 사상으로써 타개해 나가는 가를 다음과 같은 관점에서 파악해 보고자 한다.

(1) 비폭력 저항주의

비폭력 저항주의는 모든 사람은 흑백의 피부색깔에 관계없이 누구나 평등하게 취급되어야 하는 인간존엄성에 차별을 받았을 때에는 평화적인 방법으로써 대항해 나간다는 의미이다. 이는 간디의 비폭력주의와 불복종 운동과 그 내용을 같이하고 있다.

비폭력투쟁의 목적은 백인을 이기거나 그들에게 굴욕감을 안겨 주는 것이 아니라 상호이해를 바탕으로 백인과의 우호관계를 달성하는 데 있는 것이다.

진정한 비폭력저항은 악의 세력에 굴복하는 것이 아니라 사랑의 힘으로 악에 용감하게 맞서는 태도를 의미하는 것으로서 아무리 부당한 취급을 당하더라도 백인에게 원한을 품거나 미워해서는 안 된다는 의미이다. 그는 상대가 비록 명백히 잘못했다 할지라도 선의로 대응함으로써 상대가 자기의 과오를 불평 없이 고칠 수 있도록 태도변화를 시키는데 궁극적인 목적을 두고자 하였다.

그것은 고압적이거나 거만하여서는 안 되며, 그 저항이나 항의가 사랑에 기초를 두고 화해의 방향으로 나아가야 하고, 흑백문제

해결에 노력하는 백인들을 신뢰하여야 하며, 그들은 선한 사람이라고 칭찬해야 한다는 것이다. 요컨대 비폭력 저항주의는 그 최종의 목적인 서로 사랑하고 화해하는 사회를 만들어 내는 것이 아니면 의미가 없게 되며, 정의에 의한 사회질서를 추구하는데 있다. 그 저항방법은 구체적으로 시위행진, 불매운동, 버스안타기운동 등으로서 다음과 같은 성과를 얻게 되었다.

1) 1956년 12월 미연방최고 법원에서 버스 내 인종분리를 금지하는 명령이 몽고매리에 내려졌다.
2) 1964년 7월 흑인에게도 교육, 숙박, 고용 등에 동일한 기회균등을 부여하는 시민권 법령이 상하원 의회에서 비준되었다.
3) 1965년 일부 시에서 흑인에 대한 투표권 법령이 통과되기 시작하였다. 그는 이 흑백차별의 갈등해소를 위한 방편으로서 채택한 비폭력저항주의로 인하여 1964년 노벨평화상을 수여받게 되었다.

또한 1965년 베트남전쟁에 관련하여 베트남에 대한 파괴행위를 완전히 중단할 것을 비폭력주의의 범주인 평화주의의 관점에서 강력하게 주장하였다.

(2) 인간의 사명정신

마틴 루터 킹은 자기가 언제까지 살 수 있느냐 하는 문제보다도 고귀하고 선량한 진리의 실현에 자기가 어디까지 몸을 바칠 수가 있는가가 더욱 중요하다는 것을 깊게 인식하고 있었다. 킹 목사는 1967년경 어느 교회의 설교에서 자기의 죽음을 예견한 듯이 누구나

다 죽는 죽음에 대하여 자기도 가끔 생각하게 되는데 죽음을 두렵다고 생각한 적은 없으며, 노벨상을 비롯해서 여러 가지 명예나 훈장은 결국 보잘 것 없는 일이라고 했다. 그러나 오로지 자기의 일로 기억해줄 것은 그러한 명예가 아니라 자신이 평생을 통해서 노력한 일뿐이라고 역설하였다.

그가 평생 추구하고자 한 일은 자기의 생명을 다른 사람을 위해 바치려 했던 것과 사람을 사랑했던 것이라고 겸손하게 말하였다. 또한 그는 세상에 남길만한 큰 재산은 없으나, 인류의 평화와 정의를 위하여 봉사·사랑하는 군악대장의 역할을 수행하였다는 사실을 후세에 남기고 싶을 따름이라고 호소하였다.

제30장
이도좌인주 以道佐人主
도로써 지도자를 돕는다

以道佐人主者 不以兵强於天下 其事好還 [師之所處 荊棘生焉 大軍之後 必有凶年] 善者果而已 不以取强 果而勿矜 果而勿伐 果而勿驕 果而不得已 果而勿强 物壯則老 是謂不道 不道早已

도로써 지도자를 도와주려고 하는 자는 무력으로써 세상을 강하게 하지 않는다. 무력의 사용은 반드시 그 대가를 치르게 된다. 군사가 있는 곳은 가시덤불이 자라나고 대군이 지나간 다음에는 반드시 흉년에 들기 마련이다. 훌륭한 자는 과감하게 그칠 수 있고 감히 강해지려고 하지 않는다. 성과가 있다 하더라도 뽐내지 말고 성과가 있다 하더라도 교만하지 말며 성과가 있다 하더라도 할 수 없어서 한 것이어야 하고 성과가 있다 하더라도 강한 것만을 추구하여서는 안된다. 만물이 한창 강성하더라도 결국 쇠퇴해지기 마련이다. 힘의 논리는 도가 아니다. 도가 아니면 빨리 끝낸다.

도로써 지도자를 돕는다

사랑(인仁), 정의(의義), 양보(예禮), 이성(지智)의 균형을 이룬 상태로서 도道를 가지고 기업이나 국가와 같은 조직운영에 도움을 주고자 하는 자는 무력과 같은 강한 힘에만 의존하지 않는다. 왜냐하면 강한 힘에만 의존하여 이를 강조하게 되면 약육강식의 논리가 지배하는 세상이 만들어져 서로 힘을 강하게 길러 이겨보고자 하는 욕심이 난무하게 되어 그 대가나 보복이 반드시 되돌아오게 된다. 전쟁을 위하여 군대가 머물거나 지나간 곳은 농사를 짓지 않으므로 쓸데없는 가시덤불만 자라나며, 흉년이 들게 된다.

 훌륭한 자는 부득이한 상황으로 인하여 관여하게 된 다툼에서 그 목표에 도달한 경우 그쳐야 하여야 할 때에는 과감하게 그만 둘 줄 알아야 하며, 따라서 상대방을 완전히 손아귀에 넣어 제압하기 위하여 더욱 더 강해지려고 쓸데없이 에너지를 낭비하지 않는다. 강해지기만 하면 대쪽같이 되어 부드러움과 유연성이 없어져 부러지기 쉽다. 또한 성과가 있다하더라도 내세우지 말고 교만하지 말아야 한다. 따라서 그 성과가 맹목적으로 강한 것을 위한 강함이 되어서는 안 된다.

 자연속의 만물은 이루어지고(성成), 머물고(주住), 달라지고(이異), 없어진다(멸滅)는 변화과정을 거치는 현상법칙이나 진실 속에서 형성된다.

 지금 힘이 왕성하다고 해서 이것이 계속될 것으로 믿거나 그 힘의 세력유지에 집착하여, 세상을 제압하려고 하는 강한 힘의 논리는 도가 아니므로 이로부터 될 수 있는 한 빨리 벗어나야 한다.

록펠러의 수신제가修身齊家 경영

록펠러John D. Rockefeller(1839~ 1937)는 1855년 클리블랜드의 센트럴 고등학교를 중퇴한 뒤 곡물위탁판매회사의 물품수납 및 그에 따른 현금인출금을 회계장부에 기록하고 한 달에 약 25달러를 받는 경리과 직원으로 취직하여 사회에 첫 발을 내디디게 되었다.

록펠러의 아버지는 여러 곳을 떠돌아다니면서 소금, 목재, 모피, 의약품, 말 등을 사고파는 장사를 하였으며, 젊은 여자가 생겼고, 훔친 말을 판다는 소문이 퍼지는 등 방탕한 생활을 하였다고 한다. 이에 비해 그의 어머니는 기독교의 신앙심이 깊어 록펠러가 정직하고 근검·절약하며, 굳건한 의지 및 믿음으로 훌륭한 생활을 하는데 정신적 지주의 역할을 하였다. 어느 신문기자가 록펠러에게 세계 최고 부자가 된 비결이 무엇이냐고 물었을 때 그는 다음과 같은 어머니의 신앙교육이 그렇게 만들었다고 답변하였다.

1) 교회에 십일조를 반드시 낼 것
록펠러는 재산이 엄청나게 불어나자 십일조 전담부서인원 40인이 이 업무를 담당하도록 하였다.

2) 교회 맨 앞자리에서 예배를 봄으로써 목사의 설교를 잘 경청할 수 있도록 할 것

3) 교회의 일에는 불만이 있더라도 순종할 것

1859년 3월에는 부둣가의 허름한 창고에서 클라크 앤드 록펠러라는 간판을 걸고 자본금 4,000달러의 공동사업자로서 영업을 시작하였으며, 육류, 곡식, 대리석, 어류, 석고 등을 구입하여 판매하였는데, 남북전쟁에 따른 군수물자의 주문쇄도에 힘입어 이 록펠러회사는 클리블랜드에서 가장 신용평가 높은 회사로서 발전하기에 이르렀다.

1863년도에는 정유회사인 앤드류스 · 클라크 주식회사를 동업으로 설립하였으나, 1865년도에 공동자영업자인 클라크가 석유사업에 보다 적극적으로 뛰어 들기를 주저하여 결별하고, 록펠러는 동업자 지분을 매수하여 석유전문가인 앤드류스와 함께 정유회사를 운영해 나갔다.

1870년도에는 스탠다드 석유회사를 설립하고, 1871년 12월부터 1872년 3월까지 클리블랜드에 있는 24개의 석유회사를 인수하여 독점적 경영을 가능하게 하였으며, 1876년 경에는 스탠다드 석유회사가 미국 정유석유의 90~95%를 생산하기에 이르렀다.

또한 스탠다드 석유회사는 1884년부터 1899년까지 유럽석유시장의 약 60%를 장악하였으며, 1차 세계대전 발생시에는 거의 100%에 달하는 점유력을 유지하였다.

록펠러는 그 당시 철도회사와의 운임협상을 유리하게 하기 위하여 주변의 정유공장을 흡수 · 합병하여 최대의 정유기업 집단을 형성하였으며, 무분별한 유전개발에 의한 석유공급의 과다로 석유가격이 하락되어 망한 유전업자가 속출함에 따라 이런 회사를 유리한 조건으로 매입하였다. 그 이외에 스탠다드 석유회사는 원유추출 · 정유 · 수송 · 판매단계에서의 수직적 통합을 통하여 안정적이고 효율적인 경영이 가능하게 되었다.

그런데 1911년 5월 미연방 대법원은 스탠다드 석유회사가 다른 회사들이 정유업계에서 기업활동을 공정하게 하지 못하도록 한다는 관점에서 스탠다드 석유 트라스트의 해체 결정을 내려 34개의 개별회사로 분할되었다. 그 해체 이후 스탠다드 석유 트라스트에서 분리된 각 개별 회사의 주가는 5개월 만에 4배로 상승하였으며, 그에 따라 2억 달러에 상당한 록펠러의 재산은 해체 이후 그 5배인 10억 달러를 초과하게 되었다.

그런데 록펠러가 50세에 이르러 기관지, 신경계통, 피부, 위장 등에 병이 걸리고 여기에 불면증이 겹쳐 정밀한 종합건강진단결과 1년 이상 살지 못할 것이라는 통지를 받았다.

이때에 그는 지금까지 자기 자신과 자기 사업만을 위하여 노력을 경주하였을 뿐 진실로 참되게 살고 이웃을 사랑하지 않았음을 깨달았으며, 죽으면 자기 재산뿐만 아니라 모든 것이 소용없게 된다는 사실을 인지하게 되었다. 그리고 그가 지금까지 베푼 자선사업과 십일조 납부는 형식상 자기 생활을 유지하기 위한 수단에 지나지 않았다는 것을 알게 되었다. 록펠러가 최후 검진을 위하여 휠체어를 타고 갈 때 병원의 액자에 "주는 자가 받는 자보다 복이 있나니"라고 쓰여 있는 글귀를 보고 깊이 감명을 받았다. 그때 주변에서 병원비 문제로 입원하지 못하고 있는 소녀를 보고 비밀리에 입원비를 내주어 그녀의 건강을 기적적으로 회복하도록 하였다.

그 이후 록펠러는 돈 버는 일에 몰두하기 보다도 생활에 어느 정도 여유를 가지고 사색도 하며, 자기의 재산을 필요로 하는 자에게 베풂으로써 그들에게 도움과 기쁨을 줘야겠다는 굳은 마음가짐이 자기 속에 깊숙이 자리매김을 하는 과정에서 그의 건강도 서서히 회복되기 시작하였다.

따라서 그가 60세인 1899년 이후부터는 영리적 사업가보다도 자선사업가로서 탈바꿈하게 되었다.

그래서 그는 1901년 록펠러 의학연구소를 설립하여 다음의 성과를 거두었으며, 이 연구소에서 훈련받은 의사 중 19명이 노벨상을 받게 되었다.

① 백신 등의 의약품 개발
② DNA 유전적인 형질을 전달한다는 성질 인식
③ 말라리아, 발진티푸스, 결핵, 황열병의 퇴치에 공헌
④ 바이러스가 암의 원인이라는 것을 규명

록펠러는 그의 생애동안 시카고 대학교를 비롯하여 24개의 대학, 4,928개의 교회를 지어 사회에 헌납하였으며, 자기의 재산은 인류의 복지를 위해 사용하라고 하나님이 내린 선물이라는 것을 명심하고 1913년 록펠러 재단을 설립하였다. 그런데 사회에 대한 부의 환원이나 기부는 어디까지나 과학적이고 세밀한 조사에 근거하여 운영하도록 함으로써 그 자금사용의 비효율성이나 낭비를 방지하도록 했다.

록펠러가 세계 제 1의 부를 소유하고 인류의 복지를 위하여 기여하게 된 경영철학이나 사고는 다음과 같이 기술할 수 있다.

(1) 정확한 직관력에 의한 예측

최고 경영자는 어떠한 업종이 앞으로 얼마의 기간에 어느정도 유망하게 성장할 수 있을 것인가를 적절히 평가·예측할 수 있어야 한다.

1865년경 석유산업의 주된 용도는 등유의 사용에 그치고 있었는데, 록펠러는 이를 산업계 전반에 대한 에너지 공급원천으로 확대되어 그 수요가 공급을 초과하여 공급 가격의 하락이 쉽게 되지 않을 것으로 파악하였으며, 또한 그 성공예측이 불투명하고 투기성이 높은 유전개발사업보다도 정유업의 수익성 및 성장가능성이 더 높을 것으로 예상하였다.

1880년 초에 미국의 펜실베이니아가 주된 원유채취지역으로서 얼마 안가서 원유공급이 바닥이 날 것으로 우려하고 있는 중에 1885년 오하이오 근처의 리마에서 유황성분이 섞인 대규모 유전이 발견되었다.

그러나 석유에 유황성분이 많으면 기계를 못 쓰게 만들고 등유로서도 그을음을 발생시켜 사용하기 곤란하기 때문에 경제성이 없는 원유로 평가받아 그 유전의 구입을 주위에 있는 대두분의 기술자, 경영진 등이 만류하였으나, 록펠러는 자기의 자금을 담보로 하여 이 유전을 구매하고야 말았다. 그런데 얼마 되지 않아서 리마 유전에서 채취한 원유에 함유된 유황성분을 제거하는 기술을 개발하여 당시의 어려운 석유공급문제를 해결한 것이다.

(2) 적절한 인재의 확보

록펠러는 아무리 좋은 착상이나 물적자원을 소유하고 있더라도 다른 사람의 도움이 없는 어떤 사업도 성공할 수 없다는 사실을 알고 있었다.

그래서 그는 자기를 적대시하고 도전하고자 하는 사람들도 일할 수 있는 능력이 뛰어나면, 포용해서 자기 사람으로 만들고자 하였다. 그가 바라는 것은 해낼 수 있는 사람을 찾아내서 모든 것을 맡기고자 하는데 있다.

록펠러는 생산기술은 그 당시 석유 정유에 있어서 최고기술자인 앤드류스Samuel Andrews에게, 기업에 관련된 이해관계자와의 조화는 대외섭외력이 뛰어난 프래글러Henry M. Flagler에게, 마케팅, 정보보고 등 회사의 총체적 경영관리는 아치볼드John Archbold에게 일임하여 자기는 기업경영이 되어 나가는 행태를 보고 받거나 관망하여 그 방향을 조정함으로써 거대한 스탠다드 석유회사를 형성시켰다.

그리고 록펠러가 최고경영진을 선발할 때 고려하게 되는 중요한 기준은 자기의 열정을 기업경영에 전력투구할 수 있는가 하는 관점이었다.

1910년에 설립인가가 난 록펠러 재단은 세계 인류의 복지증진을 위해라는 단서만 붙인 채 록펠러가 1억 달러를 내놓음으로써 형성되기 시작하였으며, 그 운영은 게이츠목사와 록펠러 2세가 맡도록 하였다.

(3) 기술 및 제품개발과 트라스트의 형성

록펠러는 석유산업의 성패는 가장 질 좋은 석유를 가장 싸게 내놓는데 있다고 확신하였다.

또한 그는 석유사업의 목적이 등유생산을 위한 것이었으나, 기계설비나 자동차 등을 가동시킬 수 있는 주요 에너지 원천이 될 수 있도록 신기술에 적극적으로 투자하였다.

물류비용을 절감시키기 위해서 처음에는 그 무게가 적게 나가는 떡갈나무 석유통을 고안하였으나, 그 이후에는 더욱 견고하고 운송비가 삭감되는 철재 유조차를 개발하였다.

그는 정유사업 및 석유에 관련된 사업 이외에는 투자하지 않는 전문화를 기함으로써 제품의 경쟁적 지위를 향상시키는 결과를 낳았다. 정유사업 이외에 석유에 관련된 분야로서 아스팔트, 양초, 성냥, 페인트, 윤활유, 바셀린 등 300여 종류의 제품 및 부산물을 개발하였다.

그리고 스탠다드 석유회사를 중심으로 하여 원유, 정유, 수송, 판매단계의 수직적 통합은 안정된 석유가격, 확실한 원유공급처의 확보, 원가절감 등 경영 전체적 관점에서 각 단계별 경영합리화를 기하는데 중요한 역할을 하였다.

(4) 건전한 경영철학

록펠러는 석유하나로 세계를 제패한다는 소망을 가지고 자기의 심신心身을 집중시켰으며, 파티와 클럽활동은 불필요하게 여겼으며, 사치 및 향락에는 관심이 없었으며, 평생 가정생활만으로 아주 만족하였다고 한다. 따라서 그는 건전한 수신제가修身齊家의 기본틀 아래에서 자기의 모든 에너지를 한 곳에 모아서 기업경영에 헌신하고자 하였다. 또한 그는 사무실에 구두 닦는 용구세트를 마련할 정도로 근검·절약하였으며 종업원들에게도 술, 담배, 이혼, 사치를 멀리하도록 설득하였다.
 그는 어렸을 때부터 돈의 노예가 되지 말고, 돈을 자기의 노예로 만들어야 한다는 가르침을 받았다.
 요컨대 록펠러는 돈 버는 능력은 하나님이 주신 선물이며, 자기는 돈을 더 많이 벌어서 그 돈을 양심에 따라 이웃과 사회를 위해 쓰는 것이 사명이라고 생각하고, 이를 실천에 옮기었다.

제31장
부가병 夫佳兵
전쟁을 찬양하는 자

夫佳兵者 不祥之器 物或惡之 故有道者不處 君子居則貴左 用兵則貴右 故曰兵者 不祥之器也 非君子之器也 不得已而用之 恬淡爲上 勝而不美 而美之者 是樂殺人 夫樂殺人者 則不可得志於天下矣 吉事尚左 凶事尚右 偏將軍居左 上將軍居右 言以喪禮處之 殺人之衆 以悲哀泣之 戰勝 以喪禮處之

훌륭한 무기라는 것은 상서롭지 못한 그릇이다. 온 세상에 해를 끼쳐 만물이 싫어한다. 그러므로 도를 가진 자는 여기에 머물지 않는다. 그래서 군자는 왼쪽을 귀하게 여기고 전쟁이 일어나면 오른쪽을 숭상한다. 결국 전쟁은 상서롭지 못한 수단이 된다. 그것은 군자의 수단이 아니다. 부득이한 경우에 저항할 수 있을 뿐이다. 고요하고 깨끗함을 으뜸으로 여기고 이긴다고 해서 이를 미화해서는 안된다. 그 찬미자는 사람 죽이는 것을 즐거워한다. 살인을 즐거워하는 자는 이 세상에 큰 뜻을 펼칠 수 없다. 그러므로 평화 시에는 왼쪽을 받들고 전쟁 시에는 오른쪽을 숭상한다. 그래서 보다 낮은 장군은 왼쪽에 처하고 가장 높은 장군은 오른쪽에 처하게 된다. 이는 전쟁을 상례로 삼는 것을 말한다. 사람이 많이 죽었으니 슬피 울어야 되지 않는가. 그래서 전쟁에 이겨도 상례에 처해야 한다.

전쟁을 찬양하는 자

훌륭한 무기와 강한 군대를 나라의 최우선 목표로 하여 전쟁준비에만 매달리게 되면 앞으로 좋은 일이 있을 수 없도록 하는 근원을 제공하게 된다. 전쟁은 온 세상에 해를 끼치기 때문에 진리와 어긋나게 되어 모든 만물이 싫어한다.

그러므로 도道를 가진 자는 여기에 집착하지 않는다.

군자는 양陽(밝음), 길吉(좋음), 생生(살아있음)을 상징하는 왼쪽으로서 문화·도덕을 귀중하게 여기나, 전쟁하는 자들은 그 승리를 위하여 음陰(어두움), 흉凶(재앙), 사死(죽음)를 나타내는 오른쪽으로서 무력이라는 힘을 숭상하게 된다.

결국 전쟁이라는 것은 좋지 못한 결과를 가져오는 원인 제공의 바탕이 된다.

그것은 군자가 즐거이 행하여야 할 일이 아니며, 할 수 없는 형편이 되어 마지못해 저항할 뿐이다. 간디나 마틴 루터 킹은 비폭력 저항주의로서 자기들의 목적하는바 의도를 충분히 달성하였던 것이다.

저항함에 있어서도 고요함과 깨끗함을 그 핵심으로 하고, 이긴다고 해서 이를 찬미해서는 안 되며 어디까지나 사랑의 마음으로써 패한 자와도 화합해 나가야 한다.

사람을 죽여서 승리에 도취되어 그 목적이 이루어졌다고 즐거워하는 자는 화합되고 평화롭고 아름다운 세상을 펼쳐 나갈 수 없다.

평화 시에는 생명을 상징하는 왼쪽을 존중하고, 전쟁 시에는 죽음을 나타내는 오른쪽을 숭상하게 된다.

그래서 이러한 사고방식에 따라 제일 높은 장군은 우측에 처하게 되고 그 다음 높은 장군은 왼쪽의 방향으로 나아간다는 것이 하나의 예禮로 되고 있다.

   이는 위에 있는 군인이 밑의 좌석인 우측으로 가고 아래 있는 군인이 높은 좌석인 왼쪽으로 앉게 되어 승리자나 힘있는 자가 겸손의 예를 표시한 것이 된다.

   비록 힘으로써 전쟁에서 이겼다 하더라도 죽은 자에 대하여 애도의 심정을 가지지 않으면 안된다는 것이다. 따라서 전쟁으로 인하여 많은 사람들이 죽었으므로 비록 전쟁에 이겼다 하더라도 아군 적군에 관계없이 상례에 따라 머리 숙여 전사한 자들에 대하여 그 명복을 비는 것이 인간의 도리가 아니겠는가.

: **아인슈타인의 평화적 경영**

알베르트 아인슈타인Albert Einstein (1879~1955)는 26세 때 특수 상대성이론의 공식인 「에너지 = 질량 × 빛의 속도^2(E=MC^2)」을 논문으로 발표하였는데 여기서 도출된 원자폭탄의 개발에 의하여 제2차 세계대전이 종식되었다. 그런데 그는 제2차 세계대전 이후 원자폭탄이나 원자력을 이용한 핵무기나 기타 병기는 모두 폐기되어야 한다는 운동에 앞장섰다.

   그가 인식·발견한 가공할 만한 에너지 생성에 관한 이론은 인류의 행복과 발전을 위하여 응용되어야 하며, 지구와 인간을 파멸

184

시키는 도구나 수단이 되어서는 안된다는 것이다.

아인슈타인의 조상은 전형적인 유태인이며, 그의 아버지는 성공하지 못한 사업가였다. 그는 16세 때인 1895년 뮌헨의 김나지움에서 학업을 포기하고, 이탈리아 밀라노에 자기보다 6개월 전에 이사간 부모에게로 가서, 스위스에서 공과 계통의 교육을 받으려고 하였다.

그가 자퇴한 김나지움은 국가의 엘리트를 배출하던 중등교육기관으로서 엄격한 복종을 강요하는 권위적이고 철저한 군대식 교육을 강요하였다.

그는 1895년 취리히 공과대학의 입학시험에 떨어졌으나 수학성적이 우수하여 그 대학의 학장이 스위스 공과계통의 고등학교 졸업장을 얻어서 다시 지원하도록 하여, 아인슈타인은 이 졸업장을 받고 1년 후에 취리히 공과대학에 무시험으로 합격하였다.

그는 1900년도 취리히 공과대학을 졸업하고 임시교사직을 얻었으나 오래가지 못하고, 1902년 6월 취리히 대학 동창인 그로스만의 아버지의 추천으로 스위스 베른 특허국에 취직되어 시보의 자격으로 전기기구 발명을 심사하는 일을 맡게 되었다.

1905년에는 취리히 공과대학에서 이학박사학위를 받았으며, 특수 상대성이론 등 다섯 편의 논문을 발표하였으나, 이 당시 그의 $E=MC^2$에 관한 이론은 거의 무시당하였다.

1909년에 취리히 주립대학의 교수, 1913년에 베를린 대학의 교수가 되었으며, 1916년에는 일반상대성이론을 완성하였다.

1933년에는 히틀러가 정권을 장악한 나치는 그가 유대계 독일인 이라는 이유로 시민권과 재산을 모두 박탈·몰수 하였다. 결국 그는 미국의 프린스턴대학에 가서 연구하였으며, 1939년에 세계 평화를 위하여 미국이 독일보다 먼저 원자폭탄을 개발할 필요성을 루즈벨트 대통령에게 서한으로 알렸으며, 1940년에는 미국 시민권을 얻었다. 1952년에는 이스라엘에서 초대 국가원수가 되기를 제의하였으나 자기가 가야할 길이 아니라는 생각에 사양하고 말았다. 아인슈타인의 학문적 자세, 교육, 과학, 종교 등에 관한 사상을 열거하면 다음과 같다.

1) 교육의 가장 중요한 방법은 학생들이 실제로 자기의 모든 힘을 모아 목표하는 일을 수행해 보겠다는 생각이 들도록 동기부여를 해 주는 데 있다. 그리고 그들이 학교를 떠날 때 어떤 일에 대한 전문가나 기술자로만 머물러 있는 것이 아니라 조화된 인격의 소유자가 될 수 있도록 도움을 줄 수 있어야 한다는 것이다. 즉 학교교육이 특수한 지식이나 기술의 습득에만 한정되어서는 안 되며, 독립적으로 사색·판단할 수 있는 능력을 개발시키는 데에도 역점이 두어져야 한다는 것이다.

왜냐하면 객관적인 지식은 일정한 목표를 달성하기 위한 강력한 수단이나 도구는 될 수 있지만, 이로써만 인간의 행복이나 건강을 조화롭게 형성시킬 수는 없는 것이다.

2) 그는 자기가 얻은 성과는 자기의 성격상 하고 싶어서 못 견디는 일을 한 결과일 뿐인데 이로 인해 많은 존경과 애정을 한 몸에 받는다는 것은 곤란하다고 생각하고 있었다. 그는 처음부터 자기가 출세를 한다거나 위대함을 과시하기 위하여 그 연구를 시작·

매진한 것은 아닌 것이다.

그런데 아인슈타인에게는 제자다운 제자가 한명도 없었으며, 단지 일생 중 마르셀 그로스만 등 몇몇의 수학자의 협력에 의존한 정도였다. 그러나 그는 자기의 학문적 세력을 이용해 과학자로서 정치·경제·사회적으로 하나의 권력의 힘을 형성시키고자 하는 의도를 가지고 있지 않은 순수성의 일면을 엿볼 수 있다.

3) 그에 의하면 과학은 종래에 불가결했던 과도한 육체노동으로부터 인간을 해방시켜 인간생활을 보다 용이하고 풍요롭게 하는 것을 그 주된 목적으로 두어져야 한다는 것이다. 그러나 이는 오히려 인간생활에서 긴요한 휴식을 빼앗아 가고, 인간을 기술적 환경에 종속시키는 노예로 전락시키고 있다는 것이다. 나아가서 인간 자신이 과학적 방법에 의하여 대량 파괴의 수단을 만들어 냄으로써 인간을 매몰시키는 위기에 봉착시키고 있다는 것이다. 이는 인간의 과학적 발전과 더불어 인간 상호간의 정치·경제·사회적인 조화성을 강조한 것이다.

4) 아인슈타인이 의미하는 신神은 합리적인 연관성이나 우주의 운행을 지배하는 자연법칙으로 지칭함으로써 신의 개념을 보다 객관적으로 명료화시키고 있다. 그리고 종교 없는 과학은 절름발이이며, 과학 없는 종교는 장님이라고 역설함으로써 종교와 과학의 분리할 수 없는 밀접한 관계를 제시하고 있다.

제32장
도상무명 道常無名
도는 영원하나 이름이 없다

道常無名 樸雖小 天地不敢臣 候王若能守之 萬物將自賓 天地相合 以降甘露 民莫之令而自均 始制有名 名亦旣有 夫亦將知止 知止 所以不殆 譬道之在天下 猶小谷之與江海

　도는 영원하나 이름이 없다. 비록 통나무와 같이 아무 것도 아닌 것 같지만 세상이 감히 신하와 같이 부릴 수 없다. 제후나 왕이 이를 잘 지키면 모든 것이 스스로 섬길 것이다. 하늘과 땅이 서로 화합하여야 단비를 내릴 것이다. 백성들에게 명령하지 않아도 자기 스스로가 문제를 해결한다. 만물이 생기면 이름도 나타난다. 이름도 역시 증대되어 존재한다. 그저 또한 그칠 줄 알아야 한다. 멈출 줄 알면 위태롭지 않다. 비유컨대 도라는 것은 천하가 굴재하여야 할 바탕이다. 마치 개천과 계곡의 물이 강과 바다에서 멈추는 것과 같다.

도는 영원하나 이름이 없다

　도는 시간을 초월하여 영원하고, 공간도 추월하므로 이름도 없다.
　도는 통나무와 같이 겉으로는 보잘 것 없이 보일지 몰라도 그 꾸밈없는 순박성이나 순수성이 오히려 세상살이에 으뜸이 가는 가르침이 될 수 있으므로 감히 신하와 같이 낮추어 볼 수 없다.
　왕이나 제후와 같은 지도자들이 이 도道를 잘 지킬 수 있다면 온 백성들로부터 저절로 존경받게 된다.

　하늘의 기와 땅의 기가 서로 잘 화합하게 되면 단비가 내리는 것 같이 하늘의 진리와 땅의 도덕이 상호간 잘 조화를 이루게 되면 지행합일^{知行合一}로 복^{福}을 받게 된다. 이와 같은 상황에서 백성들이 살게 되면 백성들에게 명령을 발하지 않더라도 각자가 자기 스스로 문제해결을 한다.

　통나무가 쪼개져서 필요한 여러 가지 기구를 만들게 되면 각 기구마다 이름이 붙여지게 된다. 이와 같이 만물의 구조나 사회 · 문화제도도 분화되어지면 무위자연의 도로부터 멀어지고 인위적 요소가 증대되고, 여기에 구분되어지는 이름이 붙게 되어 이에 따른 분별 · 모순 · 대립의 세계가 전개되어 나간다.

　앞으로도 계속적으로 사회제도가 복잡해지더라도 너무 도로부터 멀리 떨어지지 말고 무분별지^{無分別智}인 도에 머물 줄 알아야 한다. 이 무분별지에 통하는 무위의 도에 머물 줄 알면 사전에 문제가 지워져 위태롭지 않게 된다.

　계곡의 물이 흘러서 결국 강과 바다에 머물러 세상에 유익한 역할을 하듯이 천하 만물도 그 뿌리라 할 수 있는 도로 귀착되어 멈추게 된다.

: 알렉산더의 과시적 경영

인류 역사상 알렉산더(기원전 356 ~ 기원전 323)만큼 자기 이름을 세계만방에 높이고자 한 사람도 드물다. 그는 남들로부터 인정·추앙받고 싶은 욕망이 유난히 강하였으며, 자신은 무엇이든지 다 할 수 있다고 생각하는 선천적 자아의식이 지배하고 있었다. 더 나아가 그는 자신이 제우스신의 혈통을 통해서 아몬신의 후예가 되었다고 믿고 있었다. 따라서 그의 궁극적 목적은 새로운 신의 자격으로 이 세상 전체를 통치하고 싶었으며, 그리스인들에게 자기를 신으로 숭배해 달라고 공식적으로 요구하였고, 자신이 동방의 대왕임을 과시하고자 하는 의욕으로 가득 차 있었다.

알렉산더는 마케도니아 왕인 필립포스와 일곱 아내 중 네 번째 부인인 올림피아스의 사이에서 태어났다.

마케도니아는 그리스 북방외곽에 있는 험준한 산악지대의 국가로서 봉건적이고 농업사회를 형성하였으며, 기원전 5세기 말까지는 정치, 경제, 문화, 사회적으로 낙후된 지역이었다.

필립포스는 마케도니아 보병대의 무기를 교체하여 기존의 짧은 창을 4.5m의 긴 창으로 대체함으로써 보다 효과적으로 적을 공격할 수 있었으며, 그 당시에 막강한 군대를 탄생시켜, 기원전 338년 아테네와 테베 연합군을 물리쳐 그리스를 지배하게 되었다.

기원전 337년경 필립포스는 새로운 왕녀인 클레오파트라와의 결혼식을 거행하게 되었는데, 여기서 알렉산더는 반기를 들어 결혼식장을 혼란스럽게 만듦으로써 아버지의 눈 밖에 나게 되어 유배를 떠나게 되었다.

그러나 필립포스는 소아시아 징벌에 나서기 앞서 마케도니아 왕국을 일시적으로 맡길 믿음직한 사람을 찾던 중 결국 유배 중이던 16세의 알렉산더를 지명하게 된다.

기원전 340년 알렉산더는 16세의 나이로 마케도니아 북부변방 지대에 사는 마이디족의 반란을 진압하는데 성공하여 그의 전쟁지휘자로서의 능력을 입증하게 되었다.

그런데 기원전 336년에 46세가 된 필립포스는 자기 딸의 결혼연회에서 그의 경호원인 파우사니아스에 의해 암살을 당하였다. 파우사니아스는 필립포스의 동성연애 상대자였으나 그 관계가 소원해 짐에 따라 이에 증오심을 품고 있었던 것이라고 추정하고 있다.

이에 따라 알렉산더가 20세의 나이로 필립포스의 후계자로 인정받아 마케도니아 및 그리스의 주권자로서 등극하였다.

알렉산더는 기원전 334년 페르시아 원정군의 사령관이 되어 아시아로 쳐들어가 연전연승을 거듭하여 페르시아, 파키스탄 뿐만 아니라 아시아 제국을 정복하려고 하였다.

그러나 마케도니아 병사들은 알렉산더의 지칠 줄 모르는 탐험심과 정복욕에 환멸을 느낀 나머지 한 발자국도 못나가겠다고 선언·항명하여, 결국 그는 회군지시를 내리게 된다.

알렉산더는 이 항명에 대한 보복으로 인더스강 하구까지 아주 힘들고 희생적인 행군을 시키고 마크단의 뜨거운 사막을 통과하여 이란으로 돌아가는 길을 택하게 되며, 기원전 325년경부터는 반역의 징후가 보이는 지역에 대해서는 공포정치를 시행하게 되었다.

기원전 326년 6월 알렉산더는 아시아의 동방뿐만 아니라 사람이 살고 있는 미지의 땅까지 행군하여 지배하고 싶은 불타는 욕망을 이루지 못한 채 바빌론에서 열병으로 갑자기 사망하게 된다. 그 후 마케도니아 부하장군들이 알렉산더의 후임자 자리를 놓고 40년간 전쟁을 계속한 결과 3개의 왕국으로 분할되었다.

알렉산더는 생전에 그리스의 유명한 철인이라고 할 수 있는 디오게네스(기원전 412?~323)에게 찾아가서 원하는 것이 무엇이냐고 물었을 때, 디오게네스는 "햇볕을 가리니 좀 비켜주시오"라고 부탁하였다. 이에 대하여 알렉산더는 "제가 만일 다른 사람이 된다면 디오게네스가 되고 싶습니다"라고 오히려 자기의 희망사항을 호소하였다.

디오게네스의 관점에서 알렉산더는 쓸데없는 곳에 자기의 정력을 무모하게 낭비하는 어리석은 인간으로 비추어졌을지도 모른다.

디오게네스는 견유犬儒학파로서 아무것도 필요로 하지 않는 것이 신神의 특징이며, 필요한 것이 적을수록 신에 가까운 인간이라고 주장하였다.

알렉산더의 통치이념 및 사고방식을 기술하면 다음과 같다.

1) 알렉산더는 자기 목정을 달성하기 위하여 지칠 줄 모르고 후회 없이 전진해 나감으로써 솔선수범의 자세를 견지하였다.

그는 기원전 327년 소그디아나 암벽 등반에 의한 정복 이외에는 항상 전열의 맨 앞에 서서 지휘하였다. 그래서 경우에 따라서 그는 상당히 심한 부상을 당하여 사망 일보 직전까지 갔었다.

2) 그는 자기가 추구하거나 해야 하는 일에는 집중이라기보다 중독에 가까운 상태였다.

예를 들면 그는 어릴 때에는 사냥에, 장성하여 군 지휘관이 되었을 때에는 전쟁에 중독된 것이다. 또한 그는 자신의 권력을 집중시키기 위하여서는 그 어떤 무자비한 수단이나 대가를 치를 의도를 가지고 있었으며, 그에 대한 개인적 충성만을 가장 중요한 것으로 간주하였다.

3) 그는 어떤 결정이 옳은지, 누구를 신뢰할 수 있는 사람인지 분별할 수 있는 직관력을 가지고 있었다.

그리고 그는 자기 자신 뿐만 아니라 자기가 거느리고 있는 병사들의 능력에 대해서도 자신감을 가지고 있었다.

4) 그는 정복지를 될 수 있는 한 평온한 상태로 유지시킴으로써 자기의 군대가 계속해서 안전하게 진군할 수 있도록 하였다.

그는 정복지의 주요 거점이나 기지에 자국의 군대를 주둔시키지만 가능한 한 원래의 통치자를 그대로 두거나, 신임할 수 있는 총독을 임명하고, 병사들에게 보복, 강간, 약탈행위를 함부로 하지 못하도록 하였다. 또한 새로이 정복하기 위하여 진격하는 도시들은 대부분 전쟁 없이 항복을 받도록 하는 조건이나 환경을 조성하여 상호간 피해를 최소한도로 줄였다.

5) 그는 정복한 민족의 통치수단으로서 그리스문화와 오리엔트 문화를 상호 조화시켜 나라와 인종의 장벽을 없애고 식민백성을 하나의 통일된 국민으로 다스리고자 하는 헬레니즘Hellenism의 사상을 도입하였다.

헬레니즘은 그리스와 같은 도시국가를 중심으로 한 제도나 사상을 초월한 문화로서 인류는 하나의 형제와 동포이며, 개인주의적 평안의 행복추구, 민족적 차별 제거 등을 역설한 것이나, 전제정치를 기반으로 하고 있다.

6) 알렉산더는 조상의 영웅 혹은 조상신들을 능가하려는 의도를 가졌으며, 자신이 신일지도 모른다는 과대망상증에 사로잡혀 초인간적인 업적을 남기려고 실질적으로 무모한 전쟁이나 공격을 감행하는 사례가 많았다.

알렉산더는 자기의 신적 우상화와 전쟁정복의 집착이 그 원인인지는 모르나 일반적으로 이성 관계를 즐기는 편이 아니었다. 단지 성관계를 정치적·생식적 목적을 위한 수단으로 이용하였으며 동성연애자로서도 경험이 있는 것으로 추정되고 있다.

제33장

자지자명 自知者明

자기를 아는 자는 밝게 깨달은 자다

**知人者智 自知者明 勝人者有力 自勝者強 知足者富 强行者有志
不失其所者久 死而不亡者壽**

남을 아는 것은 지식이고 자기를 아는 것은 밝음이다. 타인을 이기는 것은 힘이 있는 것이고 자기를 이기는 것은 강한 것이다. 만족할 줄 안다는 것이 부이다. 힘찬 수행자는 굳은 의지가 있어야 한다. 도의 자리를 잃지 않음이 영원이라 할 수 있다. 죽어도 망하지 않고 명성을 얻는다.

자기를 아는 자는 밝게 깨달은 자다

다른 사람이나 객관적 사물에 대하여 안다는 것은 지식이고 과학이다. 자기를 안다는 것은 진실된 깨달음이요 밝음이다. 소크라테스가 "너 자신을 알라"라고 말한 것은 자기를 이길 수 있는 극기克己나 절제節制를 할 수 있는 자신自信을 갖추고 있느냐 하는 의미를 나타내고 있다.

　남에게 이기는 것도 자기 나름대로의 힘이 있다고 할 수 있지만, 자기를 이기는 자는 탐진치貪瞋痴를 극복한 것이므로 보다 강인한 기반을 형성한 것이다. 자기 생활에 만족하여 욕심이 없거나 부러움이 없게 되면 더 바랄 것이 없어, 풍요로운 삶을 영위할 수 있다. 오늘 날에 있어서는 절대적 빈곤보다도 자기와 남을 비교하여 부러움이나 자기상실감을 가지게 될 때 발생하는 상대적 빈곤에서 자기 스스로 가난함을 인식하게 된다.

비록 남보다 덜 가졌다고 하더라도 더 필요함을 추구하고자하는 마음이 없다면, 자기가 짊어져야 할 가난한 마음으로부터 멀리 벗어날 수 있게 된다.

극기나 절제의 강한 실천은 자기 자신의 내적인 강한 의지, 입장, 믿음이 뒷받침되어야 한다. 이로써 지행일치知行一致의 도를 이룰 수 있다.

자기 스스로 만족하여 욕심이 없게 되면 극기나 절제가 저절로, 자연스럽게 이루어져, 순금과 같은 도의 생활이 상실되지 않으면 영원한 진리 속에서 살게 된다.

무소유無所有 · 무소득無所得 · 무위無爲의 도를 깨닫고 생사生死의 번뇌로부터 벗어날 수 있는 실존實存이 되면, 영생을 얻게 되어 현실의 시간성에 집착하지 않게 된다.

도요타의 화합경영

기업에 있어서 조직구성원이 각자의 입장에서 권리나 자기의 타당성만을 주장하게 되면, 경영조직이 화합되지 않아 문제가 생겼을 때 해결이 되지 않는다.

오늘날 세계 최강의 경영을 자랑하는 도요타의 힘은 회사내부는 물론 외부 거래 상대방과의 마음을 일치시킬 수 있는 자기 절제나 극기에서 형성된 조직화합에서 찾아볼 수 있다.

도요타의 화합경영의 중요한 대상은 노사관계와 협력회사관계로 나누어 파악할 수 있다.

(1) 노사관계의 화합

도요타노조는 1949년 4월 노조법 개악반대를 내세워 파업을 하였다. 1950년도에는 도요타자동차의 재정상태가 악화되어 구조조정으로 약 1,600명을 해고하지 않으면 안 되었을 때 이 회사를 창업한 도요타 기이치로도 해고자 명단에 넣어 사직하는 솔선수범을 보였으나, 이로부터 2년 후에 심장 발작으로 세상을 떠나게 된다.

1962년에는 노사 간 상호신뢰관계를 유지하고, 생산성을 향상하여 국민경제발전에 기여하겠다는 노사공동선언을 발표하여, 협조적인 노사관계에서 일체적인 노사관계로 진일보하게 되었다. 이들은 계급투쟁적인 노사관계는 양쪽에 모두 이익을 주지 못하고 기업파멸의 결과를 가져온다는 사실을 인식하고 무분규사업체로 바뀌도록 전력을 다한 것이다.

이는 경영개선에 대한 성과의 적정공개 및 이에 따른 보상의 공정성, 현장 직원의 자율적 작업진척관리, 다기능에 의한 다양한 작업 수행, 교육 훈련에 의한 사고방식의 전환 이외에 사람을 소중히 여기고, 사람을 살리는 경영에 힘입은 바 크다고 할 수 있다.

도요타는 21세기 노사화합 신규선언을 다음과 같이 기술하여 글로벌 기업으로서 노사관계의 모범을 제시하고 있다.

① 글로벌 기업으로서 국제사회에 공헌

② 상호신뢰와 책임의 노사관계

③ 부가가치 창조에의 협조

④ 일본전체의 입장에서 근로자가 진정 풍요로운 사회 실현

인사고과에 있어서 도요타는 능력이 부족한 자도 중간기능직에서 5년이 되면 승진시킴으로써, 능력에 의한 차별은 두지만 직원을 조직에서 제거하지 않는 방향으로 나아가고 있었다. 이로써 회사는 이들에게 사기양양을 시켜 잠재하고 있는 능력을 개선·개발할 수 있는 기회를 제공하고 있는 것이다.

이에 관련하여 미국의 GE는 현재의 능력으로서 성과와 미래의 능력으로서 잠재력을 평가하여 상층그룹 20%, 중간그룹 70%, 하층그룹 10%로 나누고 있으며, 상층그룹에 대해서는 보수를 많이 주어도 아깝지 않지만 하층그룹 10%는 조직에서 지속적으로 제거하는 것이 중요하다고 주장하고 있다. 이는 꽃을 잘 피우기 위해서는 주위의 잡초는 뽑아야 한다는 것이다.

그런데 도요타는 잡초도 잘 개발·개선시키면 금잔디가 될 수 있으며, 평범한 인간도 교육·훈련시켜 기업에 기여할 수 있는 인재로 육성시키면 이것도 기업의 사회적 공헌을 실현시킬 수 있는 중요한 방편이 될 수 있다는 것이다. 그러나 종업원이 기업의 이러한 사회적 공헌에만 의존·안주하게 되면 스스로 자멸하게 한다.

도요타는 글로벌 기업으로서 자만심이 노출되었고, 미국과 같은 다양한 인종과 복잡한 문화가 섞여있는 해외 공장은 수직계열에 의한 간단방식의 생산관리에 한계를 드러내어 자동차 급속발진이

라는 현상을 보여주고 있다.

(2) 협력회사관계의 화합

부품을 주로 공급하게 되는 협력회사에 대하여는 부품구매단가 결정과 기술력 향상에 주안점을 두고 있다.

도요타는 협력회사의 부품구매단가를 적절하게 책정하여, 협력회사와 공동노력으로 설계, 생산, 신제품 개발 등에 연구·개선하여 협력회사의 원가절감이 이루어졌을 때 그 구매단가 인하교섭을 하였다. 예를 들면 협력회사의 원가절감에 근거하여 그 절감 후 6개월 이후 절감액의 50%, 1년 경과 시에 절감액의 100%를 납품가격에서 차감시키는 형식으로 한다.

도요타는 협력회사에 대하여 도요타의 생산방식, 원가절감, 품질관리, 생산기술 등을 무상으로 지도하여 경쟁력 있는 기업으로 전환시키고, 기업 간 유학코스를 도입하여 도요타에서 현장 교육을 시킴으로써 부품업체의 기술력을 실질적으로 향상시키고 있다.

제34장

대도범혜 大道汎兮
큰 도는 허공과 같이 넓다

大道汎兮 其可左右 萬物恃之以生而不辭 功成不有 衣養萬物而不爲主 常無欲 可名於小 萬物歸焉 而不爲主 可名於大 是以聖人以其終不自爲大 故能成其大

큰 도는 허공과 같이 넓다. 왼쪽·오른쪽 어느 곳에도 막히는 데가 없다. 도에 만물이 의지하여 살아가더라도 거부하지 않는다. 공을 이루어도 이에 안주하여 나타내려고 하지 않는다. 만물을 입혀주어도 내가 한 것이라 안한다. 그러므로 항상 욕심이 없으므로 이름하여 작다할 것이다. 만물은 도로 돌아가지만 그 주인이 누구인지 모른다. 이를 이름하여 '큼'이라 한다. 그래서 성인은 능히 큰 사람이나 자기가 크다고 내세우지 않는다. 그러므로 능히 큰 일을 이룰 수 있다.

큰 도는 허공과 같이 넓다

큰 도를 얻게 되면 허공과 같이 넓고 걸림이 없으므로 아무리 어려운 고난이라도 쉽고 간단하게 해결할 수 있다. 생사를 벗어나게 되는 도를 이루는 일도출생사─道出生死가 되면, 이것저것 어느 것에도 막힘이 없이 나아갈 수 있는 일체무애인─切無碍人이 된다.

　도에 의지하여 만물이 살아가지만, 도는 그 일을 마다하지 않고 포섭하며, 또한 자기가 그 공을 이루었음에 머물러 드러내려고 하지 않는다. 만물을 입혀 주고 보호하여도 자기가 한 것이라 하여 주인 노릇을 하려고 하지 않는다. 그러므로 항상 욕심이 없으므로 자기를 낮추고 겸손할 수 있는 무아無我가 되는 것이다. 도는 위대해지려고 하는 것보다도 순수해 져야 한다는 것이다.

만물이 모두 도로 돌아가지만, 도道 속에는 자기가 주체인 줄도 모르고 알 필요도 느끼지 않기 때문에 모든 일이 걸림이 없이 나아갈 수 있는 큰 형통亨通을 이룰 수 있게 된다.

그래서 성인은 탐·진·치를 극복하여 도를 이루고, 중생이 고난을 헤쳐나갈 수 있는 길을 열어 줄 수 있는 큰 힘을 가지고 있다. 그러나 자기가 위대하다고 생각하지 않는다.

그러므로 성인은 한량없는 사랑과 자비로써 인류를 건지는 큰일을 할 수 있는 권능을 가지게 된다.

┆ 빌게이츠의 몰입경영

빌 게이츠Bill Gates(1955~)는 도인과 같이 마음이 허공과 같이 걸림이 없는 상태는 아니나, 자기가 하고자 하는 분야에 있어서는 몰두하여 성취시키는 적극성을 가지고 있다.

그는 시애틀에서 변호사인 아버지와 중학교 교사인 어머니 사이에서 태어났다. 빌 게이츠의 어머니는 그를 시애틀 공립학교에서 보다 진보적인 레이크사이드 사립중학교로 전학시켰다.

이 학교는 그 당시 미국에서 유일하게 컴퓨터 교육을 실시하였다. 방과 후에는 이 학교의 컴퓨터실에 남아 독학으로 컴퓨터 프로그래밍을 터득하여, 13세 때에는 학교에서 용역을 준 교과서과정에 대한 소프트웨어 프로그램을 설계할 정도였다.

그는 하버드대학교에 재학할 때부터 컴퓨터가 개인의 삶속에 깊숙이 파고 들 것이며, 그 대중화가 이루어질 것을 예상하고, 자기에게 보다 큰 흥미를 부여하였던 개인용 컴퓨터 개발에 주력하기 위하여 하버드대학 2년을 중퇴하였다.

그는 1975년 7월에 폴 알렌Paul Allen과 함께 마이크로소프트회사 Microsoft Corporation를 설립하였다.

1980년도 여름 빌 게이츠는 IBM 간부로부터 전화를 받고 그 후 6개월간 협상을 진행하여, IBM으로부터 새로 형성된 개인컴퓨터의 운영체제operation system 개발을 의뢰받았다. 이 운영체제는 사용자가 컴퓨터 장치들을 작동할 수 있게 해 주는 기본 프로그램으로서 정보산업을 지배하는 핵심적인 요소가 되었다.

그는 그 운영체제라 할 수 있는 Q-DOS를 시애틀 컴퓨터회사로부터 5만 달러에 구입하여 MS-DOS로 개선하였고, IBM에 이 소프트웨어를 파격적인 저렴한 사용료로써 지불하도록 유도하였다.

1981년 IBM은 인테로가 MS(마이크로소프트)의 도움으로 PC를 제조·판매하게 되었는데, 당초 예상과는 달리 수십만 대의 PC를 판매하였으며, 1984년도에는 이로 인해 IBM은 역사상 가장 큰 수익을 올리게 되었으며 MS사도 막대한 사용료 수익을 IBM으로부터 얻을 수 있었다. 그 이후 IBM은 MS사와 결별하여 독자적인 소프트웨어를 만들기 시작하였으나 거대한 조직구조로서 의사결정이 MS사에 비해 늦어져, 간단한 제품설계에도 많은 결제를 거쳐야 했고, 또한 MS사를 경쟁사로 보지 않고 하청기업으로 봄으로써, 경영환경변화에 적절히 대응하지 못하여 컴퓨터 운영체제의 분야에서 MS사에 밀리게 되었다.

MS사는 1990년 윈도우 3.0을, 1995년에는 윈도우 95를 시판하여, 인터넷시장을 선도하는 중심회사가 되었으며, 지금 전 세계의 개인용 PC의 80%~90%가 MS사의 운영체제를 사용하고 있다.

빌게이츠의 MS사가 크게 성공하게 된 이유를 열거하면 다음과 같다.

1) 그는 자기가 흥미를 가지고 즐겁게 일할 수 있는 적성에 맞는 분야를 선택하여 집중연구하고 현실화하고자 하였다.

그래서 그는 자기회사의 제품과 연애를 하라고 한다. 회사의 제품과 자기의 일을 사랑해야 성공할 수 있으며, 사랑하면 열정이 생긴다는 것이다.

2) 그는 개인용 컴퓨터가 대중화 될 것으로 보고, 모든 가정과 모든 책상위에 컴퓨터를 제공할 것이라는 전망을 가지고 일을 시작한 선견지명先見之明이 있었다. 이 선견지명이 있어야 미래를 잘 예측할 수 있다.

3) 기회를 잘 잡는다면 위대한 일을 할 수 있다.

그는 자기가 기회를 보았을 때 당신들은 어디에 있었느냐고 반문하고 있다. 기회는 모든 사람에게 부여되어지나 이 기회를 보지 못하고, 보았다 하더라도 잡지 않거나 잡을 수 없으면 소용이 없게 된다.

4) 거대한 기업이나 조직의 힘을 잘 이용하였다.

MS사가 급진적으로 성장하게 된 중요한 동기는 컴퓨터 업계의 공통이라 할 수 있는 IBM으로부터 컴퓨터 운영체계라 할 수 있는 MS-DOS 프로그램의 독점적 제공계약을 획득하였기 때문이다.

5) 훌륭한 인재를 찾는 것은 시장 확보보다 더 중요하다는 인재 제일주의에 있으며, 선택받은 상위의 정예요원이 회사의 핵심이 된다는 것이다. 그는 자기나 우리보다 더 뛰어난 사람이 들어와야 우리를 더 크게 성공할 수 있도록 도와줄 수 있다고 생각한다. 우리 회사의 최우수 인재 중 30명만 다른 회사로 이전시키면 그 회사가 또 다른 MS사로 등장하게 된다는 것이다. MS사의 고용 기준은 그 지혜능력, 창의력, 호기심이 핵심사항이고, 학위보다는 업무수행력 및 협동정신이 중시되고 있다. 그리고 선발된 인원은 끊임없는 학습을 통하여 새롭게 발전할 수 있도록 하고 있다. MS사는 6개월마다 심사하여 업무효율이 낮은 5% 직원을 퇴출시키고 있다.

6) 그는 새로운 것은 옛것에 대한 모방에서 시작되는 것이고 진정한 창조는 남의 것을 내 것으로 만드는 일이라고 강조하고 있다.

그는 한 번도 새로운 것을 발명한 적이 없으며, 항상 남의 것을 베껴왔다고 많은 사람들로부터 비난을 받고 있을 정도로 남의 아이디어를 자기의 것으로 만드는데 뛰어난 자질을 발휘하고 있다.

7) 소비자들이 자기의 제품에 익숙하도록 습관화 시키고 표준

화를 도모한다.

그는 1980년대 초 MS-DOS를 일정기간에 걸쳐 무료로 배부하고, 일반인들의 무단복제도 방치하였으나, 그들이 이 운영체제에 익숙하게 되어 타 제품을 사용하기가 곤란하게 되었을 때 개정판을 내고 무단복제를 철저히 통제하였다. 그리고 제품을 표준화시켜 호환성을 높여 판매량을 증대시키고 있다.

8) 그는 경쟁자들이 경쟁하기 곤란하도록 하는 여러 가지 방법을 이용하여 MS사 제품의 시장지배력을 독점하도록 하였다.

MS사는 가격할인, 제품무상양도 등의 수단을 사용하여 타 회사의 제품사용을 실질적으로 봉쇄하였다. 그리고 주요 PC제조업체와의 제품공급계약에 있어서도 MS사의 운영체제만을 사용하도록 하였고, 만약 타사의 것을 사용하는 경우에도 그 사용료를 지급하여야 한다는 독소조항을 삽입하여 미국법무성이 공정거래위반으로 고소를 하는 사례도 있었다.

9) 회사의 주된 경영자가 실수를 하면 회사 전체가 곤경에 빠진다는 것을 인식하고 신상관리를 철저히 하고 있다.

자기는 다른 회사의 최고경영자보다 우수하거나 똑똑하지 않다. 다만, 자기는 성공을 하려면 다른 사람보다 실수를 적게 하여야 한다는 것을 깨달았을 뿐이라는 것이다.

10) 성공하려면 그 분야에 꼭 필요한 핵심기술을 보유하고 있어야 한다는 것이다.

제35장
집대상 執大象
도를 붙잡다

**執大象 天下往 往而不害 安平太 樂與餌 過客止 道之出口 淡乎
其無味 視之不足見 聽之不足聞 用之不足旣**

형상을 파악할 수 없는 도를 잡고 세상을 걸어가면 가더라도 해침이 받지 않는다. 편안하고 태평하다. 음악과 먹이는 지나가는 자를 멈추게 한다. 도의 말씀은 담담해서 별 맛이 없다. 보아도 잘 눈에 띄지 않고 들어도 귀를 기울이기가 어렵다. 그러나 사용해도 다함이 없다

도를 붙잡다

형상을 파악할 수 없는 형이상학의 세계라 할 수 있는 도道, 혹은 기독교에서 말하는 하나님을 붙잡고 이 세상을 살아가면, 아무리 가도 해칠 수 없다. 왜냐하면 인자무적仁者無敵이 되기 때문이다. 그래서 도인은 평안하고 태평하다.

  좋은 음악과 맛있는 음식은 지나가는 사람을 그 욕망이 충족될 때까지 잠시 머물게 한다. 그러나 도에서 나오는 진리의 말씀은 물과 같아 담백하며 맛이 없다. 도는 보아도 아름답거나 매력적인 것이 아니고, 보잘 것 없이 보이므로 뚜렷하게 보이지 않는다. 이는 들어도 귀를 즐겁게 해 주는 것이 아니므로 귀를 기울이기를 애쓰지

않는다. 그 내용이 자기의 관심 밖이거나 자기에게 절실한 것이 아니면 거의 지나치기가 쉽다. 그러나 도는 아무리 사용해도 물리는 것이 없으며 다함이 없다.

우리의 생활에 도에 관한 진리나 원리는 한량없는 효용성이 있으며, 그 용도도 무궁無窮한 것이다.

∶ 잭 웰치의 핵심경영

GE는 1878년 토마스 A 에디슨이 Edison Electric Light Company를 설립한데서 비롯되었으며, 1892년에는 Edison General Electric Company와 Thomson-Houston Company가 합병하게 되었다.

GE가 설립된 지 약 100년이 지난 1981년도에 잭 웰치Jack Welch가 이 회사의 회장이 되어 환경변화에 대응하여 기업구조조정과 새로운 기업문화의 정착을 위한 핵심적인 경영전략을 형성시켜 보다 활기찬 GE의 새로운 모습으로 변화하게 되었다. 이 당시 GE는 160여개의 다양하고 방대한 사업으로 구성되었고 또한 관리자층이 많아지고 스탭 조직이 비대하여 일처리과정이 복잡해졌으며, 관료주의적 사고방식이 경영전반에 만연되고 있었다. 이에 따라 GE는 하드웨어hard-ware개혁과 소프트웨어soft-ware개혁을 단행하게 된다.

(1) 하드웨어 개혁

하드웨어 개혁은 사업의 재편성과 사업구조조정으로 나누어 검토할 수 있다.

그래서 GE사업은 핵심사업군core business, 첨단사업군high technology business, 서비스사업군service business로 나누어 경쟁력을 가질 수 있도록 개편하였다.

특히 서비스사업이 괄목할 만한 성장가능성과 기회가 부여될 것으로 인식하고 제품기술에 서비스 기술을 첨가시켜 수익성을 증대시키고자 하였다.

1983년에는 GE의 여러 사업부들 중 핵심분야라 할 수 있는 토스트기, 다리미, 선풍기 등의 가정용품사업부를 폐기·퇴출시켰다. 왜냐하면 고도의 기술과 개발이 요구되는 사업인데 불구하고 시장에서 차별화시킬 수 있었기 때문이다.

1985년에는 통신서비스업이라 할 수 있는 RCA를 인수하였고, 1987년에 세계 1위의 GM전자회사를 톰슨사에 넘기고 X-Ray기기 및 의료진단기기 판매사인 CGR의료 영상사업부를 매수하였다. 1990년대 말에는 GE capital, NBC, 기계사업부의 유지·보수·관리사업 등 서비스산업의 비중을 증대시켜, GE수익 중 서비스산업이 차지하는 비율이 1980년에 16.4%에서 1990년대에는 60%까지 끌어 올렸다. 그러나 GE는 시장경쟁상 우위를 차지하고 차별화될 수 있는 제트엔진, 가스터빈, 차세대 플라스틱, 의료영상기기 등의 제품제조업은 포기하지 않고 계속적으로 개선 및 개발을 촉진하는 정책을 취하였고, 이 제조업에 부가할 수 있는 유지보수, 관리운영, 정밀검사, 물류, 부품공급 및 수리 등의 서비스분야의 업무를 수행하도록 하였다. 사업구조조정에 있어서는 소수정예의 사람으로 기업성장을 이룬다는 의미에서 1981년도 412,000명의 직원 수를 229,000명으로 감원하였다.

(2) 소프트웨어의 개혁

이는 조직에 활기를 불어넣고, 모든 구성원의 아이디어를 적극적으로 경영에 활용시켜 경쟁력 높은 기업문화를 재구축하는데 있다.

1) 리더십

좀 더 적게 관리하는 것이 더 잘 경영하는 것이며, 따라서 관리보다 리더에 중점을 두고 있다.

경영관리자가 세부적인 분야에까지 간섭하게 되면, 구성원의 업무를 방해하거나 사기앙양이 되지 않는다.

리더는 인적자원의 에너지를 일정한 방향으로 응집시켜 강력한 힘으로 발산시킬 수 있도록 하는데 있다.

핵심역량은 제품에 있는 것이 아니라 사람에 있으며, 최고의 선수를 가진 팀만이 승리할 수 있다는 것이다. 왜냐하면 인간의 최고의 아이디어만이 성공을 보다 확실하게 보장할 수 있는 요소이기 때문이다.

최고경영자는 제품에 대한 구체적인 제조방법을 몰라도 된다. 그러나 자기 그룹기업에 있어서 각 분야의 책임자가 어떤 사람인지는 명확히 파악하고 있어야 한다.

경영자는 유능한 인재를 발굴하고 적재적소에 배치하여 개인의 창의력과 잠재능력을 최대한 발휘할 수 있도록 하는 조직문화의 형성에 주력하여야 한다. 요컨대 GE의 리더십은 구성원을 지시·명령 위주의 관료주의에 의한 관리방식으로부터 탈피시키고, 그들의 업무수행상 필요한 권한을 위임하여 경쟁력 있는 기업으로 변화시키는데 있다.

2) 벽 없는 조직
경영계층간, 부서간, 직무간에 벽이 생기면 의사소통이 원활히 될 수 없으며 효율적이고 민첩하게 의사결정이나 업무수행을 할 수 없게 된다.
　경영조직에 관련된 벽은 다음과 같이 구분할 수 있다.

① 수직적 벽 … 이는 각 경영계층간의 벽으로서 명령·통제에 의존하는 관리를 하거나 특정계층의 정보독점을 하게 되면 발생하게 된다.
② 수평적 벽 … 이는 각 부서간 업무수행상 벽으로서 자기 부서의 기능만을 우선시하여 부서간 조화를 이루지 못하는 경우에 발생한다.
③ 외부적 벽 … 이는 기업과 고객 간 혹은 기업과 공급협력업체 간에 나타나는 벽을 의미한다.
④ 국제적 벽 … 글로벌 기업체제하에서 국적이나 지역의 차이에 따라 해외사업과 국내사업 사이에 의사소통이 원활히 되지 못하게 되어 발생하게 되는 벽이라 할 수 있다.

　벽 없는 조직을 만들기 위하여서는 다음과 같은 방법론을 제시한다.
　① 명령·통제에 의존하는 관료주의의 배제

② 관리계층의 축소

③ 정보 및 실무기법 · 과정의 공개화에 의한 공유제도 확립

④ 업무 및 권한위임의 폭을 확대시켜 구성원의 자율성을 높이고 원활한 상호의견 교환의 장을 마련

요컨대 자기 해당분야에서 담당하고 있는 사람들이 그 일에 대해 가장 잘 안다는 것이다. 그들은 상사들보다 더 잘 안다. 그래서 이들의 지식을 다른 사람들에게 널리 전달할 수 있는 분위기가 되도록 지원을 할 수 있는 문화가 되어야 벽 없는 조직을 형성할 수 있게 된다.

3) 학습문화

자기가 맡은 분야에 대해서는 계속적인 연구가 뒷받침이 되지 않으면 새로운 좋은 아이디어나 업무프로세스 개선을 형성할 수 없게 된다.

GE는 대학수준이상의 연수원에서 각 분야별 · 계층별로 연수항목을 엄선하여 현장실무에 유용한 교육을 실시하고 있으며, 여기서 상호토론 등 인적교류를 활발히 하여 GE의 가치관을 재인식하고 보다 나은 유능한 인재로 거듭날 수 있도록 하고 있다.

품질개선을 위한 6시그마(σ)운동은 GE가 전 그룹의 차원에서 교육 · 훈련시켜 경영성과에 기여한 바가 크다.

4) 윤리적 가치관

GE가 지향하는 지도적 구성원의 상은 자아를 숨기고, 무리에서

튀지 않으며 회사전체의 이익을 위해 조화롭게 일할 수 있어야 한다는 것이다.

각 조직구성원이 업무수행 상 유념하여 지켜야할 성실성과 정직성은 GE의 윤리적 가치관의 초석이 되고 있다.

구성원이 성실성에 위반되는 행위를 하면 해고대상이 된다. GE의 광고내용, 제품보증, 대출요건 등에 관련하여 정직성이 유지되지 않으면 고객으로부터 신뢰성을 상실할 뿐더러, 이해관계자들로부터 법적소송 등의 문제점을 야기하게 된다는 것이다.

5) 단순화와 신속성

단순화는 적은 부품으로 깨끗하고 기능적인 디자인된 제품을 소비자가 간단하고 용이하게 사용할 수 있어야 하며, 조직 내에서의 상호간 의사소통에 있어서도 간단하고 이해하기 쉽게 전달할 수 있는 내용과 절차를 마련하여야 한다는 것이다. 신속성은 거대한 기업일지라도 작은 기업과 같이 의사결정하고 업무를 수행할 수 있어야 경쟁우위를 유지할 수 있다는 의미이다.

제36장
장욕흡지 將欲歙之
거두어들이려면

將欲歙之 必固張之 將欲弱之 必固強之 將欲廢之 必固興之 將欲奪之 必固與之 是謂微明 柔弱勝剛強 魚不可脫於淵 邦之利器 不可以示人

거두어들이려면 먼저 베풀어야 한다. 장차 약하게 만들려면 반드시 꼭 강하게 하여야 한다. 폐기시키기를 원한다면 반드시 꼭 일으켜 세워야 한다. 빼앗으려면 반드시 꼭 주어야 한다. 이러한 것은 미묘한 이치이다. 부드럽고 약한 것이 굳세고 강한 것을 이긴다. 물고기는 바다에서 나오면 안된다. 나라의 날카로운 도구나 무기도 사람들에게 과시해서는 안된다.

거두어들이려면

장차 거두어들이려면, 여유있게 펴서 내어주어야 한다. 마치 숨을 들이마시려면 배를 내밀어야 하는 것과 같다.

앞으로 상대방을 약하게 만들려면, 강함으로 조성해주어야 한다. 강하게 되면 오만해지고 사려깊은 행동이 결여되며, 노력하지 않고 경계를 소홀히 하여 약해지기 쉽다. 흥함이나 일어섬에 도취하다 보면 자기도 모르는 사이 폐기되거나 패배하게 된다.

무엇을 빼앗으려면 반드시 미끼와 같은 것을 주어야만 한다.

이와 같이 일보전진하기 위하여서는 일보후퇴하여야 한다는 것은 미묘한 이치이다. 마치 개구리가 멀리 뛰기 위하여 몸을 일단 움츠리는 것과 같다. 부드러우면 환경변화에 유연하게 대처할 수 있으며, 자기가 약하다고 생각하면 계속적으로 개선·노력하여 사전에 문제를 해결할 수 있는 능력을 키우게 된다. 그러나 환경에 적응이 잘되지 않을 정도로 굳어져 있거나 자기가 강하다고만 생각하게 되면 자만심에 빠져 사전 준비를 소홀히 하기 쉽다. 그러므로 결국 전자가 후자를 이길 수 밖에 없게 된다. 물고기가 바다에서 나오면 살 수 없듯이 사람도 이러한 도에서 벗어나면 올바른 삶을 영위할 수 없다.

　국가의 무서운 무기도 함부로 과시하거나 사용해서는 아니 되듯이 부득이한 경우를 제외하고 무력으로써 나라를 다스려서는 안되며, 부드럽고 유연한 도로써 정치를 하여야 한다.

: **마쓰시타 고노시케의 순수경영**

　마쓰시타 고노스케(1894~1989)는 초등학교 4학년을 중퇴하고 자전거 가게 점원으로 일을 시작하였고, 1918년에는 마쓰시타 전기 제작소를 설립하여 내셔널, 파나소닉, 빅터 등의 전기제품을 생산·판매하여 큰 성공을 거두었다.

　마쓰시타는 잘 배우지도 못하였고 병이 든 허약한 체질로 어린 나이에 사회진출을 하였으나, 이러한 약점이나 단점을 자기를 강화시키는 기반으로 믿고 자기에게 주어진 운명을 성실하게 받아들여 전화위복轉禍爲福의 기회로 바뀌어 나갔던 것이다.

그는 학력이 모자랐기 때문에 다른 사람으로부터 가르침을 구하는 방법을 터득할 수 있었고, 가난하였으므로 어릴 때부터 점원생활을 하여 여러 가지의 세상살이를 음미하며 상술을 배우게 되었다. 그리고 그는 병약한 몸으로 인하여 병과 더불어 건강을 유지할 수 있는 자기 나름대로의 사고방식이나 생활습관을 습득하여 95세까지 장수할 수 있었다.

그는 1946년 PHP peace and happiness through prosperity 연구소를 창설하여 기업번영을 통해 사회의 평화와 행복을 실현하고자 하는 운동을 펼쳐 나갔다. 그리고 1980년에는 마쓰시타 정경숙을 설립하여 일본사회에 이바지할 수 있는 엘리트지도자 양성에 커다란 업적을 남겼다.

일본에서 기업경영의 신神으로 불리어 지고 있는 마쓰시타의 경영철학과 경영전략을 기술하면 다음과 같다.

1) 조직구성원은 주어 진 운명을 긍정적으로 바꿀 수 있는 자세와 태도를 가지고 문제해결을 하여야 하며, 이러한 사고방식이 형성되어 있지 않으면 자기는 물론 그 자신이 소속하고 있는 경영조직도 발전할 수 없다는 것이다.

또한 인간은 한 번도 실패하지 않고 살아갈 수는 없으며, 따라서 이 실패를 어떻게 받아들이고 승화시키느냐의 여부가 지혜경영의 중요한 사항이 되고 있다.

2) 경영의 성과를 달성하는 데에는 학문적지식이나 실무적 재능도 필요하지만 보다 더 중요한 기본적인 요소는 자기 업무에 대한 열정이 있어야 한다. 그래서 그는 인재를 쓸 때 그 사람의 능력보다 자기가 맡은 일에 대한 열의가 어느 정도인가를 더욱 중요시 하였다.

경영에는 자기의 일에 목숨을 걸 정도의 진지함이 함축되어 있어야 비로소 무엇을, 언제, 어떻게 하여야 할 것인지를 보다 올바르게 직관할 수 있으며, 그 실행도 힘차게 추진할 수 있다는 것이다.

또한 지도자가 회사를 위해, 부하직원을 위해 목숨을 걸고 일하겠다는 마음가짐을 가지면, 모두가 그것을 알게 된다는 것이다.

3) 조직구성원은 자기의 적성에 맞는 일을 찾아 정착된 본래의 자기 업무나 사업에 충실함으로써 사회나 인류에 공헌할 수 있는 폭과 깊이가 심화·확대되며, 그들의 사명도 성취될 수 있는 것이다. 그런데 본업 이외의 사업이 큰 이익을 낼 수 있다고 판단하여 여기에 집착하게 되면, 사회나 고객에 대한 장기적 공헌보다도 단기적인 자기 이익의 획득에 몰입할 가능성이 높게 된다.

4) 좋은 인재가 많으면 좋은 제품은 저절로 나오게 된다. 일생동안 인간의 뇌세포 중 약 10%밖에 사용하지 않는다는 관점에서 인간의 능력은 무한히 개발시킬 수 있는 여지가 있다는 것이다. 이 개발은 현장직무교육 on the job training 과 더불어 종업원의 장점과 적성을 감안하여 적재적소에 배치함으로써 더욱 촉진될 수 있다.

그는 종업원이 맡겨진 업무에 대하여 60%정도의 수행능력이 있다고 판단되면 그 일을 과감하게 맡기고, 상황변화에 따른 유연한 대처능력을 갖출 것을 요구하고 있다.

예절은 인간과 동물을 구별하는 가장 기본적인 요소이며, 사회생활의 윤활유 역할을 한다. 예절이 없으면 회사 내 사람관계가 파괴되어지며, 결국 회사가 문을 닫아야 할 지경에 이르게 된다. 돌 위에 3년이라는 말이 있다. 3년만 참고 앉아있으면 돌이 따뜻해진다는 것이다. 3년간 적성이 맞지 않아 실패하는 경우에도 절대 헛수고가 아니다. 왜냐하면 그 경험과 노하우Know How가 자기 적성에 맞는 일을 맡았을 때에 하나의 초석이 될 수 있다는 것이다.

5) 경영은 순수한 마음을 기본으로 하여 이루어져야 한다. 이는 자기에게 맡겨진 사업이나 업무에 관련하여 사리사욕이 없고, 순리에 따르며, 밝은 투명경영을 하여야 한다는 것을 의미하고 있다. 마쓰시타는 생전에 토지나 주식에 투기하지 않았으며, 그의 유산은 약 2,500억 엔이었는데, 그 중 97.5%가 자사관련 주식이었다.

6) 기업경영의 차별화는 사소한 것부터 시작해야 한다. 차별화는 대단한 것이나 거창한데서 오는 것만은 아니다. 오히려 평범하면서 사소한 부분에서 이루어질 수 있다. 예를 들면, 전화 잘 받고 잘 걸기, 사후서비스 향상, 값싸고 품질 좋은 제품의 생산·판매 등을 열거할 수 있다.

요컨대 마쓰시타는 사업은 서비스에서 출발하여 서비스에서 끝난다는 사실을 상기시키고, 단골을 늘리고 싶으면 현재의 단골을 지켜라 라고 조언하고 있다.

제37장
도상무위 道常無爲
도는 항상 무리하지 않는다

**道常無爲 侯王若能守之 萬物將自化 化而欲作 將鎭之以無名之樸
無名之樸 夫亦將無欲 不欲以靜 天下將自定**

도는 항상 억지로 하는 바가 없으며 하지 않는 일도 없다. 제후나 왕들이 이를 지키면 만물은 스스로 변하게 된다. 변화하면서도 욕심이 일어나게 되면 이름없는 통나무 같은 도로써 가라앉게 한다. 이름없는 통나무와 같은 도에는 욕심이 없다. 욕심이 없으면 진정되어 고요하게 되며 세상은 저절로 바르게 될 것이다.

도는 항상 무리하지 않는다

도는 사전에 문제를 지우게 되므로 일어나게 될 어려운 일들을 없애거나 예방하며, 준비가 철저히 되어 힘들지 않고 자연스럽게 나아가게 된다. 일도출생사 一道出生死가 되고 일체무애인 一切無碍人이 되면 간단하고 쉬운 간이 簡易의 삶을 영위할 수 있다. 제후나 황들이 이러한 무위의 도를 성찰하여 지키게 되면, 모든 만물이 그 덕德에 교화되어 이상세계로 펼쳐지게 된다.

　인간은 시각적, 공간적으로 변화하면서 욕심을 내어 집착을 하게 되나, 이름 없는 순박한 통나무와 같은 무위의 도로써 뿌리를 내리면, 탐·진·치는 사라지게 된다. 무위자연의 도를 표상하고 있는 이름 없는 통나무와 같이 순박하여 호명好名, 호색好色, 호화好貨와 같은 욕망이 없어지면, 혼란스러운 마음이 진정되어 저절로 깨끗하게 된다. 이로써 세상은 바르게 되어 자연스럽게 이상세계가 된다.

: 이병철의 저절로 경영

삼성그룹을 창업한 이병철(1910~1987)은 조부인 이홍석이 세운 문산정文山亭이라는 서당에서 5세부터 10세까지 천자문, 사서삼경, 통감, 논어 등을 배웠다. 그가 10세 때에는 진주 지수보통학교 3학년에 편입하여 1년간 다니다가 서울의 수송보통학교로 전학하였으며, 중동중학 속성과에서 수학하였다.

그는 1930년도에 와세다대학교 정경학부에 입학하였는데 각기병으로 2학년 중퇴하였다고 한다. 일설에 의하면 그가 유학생활에 회의를 느껴 학교를 그만두었다고도 한다.

그 이후 이병철은 부친으로부터 물려받은 쌀 300석분의 토지를 기초로 하여 사업을 시작하였다.

그가 설립한 중요한 사업을 연대순으로 표시하면 다음과 같다.

1) 1936년 : **협동정미소 운영**
마산에서 설비를 잘 갖춘 정미소를 운영하는 것 이외에 곡물선물거래도 하였는데 처음 1년간은 곡물선물거래의 미숙으로 적자를 보았으나, 그 이후에는 해당 정보를 잘 분석하고, 운송업에도 간여하여 엄청난 이득을 보게 되었다. 그래서 그는 자기가 모은 자금과 은행융자로 진해 인근의 전답 200만 평을 구입하여 27세때 대지주가 되었다. 그러나 1937년 3월 일본이 중국을 침입하여 중일전쟁이 일어나 은행에서 비상조치로서 그에게 빌려준 자금을 회수하게 되자 싼 값으로 급히 땅을 팔아 그 차입금을 반제하였으며, 그 결과 그에게 남은 것은 현금 2만원과 전답 10만 평뿐이었다.

2) 1938년 : 삼성상회 개업
자본금 3만원을 투자하여 대구에서 삼성상회를 열고, 한국의 건어물과 사과를 만주 등에 수출하고, 별표국수를 만들어 좋은 품질로 경쟁에 앞서기 시작하였다.

　1940년경에는 조선양조를 10만원에 인수하여 성공을 거두었으며, 194년에는 개인회사인 삼성상회를 주식회사 체제로 바꾸었다.

　해방 이후 사업의 터전을 서울로 옮겨 주로 홍콩과 무역거래를 하여 오징어, 한천 등을 홍콩에 수출하고, 설탕, 면사, 재봉틀, 의약품, 철판, 비료 등을 홍콩으로부터 수입하여 삼성상회는 번창을 거듭하였다.

3) 1952년 : 삼성물산 발족
6.25사변으로 빈털터리가 된 이병철은 1.4 후퇴 때 다시 대구로 내려가게 되는데 여기서 양조장의 위탁경영을 맡은 이창업으로부터 그 이익금 3억 원을 받아 이 자금으로 삼성물산이라는 무역회사를

대구에서 다시 발족하였다. 이 당시 그는 부산에서 고철을 모아 일본에 수출하여 받은 달러로써 홍콩에서 설탕과 비료를 수입하여 판매하였는데, 전쟁으로 인해 물자가 부족한 상황에서 외국에서 도입한 물품은 수입하자마자 판매되어 1년 후에는 약 60억 원이라는 거금의 재산을 모으게 되었다.

4) 1953년 : 제일제당주식회사 설립

삼성물산에서 무역을 하여 벌인 자금으로 제일제당주식회사를 설립하여 6개월 후에 공장이 완공되었으나, 처음에는 완전한 제품이 나오지 않아 그 원인을 밝혀내려고 애쓰고 있던 중 지나가던 용접공이 원료를 왜 그렇게 많이 넣느냐는 말을 듣고 원료투입을 재조정하여 줄인 결과 원하던 흰 설탕이 쏟아져 나오게 되었다.

　제일제당에서 나온 설탕은 값도 싸고 품질도 좋았으나 그 당시 국산품에 대한 불신으로 소비자들이 처음에는 외면하려고 하였다. 그러나 제품의 우수성으로 인하여 수요가 급증하여 설탕이 없어 못 팔 지경에 이르게 되어 2년 후에는 설비확장을 서두르게 되었으며, 이로써 설탕값을 6배로 올리자는 회사간부들의 제안이 있었으나, 이병철은 생산자로서 유리한 위치인 독점이윤을 더 얻는 것보다도 소비자의 편에 서서 그 가격을 올리지 않았다.

5) 1954년 : 제일모직공업주식회사 설립

제일모직은 모방직제품 생산을 목적으로 1천만환의 자본금을 투입하였으며, 1955년 9월에 공장건설에 착수하여 1956년 3월에 완공하였고 그 해 5월에 제품을 판매하게 되었다.

제일모직공장의 설계와 건설은 주로 독일의 기술을 도입하였으나, 독일의 모직공장설계도는 우리나라의 입지나 기상 등의 조건에 맞지 않아, 부속시설은 영국, 이탈리아, 프랑스 등의 최고급기계를 독자적으로 발주하였으며, 다품종·고품질 생산을 고려하여 공장설계를 하였다. 이 기술도입과 관련하여 독일 기술자 60명이 조업시작하기 전에 적어도 1년간 공장건설에 참여하여야 한다는 독일기술책임자의 권유를 경비관계로 거절하고 8명의 독일기술자와 우리나라 인력으로 공사를 완료하였다.

이 공장은 여종업원들이 안락하게 생산에 종사할 수 있도록 기숙사뿐만 아니라 정원, 도서실, 세탁실, 미용실, 목욕실, 다리미실 등 복리후생시설이 당시로는 최고급으로 건설되었다.

그 당시 제일모직은 1년에 약 50만 벌의 양복지를 생산하였으며, 골텐텍스의 양복지 한 벌 감은 1만 환 정도인데 비해 마카오 양복지 한 벌 감은 6만 환이었으나 그 품질은 서로 비슷하였다.

6) 1965년 : 한국비료공장착공

한국비료공장은 연간 36만 톤의 생산량을 산출하기 위하여 울산에서 1965년 9월에 착공하였으며, 이로부터 18개월 이후인 1967년 3월에 완공되었다. 이 당시 일본에서 가장 큰 비료회사의 연간 생산량이 18만 톤이었다.

그런데 1966년 9월 삼성이 일본으로부터 수입하여 보세창고에 보관 중이던 사카린 원료 OTSA를 정부의 허가 없이 시중에 판매하여 폭리를 취하였다는 언론의 집중적인 보도가 사회에 물의를 일으키자, 이병철은 이 한국비료공장을 사회에 헌납하게 된다.

그 이후 삼성은 1969년 삼성전자, 1974년 삼성중공업과 삼성석유화학, 1977년 삼성반도체를 각각 설립하여 소비재생산기업 이외에 중화학공업 및 전자산업의 기업을 첨가시켜 그룹경영의 체계화를 이루었다.

삼성을 창업한 이병철은 어떠한 경영철학과 경영전략으로 그룹기업을 형성시켜 나갔는지를 다음과 같은 관점에서 기술하고자 한다.

1) 각 시대에 있어서 국가와 소비자가 요구하고 있는 사업이 무엇이며, 그 제품이 세계시장에서 경쟁력우위성을 가질 수 있느냐 등을 면밀히 분석·검토·계획하여 과감하게 그 사업에 착수함으로써 괄목할만한 성과를 거두었다.

그러므로 이병철이 선택한 사업은 대부분 그 제품이 없어서 못 팔 정도로 판매가 잘되었고, 그 이윤도 상당히 높은 것이었다. 요컨대 그는 기업이 적자를 내는 것은 사회악이라고 보았다.

2) 기업은 곧 사람이라고 하여 인재제일주의의 이념으로 경영하였다. 그는 사람을 선택할 때 의인물용疑人勿用과 용인물의用人無疑라는 관점에서 인사기준을 설정하였다. 이는 의심나는 사람은 쓰지말고, 쓰는 사람은 의심하지 말라는 의미이다. 그래서 그는 은행융자, 대량주문 등 중요 경영정책을 제외하고는 그가 믿고 선임한 사람에게 거의 전권을 위임하여 업무를 수행하도록 하였다. 그리고 최고 경영자는 5년 후의 성장동력을 반드시 찾아내어 준비하여야 함을 역설하고 있다.

3) 기업경쟁력의 핵심은 낮은 제품가격과 높은 품질에 달려 있음을 인지하고 그 경영구성을 구체화시켜 나갔다. 이를 위해서는 가장 탁월한 기계설비의 완비, 가장 좋은 조건의 원자재 구입, 가장 우수한 기술습득 등의 요건을 갖추어 생산·운영하도록 하였다.

4) 공장건설, 기술도입, 사업전망 등은 일본 등의 선진제국의 경영을 벤치마킹하면서 우리나라 기업환경에 적합하게 수정·개선시켜 나갔다.

그는 어떤 의사결정을 하기 전에 경청敬聽하는 자세를 취하는 것을 강조하고 있다. 이로써 독선에 의한 문제발생을 최소한도로 줄이고 기존의 지식체계의 근거 하에서 보다 나은 개선책을 마련하려고 하였다.

5) 사람은 능력이외에 운運, 둔鈍, 근根이 갖추어져야 성공할 수 있다는 것이다. 운은 타고 나야 하는데 예를 들면 때와 사람을 잘 만나야 한다는 것이다. 그리고 운이 다가오기를 기다리는 둔한 맛이 있어야 하고, 근은 운이 트일 때까지 버티어 나가는 끈기가 있어야 한다는 것이다.

이는 다음과 같은 관점에서도 설명할 수 있다.

운이 저절로 오기를 기대하는 것보다도 자기 자신이 운을 잡을 수 있는 능력을 갖추고 있어야 한다. 자기 자신이 운을 잡기 위하여서는 어떤 사업과 인재를 선택하여야 할 것인지에 관한 선견지명先見之明을 가지고 있어야 하며, 또한 자기 능력범위 내에서 사전 준비와 계획·분석이 철저히 되어야 한다.

둔은 망기$_{忘己}$와 망인$_{忘人}$을 이루어 목계^{木鷄}처럼 되어야 한다는 것이다.

망기는 자기 자신을 내세우는데 너무 의식을 해서는 안 된다는 것이고, 망인은 다른 사람들이 자기를 어떻게 보느냐에 너무 강한 집착을 가져서는 안 된다는 의미이다. 목계는 장자^{莊子}의 달생편^{達生篇}에 나오는 하나의 우화로서 다음과 같다.

기성자^{紀渻子}라는 사람이 임금을 위하여 싸움닭을 기르고 있었다. 10일 후에 임금은 "그 닭은 싸움을 할 수 있는가" 하고 물었다. 이에 대해 "안됩니다. 아직 헛되이 교만하여 자기 기운을 믿고 있습니다"라고 답했다. 그 10일 후에 임금이 그 닭에 대하여 물었을 때 그는 "안됩니다 아직 다른 닭의 울림이나 그림자에 대해 반응을 합니다"라고 대답했다. 그 10일 후에 임금이 물었을 때도 "그 닭은 현재까지도 되지 않습니다. 왜냐하면 아직도 상대를 노려보며 자기 기운을 왕성하게 보이기 때문입니다"라고 답변하였다. 또 10일 후에 임금이 물었을 때 "거의 되었습니다. 다른 닭이 운다고 할지라도 아무런 변화를 보이지 않습니다. 그 닭을 바라보면 마치 나무로 만든 닭과 같습니다. 그의 덕은 완전해 졌습니다. 다른 닭들은 감히 덤벼들지 못하고 보자마자 달아나 버립니다"라고 답했다.

이 우화는 자기를 극복하여 자기와 자기의 주위를 쉽게 다스릴 수 있고, 차별화된 뛰어난 실력을 갖춤으로써 사전에 문제를 지울 수 있으면 싸우지 않고 이길 수 있다는 것이다.

근^{勤}은 어떤 사업을 성취시키기 위하여서는 한번 의사결정한 사항에 대하여 어려운 문제들이 가로막고 있다고 할지라도 결단력 있게 열정을 가지고 일관성 있게 나아가야 한다는 것이다.

6) 새로운 시장, 독창적인 제품, 훌륭한 기술만으로써는 창조적 시장을 만들 수 없다. 조직구성원이 소비자가 필요로 하는 구매효용성이나 가치를 개선 혹은 개혁시켜 주는데 전력을 기울여야 한다. 예컨대 공급이 수요를 창조하는 것이 아니고, 공급자가 수요를 창조하여야 한다는 것이다. 즉 최고경영자 뿐만 아니라 각 조직구성원은 시장을 창조적으로 개발하는 데 적극적으로 참여하여야만 조직경영이 생기를 얻을 수 있게 된다.

제38장

상덕부덕 上德不德

최고의 덕은 자기의 덕을 내세우지 않는다

上德不德 是以有德 下德不失德 是以無德 上德無爲而無不爲 上仁爲之而無以爲 上義爲之而有以爲 上禮爲之而莫之應 則攘臂而仍之 故失道而後德 失德而後仁 失仁而後義 失義而後禮 夫禮者忠信之薄 而亂之首也 前識者 道之華 而愚之始 是以大丈夫處其厚 不居其薄 處其實 不居其華 故去彼取此

최고의 덕은 자기가 덕이 있다고 생각하지 않아야 그것이 덕이 있는 것이다. 낮은 덕은 그 덕을 놓치지 않으려고 한다. 그래서 덕이 없는 것이다. 최고의 덕은 인위적인 행위가 아니며 그렇게 하여야 할 이유가 없다. 낮은 덕은 의도적인 행위이며 그렇게 하여야 할 까닭도 있다. 높은 사랑은 베풀었으나 자기 했다고 하기 않는다. 높은 의로움을 행하고 자기가 했다고 내세우게 되는 경우가 있다. 높은 인위적인 예의를 준수하여야 하는 상황이나 이에 사람들이 순응하지 않으면 마치 팔을 걷고 강제로 하도록 한다. 그러므로 도가 상실되면 그 뒤에 덕으로 해결하려고 한다. 덕을 잃게 되면 그 아래에 인이 나타난다. 인을 잃게 되면 그 아래 의가 나타난다. 의를 잃게 되면 그 아래에 예가 나타난다. 무릇 예라는 것은 받듦과 믿음이 얇아지면 혼란이 시작된다. 앞서 습득한 지식만을 내세우는 자는 마치 도를 꽃으로 장식하듯이 어리석음을 형성시키고 있다. 그래서 성숙한 자는 참된 곳에 처하며 얄팍하고 형식적인 겉치레에 머물지 않는다. 진실에 처하며 허황된 곳에 머물지 않는다. 그러므로 후자를 버리고 전자를 가진다.

최고의 덕은 자기의 덕을 내세우지 않는다

훌륭한 덕을 가진 자는 자기가 덕을 수행하였다고 내세우거나 뽐내지 않는다. 왜냐하면 자기가 행한 덕은 자연스럽고 저절로 이루어진 것일 뿐 어떤 목적인 상相에 집착하지 않는 베풂이라 할 수 있다. 그러므로 무주상보시無住相布施가 아무런 걸림이 없이 나타나게 된 것이다.

낮은 덕을 가진 자는 자기가 행한 덕이 자기나 주위에서 인식되어 지기를 바라고 있으므로 인위적인 상相에 얽매어 있으며, 진공묘유眞空妙有가 될 수 없게 된다.

훌륭한 덕은 자기의 이익을 얻거나 인정을 받기 위한 의도적이거나 조작적인 행위가 아니며, 또한 그렇게 할 까닭도 없는 순수성이 내포되어 있다.

낮은 덕은 자기중심적인 언행이며, 자기가 했다는 것을 내세우고 싶어하는 인식이 있다.

높은 사랑은 순수한 자연발생적인 베풂에서 저절로 이루어진 것이며, 따라서 그 베풂이 알려지기를 바랄 필요도 없다.

시비是非의 논리에만 기대어 의리를 따지게 되면 자기가 이바지한 공덕功德을 될 수 있는 한 주위에서 인식할 수 있도록 애쓰게 된다. 또한 높은 인위적인 예의를 설정하고 이에 순응하지 않으면 마치 팔을 걷고 강제하듯이 따르도록 한다.

무위자연의 도가 없어지면 그 이후에는 인위적인 하덕下德에 의존하거나 집착하게 된다. 이 덕이 제 구실을 못하면 그 다음에는 자기 주관적인 인仁에 의해 사고하게 된다. 이 인仁이 무너지면 그 이후에 자기의 주장만이 옳다고 단정·집착하는 의^{義}에 의해 판단하게 된다.

이 의^{義}가 그 역할을 못하면 그 대신 일정관점이나 한계 내에서 설정된 예^{禮}에 따라 규정되어진다.

예라고 하는 것은 기본적으로 질서와 양보로써 이행되어져야 하는데, 그 근간으로서 우리 마음속에 섬김과 믿음이 자리 잡고 있지 않으면 다툼이 생기지 않을 수 없다.

옛날의 언행에 관련된 규범이나 지식을 많이 아는 자는 도에 대한 핵심보다도 그 외부적인 겉치레에 집중함으로써 참을 붙잡지 못하는 어리석음을 범하게 된다. 깨닫게 되는 각^{覺} 보다는 분별심을 파생시키는 지식의 앎에 관련된 학^{學}에 치중하기 때문에 현명하지 못한 것이다.

그래서 성숙하게 깨달은 자는 무위자연의 도에 머물며, 인위적이고 겉치레에 지나지 않는 인·의·예·지와 같은 분별지를 멀리하게 된다.

높은 덕자는 진실에 살고, 빈 껍데기에 지나지 않는 본질 밖의 꾸밈에 현혹되지 않는다. 그러므로 형식적이고 인위적인 교리나 문자는 집어치우고 자연적인 무위의 도로써 실존이 되어 살아나가야 한다.

∶ 정주영의 신용경영

현대그룹을 이룬 정주영(1915~2001)은 4세에서 8세까지 할아버지의 서당에서 천자문, 동몽선습, 명심보감, 소학, 대학, 논어, 맹자 등을 배웠으며, 9세 때 송전소학교에 입학하여 1930년 15세 때에 전교 2등의 성적으로 졸업하였다.

정주영의 아버지 정봉식은 약 4,000평의 논과 밭을 소유하고 있던 중농이었으나 그 당시 일본의 농촌수탈로 인하여 하루에 세끼 밥을 제대로 먹기가 어려웠다.

농촌의 가난에 쪼들려서 살 수 없었던 그는 네 번이나 가출하였으며, 결국 서울에 있는 복흥상회라고 하는 쌀가게에 취직을 하게 된다.

그는 자기를 내세우지 않고 오직 신용과 정직 그리고 부지런함을 몸소 실천하며 기업과 국가경제 발전에 헌신적 기여를 하였다.

그가 운영한 중요한 사업을 연대순으로 표시하면 다음과 같다.

1) 1934년 복흥상회 취직

서울 중구 인현동에 있는 복흥상회라고 하는 쌀 도매상에서 배달원 모집이 있었는데 그 취직조건은 세끼 밥 먹여주고 월급으로 쌀 반가마니를 준다는 것이다. 이 쌀가게의 주인으로부터 신용을 얻은 그는 취직한 지 4년 만에 그 인수를 부탁받아, 빌려온 쌀은 이자를 붙여서 갚는다는 조건으로 중구 신당동에 경일상회라는 쌀가게를 독자적으로 열게 되었다. 그런데 약 2년 후에 조선총독부의 쌀 배급제 실시로 인하여 경일상회를 폐쇄하고, 가출 7년 만에 고향에 돌아가서 논 2,000평을 아버지에게 사주었다. 이로써 그가 세 번째 가출할 때 훔친 아버지의 소 판 돈 70원을 충분히 갚은 셈이 된다.

2) 1940년 3월 합자회사 아도서비스 공장설립
그는 자동차 수리 공장인 아도서비스를 인수하여 빠른 시간내에 성실하게 자동차를 수리하였으므로 고객들이 다른 곳에 비해서 늘어나기 시작하였다.
　그러나 화재로 인하여 공장이 전소되었을 뿐만 아니라 트럭 4대, 승용차 1대가 모두 잿더미가 되었다. 실의에 빠진 그는 오윤근이라는 사람으로부터 3,500원을 신용으로 차입하여 이 사업을 재개하고 3년에 걸쳐 그 원리금을 상환하였다.

3) 1946년 4월 현대자동차공업사 설립
서울 중구 초동에 현대자동차공업사를 열어 운영하고 있던 중 건설업자들이 관청에서 결제 받는 대금이 큰 것을 보고 1947년 5월에 건설계통의 현대토건사를 발족하게 된다.

4) 1950년 1월 현대건설 주식회사 설립
현대자동차공업사와 현대토건사를 합병하여 현대건설 주식회사를 탄생시켰으나, 6.25전쟁으로 부산으로 피난을 가게 된다. 이 때 그는 자기 동생인 정인영과 같이 부산에 피난해 왔으나 일자리를 찾기가 어려워 굶는 날이 많았다. 그런데 미군부대에서 통역을 모집한다는 광고를 보게 되어 일본에서 유학 경험이 있는 정인영은 영어를 어느 정도 할 수 있고 동아일보 외신부 기자라는 신분증이 유효하여 미군의 공병대에 취직을 하게 되었다. 이에 따라 정인영은 공병대에서 건설하는 막사 등의 공사는 정주영에게 소개하여 돈을 벌 수 있는 일감을 주었다.

1953년 미국의 대통령 당선자인 아이젠하워 대통령과 UN사절단이 한국전쟁에서 순직한 병사들의 무덤인 유엔군묘역을 한겨울에 방문·참배하게 되었다. 그런데 미 8군에서 겨울의 황량한 유엔군묘지에 새싹이 돋아 나오도록 하라는 주문을 하였는데 다른 공사업자들은 모두 할 수 없다고 거절하였으나, 정주영은 낙동강 연안의 보리밭을 통째로 사서 묘지에 이를 옮겨 놓음으로써 묘지를 푸르게 만들어 그에 대한 유엔사령부의 신뢰는 더욱 더 높아져 갔다.

5) 1953년 3월 낙동강 고령교 착공

대구와 거창을 잇는 낙동강 고령교 복구건설을 현대건설이 5,475만환에 발주받아, 2년 2개월 만에 1억2,000만환의 공사원가를 쓰고 완공하여 엄청난 손해를 보게 되었다. 이 공사는 중간에 포기하려고 하였으나 기업가가 신용을 잃으면 그것으로 끝이 난다는 생각에서 끝까지 밀고 나갔다.

그런데 이 공사가 왜 이렇게 큰 손해를 보게 되었는가를 원인 분석한 결과 공사중장비를 제대로 갖추지 않고 공사를 진행하였다는 데에 있는 것으로 파악되었다. 그래서 그 이후의 건설공사부터는 미 8군 등에서 쓰던 공사장비를 싸게 불하받고, 그에 부착되어야 하는 필요한 부속들을 수집하여 해당 공사에 필요한 중장비를 조립하여 한강인도공사, 오산 공군기지 활주로 공사, 인천항 제 1 도크 복구공사에서 대성공을 거두어 1960년에는 국내 건설도급순위 1위에 오르게 된다.

6) 1965년 9월 태국의 파타니 나라티왓 고속도로 공사수주
이 공사는 우리나라 건설회사가 최초로 해외에 진출하게 된 것이었는데, 현지의 풍속, 언어, 법률 등 모든 것이 생소한 상황에서 기술 낙후성, 경험부족, 공사관리체제의 취약성 등으로 막대한 손실을 보았다.

그러나 현대건설은 이 공사로 인하여 해외건설에 대한 노하우를 얻고 신용을 쌓게 되어, 그 다음 제2차 나라티왓 고속도로공사, 1966년 베트남 캄란만 미군기지 준설공사에서 적지 않은 이익을 남기게 되었다.

7) 1967년 4월 소양감 다목적 댐 공사
이 공사에 관련하여 최초에 그 당시 댐 건설공사에 세계적인 권위를 가지고 있는 일본공영이나 우리나라 건설부에서는 콘크리트 댐으로 설계된 것으로 건설하도록 제안하고 있었다. 그러나 정주영은 콘트리트 댐 대신에 사력댐으로 변경하는 것이 내구성이나 공사비용의 관점에서 보다 유리한 것으로 주장하였는데, 일본공영의 임직원들은 정주영에게 초등학교 밖에 나오지 않은 당신이 뭘 아느냐 하는 식으로 인간적인 모욕을 주었다.

이에 대해 박정희 대통령이 양자의 의견을 청취한 후에 그 설계의 재고려 지시를 하게 되었으며, 검토 결과 사력댐으로 변경·건설

하는 것이 보다 타당한 것으로 판정되었으며, 이로써 총 건설비도 예산의 약 30%인 630억 원을 절약할 수 있었다.

8) 1968년 2월 현대 - 포드간 자동차 조립기술 협정체결
이 기술협정체결에 따라 동년 11월에는 코티나 자동차를 생산하게 되었다.

그런데 이 자동차원가 중 70%는 부품이고, 자동차 조립비용은 9%에 지나지 않아, 정주영은 부품의 국산화를 기하기로 하였으나 포드자동차는 이에 응해 주지 않아 상호 기술제휴관계는 그 이후 무산되었다.

현대자동차는 1974년 10월 토리노 국제자동차 박람회에 독자적으로 개발한 첫 고유모델인 포니 승용차를 출품하여 그 경제성 및 스타일의 관점에서도 인기를 얻게 됨에 따라 국내 승용차시장의 43%를 장악하게 되었고, 1986년도에는 17만대를 해외수출하였으며 현대차 엑셀은 1987년도에 26만대가 판매되어 미국의 수입소형차 시장에서 판매 1위를 차지하였다.

9) 1972년 3월 현대조선소 기공
박정희 대통령의 강력한 조선사업 육성정책추진에 대하여 정주영은 처음에는 그 당시 한국경제 및 기술 상황의 여건상 어려움을 표명하였으나, 박대통령의 재촉구에 따라 그는 영국 버클레이 은행에 가서 조선소건립을 위한 차관 자금을 빌리기로 하였다.

이 차관 자금대여를 허가해 주는 영국의 수출 신용보증국에서는 자금대출전에 배를 구입하겠다는 구입증명서를 요구하였으나,

정주영이 울산에서 아무런 조선 시설을 마련하지 못한 상태에서 선박구매자를 물색하기는 쉽지 않았다.

그런데 그리스의 최대 해운업자인 리바노스는 정주영의 사업에 대한 확신을 가지고 유주선을 발주한 것이다. 현대는 울산의 허허벌판에서 2년 3개월 만에 건조능력 70만 톤의 조선소를 1972년 3월에 완공하였다.

현대그룹을 성공리에 이끌어 왔고, 우리나라 경제발전에 지대한 공헌을 한 정주영의 경영철학과 경영전략을 다음과 같은 관점에서 기술하고자 한다.

1) 그는 사업에서 신용만 있으면 얼마든지 사업자금을 빌릴 수 있고 기업경영을 독립적으로 계속할 수 있는 근거를 마련할 수 있을 것으로 믿고 있었다.

실제로 그는 가출 후 직장을 처음 얻은 쌀 가게 주인으로부터 신용을 얻어 그 운영을 인수받았고, 자동차수리공장인 아도서비스에 화재가 발생하여 재기할 수 없는 상태에 몰리고 있었으나, 그의 신용을 믿는 자금대금업자는 담보없이 거액을 빌려줘 그 사업을 계속하게 된다.

태국의 피타니 니라티왓 고속도로 공사, 낙동강 고령교 복구공사 등은 엄청난 손해를 보게 되었는데도 중도에 포기하지 않고 그 완공을 이룬 것은 신용의 절대적 중요성을 인식한 것이며, 이것이 그의 자산이라고 신봉하고 있었던 것이다.

2) 그는 새로운 사업을 시작할 때 주위에서 비관적인 태도로

만류한다고 할지라도 한번 해보기나 하였냐고 반문하면서 일단 사업을 시작해 놓고 본다.

그러나 그는 그 사업에서 어느 정도 성과가 산출되며 장래성이 있는가를 직관적으로 정확히 파악할 수 있는 능력을 가지고 있었다. 그리고 무엇이든지 확신을 가지고 성실하게 추진해 나간다면 안될 것이 없다는 자신감과 긍정적 사고를 소유하고 있었다.

1973년도 세계적인 석유파동에 의하여 고유가가 되고, 우리나라의 경제상황도 난국을 맞이하게 되어 1975년도에는 기업들이 외채를 상환할 능력을 상실할 정도에 이르게 되었다.

그 무렵 박정희 대통령은 원유를 사려면 달러가 필요하니 사우디아라비아에 건설공사를 할 수 있는지 그곳에 조사단을 파견하여 다음과 같은 보고를 받았다.

① 회교국가이므로 매춘사업이나 술이 없어 우리 노동자들이 일하기 힘들다.
② 모래 뿐이어서 노동자들이 일하기 힘들다.
③ 물이 없어 건설을 하기가 힘들다.

이 보고에 대하여 박대통령은 그 사정을 수긍하고 그곳에서의 건설공사를 포기하였다.

그러나 정주영은 이에 대해 다음과 같이 긍정적인 의견을 제시하여 건설공사를 하도록 하였다.

① 술과 여자가 없으면 노동자들이 번 돈을 탕진하지 않고 모두 국내에

송금하므로 조금이나마 국가가 부자가 된다.
② 모래는 건설자재가 된다.
③ 바닷물을 끌어다 담수로 만들면 된다.

3) 기업은 자본과 배경보다는 사람이 중심이 되어 경영하는 것이므로 유능한 경영자 일수록 유능한 인재를 모아서 육성시켜야 한다는 것이다. 유능한 인재의 요건으로서 능력 이외에 신용, 성실, 최선이 갖추어 져야 한다고 보고 있다.

그리고 기업은 기본적으로 일의 추진력과 조직구성원 간의 일체감이 에너지로 단합·산출되는 경영문화가 형성되기를 역설하고 있다.

4) 현장경험을 미래수익력을 창출하는 주요한 자산으로 보고 있었다.

그는 국내외의 어려운 건설공사에서 큰 손해를 보고 시련을 겪었다고 할지라도 비싼 수업료를 낸 것으로 생각하고, 이 고난은 언젠가는 전화위복이 될 것으로 굳게 믿고 있었다. 예를 들면 1965년도 태국의 나라티왓 고속도로공사에서 큰 손해를 본 현대건설은 국제사회에서는 반드시 원칙대로 일해야 하고, 최상의 질을 유지해야 살아 남을 수 있다는 것을 인식하게 되었으며, 국제 건설공사의 노하우와 고속도로 시공기술을 심도있게 습득할 수 있게 되었다. 그리고 현대는 1976년 사우디아라비아 주베일 산업항 공사로 인하여 자재수송, 토목, 건설, 수중공사, 플랜드, 기타 중공업 등에 걸쳐서 일류의 기술을 습득하게 되는 계기를 얻게 되었다.

5) 정주영에 의하면 자기는 성공한 기업가가 아니라 단지 부유한 노동자라고 지칭하고 있다.

여기서 부유한 노동자는 피터 드러커 교수가 말하는 지식근로자와 같은 의미로 사용할 수 있다. 오늘날 기업의 경쟁력에서 차별화할 수 있는 근간은 지식근로자의 역할에 달려있다고 해도 과언이 아니다.

예를 들면, 소양강 다목적댐 공사에서의 사력댐으로 변경설계, 사우디아라비아 주베일 산업항 공사의 유조선 정박에 필요한 철구조물인 10층빌딩 크기 정도의 자켓 89개의 제작과 2만 km의 원거리 해상운반, 서산방조제 공사 때 사용한 유조선 공법 등은 건설공사에 관한 탁월한 지식근로자가 아니면 발상하기 어려운 과제라 할 수 있다.

그는 젊었을 때부터 새벽 일찍 설레는 마음으로 일어나 일을 즐겁게, 그리고 적극적으로 매진하고자 하는 생각에서 지식근로자로서 기업경영의 틀을 마련하게 된 것이라 할 수 있다.

제39장
석지득일 昔之得一
원래의 도를 얻다

昔之得一者 天得一以淸 地得一以寧 神得一以靈 谷得一以盈 萬物得一以生 侯王得一以爲天下正 其致之 天無以淸 將恐裂 地無以寧 將恐發 神無以靈 將恐歇 谷無以盈 將恐竭 萬物無以生 將恐滅 侯王無以貴高 將恐蹶 故貴以賤爲本 高以下爲基 是以候王自謂孤 寡 不穀 此非以賤爲本邪 非乎 故致數譽 無譽 不欲琭琭如玉 珞珞如石

예부터 도하나 얻은 것으로 하늘도 하나를 얻어 맑다. 땅도 하나를 얻어 평안하다 신도 하나를 얻어 영특하다. 골짜기도 하나를 얻어 가득 찬다. 만물도 하나를 얻어 살게 된다. 제후와 왕도 하나를 얻어 천하를 바르게 한다. 도달된 결론은 무위의 도로 귀의하게 된다. 하늘도 깨끗하지 못하면 장차 아마 깨질 것이다. 땅도 안정되지 않으면 장차 아마 흔들리게 된다. 정신도 영특하지 못하면 장차 아마 산만해 진다. 골짜기가 비워있음으로 형성되지 못하면 장차 아마 들어갈 틈이 없어진다. 만물이 생기가 없으면 장차 아마 없어질 것이다. 제후와 왕이 바르게 하지 않아 고귀함이 없으면 장차 아마 쓰러질 것이다. 귀한 것은 천한 것을 근본으로 삼아야 한다. 높은 것은 낮은 것을 그 바탕으로 하여야 한다. 그래서 제후와 왕은 스스로 칭하기를 고아, 과부, 쭉정이라고 한다. 이것이 천한 것을 근본으로 삼는 것이 아닌가. 여러 가지의 부속품이 없으면 차가 안된다. 옥처럼 너무 반들반들해서도 안되고 데굴데굴 구르는 돌처럼 되어서도 안된다.

: 원래의 도를 얻다

도道의 뿌리인 통일지統一智를 얻어야 꿰뚫어 볼 수 있는 마음이 생긴다. 여기서 통일지는 모순을 조화시키는 진리를 의미하며, 극기克己나 극치克治가 이루어 져야 한다. 공자가 말하는 극기복례귀인克己復禮歸仁이 되는 것이다.

하늘도 도라는 뿌리가 있어야 깨끗하게 맑아진 지리를 내어 놓을 수 있다. 땅도 도라는 뿌리가 있어야 평안하고 독립된 덕德을 베풀 수 있다. 성령도 도라는 뿌리가 있어야 허공과 같이 걸림이 없고 자유롭게 펼쳐 나아갈 수 있으며, 천지를 포용할 수 있다. 골짜기도 도라는 뿌리가 있어야 비움으로 가득 차게 된다. 만물도 도라는 기초가 있어야 생기있게 살게 된다. 제후와 왕도 도라는 기본을 갖추고 있어야 세상을 바르게 다스릴 수 있다.

하늘도 맑지 않고 구름이 끼면 비가 오듯이 진리로서 깨끗함이나 정직이 우리에게 내재되어 있지 않으면 모순이 되어 화합이 깨어지게 될 것이다. 땅도 안정되어 있지 않으면 지진과 같은 흔들림이 있듯이 도를 실천해 나갈 뚜렷한 소신所信이 서 있지 않으면 일관성있게 사랑과 자비로써 기여할 수 없게 된다. 우리의 정신이나 마음도 높은 성령의 단계에서와 같이 자아의 욕심에 집착됨이 없을 때 자유롭게 나아갈 수 있다.

골짜기도 텅 빈 곳이어야 들어 갈 틈이 생기듯이 중생의 마음이 허虛하지 않으면 불심佛心같은 착함이 들어 갈 자리가 없게 된다.

만물이 소멸되지 않기 위하여서는 활기찬 생기를 받고 발현할 수 있어야 그 삶의 의의를 찾아볼 수 있다.

제후와 왕이 정치를 올바르게 하지 않아 자기 스스로의 고귀함을 상실하게 되면 그들도 저절로 무너지게 된다. 왜냐하면 제후와 왕의 귀함은 천한 백성으로부터 그 근본을 찾아볼 수 있고 높은 사람은 아래 백성이 뒷받침이 되어야 존재할 수 있기 때문이다.

그래서 제후와 왕은 스스로 고아, 과부, 쭉정이라고 부른다. 이것이 처한 것을 기본으로 하는 마음의 자세가 되는 것이라 할 수 있다. 이는 자기를 내세우지 않는 무아無我의 깨달음이라 한다.

요컨대 수만 가지의 부속품이 결합되어 하나의 자동차가 되듯이 사랑·자비·겸손·평등의 마음으로 상호간 갈등이 해소되지 않으면 조화로운 삶이 이루어 질 수 없게 된다.

옳고 그름을 가리는 시비是非의 마음도 필요하지만 이는 어디까지나 자비, 양보, 자기반성의 토대 위에서 주장할 수 있는 아량이 요구된다.

: 칭기즈칸의 갈등해소경영

칭기즈칸(1162~1227)은 10대의 나이에 자기 아버지가 타타르족의 야영지에서 독살을 당하고 난 이후 얼마 안 되어 배다른 자기 형을 화살로 쏘아 죽이게 되었다.

살인자가 된 칭기즈칸은 배반자로 낙인이 찍혀 가까운 친족관계에 있는 타이치우드 씨족에 붙잡혀 칼이 부착된 멍에를 목에 쓰고 갇히게 되었으나, 간신히 탈출하여 목숨을 구하였다. 그 이후에도 다른 씨족에게 포로로 잡혀 10년 이상 노예생활을 하였다고 전해지고 있다.

칭기즈칸은 이러한 유년시절의 생사의 갈림길에서 자기를 이겨낼 수 있는 힘을 체득하여 대 제국을 형성하게 되는 기반을 갖추게 된 것이다.

칭기즈칸의 아버지인 예수게이는 초원에 여행 중에 있는 메르키트 부족의 신혼부부를 급습하여, 신부인 후엘른을 약탈하게 되며 여기서 칭기즈칸이 태어나게 된다. 납치범인 예수게이는 미미한 집단을 이끌고 초원의 유목민으로부터 가축이나 여자를 훔쳤으며, 그에게는 이미 아내와 아들이 있었다.

1178년 16세가 된 칭기즈칸은 7년 전에 아버지가 정해준 약혼자인 부르테의 집으로 찾아가 그녀의 부모로부터 결혼승낙을 받고 아내로 맞이하게 된다. 그런데 칭기즈칸의 아버지로부터 후엘론을 빼앗긴 메르키트 부족은 그 사건이 있은지 18년 후에 칭기즈칸의 신부인 부르테를 약탈하게 된다. 그 이후 칭기즈칸은 그 당시 막강한 세력을 떨치고 있는 옹칸을 찾아가 메르키트 부족 습격에 대한 지원요청을 얻어, 이 싸움에서 이겨 부르테를 찾아오게 되나 그녀는 그곳에서 임신된 상태로 돌아와 아들을 낳게 된다. 칭기즈칸은 이를 외형적으로 크게 문제를 삼지 않았으나, 자기의 후계자 선정시에 주위에서 적격여부에 관한 논란이 일어났으며, 칭기즈칸이 죽기 전에 이 아들은 원인모를 이유로 죽게 된다.

칭기즈칸은 몽골에서 작은 씨족의 지도자로서 평생 지내고 싶었으나 부족 간의 끊임없는 공격과 반격이 계속되는 가운데 몽골을 통일하는 지배자로 성장하게 되었으며, 1206년 자신의 지위를 인정받을 쿠릴타이를 소집하여 칸이라는 칭호를 얻게 되었다. 나아가서 그는 시베리아, 중국, 프러시아, 헝가리 등을 정복하는 위치에 까지 오르게 되었다. 그는 사냥 중 말에서 떨어져 내상과 심한 열로 얼마간 고생하다가 죽었다.

정규적인 교육을 전혀 받지 못해 문맹인 칭기즈칸이 열악한 기후, 미개발된 자원, 낙후된 문화 등의 몽골환경에서 어떠한 경영철학과 경영전략을 구사함으로써 세계의 정복을 감행하였는지를 다음과 같은 관점에서 파악하고자 한다.

1) 꾸준한 연습이 완전을 이루게 한다는 말이 있다.

기후, 자원 등이 열악한 몽골의 환경 하에서는 약탈이나 타 부족의 지배로써 보다 손쉽게 생활수단이나 노동력을 확보할 수 있었으며, 따라서 힘센 자만이 살아남을 수 있는 약육강식의 상황 하에서 칭기즈칸은 실질적으로 타자와 계속적으로 전개되는 싸움에서 이길 수 있는 노하우를 체득·개발하여 최강자가 된 것이라 할 수 있다.

2) 그는 항상 경청敬聽하여 날마다 새롭게 되도록 하였다.

몽골군은 피정복자들이 보유하고 있는 성벽을 공격하는 공성무기나 기타 화학무기의 성능을 고찰한 후 이를 개선·발전시켜 그 효능을 높였다. 또한 포로들 가운데 기술자, 의사, 번역자, 법률가, 약제사, 요리사, 목수, 천문학자, 직조공, 광부, 가구장이, 연예인 등 각 특정분야의 전문가는 몽골군에 흡수시켜 봉사하도록 하고, 보다 나은 그들의 지식과 기술은 몽골의 전통적 문화에 적합시켜 개발시켜 나가는 정책을 중요시 하였다.

3) 그는 자기를 따르는 자에게 더 나은 생활과 희망을 펼쳐주고 실천함으로써 자연적으로 그를 신뢰하여 추종하거나 충성하도록 하였다.

칭기즈칸이 일으킨 전쟁은 타 민족을 정복하기 위한 것이라기 보다도 보다 나은 생활을 위한 몽골민족의 경제적·문화적 갈구를 충족시키는 데서 연유된 것이라도 할 수 있다. 전리품에 대하여는 일정한 분배 규정을 정하여 계급, 공적 등에 따라 공정하고 정확하게 분배되어 이로 인한 사기저하를 해치게 되는 사례가 없도록 사전에 엄격한 조치를 위하고 있었다.

4) 몽골군은 모두 기병으로만 이루어져 다른 나라의 전통적인 무장체계나 전쟁대열에 비하여 기동력이나 스피드에 있어서 탁월한 효능성을 보유하고 있었다. 몽골군의 활의 최대사정거리는 315m로서 다른 상대국의 사정거리인 100m~200m에 비하여 월등히 길었으며, 가축 한 마리 분의 고기를 말린 가루를 가축 방광으로 만든 말린 통에 넣어서 병사 1명의 1년 식량으로 사용하도록 하였다.

몽골군은 기병 이외에 보급대열이 없었으며, 필요한 자원은 현지에서 조달하는 방안을 모색하여 보급자원이 풍부한 성城을 골라 점령함으로써 해결을 하였고, 이를 거점으로 하여 물자를 보다 간편하게 보급 받으며 그 이후의 전쟁을 계속해 나갔다.

5) 몽골군은 어떤 나라를 정복하기 전에 사신을 보내 항복하기를 권유하고, 항복하는 경우에는 하나의 속국으로 안전을 보호받으며 그 대가로써 조공을 받치고 정치·경제·사회적으로 어느 정도 속박을 받게 되나, 항복을 하지 않는 경우에는 무자비한 보복이 감행되어 피정복자들은 살육하거나 그 도시를 파괴하였다. 그 대항자에 대하여는 상상하기 어려운 비참한 양상을 본보기로 남겨, 또 다른 나라를 정복할 때에는 이를 이용하여 상대 정복지에 고도의 심리적 공포를 일으킴으로써 싸우지 않고 항복을 받아내는 전략을 구사하였다.

6) 칭기즈칸은 혈연관계 등으로 형성된 부족사회를 군대식 체제로 바꾸어 명령체계가 신속하게 이행되도록 하였다. 이 제도는 10호, 100호, 1,000호, 10,000호로 나누어지고 있었다.

10호는 10명으로 이루어진 분대이며, 100호는 100명으로 이루어진 중대이고, 1,000호는 1,000명으로 이루어지는 연대라 할 수 있다. 10,000호는 만 명으로 이루어지는 사단으로서 그 장은 칭기즈칸이 직접 임명하였다.

또한 그는 대법령을 제정하여 몽골 고유의 전통 및 관습을 존중하면서 새로운 사회의 기능에 방해가 되는 낡은 관행을 없애도록 하였다. 그 내용 중 새로운 법은 여자 납치 금지, 가축 도적 금지, 모든 종교의 자유인정, 몽골인에 대한 노예금지 등으로 열거할 수 있다.

제40장
반자도지동反者道之動
돌아감은 도의 움직임에 의한 결과이다

反也者 道之動 弱也者 道之用 天下之物生於有 有生於無
돌아가는 자는 도의 움직임에 따른 것이다. 약함이 도의 활용수단이 된다. 세상의 만물은 있음에서 나오지만 있음은 없음에서 나온다.

: 돌아감은 도의 움직임에 의한 결과이다

돌아감은 고요하고 깨끗한 정靜으로 정착되는 것을 의미하며, 이는 무위나 진·선·미와 같은 도의 발현에 따라 형성된 것이다.
 십자가를 매거나, 무아가 됨으로써 그 결과로써 부활하거나 성불하는 관계가 된다.
 예컨대 산과 같은 도는 움직이지 않는데 모든 만물을 움직인다.
 약함은 부드럽고, 유연하며, 겸허하게 봉사할 자세가 되어 있으므로 도의 실천방편이 되어 만물을 살린다. 그러므로 약한 것이 강한 것의 뿌리가 된다.
 세상의 만물은 시간, 공간, 인간과 같은 있음의 관계에서 그 모습을 변화시켜 운행되어 간다. 그런데 그 있음은 절대 무에서 그 근원을 찾게 된다. 절대 무는 무위無爲의 세계로서 현실적 유·무를 초월한 깨달음의 경지이며, 탐·진·치의 삼독三毒이 제거되고 진·선·미가 실재하게 된다.

그러므로 이는 생사를 초월하여 아무런 걸림이 없는 허공과 같은 형이상학形而上學의 세계를 의미하게 된다.

피터 드러커의 지식결합경영

피터 드러커Peter F. Drucker(1909~2005)는 오스트리아 빈에서 공무원인 부친과 의사인 모친 사이에서 태어났다. 1927년에 그는 김나지움을 졸업하고 함부르크에서 무역상사의 견습사원이 되었으며, 함부르크 대학 법학부에 입학하였다.

그 이후 그에 관한 경력사항은 다음과 같다.

1929년 : 프랑크푸르트 투자은행의 증권분석가로 근무하고 프랑크 대학 법학부에 입학.

1931년 : 프랑크푸르트대학에서 국제법박사학위 취득, 프랑크푸르트 제네럴인차이거 신문사에서 부편집장이 됨.

1934년 : 영국 투자은행인 프리트 베르크사에서 근무.

1937년 : 미국에 이주하여 파이낸셜 타임즈 등의 영국 신문사 미국 특파원으로 활약.

1942년 : 베닝턴 여자대학 교수 취임.

1943년 : 미국 시민권을 취득하고, GM의 컨설턴트로 초빙받음.

1950년 ~ 1971년 : 뉴욕대학교 경영학교수.

1976년 이후 : 캘리포니아주 클레어몬드 경영대학원에서 경영학, 사회학, 극동지역예술을 강의.

드러커는 기업경영의 성과를 효과적으로 달성하기 위하여서는 지식경영과 혁신을 적절히 구사할 수 있는 리더십을 강조하고 있다.

1. 지식근로자

지식근로자는 단순한 동작을 반복하는 육체적 노동자에 비하여 주로 두뇌를 사용한 지식을 활용하여 보다 높은 부가가치 생산성을 산출할 수 있는 능력을 가진 자를 의미한다.

지식이 기업경영에 응용된 사례를 보면 1750년부터 1880년까지 도구나 기계가 제품 생산에 기여하도록 하였으며 이를 산업혁명이라고 하고, 1880년부터 1945년까지 시간연구, 동작연구, 과업관리 등과 같은 지식이 작업이나 일에 적용되어짐에 따라 생산성 혁명을 일으키게 되었다. 그리고 1946년부터 현재까지는 주로 기존의 지식을 결합, 수정, 개선하거나 새로운 지식을 추가함으로써 경영혁명을 초래하게 되었다.

칼 마르크스 Karl Marx(1818~1883)에 의하면 노동자는 동일한 기술을 가지고 동일 성능의 원재료를 사용한다는 것을 가정하고, 자본이나 생산수단을 소유하지 않은 노동자는 자본가에 비하여 열악한 위치에서 착취를 당하여 노동자봉기에 의한 노동자혁명이 야기될 것으로 주장하였다. 그러나 그는 노동자를 교육 · 훈련시켜 생산성향상을 기하여 소득을 증대시킬 수 있는 보다 핵심적인 생산요소로서 지식을 전혀 고려하지 않는 오류를 범하고 있었던 것이다.

이에 대해 테일러Frederick W. Tayler(1856~1915)는 작업이나 일에 대하여 시간연구, 동작연구, 과업연구, 훈련방식의 체계화·표준화 등 과학적 관리법을 적용시켜 보다 빠른 시간 내에 낮은 비용으로 가치 높은 성과를 이루도록 하여 근로자는 높은 임금을 받고 기업은 낮은 인건비를 지급하도록 하였다. 미숙련노동자도 사전에 체계화 된 계획에 따라 교육·훈련을 받으면 단기간 내에 숙련된 근로자가 되어 생산성향상에 기여하게 됨으로써 종래의 비밀화 되고 장기간 연마기간이 소요되는 도제작업구조는 그 기반을 상실하게 되었다.

제2차 세계대전에 미국이 참여하기 시작한 1941년경 미국에 광학기술자는 거의 없었기 때문에 히틀러는 미국이 광학기술자를 양성하는 데는 약 5년이 소요될 것으로 예상하였다. 그러나 미국은 테일러의 과학적 관리법을 적용시켜 수개월 만에 미숙련 근로자를 훈련시킴으로써 독일보다 품질이 좋은 광학제품을 생산할 수 있는 일류의 기술자로 전환시킬 수 있었다.

요컨대 칼 마르크스는 잘사는 사람의 것을 빼앗아 못사는 사람에게 나누어 주어서 평등하게 하자는 의도를 가지고 있었다. 이에 대하여 테일러는 과학적 관리법을 통하여 노동자에게 잘살 수 있는 방법을 체득하도록 하고, 효율적으로 일하는 것보다도 오랜시간 열심히 일하는 것이 더 이익이 많다는 기존의 관념을 파괴시켰으며, 칼 마르크스의 공산주의 이론을 몰락시키는 실증적인 증거를 제시하게 되는 계기를 마련하였다.
　테일러의 과학적 관리의 원칙은 다음과 같이 열거하고 있다.

1) 진정한 과학의 개발
2) 노동자의 과학적 선발
3) 노동자의 과학적 교육과 개발
4) 경영자와 노동자 사이의 친밀한 협동관계

　오늘날 경영management은 성과를 얻기 위해 기존의 지식을 어떤 방식으로 적용해야 유효한지를 알기 위한 지식이 주된 분야이며, 경영자manager는 지식의 적용과 성과에 책임을 지는 사람으로 정의되고 있다. 왜냐하면 생산요소 중 자본, 노동보다도 지식이 가장 높은 부가가치를 창출할 수 있는 자원이기 때문이다. 그러므로 기업의 성공은 지식근로자의 활용여부에 달려있다고 해도 과언이 아니다.
　경영혁명을 가져오게 한 지식의 효과적 경영은 다음의 관점에서 고려할 수 있다.

1) 기존 지식의 응용방법
2) 기존 지식 상호간 결합 및 조합과 새로운 지식의 추가여부
3) 새로 형성된 지식의 현실적 이용가능성

　지식의 효과적 경영에 관한 사례는 다음과 같이 열거할 수 있다.
1) 페니실린 곰팡이를 페니실린 약으로 전환.

2) 컨테이너 부착화물차를 분리된 컨테이너로 이용.

3) 일본소니회사가 미국 벨 연구소로부터 트랜지스터의 사용권을 $25,000에 구입하여 트랜지스터 라디오로 제작·판매.

4) 빌 게이츠가 개인용 컴퓨터가 대중화 할 것으로 보고, 1980년 개인용 컴퓨터 운영체제인 Q-DOS를 시애틀 컴퓨터회사로부터 $50,000 구입하여 MS-DOS로 개선하여 IBM에서 PC를 제조·판매.

5) IBM에서 컴퓨터기기를 과학계산용으로 제작하였으나, 회사의 급여계산을 위해 기업에서 구매하기 시작.

6) 자전거 부착원동기가 인도에서 관개용 소형펌프로 이용.

7) 1950년대 백내장 수술시 힘줄 절단 없이 용해 가능한 1890년도에 개발된 효소 이용.

기업뿐만 아니라 국가의 경쟁력 우위를 차지하기 위하여서는 질 높은 지식근로자를 어느 정도 확보하고 있느냐에 달려 있다고 해도 과언이 아니다.

이 지식근로자를 효과적으로 육성·유지하기 위하여 다음과 같은 사항이 적절히 운영되어야 한다.

1) 지식근로자는 차별화된 노하우를 보유하고 있어야 하므로 계속적 학습이나 교육개발이 요구된다.

2) 자기 전문분야에 있어서 자율권과 책임을 가지고 있어야 한다.

3) 고객이나 시장 중심으로 지식개발을 하여야 한다.

4) 기존의 지식을 결합, 조합 그리고 새로운 지식을 추가하는 과정에서 창조적 벤치마킹이 요구된다.

5) 지식근로자는 생산성 향상에 기여하는 핵심적인 자원을 유지·행사할 수 있는 자이므로 자본가와 대등한 동업자로 간주하게 되는 정치·경제·사회적 인식이 필수적으로 수용되어야 한다.

2. 혁신

혁신은 어떤 인적·물적 자원이 보다 새롭고 높은 가치를 창출할 수 있는 능력을 부여할 수 있도록 하는 활동이라 할 수 있다.

혁신은 기존의 것은 모두 진부하다는 가정에서 출발한다. 그러므로 이는 과거의 제품·서비스, 경영조직, 경영전략, 마케팅, 지식, 투자 등을 쓸모없게 만든다.

또한 혁신은 더 이상 성과 달성에 공헌할 수 없거나 가치를 창출할 수 없는 제도, 조직, 지식, 제품·서비스 등은 체계적이고 계획적으로 폐기·제거하는 활동도 포함한다.

혁신이란 과학이나 기술 그 자체가 아니라 가치에 관련된 것이며, 그것은 조직 내부가 아니고 조직 외부에서 비롯되는 변화로서 고객이나 시장에 창조적인 가치를 부여할 수 있는 데에 중점을 두어야 할 것이다.

혁신은 어디까지나 조직의 체계적인 시스템 하에서 개선을 거듭하여 계속적인 학습의 바탕 위에서 현장을 중심으로 구체화 시킬 수 있어야 한다.

혁신은 기존지식의 결합 및 새로운 지식의 추가에 의하여 기업 내부뿐만 아니라 산업혁명, 생산성혁명, 경영혁명 등에 의하여 사회에 높은 부가가치를 창출하도록 함으로써 공산주의뿐만 아니라 자본주의에 따른 사회적 구조를 변화시켜 그 사회적 혁신도 야기

시킨다.

혁신기회의 원천은 다음과 같이 열거되고 있다.

1) 산업과 시장의 변화
2) 인구의 변동
3) 인식의 변화
4) 새로운 지식의 등장
5) 프로세스 상의 필요성
6) 사전에 설정한 기대된 가정과 발생된 현실의 불일치

혁신이 성공되기 위한 요건은 다음과 같이 제시할 수 있다.

1) 사전에 기회분석이 철저하게 이루어 져야 한다.
2) 소규모의 인원, 자금, 시간 등으로 시험테스트를 하여 위험을 최소한도로 줄인다.
3) 해당 혁신분야에 있어서 회사 및 개인의 강점을 이용할 수 있어야 한다.
4) 시장과 고객이 관련된 것으로 혁신 이후 단시일 내에 판매 가능해야 한다.
5) 혁신의 내용이나 결과가 평범한 사람도 추진할 수 있는 간편한 것이어야 한다.
6) 혁신내용을 표준화할 수 있어야 한다.
7) 현장에서 꾸준히 학습되고 그 핵심사항을 지각하여 필요한 개선이 거듭된 결과 형성된 것이어야 했다.

3. 리더십

리더십은 변화하는 경영의 외적·내적 환경 하에서 적절한 경영조직의 목적·방향·사명·정책 등을 제시하고 이에 따라 조직 및 각 구성원의 강점을 최대한으로 집중·조화시켜 고객의 가치 창조에 기여할 수 있도록 하는 것이라 할 수 있다.

변화하는 경영환경 하에서 기업이 유지·존속되고 성장하기 위하여서는 그 변화 속에서 기회를 포착하여 혁신해 나가지 않으면 안된다.

경영조직에 보다 필요한 인적 자원을 형성하기 위하여서는 각 구성원을 혁신시켜 나가도록 하여야 한다.

리더는 각 구성원이 차별화된 노하우Know How를 보유하여 조직 목적을 위하여 힘차게 나아갈 수 있도록 혁신시켜야 하는 책임을 부담하고 있다.

여기서 Know는 실제 업무를 수행할 수 있는 핵심역량으로서 기본적 지식이라 할 수 있으며, How는 그 취급방법론How to do과 리더자질론How to be의 관점에서 검토할 수 있다.

핵심역량으로서 기본적 지식Know를 가지고 있다고 할지라도 이를 적절히 응용How to do할 수 없다면 그 지식은 무용지물이 되기가 쉽다. 그리고 그 지식과 응용력은 리더의 자질How to be의 여하에 따라서 각 이해관계자에게 유용한 가치를 제공할 수 있을 것인가를 파악하게 된다.

경영조직에 있어서 리더와 각 구성원간의 관계는 오케스트라에 있어서 지휘자와 각 연주자와의 관계와 유사하다. 오케스트라의 지휘자와 각 연주자는 악보라고 하는 하나의 연주대상에 집중하여 주목하고 있으며, 그 구성원은 각자의 특수한 영역을 담당하면서 상호간 조화를 이루지 않으면 훌륭한 음악을 산출할 수 없으며, 따라서 관객을 만족시킬 수 없다. 경영에 있어서도 각 구성원은 자기의 맡은바 직무에 집중하여 그 특성을 살리고, 부서 간 조화를 이룸으로써 고객을 만족시킬 수 있는 가치를 효과적으로 창출할 수 있다.

리더십을 효과적으로 발휘하기 위하여 다음의 사항이 고려되어야 한다.

1) 각 구성원의 강점을 살릴 수 있도록 교육·훈련과 기타 필요한 지원을 해야 한다.
2) 리더는 각 구성원에게 업무처리에 있어서 일관성과 공정성을 유지하고 솔선수범하여 신뢰성을 얻어야 한다.
3) 조직의 성과로서 고객의 가치를 만족시키는데 그 중심을 두어야 한다.
4) 지식근로자에게 대폭적인 권한 및 책임의 이양과 자율성을 부여하여 주인의식을 갖도록 하여야 한다.
5) 조직이 뛰어나게 잘할 수 있는 몇 가지 일에만 집중한다.
6) 조직내부의 갈등을 해소하고 상호간 의사소통을 원활히 하여 각 구성원 간 마음이 통하게 함으로써 결집력을 강화시켜 조직 구성원의 에너지를 최대화 하도록 하여야 한다.
7) 변화하는 경영환경에 유연하게 적용할 수 있는 전략과 그 실현능력을 현실화시키도록 해야 한다.

제41장
상사문도 上士聞道
성숙한 자가 도를 들으면

上士聞道 勤能行於其中 中士聞道 若聞若亡 下士聞道 大笑之 不大笑 不足以爲道 是以 建言有之 明道若昧 進道若退 夷道若纇 上德若谷 大白若辱 廣德若不足 建德若偸 質眞若渝 大方無隅 大器晚成 大音希聲 大象無形 道隱無名 夫唯道 善貸且成

성숙한 사람이 도를 들으면 근면하게 실천하려고 한다. 보통사람이 도를 들으면 그것이 있는지 없는지 의심하게 된다. 보통 이하의 사람이 도를 들으면 크게 웃는다. 웃지 않으면 도라고 할 수 없다. 예부터 내려오는 말이 있다. 밝은 도는 어두운 것 같고 도에 앞선 자를 뒤떨어졌다고 생각한다. 반듯한 도는 울퉁불퉁한 것 같고 높은 덕은 계곡 같다. 결벽한 자를 죄인과 같이 욕되게 생각한다. 넓은 덕은 모자랄 것 같다. 뛰어난 덕은 별 볼일이 없는 것 같이 보인다. 참된 진리는 변질되는 것 같다. 큰 공간에는 모퉁이가 없다. 큰 그릇은 늦게 된다. 큰 소리는 거의 들리지 않는다. 큰 모습에는 형태가 없다. 도는 숨어 있어서 이름이 없다. 그저 오직 도는 남에게 다 주는데도 불구하고 더 커진다.

성숙한 자가 도를 들으면

도를 깨친 성숙한 사람이 도를 들으면 이를 부지런하게 실행에 옮기려고 한다. 이것이 앎과 행동을 일치시키는 지행합일^{知行合一}이 된다.

보통사람이 도를 들으면 그 도의 존재여부를 의심하게 된다. 도와 거리가 먼 보통 이하의 사람이 도를 들으면 크게 웃는다. 그렇게 웃지 않으면 도라고 할 수 없다. 왜냐하면 이들의 관점에서 도의 실천은 어리석거나 어처구니없는 일이라고 생각하고 있기 때문이다. 그러나 옛날부터 내려오는 귀한 말들을 귀담아 들을 필요가 있다.

밝은 도는 현실의 세상살이에는 어두운 것 같으나 그 우매한 곳에 오히려 지혜가 담겨져 있다. 도에 충실한 자를 세상 사람들은 현실생활에 뒤떨어졌다고 보나 겸손하고 양보하는 자가 결국 앞설 수 있는 계기를 마련할 수 있다.

반듯한 큰 도는 어떤 사람들에게는 별난 것 같이 보인다. 왜냐하면 깨달은 각자覺者는 생과 사, 남자와 여자, 물과 불 등과 같이 상호 모순된 관계를 자비와 사랑으로 차별심을 제거하고 무분별지無分別智로 화합하기 때문에 옳고 그름만을 주장하는 자들의 입장에서는 특이한 사실로 인식하게 된다. 높은 덕은 계곡과 같이 비워져서, 차있지 않기 때문에 부실하거나 부족한 것 같이 보인다.

크게 깨끗한 자는 죄인과 같이 욕된 취급을 받을 수 있다. 예수나 소크라테스와 같이 한없이 순수하고 맑은 자가 주위의 대부분의 속된 관습이나 사고에 어울리지 않으면 반역으로 몰아 큰 죄를 지은 것으로 몰아가게 된다. 넓은 덕은 자기에게 꼭 필요한 만큼이라도 감사한 마음으로 받아들이고 만족하는 소욕지족小欲知足을 나타내므로 현실생활의 관점에서 모자란 것처럼 보인다. 그러므로 훌륭한 덕은 저절로 검약하게 되어 구차하거나 보잘 것 없는 것으로 간주하게 된다. 고요하고 깨끗한 염담恬淡의 진리가 현실의 세계에서는 통용되지 않고 오히려 상식을 벗어난 거짓으로 몰리는 경우가 많다는 것이다.

: **앨런 그린스펀의 자율적 경영**

앨런 그린스펀Alan Greenspan(1926~)은 뉴욕에서 태어났으며, 12살 때부터 사촌의 연주를 듣고 클라리넷을 배우기 시작하여 1942년 여름 육중주 밴드에 합류해서 휴양지 호텔에서 연주도 하였다. 1943년 6월 조지워싱턴 고등학교를 졸업하였지만 일반대학에는 관심이 없어 조그만 밴드에서 연주를 계속하면서 1944년 3월 뉴욕의 줄리어드 음대에 등록하여 클라리넷, 피아노, 작곡을 배웠으며 여러 곳의 밴드에 참가하여 색소폰도 연주하였다.

1945년 가을 그는 뉴욕대학교 경영 및 회계, 금융학부에 등록하여 논리학, 통계학, 고등수학, 경제학 등에 적성이 맞아 열심히 공부하였고, 대학교 3년 여름방학 때 투자은행에 취직하여 생계를 유지해 나갔으며, 그 후 석사·박사학위도 뉴욕대학교에서 받았다. 그는 주로 계량경제학모형을 설정하는데 소질이 맞아 실무상에도 이 분야에 집중하게 되었다.

1954년에는 컨설팅회사 타운센드 그린스펀사를 설립하여 중공업회사, 철광회사 등에 산업경기의 예측, 각 경제 주체들의 역할분석 등을 수리경제나 통계적 기법을 사용하여 경영조언을 하였다.

1968년 닉슨의 경제자문관을 역임하였으며, 1974년부터 1977년까지는 제럴드 포드 대통령 정부에서 경제자문위원회 의장을 담당하였다.

1987년 도날드 레이건 대통령 시절부터 18년 6개월간 연방준비제도 이사회 의장으로서 미국 경제를 순탄하게 이끌어나가고 성장시킨 주역이 되었다. 그가 이러한 성과를 이루게 한 주된 경제철학은 무엇인가를 다음과 같은 관점에서 기술하고자 한다.

1) 국민의 경제적 복지 증진을 위하여서는 자유시장의 부여, 개인 재산권의 인정, 법치의 확대, 교육의 질적 개선 등을 통하여 생산성향상이 이루어 져야 한다는 것이다.

2) 자유시장은 국가통제에 주로 의존하여 경제를 형성시키는 것이 아니고 각 개별 경제주체의 자유의사에 의하여 자연스럽게 운영되어 나가는 시장이라 할 수 있다. 그는 아담스미스가 주창하였던 보이지 않는 손을 중요시하고 있다. 이 보이지 않는 손은 시장참여자가 자신의 이익을 위해 행동해야 한다는 것을 전제로 한다. 경제는 이 경쟁적 시장의 힘에 의해서 자동적으로 조정되어지므로 외부적인 규제를 될 수 있는 한 없애고, 경제 및 금융정책수행기관에서의 경영자책임과 경영에 관한 정보공개에 중점을 두었다.

자유시장 사회에서는 대부분의 거래가 경제주체의 필요에 따라 자발적으로 이루어지므로 상호간 신뢰를 바탕으로 하지 않으면 그 운영이 잘 되지 않는다. 지식이나 기술도 기업 및 국가의 부를 증대시키는데 필수적인 조건이지만 이것만으로 충분하지 못하며, 신뢰성을 갖춘 각 경제주체의 가치성이 가미되지 않으면 안 된다. 그러므로 신뢰있는 사회가 되면 될수록 부의 축적이 커지게 되며,

그렇지 못하면 경제실패에 대한 위험성이 높아 경제운용에 있어서 높은 대가를 부담하게 된다는 것이다.

3) 법적규제가 강화된 관료적 사회가 되면 개인의 창의성을 제한하기 때문에 혁신이 일어나기 어려우며, 권력집단의 부패가 만연하게 된다. 그래서 그는 정부의 규제에 관련하여 다음 사항을 고려하도록 하고 있다.

① 위기상황에서 승인된 규제는 그 이후에 재조정 되어야 한다.
② 규제기관은 경우에 따라서 한 곳만 있는 것보다도 여러 기관에 있는 것이 낫다.
③ 규제조항들은 더 이상 쓸모없어도 사라지지 않으므로 주기적으로 내용을 보완하여야 한다.

4) 개인의 재산권이 최대한으로 보장되지 않으면 각 개인의 생산성 향상에 동기부여를 할 수 없다. 오늘날 지식경영의 중심사회에서는 지적소유권도 재산소유권에 못지않게 보호되지 않으면 공정한 경쟁사회가 될 수 없다. 그리고 권력을 가진 개인이나 집단이 스스로 합법적인 자세로써 의사결정을 하는 솔선수범의 행태도 경제의 안정과 성장의 원동력이 된다.

중국, 인도, 러시아의 기술수준이 미국을 뛰어넘기 위한 필요조건도 개인이나 각 경제주체의 경제활동과 그 결과에 대한 권리를 확실하게 보장할 수 있는 정치적 안정성·공정성이라는 것을 강조하고 있다.

5) 물가안정이 지속 가능한 장기적인 경제성장으로 나아가기 위한 중요한 요인이며, 국민경제생활을 저하시키지 않는데 기여하게 한다. 인플레이션기에도 금리인상을 신중하게 하여 경제성장의 추세를 꺼지지 않도록 하는 데 역점을 두어야 한다. 무절제한 재정낭비행태와 복지비용 증가도 경제성장을 둔화시키는 요소가 된다는 것이다.

그래서 그는 재정정책, 금리결정, 금융규제 등의 시행에 앞서 현실의 상황을 면밀히 분석하여 객관적 입장에서 의사결정을 함으로써 자기의 위치를 정치적으로 이용하기 보다도 경제분석가로서 자기의 역할을 다하였다.

경제성장이 되기 위하여서는 자유로운 경쟁시장에서 형성된 참신한 아이디어에 의해 낡은 기술·제도·운영·지식 등이 파기되고 새로운 가치체계를 창출할 수 있는 생산성향상이 필수적 역할 인자로 내세우고 있다.

6) 특정한 민중의 권익과 힘을 지지하는 정치철학에만 부응하여 경제정책을 결정·유도하는 경제적 포플리즘은 토지 등 재산의 재분배, 자유경쟁 자본주의의 반대 등을 시행함으로써 국가경제를 파탄 지경에 이르게 한다는 것이다. 이에 관한 예는 1970년부터 1990년까지의 라틴아메리카의 경제상황을 들고 있다.

그리고 금광, 원유 등 부를 증대시킬 수 있는 자연적인 자원의 발견이 그대로 그 나라의 생산성을 향상시킬 수 없으며, 새 것을 받아들이고 헌 것을 버리는 혁신이 되지 않으면 그 효과성을 발휘할 수 없다.

발전도상국에 있어서는 풍부한 천연자원이 생활수준을 향상시키는 것보다도 오히려 감소시킨다는 결과를 네덜란드병dutch disease이라고 한다. 네덜란드에서는 천연가스 발견 후 이를 수출하게 됨으로써 외국화폐유입이 증가되어 이를 국내화폐로 교환하여 주다보니 국내통화에 대한 수요가 증대하여 외국화폐에 비하여 국내통화가치가 상승하게 된다. 국내통화가치가 상승하면 제조업 등의 수출제품의 대금을 국내에서 환전할 때 상대적으로 적은 금액을 받기 때문에 그 경쟁력이 저하되어 고전을 면하기 어려우며, 따라서 경제적 난항을 겪지 않으면 안 되는 난맥상을 낳게 된다는 것이다.

7) 계량경제학의 모형은 일정한 가설 하에서 설정된 것이므로 현실세계에서의 새로운 역동적인 경제상황이 발생하게 되면, 이러한 모형의 예측이 빗나게 되는 한계를 드러내게 된다.

경쟁시장에서는 각 경제주체들의 이해관계가 복잡하게 연관되어 움직여 나가므로 경제현황의 결과나 그 원인을 제한된 통계자료에 의한 계량적 모형만으로써는 명료하고 간단하게 설명할 수 없으며, 예컨대 인간의 본질과 시장의 힘이 상호 작용하는 방식을 탐구하지 않으면 안 된다는 것이다.

제42장

도생일 道生一

도에서 모든 것이 나온다

道生一 一生二 二生三 三生萬物 萬物負陰而抱陽 沖氣以爲和 人之所惡 唯孤 寡 不穀 而王公以爲稱 故物 或損之而益 或益之而損 人之所教 我亦教之 强梁者 不得其死 吾將以爲教父

도에서 태극이 나온다. 태극에서 음양이 생긴다. 음양에서 시간, 공간, 인간이 나온다. 시간, 공간, 인간에서 만물이 생긴다. 만물은 음이 업고 양이 안는다. 비움의 에너지가 화합시킨다. 사람이 싫어하는 것은 고아, 과부, 쭉정이다. 왕도 자신을 그렇게 부른다. 그러므로 세상일에 있어 손해가 오히려 이익이 될 수 있고 개인적 이익이 손해로 전환될 수 있다. 이러한 가르침은 역시 나에게도 올바른 가르침의 기준이 된다. 강한 자는 죽어도 제대로 죽지 못한다. 나도 장차 이를 가르침의 기본으로 삼고자 한다.

도에서 모든 것이 나온다

무극無極에서 태극太極이 나오며, 이는 진리에서 도덕이라는 실천행이 생긴 것과 같이 지행합일知行合一로 나아가게 된다.

태극에서 음양陰陽의 기氣가 나타나게 되며, 음양에서 시간, 공간, 인간이 생긴다. 시간, 공간, 인간에서 만물이 파생되어 진다.

시간 : 춘春, 하夏, 추秋, 동冬

공간 : 지地, 화火, 천天, 수水

인간 : 인仁(종교), 의義(예술), 예禮(철학), 지智(과학)

만물은 음양의 양상으로서 상호간 업고 안는 기氣를 가지고 있으며, 비움에서 생긴 사랑이나 자비로써 이루어진 에너지가 상호간 갈등이나 모순을 해결하는 기초가 된다.

사람들은 고아, 과부, 쭉정이가 되거나 불리어 지는 것을 싫어한다. 그런데 왕이나 귀족이 자기를 낮추어서 그렇게 부른다. 이와 같이 지도자가 진정으로 자기를 낮추면 여기서부터 바른 다스림을 찾아볼 수 있다. 그러나 겉으로만 자기를 겸손한 척 하면 위선이 된다. 성경에서 자기를 높이려고 하는 자는 낮아지고 자기를 낮추려고 하는 자는 높아진다는 구절이 있다.

요컨대 위대해지려고 하는 것보다 순수해지는 것이 더 가치있는 일이 된다.

그러므로 세상일에서 욕심, 성냄, 어리석음을 없애서 무아無我가 되면 될수록 결국에 자기에게 행복을 더욱 쌓게 되는 원천이 된다. 따라서 개인적 이익이 될 것 같이 보이는 오만, 착취 등은 불행을 재촉하는 뿌리가 된다.

이러한 가르침은 성인뿐만 아니라 일반사람들에게도 보편타당한 것이 된다. 또한 강하고 굳은 자는 환경변화에 유연하게 적응이 되지 못하므로 쉽게 꺾이거나 부러지게 된다는 것이다.

나는 앞으로 이를 중요한 가르침으로 간직하고 살아나가고자 한다.

막힘이 없는 허虛와 같은 공간에는 모가 난 곳을 찾아볼 수 없다. 세상의 일체에 걸림이 없이 부드럽고 유연하게 나아갈 수 있는 일체무애인一切無碍人이 되는 것이다.

로마는 하루아침에 이루어지지 않는다는 말과 같이 큰 도道를 이루기 위하여서는 끊임없는 수행과 고난을 이길 수 있는 과정을 거치지 않으면 안 된다.

천지天地에서 일어나고 있는 자연의 큰 소리를 우리의 귀로 다 들을 수 없듯이, 위대한 말씀은 찾아볼 기회가 희박하고, 찾아진다고 해도 이를 깊은 사색과 성찰을 통하여 자기를 깨어날 수 있도록 하는 원동력으로 만들기가 어렵다.

자연 속에서 이루어지고 있는 무위라는 진리나 도는 그 형태를 찾아볼 수 없다. 또한 이 도道는 자기를 내세우려고 하는 욕심이 없으며, 따라서 도는 자기 이름을 세상에 알리고 유명해 지려고 하는 의도가 전연없다.

요컨대 도는 어떠한 기대나 바람도 없이 그저 주는 무주상보시無住相布施이며, 기쁨에 넘친 사랑으로서 자리이타自利利他가 되고 진공묘유眞空妙有가 형성된다는 것이다.

손무의 일체무애의 경영

손무孫武는 기원전 5~6세기경 중국 춘추전국시대 제나라에서 군사전략가로서 명성을 날렸다. 그런데 그는 실제로 군사전략을 구사하여 전쟁에 몰입함으로써 자기 이름을 날리고 내세우는데 의도를 두고 있는 것이라기보다도 어떻게 하면 될 수 있는 한 싸우지 않고 이길 수 있는 방도를 연구한 것이었다.

그는 유연한 사고를 가지고 현재에 놓여 있는 제반 상황을 고려·검토한 후 이에 맞는 전략을 구사하였으며, 싸우기 전에 준비를 거의 완벽하게 하고 확실한 승산이 예견되어, 나아가는데 일체 걸림이 없는 무애의 상태가 되어야만 상대와 접전하도록 하였다. 그의 저서인 손자병법孫子兵法은 오늘날 조직경영에 있어서도 유용한 전략으로서 벤치마킹될 수 있다.

따라서 여기서는 그의 군사전략이 어떠한 철학이나 사고로서 형성되어 있는지를 파악해 보고자 한다.

1. 리더십

(1) 공을 산꼭대기에 올려놓고 저절로 잘 굴러내려 오도록 해야 한다.

리더는 능력있는 사람을 뽑아 그 사람이 자율적으로 발산할 수 있는 에너지나 정령에 일임하는데 중점을 두고 있다(능택인이임세 能擇人而任勢).

모가 난 사람은 쓸데없거나 보잘 것 없는 일들에 집착하여 멈추게 되는 사례가 많아 자기의 에너지를 잘 활용할 수 없게 된다. 따라서 각 구성원이 둥근 공과 같이 제대로 잘 굴러갈 수 있도록 유연하고 원만한 기질과 바탕을 간직할 수 있어야 하며 조직 내 상호간 인간관계도 원만하여야 한다는 것을 의미하고 있다(방즉지원즉행方則止圓則行).

그런데 그 공은 평지에 있을 때 보다도 산꼭대기에서 굴러 내려 올 때 엄청난 힘의 가속도가 붙게 된다(여전원석어천인지산자如轉圓石 於千之山者, 세야勢也).

산꼭대기에 공이 있다는 것은 조직구성원들의 잠재적 에너지를 잘 활용할 수 있는 상황이 만들어 져 있다는 것을 의미한다. 이는 리더가 솔선수범하는 자세가 되어야 하며, 공정한 시스템이 운영 되어야 한다.

(2) 여러 구성원들을 하나처럼 움직여 나가도록 한다.
리더는 오케스트라를 지휘하듯이 구성원들과 한마음이 된 힘을 모아 하나처럼 해 나가야 한다(제용여일齊勇如一).
이는 마치 전체 조직을 한사람의 구성원을 조종하듯 움직여 나 가는 것이라 할 수 있다(선용병자善用兵者 휴수약사일携手若使一人).
이렇게 되기 위하여서는 조직이 횡적으로 뿐만 아니라 상하간 에도 같은 목적의식과 의욕을 가져야 한다는 것이다(상하동욕자승 上下同欲者勝).

(3) 조직내 질서가 있어야 하고 각 경영측간 능력의 균형이나 의 사소통이 잘 이루어 져야 한다. 조직내 질서는 리더십을 발휘하기 위한 기초이며 기반인 것이다. 질서가 없으면 다스리기가 어렵게 된다(난이불능치亂而不能治).
병졸이 강한데 관리가 약하면 상관을 업신여기고 따르지 않아 기강이 무너진다(졸강이약卒强吏弱 왈이曰弛).
관리자는 강한데 현장에 있는 자들이 약하면 지침에 따라 일이

진행되지 않기 때문에 우왕좌왕하다가 기회를 잃게 되는 함정에
빠지기 쉽다(이강졸약吏强卒弱 왈함曰陷).

상층의 관리자가 냉철한 판단력을 유지하지 않고 있거나 최고
경영자와 화합이 되어있지 않는 상태가 되면 일에 대한 성과보다
도 자기의 주관적 의도에 따라 문제해결을 하려고 하므로 조직이
건전하게 운영되지 않게 된다(대리노이불복大吏怒而不服 우적대이자전
遇敵懟而自戰). 그러므로 최고 경영자는 이러한 조직의 현황을 신속하
게 파악하며 그에 상응한 조치를 취하지 않으면 조직이 붕괴된다
(장불지기능왈붕將不知其能曰崩).

(4) 리더는 마음이 평온한 상태에서만 의사결정을 하여야 한다.
리더가 분함을 이기지 못하면 조직을 일순간에 망가지게하고 소
기의 목적도 달성할 수 없다(장불승기분將不勝其忿, 이의부지而蟻附之, 살
사졸삼분지일殺士卒三分之一, 이성불발자而城不拔者). 요컨대 내 탓 보다도
남의 탓을 찾게 되면 화가 분출되지 않을 수 없다. 또한 상대를 분
쇄시키는 심리전술로써 상대를 화나게 하여 흔들어 놓게 되면 정
상적인 판단을 흐리게 하여 이쪽에서 유리한 국면으로 이끌어 나
갈 수 있게 된다(노이요지怒而撓之).

2. 확실성의 원리

유리한 조건을 갖추어 놓고 작전을 개시한다.

상대방보다 못하면 피하고(불약즉不若則 능피지能避之), 5배이면 공
격하며(오즉공지五則攻之), 10배이면 포위하라(십즉위지十則圍之)고 하는
말은 유리한 조건에서 전쟁을 하려는 것이다. 그리고 가까운 데서

먼 곳에서 오는 군대를 기다리고(이근대원以近待遠), 편안한 상태에서 피로한 적을 기다리며(이일대로以佚待勞), 배부른 상태에서 굶주린 적을 기다리게 되면(이포대기以飽待飢). 유리한 위치에서 상대하기 때문에 승리할 확률이 높아지기 마련이다.

돌로써 계란을 치는 상황이 되면(여이하투란자如以瑕投卵者), 필승하기 위한 조처를 이미 취하였으므로(기소조필승其所措必勝), 이미 패한 자와 싸워 이긴다.(승이패자야勝已敗者也) 이것은 자기의 충실로써 상대의 허점을 노려치는 것이 된다. 또한 상대방이 자기보다 허점이 없을 때는 피해 있다가, 허점이 보일 때 공격하도록 하면 확실한 승리를 가져올 수 있다(피실이격허避實而擊虛). 그러므로 전쟁에서 필승할 수 있다고 판단하면 최고 책임자가 싸우지 말라고 하더라도 반드시 싸워야 하며(고전도필승故戰道必勝 주왈필전主曰必戰 필전가야必戰可也), 전쟁에서 승리할 수 없을 것으로 판단되면 최고책임자가 싸우라고 하더라도 싸워서는 안 된다(전도불승戰道不勝 주왈필전主曰必戰 무전가야無戰可也).

3. 최소의 희생으로 최대의 효과의 원리

서로 싸우게 되면 누가 이기던지 간에 양쪽에 인적·물적 손실이 반드시 발생하게 된다. 그래서 백전백승하는 것이 최상의 정책이 아니고(시고是故 백전백승百戰百勝, 비선지선자야非善之善者也), 싸우지 않고 분쟁을 해결하고 이기는 것이 최선의 방침이라고 역설하고 있다(부전이굴不戰而屈 인지병人之兵, 선지선자야善之善者也).

부득이하게 전쟁이 일어나면 물자가 부족하게 되고, 물가는 올라가므로 식량은 적지에서 충당하도록 하고 있다(지장무식어적智將

務食於敵). 칭기즈칸이 이러한 전략을 사용하여 재정궁핍을 없앨 뿐만 아니라 물자수송에 따른 번거로움을 없애고 적보다도 신속한 이동이 가능하였다. 또한 전쟁을 오래 끌면 국가의 재정이 궁핍해지므로 전과는 약간 미흡하더라도 빨리 끝내야 한다는 말들이 전해지고 있으며(병문졸속兵聞拙速), 교묘한 기술·기능을 가지고 오랜 기간 전략을 구사한다고 하더라도 좋게 끝나는 것을 보지 못한 실정이라고(미도교지구야未覩巧之久也) 조언하고 있다. 승리하는 자는 사전에 물적수단, 전략·전술 등을 거의 완벽하게 준비하여 이겨 놓고 그 이후에 싸우게 되므로(승병선승이후구전勝兵先勝而後求戰) 패전에 따른 엄청난 손실을 사전에 예방하고 있는 것이다.

4. 유연한 자세를 취하도록 하라

전쟁뿐만 아니라 기타 업무의 성과를 올리는데 고려할 사항은 물이 일정한 형태로 고정되어 있지 않듯이(수무상형水無常形), 신축성 있게 유연한 자세를 취하여야 한다. 그러므로 그 추진하는 속도는 바람 같아야 하며(기질여풍其疾如風), 계획을 설정하고 의사결정을 할 때에는 서두르지 말고 마음이 평정한 상태가 숲과 같은 상황이 되어야 한다(기서여림其徐如林).

그래서 의사결정을 내릴 때는 다음의 약자가 표현하듯이 Not Shalt가 되어야 한다는 것이다. 이는 슬프고Sad, 배고프고Hungry, 화나고Angry, 외롭고Lonely, 피곤한Tired 경우에는 의사결정을 내려서는 안된다는 의미이다.

업무를 수행하거나 정진해 나갈 때에는 불과 같이 하여야 한다는 것이다(침략여화侵掠如火).

그리고 자기의 입장을 일단 세우면 산과 같이 흔들림이 없어야 한다. 이를 풍림화산風林火山이라 하여 그 시간·공간이 인간의 상황에 맞추어서 변화된 환경에 예속되지 말고 오히려 변화된 실상을 이끌어 나가는 주역이 되어야 한다는 것이다.

5. 자기도 알고 남도 알아라

소크라테스는 너 자신을 알라고 말하였다. 여기서 "너 자신을 알라"의 의미는 무엇인가? 이는 너 자신이 성찰하여 옳지 않다고 판단되면 그 일을 하지 않을 자제력을 갖추고 있으냐 하는 뜻이다. 이는 너 자신을 극복克服 혹은 극치克治할 수 있는가 하는가에 관한 문제이다.

상대방에 비하여 내 자신이 극기력이 크면 클수록 위태로움 없이 승리할 수 있다는 것이다(지피지기知彼知己 승내불패勝乃不敗).

또한 땅과 하늘을 알게 되면 완전하게 승리할 수 있다(지지지천知地知天 승내가전勝乃可全).

여기서 땅은 공간이고 하늘은 시간으로 보게 된다. 공간에서 일어나는 여러 가지 상황이나 움직임은 변화하기(제행무상諸行無常) 때문에 이에 대처하거나 벗어나기 위하여서는 강하고 부드러울 수 있는 유연성을 습득하여야 한다(강유개득剛柔皆得). 즉 변화하는 환경에 예속되는 것보다도 이를 이끌어 나갈 수 있는 긍정적 태도와 실천으로 자기의 적성을 발휘할 수 있는 능변여상能變如常이 되어야 한다. 시간의 흐름 속에서 일어나는 일들에서 생기는 고뇌는 자기를 비움으로써(제법문아諸法無我) 이겨낼 수 있다는 것이다. 이는 나아감과 물러감의 유리한 때를 잘 맞추어야 하는 절제를 요구하고 있다. 즉 함부로 나서지 말고 부득이한 경우에 나아가고 이것도 자기가 완전히 주어진 일들을 해결할 수 있는 믿음이 생길 때 나서야 한다.

그러므로 시간과 공간을 극복하면, 다툼의 세계에서 문제를 해결하려고 하는 것보다도 다툼이라는 그 자체를 사전에 지울 수 있을 정도의 유연성과 절제가 함축된 엄청난 에너지와 기氣를 형성하게 된다. 이로써 상대방을 제압하기에 앞서 목마르는 자에게 깨끗한 물을 듬뿍 주는 구원자가 되면 상대방은 자기를 응원하는 친구가 되며, 싸울 필요는 이미 사라지게 된다.

6. 현장내용을 잘 파악하여 의사결정을 내려야 한다

어떤 일을 공격적으로 나아가서는 안 된다는 것을 모르고 진격하라고 하면 실패하기가 쉽다(부지군지 불가이진이 위지진 不知軍之 不可以進而 謂之進). 예를 들면 이기기에 부족한 상황이면 공격보다도 수비에 치중하여야 할 것이다(수즉부족守則不足).

또한 후퇴하여서는 안 된다는 것을 모르고 후퇴하라고 명령하면 이길 수 있는 기세를 꺾게 된다(부지군지 불가이퇴이 위지퇴 不知軍之 不可以退而 謂之退). 예를 들면 상대방에 비하여 월등하게 우세한 여력이 있으면 공격할 수 있는 기회를 놓쳐서는 안 된다는 것이다(공즉유여攻則有餘).

어떤 대상이나 일이 자기적성에 맞지 않거나 그 결과에 따른 편익보다도 비용이나 희생이 클 것으로 예측되면 공격적 추진력을 발휘해서는 안 된다(성유소불개城有所不改).

현재의 자기 능력이나 미래의 잠재력으로써 상대방의 엄청난 성실성이나 능력을 초월할 수 없으면 상대방과 경쟁하여 이길 수 있는 과업을 중단하는 것이 낫다(공유소불공軍有所不攻).

또한 최고지도자가 지시한 명령이라도 수용해서는 안 되는 것이 있다(군명유소불수軍命有所不受). 예를 들면, 이는 그 업무의 수행에 따른 편익보다도 비용이 매우 상승하게 되거나 상대방의 유인작전에 빠지게 되는 경우 등이다.

제43장
천하지지유 天下之至柔
천하에 지극히 부드러움

天下之至柔 馳騁於天下之至堅 無有入於無間 吾是以知無爲之有益 不言之敎 無爲之益 天下希及之也

천하에 지극히 부드러운 것이 천하에 지극히 견고한 것을 이겨낸다. 함이 없는 없음만이 틈 없어도 들어간다. 나는 이로써 무위의 유익함을 안다. 말없는 가르침과 무위의 유익만큼 세상에 그 영향을 미치는 것은 드물다.

: 천하에 지극히 부드러움

세상에서 가장 부드러운 것이라 할 수 있는 물은 세상에서 가장 견고한 물체를 이겨나갈 수 있다. 이는 장기간 계속적으로 떨어지는 물방울이 바위에 구멍을 뚫을 수 있다는 현상으로 설명할 수 있다.

빛이 틈이 없는 유리를 통과하듯이 무위라는 진리는 언제 어느 곳에도 통하게 된다. 무위무불위無爲無不爲라는 말과 같이 사랑과 자비라는 무위는 시간과 공간을 초월하여 그 영향력을 미치지 않을 것이 없을 정도로 넓고 깊으며 높다.

무위는 문제를 해결하려고 하는 것보다도 문제가 발생하기 전에 문제를 지우려고 한다. 예를 들면 병이 나서 병원에 가서 병을 낮게 하는 것보다도 절제하여 몸을 해치지 않는 생활을 습관화하여 건강하게 되면 병원에 가는 일들을 사전에 지우게 되어 우리 생활을 순조롭게 할 수 있도록 해준다.

그런데 말이나 글로 내세우지 않는 가르침으로서 무위의 이익은 세상 사람들이 잘 이해하고 받아들이는데 인색한 경우도 있으므로 현실생활에는 그 영향력이 미미한 것으로 간주되지 쉽다.

: 히틀러의 경직된 경영

(1) 히틀러의 인생여정

아돌프 히틀러Adolf Hitler(1889~1945)는 자기의 고집이나 집착에 얽매어 경직된 전략으로 일관하여 스스로 자멸하였다.

히틀러는 독일과 가깝게 국경을 접하고 있는 오스트리아의 부라우나우 라고 하는 한 소도시에서 세무공무원인 아버지와 세 번째 부인인 어머니 사이에서 네 번째 아이로 태어났다.

그는 1889년에서 1918년까지 약 30년간 삶에 대한 뚜렷한 목적없이 방황하던 시기를 보냈다. 1905년 가을, 그는 16세에 중등학교를 그만두고, 1907년과 1908년에 미술 아카데미 입학시험을 치루었으나 두 번 모두 불합격하였으며, 1909년에 빈에 도착하여 대중숙박시설인 남자전용 하숙집 등에서 지내며, 수채화를 그리며 생계를 유지하였다.

그는 1913년 5월 빈을 떠나 뮌헨으로 이주하였으며, 여기서 몇 달

동안 그림엽서화가로 일하였다. 1914년 1월 병역기피죄로 체포되었으나 신체의 허약으로 병역의무를 수행하기에 적합하지 아니한 것으로 심사판정을 받게 되었다.

그런데 1914년 8월 제1차 세계대전이 터지게 되어 그는 자기가 오스트리아 태생이지만 독일의 바이에른 왕에게 지원병으로 받아달라고 애국심에 불타는 마음으로 직소하여 허락을 받아 10주간 훈련 후 서부전선에 배치되었다. 여기서 그는 연대사령부와 전초부대사이에 연락병 역할을 하게 되었으며, 1914년 12월에는 2급 철십자 훈장, 1918년 8월에는 1급 철십자 훈장을 받았다.

1919년 9월 히틀러는 20~30인 정도의 독일근로자당에 위원으로 입당하였으며, 1920년 4월 1일 독일근로자당이 독일국가사회주의근로당(Nazi의 약칭)으로 된 날에 육군에서 제대하였다.

1921년에 이르러 그는 연설가이고 선동자이며 조직의 명수로서 당의 지도권을 장악하게 되었다. 1923년 11월 히틀러는 일종의 정치적 혁명을 일으키려고 그 당시 독일의 경찰, 군대, 정부의 실권을 가진 3인을 인질로 잡고 그 시도를 하였으나 실패하였다. 이로 인해 반역죄라는 명목으로 5년간의 금고형을 선고받았으나 9개월간 형을 살고 석방되었으며, 이 일을 계기로 그는 전국적인 인물로 부각되었다.

1919년 6월 독일은 연합국과 베르사유조약을 체결하여 전쟁배상금 2260억 마르크를 금본위화폐로 42년간 분할지급 하도록 약정하였다. 1922년 프랑스는 전쟁배상금 상환을 독일에게 촉구하였으나, 독일은 연합국에게 채무불이행상태를 선언하였다. 이에 대하여 프랑스는 1923년 1월 독일의 제철화학 공업중심지이며 철광석,

석탄 등 지하자원 매장량이 풍부한 루르지방을 점유하게 됨에 따라 독일의 민족주의 감정을 자극하여 강력한 국가를 위하여 재무장 준비를 강조하게 되었으며, 아울러 히틀러와 같은 강한 지도자를 요청하게 되는 시대적 배경을 형성하였다.

또한 1929년경 경제적 공황에 따라 중산층이 강력한 국가경제 재건에 호응하게 되었고, 사업가와 지주계급도 공산주의에 대한 두려움으로부터 해소시킬 수 있는 정치세력을 요구하기에 이르렀다. 1930년 초 히틀러는 자기만이 독일의 이 비참한 곤경을 해결할 수 있다고 역설·선동하여 1932년 7월 31일 총선거에서 나치당은 37.2%를 득표하였으며, 1933년 1월 30일 히틀러가 수상에 취임하자 의회를 해산하고, 재선거를 실시하여 나치당은 43.9%의 지지를 얻게 되었다.

히틀러 정권은 1933년 4월 각 주의 지방자치제도를 중앙집권화하는 새로운 법률을 공포하여 1934년부터 각 주의 국민의회는 해산되고 주의 주권은 독일중앙정부로 옮겨졌으며, 각 주지사는 독일 내무상의 감독아래 편재되어 히틀러의 신임을 받는 자로 채워졌다. 1933년 7월에는 나치당만이 독일의 유일한 합법적 정당으로 선포하고 노동조합들도 해산하거나 독일 노동전선에 흡수시켰다.

1934년 8월 그 당시 독일의 대통령이었던 힌덴부르크 대통령은 87세의 일기로 사망하였으며, 서거한 대통령은 유서에서 입헌군주국을 원하였으나, 이 날짜로 히틀러는 제정된 법률에 따라 국가원수와 군의 최고 지휘권한을 인계받았다는 것을 발표하였으며, 독일 육군에게 새로운 재군비 확장추진, 종전의 폐기된 장교의 특권회복, 군인에 대한 일반재판소의 재판권의 폐지 등 좋은 조건을 제시·회유하여 그들로부터 무조건 복종할 것을 맹세하는 서약서도 받게 되었다.

1934년 이후 히틀러가 정권을 잡고 난 이후에는 모든 정치적인 저항을 무시·제거하며 국민의 삶을 통제하는 전제주의 국가를 형성시켰다.

1933년 5월 17일 히틀러는 모든 무장국가가 무기를 자진 폐기한다면 독일도 모든 무기를 포기할 것을 동의한다는 평화선언을 하게 된다. 즉 그에 의하면 "독일은 전쟁을 바라지 않으며 전쟁은 어처구니없는 미친 짓이다"라고 말하였다.

그러나 연합제국이 군축준비를 독일의 수준까지 인하하는 데 8년의 유예기간을 두자는 의견을 고수하자, 히틀러는 독일이 다른 나라와의 평등권이 제네바에서 부인되었으므로 독일은 군축회의 및 국제연맹으로부터 즉시 탈퇴한다고 선언하였다.

1938년 3월에 오스트리아와 독일과의 자발적 병합이 이루어지고 1939년 3월에 독일군이 체코에 진군하여 그 영토를 병합하였으며, 1939년 8월 31일 독일은 선전포고 없이 폴란드를 침공 점령하였다.

이 이후의 독일의 전쟁 현황을 연대순으로 열거하면 다음과 같다.

1940년 : 프랑스, 베네루스 3국에 기습적 침공하여 성공
1940년 9월 27일 : 독일, 이탈리아, 일본의 3국 동맹체결
1941년 6월 22일 : 소련을 침공하였으나 겨울의 혹한으로 진격 중단
1942년 : 스탈린그라드 전투에서 독일이 러시아에 패배, 북아프리카에서 독일의 롬멜보병대가 패배

1943년 : 대서양 해전에서 독일패배

1944년 6월 : 연합군의 프랑스 노르망디 상륙작전에서 독일군에 심각한 타격을 가하고, 동년 8월말에는 파리에 입성

1944년 7월 : 총통의 동프로이센 작전 회의실에 폭탄장치를 설치하였으나 암살 실패

1945년 4월 : 소련군의 베를린 진격에 대한 방어 실패

1945년 4월 30일 : 히틀러 권총으로 자살

1945년 5월 8일 : 독일이 무조건 항복

(2) 히틀러의 사고방식

1) 그는 독일국민이 수백만 명 중에 자기를 발견한 것은 시대의 기적이라고 말하였으며, 자신이 세계 역사상 비범한 인물 중의 하나라고 믿었다. 또한 그는 사람들을 끌어당기는 힘, 즉 자신만의 카리스마에 자부심을 갖고 있었다.

2) 정치에 성공하기 위하여서는 대중의 지지를 얻어야 하며, 대중의 지지를 얻으려면 선전과 웅변이 중요하다는 것을 인식하였다. 그래서 그는 20세 초반에 빈의 하숙집, 자선급식도 등의 길모퉁이에서 청중을 상대로 웅변 연습을 하였다. 1919년에 히틀러는 군에서 정치교육 강의를 받던 중 누가 유태인을 칭찬하는 말을 듣고 이를 항의하자, 이것이 상관의 마음에 들어 뮌헨에 있는 어떤 연대의 교육공무원으로 임명되었으며, 여기서 그는 여러 사람 앞에서 웅변할 수 있는 보다 많은 기회를 얻게 되었다.

3) 그는 니체의 초인에 거대한 관심을 기울이고, 초인은 생물학적 토대에 의하여 약육강식의 결과로 탄생하는 것으로 보고 있었다. 그는 초인을 육체적인 힘과 예리하고 명석한 지성을 겸비한 자로서 지상에서 할 일은 부패한 문명을 파괴하는 작업이라는데 찬동하였다. 그래서 히틀러는 정치 · 경제 · 사회 · 문화 · 종교 · 군사 등을 모두 자기의 지휘 · 통제의 범위에 넣기 위하여 투쟁 · 정복해 나가지 않으면 안 된다는 광적인 믿음을 소유하고 있었다.

요컨대 그는 자기 자신을 니체가 예언한 초인이라고 생각하기에 이르렀으며, 이 초인은 최고의 지능과 의지를 물려받은 굳센 인물이며 지구의 주인이 되는 자로 보고 있었다.

4) 그는 게르만 민족우월성과 강력한 중앙집권적인 전제정치, 영토확장주의, 반마르크스주의 등을 주된 내용으로 하는 나치즘 Nazism을 바탕으로 하여 강력한 국가주의 형성과 통일 독일의 실현을 이루고자 하였다.

게르만 민족우월성은 자기 민족 공동체의 독립과 번영에 도전하거나 오염시키는 행위를 용납하지 아니하는 것으로서 반유대주의로 이행되어 갔다. 중앙집권적인 전제정치는 여러 법안을 통해서 권력을 총통 및 특정조직인 나치당 등에 집중 · 확대시켜 지방자치단체, 의회 등을 해산하고 중앙정부의 통제하에서 행정이 일사불란하게 처리되도록 하며, 국가는 엄격한 위계질서에 의하여 조직되어 나가야 한다는 것이다.

영토 확장주의에 관련하여 그는 영토에 대한 권리는 그 영토를 정복한 자에게 귀속된다고 보았으며, 따라서 기존 국경선은 특정

민족의 팽창에 충분한 공간을 할당하지 못하므로 의미가 없다는 것이다.

　반마르크스주의를 채택함으로써 독일을 공산주의 혁명위험에서 방어하고 국민의 사유재산제도가 인정되었으며, 사업가와 지주계급을 안심시키고 나치정치발전에 기여하도록 이용하였다.

　5) 나치의 경제정책은 고용창출로 실업구제, 고속도로건설 등의 대규모 공공사업, 군수산업 육성, 농업의 자급자족, 통화안전 등을 강화시킴으로써 강력한 국가를 위한 재무장 및 필수물자의 안정적 공급과 케인즈식 고용창출조치를 병행하였다.

　6) 히틀러는 자기의 정치 목적달성에 필요한 자는 그가 원하는 것이나 약점을 탁월한 육감으로 꿰뚫어 보고 이에 맞는 제안을 선동적으로 제시하여 자기편으로 만들어 활용하였으며, 나치당의 인력을 대학생, 유소년단, 법조인, 교사, 농민, 회사원, 전문기술자, 장인 등 여러 사회계층으로 형성시켜 대중적 지지기반을 튼튼하게 얻도록 하였다.

　7) 그는 유태인에 대하여 게르만 민족의 우월성 유지에 따른 독일의 생존과 번영에 독소적인 요소가 된다고 보고 맹목적이고 광신적인 반유태주의를 취하였다. 즉 그는 유태인에 의해서 독일경제가 파탄되고 독일 국민의 도덕이 타락되어 진다고 간주하였던 것이다.

　반유태주의는 다음과 같은 유태인 핍박정책으로 이어졌다.

① 1935년 제정된 법에 따라 유태인의 독일 시민권을 박탈하였고, 독일인과 유태인의 결혼 및 성관계를 금지하였다.
② 공직에 취임할 수 없으며, 교육·언론계에서 유태인이 추방되었고 변호사 및 판사에 있어서 유태인 정원수는 제한하도록 하였다.
③ 공공장소로서 극장, 전람회장, 공중목욕탕, 음악회, 동식물원, 대학 등에 대한 출입이 금지되었다.
④ 유태인은 토지를 소유할 수 없다.

이와 같이 반유대사상이 형성되어진 역사적 배경을 살펴보면 다음과 같다.

① 종교적 측면에서 같은 아브라함 자손으로 태어난 유태인들이 예수를 죽이려 한 악마의 화신으로 간주되고 있었다.
② 14세기경 유럽에서 페스트가 창궐하였을 때 유태인들이 기독교인을 말살하기 위하여 우물에 독극물을 투여했다는 소문으로 의심을 받게 되어 수많은 유태인이 추방되거나 대량학살을 당하였다.

이 사건은 구체적으로 1350년경 데겐 마을이라는 곳에서 유태인이 성체빵에 독약을 넣고 우물에 던져 넣어 많은 기독교인이 죽었다고 하는 소문을 탁발수도사들이 퍼뜨리는데서 발단된 것이라 할 수 있다.
그러나 이는 그 당시 페스트가 유행되어 많은 사람들이 죽은 것을 유태인들의 독극물 사건으로 변질시킨 데서 비롯된 것이다.

③ 13세기 후 유태인들은 경제적 약자인 농민 등을 상대로 하여 고리대금업을 하여 왔으며, 15세기경부터 기독교상인과 사업상 경쟁 상태에 있었다.

그러나 유태상인들은 당시의 영주나 귀족들에게 사치품을 상납하고 그 이외에 재정적 도움을 주어 황제나 귀족으로부터 보호를 받게 되었다.

④ 1850년경 독일의 산업화 과정에서 유태인들이 의류산업에서 많은 독일 농민들의 노동력을 착취하였고, 유태인의 은행, 증권, 기타 투자회사 등이 독일의 대도시에 번창하여 금융 사기범이 속출함으로써 소액투자자로서 일반시민이 피해를 받게 되는 사례가 증대하였다.

그리고 1915년경에는 독일의 거의 모든 생산을 유태인이 장악하고 있었으며, 따라서 독일 국민은 유태인의 경제적 지배하에 놓이게 되었다는 것이다.

⑤ 유태인들은 탐욕적이고 권모술수가 능하며, 이중인격적이어서 처음에는 부드럽게 접근하여 나중에는 모든 것을 갈취 · 소유하게 된다는 것이다. 예를 들면, 유태인은 아리안 민족이나 기독교 문명의 발명 · 발견대상으로서 인쇄술, 화약, 증기기관 등을 자기의 것으로 만드는 지식착취의 행태를 보인다는 것이다.

⑥ 신문, 극장 등 언론이나 예술계를 유태인이 장악하게 된다는 것이다.

⑦ 유태인은 유대종교를 민족종교로 포기하지 않을 뿐만 아니라 기독교나 카톨릭교로 전환하지 않기 위하여 무종교인, 자유사상가, 사회주의 철학자 등으로 위장하고자 하였다.

8) 1939년 8월 독일은 선전포고없이 폴란드를 침공하여 점령하여 초반 전쟁의 몇 곳에서 승리하였으나 1945년 5월 8일 독일은 무조건 항복하였다.
이 전쟁 패배의 원인은 다음과 같이 기술할 수 있다.

① 약 6년간의 장기 전쟁에 독일이 대처해 나가기에는 그 인적·물적 자원이 연합군에 비하여 상당히 빈약하였다.

히틀러는 전쟁 상대인 연합군의 경제, 과학, 군사력을 자국에 비하여 과소평가하여 전쟁을 이끌어 왔을 뿐만 아니라 어려운 문제를 결단코 극복하겠다는 의지력이 충만되어 있다면 물질적인 면에서 열세가 생긴다 할지라도 충분히 대처해 나갈 수 있다는 확고한 신념을 가지고 있었다.

② 1941년과 1942년의 러시아 침공을 지나치게 확대 시켰으나, 혹한 및 보급품 부족 이외에 러시아 군의 역습으로 독일군이 탈진상태에 빠졌다. 이에 몇몇 독일장군이 폴란드로 후퇴하자고 제의하였으나, 히틀러는 화를 내면서 반대함으로써 패배를 더욱 재촉하였다.
③ 히틀러는 자기 의사에 반하는 작전을 구사하는 엘리트 장군은 그 인재의 유용성을 충분히 고려함이 없이 해임시킴으로써 인적자원을

스스로 고갈시켜 나갔다. 1944년 7월에는 히틀러 암살 미수사건이 발생하여 내부적 지휘계통에 갈등이 발생하고 있었다.

④ 히틀러는 전쟁 말기에 주로 반공호에서 생활하면서 심신이 쇠약하여 정상적 판단으로 전쟁 지휘권을 행사하는 것보다도 상당한 기간 요양이 필요한 건강상태였다.

⑤ 그는 전쟁의 패배원인이 무리한 공격, 허술한 방어, 장기간 전쟁수행 등에서 찾지 않고, 자기에게 충성을 맹세한 부하와 유태인의 배반 때문이라고 되새기면서 죽어갔다.

제44장
명여신 名與身
명예와 몸, 어느 것이 더 귀중한가

**名與身孰親 身與貨孰多 得與亡孰病 甚愛必大費 多藏必厚亡 故
知足不辱 知止不殆 可以長久**

명예와 몸 중 어느 것을 더 애호하여야 할 것인가. 몸과 재산 중 어느 것이 더 귀중한가. 얻거나 잃는 것 중 어느 것이 더 관심거리인가. 너무 좋아하게 되면 반드시 큰 소모가 있게 된다. 너무 많이 가지고 있으면 반드시 크게 망한다. 만족할 줄 알면 욕됨이 없다. 멈출 줄 알면 위태롭지 않다. 그러면 오래 산다.

명예와 몸, 어느 것이 더 귀중한가

학위, 직위 등으로써 정치·경제·사회적으로 이름을 내세우기 위하여 지나치게 육체적, 정신적으로 낭비한 결과 자기 몸을 망가지게 하였다면 그 무슨 소용이 있겠는가.

또한 재산을 많이 모으기 위해 몸의 건강을 돌보지 않는 어리석음을 귀중하게 보아야 할 것인지.

명예와 재산을 얻거나 잃는 경우 어느 것에 더 관심을 가져야 할 것인가. 명예와 재산으로부터 벗어나게 되면 그 얻음과 잃음이 근심이나 걱정의 대상이 되지 않게 된다.

명예에 너무 집착하게 되면 번뇌로 인한 정신적 고통이 더욱 심해지지 않을 수 없다.

　재산을 많이 가지고 있으면, 망하게 되는 경우 많이 가진 만큼 잃게 되어 그 타격도 심각하게 된다.

　자기 생활에 만족할 줄 알면 욕됨을 당하지 않고, 욕망을 멈출 줄 알면 위태롭지 않게 된다.

　이 만족과 멈춤은 자기를 극복하여 다스림으로써 욕망이라는 걸림돌을 제거하는 힘이 되어, 오랫동안 생기 있게 살 수 있는 바탕이 된다.

：나폴레옹의 공격경영

(1) 나폴레옹의 발자취

나폴레옹 보나파르트(1769~1821)는 자기의 명예와 유럽대륙의 제패를 위하여 쉼 없이 전진하였으나, 그의 소망은 하루아침에 꿈과 같이 사라졌다.

　그는 이탈리아의 섬 코르시카 태생이며, 그의 아버지는 변호사 업무를 수행하였으나 가난을 면치 못하였다. 이 지역은 1년 내내 봄과 같은 기후이며, 한 때는 제노바의 식민지였으나 프랑스에서 이를 매수하여 프랑스령이 되었다.

　그는 10세 때인 1779년 프랑스 브리엔 육군유년학교에 입학하여 1784년에 졸업하였으며, 그 해 9월에는 파리 육군사관학교에 입학하여 포병장교의 훈련을 받았다.

그는 1793년 12월 툴롱항구의 전투에서 혁혁한 공을 세워, 국민들 사이에서 인기가 높아졌으며, 포병여단의 사령관이 되었다. 1795년에는 파리에서 일어난 반란군 폭동을 진압함으로써 군인으로서 보다 확고한 입지를 구축하였다. 그가 27세 때인 1796년에는 이탈리아 원정군의 사령관이 되어 많은 어려움을 극복하고 몰타섬을 점령하는 등 큰 성과를 거두었다. 이 당시 프랑스는 영국의 왕성한 동방무역을 압박할 필요성이 있었으며 영국을 제압한다면 유럽을 지배할 것으로 보아 지중해와 이집트에서 전쟁을 계획하였다. 그래서 그는 1798년 5월 타의반, 자의반의 상태에서 이집트 원정길에 올랐으나, 1799년 10월에는 100여명의 정예군을 선발하여 몰래 귀국하였다. 이로써 그는 자산계급과 일부 군관들의 지지를 업고 쿠데타를 일으켜 파리군 사령관이 되었으며, 의회에 헌법 수정요구를 하였으나 받아들여지지 않자 의회 양원을 해산하고 자기에게 굴복한 일부 의회대표를 소집하여 정권을 세 명의 통령인 나폴레옹, 시에예스, 뒤코에게 이양하는 결의안을 통과시켰다.

이에 나폴레옹은 수석통령에 선출되기에 충분한 명성을 갖춘 시에예스에게 일종의 위협을 가하여 자기가 수석통령직을 지목받도록 하였다.

그가 35세인 1804년 5월에는 프랑스 남자의 국민투표에서 약 90%의 절대다수로 프랑스황제가 되어 나폴레옹 1세로 불리도록 하였다. 1804년에는 민법에 관련하여 일반국민들이 전문적인 법률교육이 없어도 충분히 쉽게 이해할 수 있도록 나폴레옹 법전을 제정·공포하였다.

이 법전의 주된 내용은 다음과 같다.

① 법 앞에서 만인의 평등

② 종교선택의 자유

③ 양심의 자유

④ 사유재산권의 보장

⑤ 농노제의 폐지 등

　그러나 이 법전에는 노동자와 고용주간의 불평등, 남녀불평등 등이 포함되어 있었다.

　나폴레옹은 정권을 잡은 후 강력한 중앙집권정부를 수립하여 지방행정부를 통괄관리 하였으며 강력한 경찰기구를 형성하고, 능력이 있으면 출신에 관계없이 관리로 선발하는 제도를 실시하였다.

　그 당시 프랑스인의 대다수가 카톨릭교를 믿고 있었으므로 카톨릭을 국가의 종교로 승인하고 1801년에는 교황 피우스 7세와 종교협약을 맺었다. 이로써 바티칸이 프랑스 공화국에 간섭하지 않도록 하고 교황의 교서는 정부의 승인이 있어야 공표하며, 기존의 주교들은 해임하여 그 자리는 자신이 지명한 사람들로 채워졌다.

　1805년 프랑스는 영국견제를 위하여 대륙봉쇄령을 단행하였으며, 이에 대응한 영국, 러시아, 오스트리아의 연합군이 프랑스를 침공하게 되었는데 프랑스가 승리를 하였다. 그러나 1805년 10월 프랑스는 트라팔가 해전에 영국의 뛰어난 선박조종술과 전술로 인하여 패배하였다.

　1809년 나폴레옹은 1796년 3월에 결혼한 조세핀(1736~1814)이 후계자를 낳지 못할 것으로 예견하여 이혼을 결심하게 된다. 조세핀은 나폴레옹보다 6세가 연상이며, 1794년 남편이 귀족이라는 이유로 단두대(기요틴)의 이슬로 사라진 후 파리 사교계에 진출하였으며, 나폴레옹은 그녀를 보자 첫눈에 반하게 된다. 그녀는 나폴레옹이 외국 원정 시에 젊은 장교 등과 부정한 일들을 서슴지 않아, 한때는 나폴레옹이 면담조차도 하지 않을 것으로 다짐하였으나 조세핀이 데리고 온 두 아들이 애걸하는 바람에 화해는 하였지만 순탄한 결혼생활은 영위하지 못한 것 같았다.

1810년 나폴레옹은 오스트리아의 공주인 마리 루이즈와 결혼하였으며, 1811년에 나폴레옹 2세가 태어나게 되었다. 1812년에 이르러 프랑스의 식민지는 남부 스페인으로부터 발트해까지 대서양부터 러시아의 일부분까지 달하였다.

이 당시 농업국인 러시아는 영국으로부터 필수품을 수입하지 않으면 안 되는 상황이므로 프랑스의 대륙봉쇄령에 반대하여 통상을 시작하였을 뿐만 아니라 러시아의 알렉산드황제가 영국과 동맹을 맺게 되었다.

이에 분개한 나폴레옹은 1812년 6월 약 60만의 대군을 이끌고 러시아에 선전포고 없이 침공하여 수도 모스크바를 탈환하면 러시아를 정복하는 것과 다름없다고 보고 동년 9월 경에 모스크바에 입성하였으나 식량 등 유용한 물자가 있는 창고는 모두 불태워졌으며 러시아군을 비롯하여 황제 및 귀족들은 모두 모스크바를 떠난 뒤였다. 또한 프랑스군은 모스크바의 추위와 식량 등 보급품 부족으로 견딜 수 없었으며, 1812년 10월 철수 결정을 하기에 이른다.

1813년에 프로이센이 러시아와 동맹하여 나폴레옹에 선전포고하고, 이에 영국, 오스트리아가 합세하여 프랑스군과 접전하였으나 연합군은 처음에는 이기지 못하다가 동년 10월 라이프치히 전투에서 프랑스에 승리하였다.

1814년 3월에 반프랑스동맹(러시아, 영국, 스웨덴, 스페인, 포르투갈, 프로이센 등)이 여러 방면에서 파리를 공격하여 함락시켰다. 따라서 프랑스 외무대신 탈레랑이 프랑스 임시정부를 수립하고, 프랑스 원로원·입법원은 공동으로 나폴레옹의 퇴위를 선포하였으며, 이에 나폴레옹은 1814년 4월 프랑스 황제 및 이탈리아 왕위에 대한 포기를 선언하고 엘바 섬으로 귀양을 가게 되었다.

그런데 나폴레옹은 1815년 2월 국민들의 왕조부활에 대한 불만 심리를 이용할 명목을 가지고 약 1,000명의 추종자를 이끌고 엘바 섬을 탈출하여 동년 3월 다시 왕위에 올라 약 100일간 프랑스를 통치하게 된다.

그러나 그는 1815년 6월 워털루 싸움에서 영국의 윌링턴 장군에게 패하게 되어 나폴레옹은 의회가 요청한 퇴위에 대하여 서명하고 아들에게 왕위를 넘겼으며, 1821년 5월 대서양에 있는 외딴 섬 세인트헬레나에서 세상을 떠나게 된다. 이로써 프랑스는 그 동안 전쟁으로 얻은 땅을 빼앗기고 1789년 당시의 국경선으로 되돌아가게 되었다.

(2) 나폴레옹의 사고방식

나폴레옹이 어떠한 철학과 사고방식으로 상기와 같은 역사적 사건을 형성시켜 나왔는지를 다음과 같이 기술하고자 한다.

  1) 그는 유럽대륙 나아가서는 세계제국을 자기의 지배·통솔

하에 두기 위하여 계속적인 공격 및 진격에 대한 추진을 그의 명제인 동시에 목표로 삼았다. 따라서 그는 수비보다는 공격을 중시하였으며, 효과적인 공격은 기습공격이며 그 내용은 신속한 군대의 분산과 집결, 이동 등이 결정적인 요소로 되고 있다. 아울러 그는 적의 강약이나 장단점을 면밀히 분석하여 상대의 허술한 곳을 찾아내어 집중공격하고 공격만이 최선의 방어라는 개념에 충실하였다. 그는 죽을 때에도 유럽대륙을 진격하라는 말을 남기고 잠들었다.

2) 그는 민법전을 통하여 법 앞에서 만민의 평등, 사유재산권의 보장, 종교선택의 자유를 존중하였으나, 이들은 어디까지나 자기 권력에 대한 국민의 복종을 전제로 하고 있다. 이 목적을 보다 효과적으로 달성하기 위하여 강력한 경찰력에 의해 중앙집권 정부로서 독재체제를 유지하고자 하였다.

3) 나폴레옹은 전쟁지역 및 상황에 관한 세밀한 연구와 전략을 설정하지만, 그는 전쟁터에서 그 때의 현황에 따라 자신의 경험과 영감에 의해 즉흥적으로 지휘하면 거의 이길 수 있다는 자만심을 가지고 있었다.

또한 그는 자기에게는 불가능이 없다는 사고와 싸우면 이길 수 있다는 정신력을 물질적이나 자연적 요소보다 더 믿었다. 그러나 1812년 프랑스가 러시아 침공 시에는 모스크바의 추위와 식량 부족으로 모스크바를 점령하고도 전쟁에서 패배하였으며, 이것이 나폴레옹을 황제의 자리에서 쫓아내게 하는데 큰 역할을 한 보다 직접적인 원인이 되고 있다. 요컨대 러시아의 광대한 자연공간,

기후 등을 고려하지 않았으며, 러시아 병사들의 끈질긴 전투능력을 과소평가함으로써 패망의 길로 접어들게 된 것이다. 그리고 적들은 나폴레옹의 군사조직에 주의를 기울였으며, 나폴레옹의 군단체제, 용병술을 모방하기 시작하여 그들의 전투능력을 점차적으로 진보·발전시켰으나, 나폴레옹은 이를 심각하게 고려하지 아니한 것 같다.

전쟁에는 상대방이 있기 때문에 상대방의 능력이나 힘을 무시하거나 적절하게 측정하지 못하면 어느 순간에 패배할 수도 있다.

4) 전쟁이나 기업경영에서도 최고지휘자의 심신이 건강을 잃게 되면 정확한 판단력이 떨어지기 때문에 실패의 위험성이 높게 된다.

1815년경 나폴레옹은 치질, 방광염, 뇌하수체 관련 병을 앓고 있었기 때문에 워털루 전쟁에서 사리에 맞지 않는 의사결정을 한 것으로 추정할 수도 있다.

5) 그는 27세인 1796년 이탈리아 원정군 사령관이 되고 난 이후 46세 때인 1815년 워털루 전부에서 패배하여 세인트헬레나 섬으로 귀양 가기 전까지 거의 쉴 사이 없이 전쟁에만 몰두하였다.

이는 그가 절대권력이라는 마약에 집착하여 공격 일변도로 경직되게 전개시킨 일종의 과오라고도 평가할 수 있다.

그가 수행한 초기의 전쟁에서 연속적으로 승리를 거둠으로써 국민들로부터 명성과 지지를 얻게 되었으나, 전쟁에서 항상 이길 수만은 없는 것이다.

앞으로 나아가는 것도 좋지만 나아가는 상황을 파악·검토하면서 멈출 줄 아는 지혜와 절제가 절실히 요구된다. 경우에 따라서는 느림의 미학도 생각해 볼만하다.

제45장

대성약결 大成若缺

큰 성공은 모자람에서 비롯된다

大成若缺 其用不敝 大盈若沖 其用不窮 大直若屈 大巧若拙 大辯若訥 燥勝寒 靜勝熱 淸靜爲天下正

크게 성공한 것은 모자람에서 비롯된다. 이러한 응용방식은 폐기되어서는 안 된다. 크게 가득 찬 것은 비워 없음에서 비롯된다. 그 씀은 다함이 없다. 크게 바른 것은 굽은 것에서 비롯된다. 대단한 기교는 졸렬함에서 비롯된다. 말 잘 함은 눌변에서 비롯된다. 자주 움직여야 추위를 이긴다. 고요함이 더움을 이긴다. 깨끗하고 고요함이 세상을 바르게 한다.

큰 성공은 모자람에서 비롯된다

크나큰 성공은 부족하다는 생각이 기초가 되어 계속 노력함으로써 이루어진 것이다.

일시적 대성은 대성이 아니고, 계속적 대성을 유지하는 것이 대성이다. 시간과 공간의 변화에 따라 큰 성공은 기울어 질 수도 있으므로 새로운 관점에서 정진·발전해 나가야 한다는 것이다.

번뇌즉보리煩惱卽菩提라는 말이 있다. 이는 번뇌를 극복하면 보리라는 깨달음을 얻게 된다는 의미이다.

큰 참이 되기 위해서는 공空이나 허虛와 같이 아무런 집착없이 비워 있어야 한다. 즉 불심佛心이 가득차기 위해서는 중생심衆生心이 완전히 비워져 있지 않으면 안 된다. 이 허공과 같은 걸림이 없는 사랑과 자비는 아무리 사용해도 다함이 없다.

크게 정직하거나 바른 것은 자기만 옳다는 것을 내세우지 않는 유연한 마음을 가지거나 자기가 깨끗하다고 느끼지 않아야 한다.

큰 기술이나 기능은 처음부터 능숙한 것이 아니고 모자람이 있음을 알고 계속 노력하여 성취한 것이며, 그 큰 성취도 교만에 빠지게 되면 어느 사이에 소멸하게 되므로 그 모자람에 대한 사고가 항상 자기와 함께 있어야 한다.

말을 잘하는 것은 미사여구美辭麗句를 사용하는 달변을 내세우는 것보다도 진리·진실·진정이 담긴 순수하고 꾸밈없는 말을 하는 데 기본을 두어야 한다.

추위를 이기기 위하여 계속 움직여야 하는 것과 같이 도道에 도달하기 위해서는 부지런히 정진해야 하며, 쓸데없는 열기를 이기기 위해서는 조용히 참을 수 있는 자제력이 필요한 것과 같이 욕망·집착에 따른 갈등을 잠재우기 위해서는 고요한 마음가짐을 유지해야 한다. 깨끗하고 참아서 평온하면 극기克己가 되고 극치克治가 되며, 나도 건강하고 남도 건강하게 하는 기초를 형성하여 바르고 조화로운 세상을 실현해 나갈 수 있다. 즉 나무도 그 뿌리가 모진 풍상을 이겨 낼 수 있을 만큼 튼튼해야 아름다운 꽃을 피울 수 있게 된다.

마호메트의 개혁경영

마호메트(570~632)는 자기 나름대로의 기존 종교의 문제점을 간파하고 이를 새롭게 개선시켜 나가려고 한데서 그 발전의 핵심을 찾아 볼 수 있다. 그의 원래 이름은 무함머드이나, 역국 사람들이 그를 마호메트라고 불렀다.

그는 사우디아라비아의 서부에 있는 메카에서 태어났으며, 그의 아버지는 마호메트가 나기 전 몇 주 전에 죽었고, 그의 어머니도 그가 6세 되던 해에 세상을 떠났다. 이로써 고아가 된 그는 삼촌인 아무탈리브의 보호를 받게 되었다.

마호메트는 25세 때 자녀가 딸린 부유한 40세의 미망인인 카디자의 사업을 돌보고 있던 중에 그녀가 그의 인격과 성실성을 믿고 청혼함에 따라 결혼하게 되었고 그녀가 죽을 때까지 25년간 같이 살았으며, 여기서 2남 4녀를 낳게 된다. 그의 아내 카디자가 죽고 난 이후에 마호메트는 9명의 여자와 결혼하게 되는데, 이는 이슬람교에 따른 일부다처제의 필요성 이외에 이슬람 공동체에서 예언자와 예언자 동료들 사이에 유대관계를 강화시키기 위한 정치적 목적도 영향을 끼친 것이라 할 수 있다.

마호메트는 40세가 되었을 무렵 어느 날 밤 메카에서 300km 떨어진 히라^{hira} 동굴에서 명상을 할 때 다음과 같은 소리가 들려왔다.

"읽어라! 창조주이신 주님의 이름으로, 그 분은 응혈로부터 인간을 창조하셨도다. 읽어라! 너의 주님은 가장 관대하신 분이시며, 인간이 알지 못하는 것을 가르쳐 주셨던 것이다."

이 첫 번째 계시를 받은 후 그는 무엇을 어떻게 하여야 할지 알지 못하였으며, 그래서 침묵으로 일관하고 자기가 혹시 미친 것이 아닌지를 의심하였다.

그런데 두 번째 계시가 다음과 같이 내려왔다.

"너의 주님께서 베푸시는 은총이 있으니 너는 미친 자가 아니니라. 너에게는 반드시 무한한 보상이 내려질 것이다. 그리고 너는 참으로 높고 탁월한 덕성을 가지고 있느니라."

그래서 마호메트는 선택의 여지가 없이 자기의 가족, 친척, 친구 등에게 하나님의 말씀을 전달하기 시작하였다. 그를 따르는 신도는 30~40명에 지나지 않았으며 주로 젊은 층이고 그 당시 사회에 대한 불평을 가진 계층으로서 세력있는 가문의 구성원 들이었다.

이슬람교에 의하면 그 신앙의 유일한 대상은 하나님인 알라Allah 신뿐이고, 이 알라의 계시를 최종적으로 받은 마호메트가 예언자로 선택되었으며, 모든 이교도를 굴복시켜야 한다는 것이다.

이슬람Islam의 언어적인 어원은 평화이고, 신학적인 의미는 복종이다. 이슬람사상의 핵심은 알라라는 유일신에게 절대 복종함으로써 평화를 얻게 되며, 따라서 우상숭배를 금지하고 모든 무슬림은 민족과 출신을 구별하지 않고 평등한 형제로 지칭하였던 것이다.

그 당시 번창한 상거래 및 무역도시로서 메카는 카바라는 신전이 위치하여 300여종의 신들이 모셔져서 세계 각지에서 온 상인과 순례자가 참배를 하기 위해 거치게 되었던 곳이었다.

그런데 마호메트가 우상숭배를 버리고 유일신만을 믿으라고 선동함으로써 여러 종교의 순례가 막히고 메카의 상거래가 축소되는 영향을 주게 된다는 우려가 생기게 되었다. 따라서 메카의 대상인층을 중심으로 한 쿠라이쉬 부족은 마호메트의 사상이나 행동방식이 그들의 생존구조와 생활질서 체제를 기본적으로 변혁·몰락시키려고 하는 것으로 인식하며 분노와 갈등을 야기시켰으며, 드디어 마호메트와 그의 추종자들을 박해하기 시작하였다.

그래서 마호메트는 622년 9월 70여명의 추종자와 함께 비밀리에 조그마한 오아시스 도시인 메디나로 이주하게 되었는데, 이를 헤지라로 부르며 이때를 이슬람력의 기원으로 하고 있다.

이들이 메디나로 이주한 후 그들의 생활을 지탱해주는 주된 수입원은 메카의 상인인 대상을 습격하여 상품을 탈취하거나 포로 석방교환으로 몸값을 받는 것 등이었다. 이러한 일은 메카의 경제를 혼란에 빠지게 하고 사회불안을 야기시키는 전략적 의도를 가지고 있었으며, 대상의 습격은 메카상인의 원격지 통상을 위협하고 쿠라이쉬 부족의 세력을 약화시키는 가장 유효한 수단이 되었다. 이러한 습격은 자기방위를 위한 필요한 수단일 뿐만 아니라 경제적 이득을 얻기 위한 정당한 생활방편으로 보았다.

624년에는 약 300여명의 이슬람군이 950여명의 메카군을 격파하여 마호메트가 알라의 예언자로서 입지를 구축하게 되는 계기를 마련하였다.

630년 1월에 마호메트는 무슬림과 유목부족의 연합군 약 1만여명을 이끌고 메카로 진군하여 거의 저항을 받지 않고 무혈로 정복하고, 마호메트는 카바신전에 있는 우상들을 지팡이로 부쉬버렸다.

이슬람은 창시자인 마호메트 시대부터 현재까지 성전(지하드)

상태에 있는 종교라 할 수 있다.

지하드는 어원적으로 분투, 애씀, 노력 등으로써 나타낼 수 있으며, 소지하드와 대지하드로 나눌 수 있다. 소지하드는 무슬림의 힘을 합쳐 공동체를 이루고, 이슬람교의 신앙에 걸림돌이 되거나 장애가 되는 적들과 싸워 그들의 종교를 지켜내는 성스러운 싸움이라고 한다. 이에 대하여 대지하드는 평생 동안 자신의 악업과 싸워 이겨내는 극기에 중점을 두고 있다. 그러므로 이는 일부 이슬람교도들이 현대의 정치적·경제적 목적으로 하는 전쟁이나 테러와는 기본적으로 그 거리가 멀다.

마호메트는 이슬람의 지상과제로서 움마의 건설에 두었다. 움마는 부족신과 혈연적 유대관계를 벗어나서 신을 궁극적 주권자로 하고, 그 예언자인 마호메트를 현실의 지상에서 알라의 대리인으로 인정하는 이슬람공동체이며, 신권정치의 사회를 의미하게 된다. 이 공동체에서 마호메트는 예언자, 최고 종교지도자, 세속적 통치자의 기능을 담당하고 있었기 때문에 종교와 정치는 분리될 수 없는 것이었다.

마호메트는 632년 메카 순례를 마치고 돌아온 후 3개월간 심한 열병을 앓은 후 62세로 사망하였으며, 그의 생애의 마지막 2년은 이슬람에 의한 아랍의 통일에 역점을 두었다. 현재 무슬림은 세계 인구 65억 중 13억을 차지하고 있으며, 기독교에 이어 제2위의 신도를 보유하고 있다.

이슬람교의 5대 의무는 다음과 같다.

① 신앙고백 : 알라 이외의 신은 없다고 선언하여야 한다.

② 기도 : 하루에 다섯 번 메카를 향해 예배한다.

③ 희사 : 순수익의 일부를 자선을 위하여 베푼다. 화폐는 소득의 2.5%, 농작물은 2.0%를 헌납한다.

④ 단식 : 라마단(9월) 한 달 동안 해가 떠서 질 때까지 먹고 마시는 것을 금한다.

⑤ 순례 : 능력있는 사람에 한하여 평생에 한번 메카를 순례한다.

그 이외에 이슬람이나 마호메트의 사상을 열거하면 다음과 같다.

1) 이슬람에 의하면 마호메트 이전의 아브라함, 모세, 예수 등도 하나님으로부터 계시를 받은 예언자에 지나지 않으며, 예수는 마리아의 아들이지 신의 아들이 아닌 것으로 보아 삼위일체의 구조를 부정하고, 마호메트는 최후의 보다 참신한 새로운 예언자이다라고 주장한다. 이들은 유대교에 대해서도 유대민족만이 하나님에게 선택받은 종교라고 하는 폐쇄성을 부각·비판하고 있다.

2) 이슬람은 하나님이 마호메트 이전에 아브라함, 모세, 다윗, 예수에게 계시한 경전도 인정하고 믿는다. 그러나 이러한 경전에서 하나님의 계시가 여러 가지 오염된 작업으로 수정·왜곡되었으므로, 하나님이 마지막 예언자로서 마호메트에게 최종적 계시를 새롭게 보낸 순수한 것이 코란이라고 내세우고 있다.

코란은 610년부터 632년까지 약 23년간 마호메트가 하나님으로부터 직접 받은 계시를 수록한 것이며, 이 코란에 따라 삶을 영위해 나갈 때 이상사회나 국가를 실현할 수 있다고 주장한다.

3) 마호메트의 후계자는 이슬람에서 칼리프라고 부르는데 아부바크르(마호메트의 친구), 우마르, 우스만, 알리(마호메트와 제1후계자의 딸 사이에서 태어난 파티만의 남편)의 순으로 그 계통을 이어 받았으며, 이 중 아부바크르를 제외한 3인은 모두 암살을 당하였다.

4) 이슬람은 마호메트가 창시한 후에 수니파와 시아파로 나누어져 오늘날 치열한 분쟁을 야기시키고 있다.

이들에 관한 특성을 열거하면 다음과 같다

수니파	시아파
① 후계자는 인물과 신앙 중심으로 선출 (무슬림 공동체의 80~90% 지지)	① 핏줄에 의한 세습제 (알리 이외의 3명에 대해서는 그 후계자의 적법성 인정 안함)
② 세속적 권한이나 정치에 관심 없음 유일신에 몰입 · 신앙에 열광적임	② 정치에 관심 있음
③ 예언자 마호메트는 신의 계시를 인간에게 전달하는 단순한 임무만을 부여받은 보통 인간이다.	③ 예언자는 높은 학식을 소유했던 완전 무결한 존재이며, 신의 모든 예언자들과 마찬가지로 신적 속성을 소유하고 있는 인간이다.
④ 예언자의 자손들이 신적 속성을 부여 받았다고 보지 않는다.	④ 예언자의 자손들이 신적 속성을 부여 받았다고 본다.

제46장

천하유도 天下有道

세상에 도가 바로서면

天下有道 却走馬以糞 天下無道 戎馬生於郊 罪莫大於可欲 禍莫大於不知足 咎莫憯於欲得 故知足之足 常足矣

세상에 도가 있으면 달리는 말을 거름 주는데 사용하게 한다. 세상에 도가 없으면 싸움말이 성 밖에서 새끼를 낳는다. 그 욕심 때문에 죄가 굉장히 크다. 그 재앙도 굉장히 큰데 만족할 줄 모른다. 얻고야 말겠다는 욕심만큼 큰 더러움은 없다. 그러므로 만족할 줄 아는 만족이 영원한 만족이 된다.

세상에 도가 바로서면

평화시에는 도가 그래도 생활·관습을 형성하는 모범이 될 수 있으며, 말도 전쟁을 위해 차출한 필요가 없이 농사를 짓기 위해 분뇨를 끄는데 이용된다.

그러나 도가 세상에 통하지 않는 전쟁시에는 새끼 밴 암말도 성 밖인 싸움터에 끌려 나가지 않을 수 없기 때문에 그 곳에서 새끼를 낳게 되는 지경에 이르게 된다.

인간의 욕심에서 나온 언행은 막대한 죄를 짓게 되며, 만족할 줄 모르면 큰 재앙이나 비극을 가져오게 한다.

도를 떠나서 수단 방법을 가리지 않고 욕심을 내는 것만큼 추한 것이 없다.

소크라테스가 너 자신을 알라라고 한 말과 같이 무위의 도의 관점에서 자기를 극복하며 절제된 만족이 영원한 만족이 된다.

: 마르크스의 인간가치세우기 경영

(1) 마르크스의 발자취

마르크스Karl Heinnich Marx(1818~1883)에 의하면 자본주의 사회에서 노동자는 보다 많은 노동가치를 제공·희생하지만, 그에 상응한 인간적 대우를 받지 못하게 되는 상황이므로 그 가치를 소생·보상시킬 수 있는 새로운 혁신적인 사회제도가 필요하다는 사실을 역설하였다.

마르크스는 독일 라인란트의 트리어에서 태어났으며, 그의 아버지는 유대인 변호사였다.

그는 1835년에 본대학 법학과에 입학하였고, 그 다음 해에 베를린대학으로 이적하였다. 이 당시 그는 영양실조, 수면부족, 과음, 흡연 등으로 몸이 허약하였으며, 그로 인해 18세 때 병역면제를 받게 된다.

그는 베를린 대학에서도 법학과에 귀속되었지만 법학에는 흥미를 가지지 않았으며, 철학·역사 등에 관심이 집중됨에 따라 헤겔의 변증법적 관념론에 심취·연구하게 되었고, 그의 공산주의 이론을 형성시키는데 이를 자기 나름대로 응용하게 된다.

헤겔의 관념론은 인간의 의식이나 정신이 주체가 되어 이로부터 현실적 생활과 인간존재의 세계를 관찰·파악하여 발전시켜 나가자는 논리이다. 따라서 이는 의식(意識)이 우리의 생활이나 제도를 규제하는 것으로 보며, 도덕·철학·종교가 현실적인 인간존재의 기초가 된다는 것이다. 즉, 이는 인간사회는 의식이나 정신의 표현이며, 인간의 자유는 의식의 진보에서 이루어 질 수 있다는 것이다. 이에 대하여 마르크스는 의식이 인간존재를 규제하는 것이라기보다도 우리 인간이 처해 있는 현실생활이나 사회적 존재·제도·조건·관계·환경이 인간의 의식을 규제하며, 그 생각과 욕망을 결정한다는 것이다. 예를 들면, 일에 대한 고정급보다도 성과급 제도를 도입하게 되면 인간의 이기적 사고가 발동되어 치열한 경쟁을 야기한다는 것이다.

그는 사회제도의 하나로서 자본주의가 돈과 물질적 이득에 관한 관심을 인간의 주요동기로 만들었다고 비판하였으며, 따라서 인간과 역사를 연구함에 있어서 관념에 앞서 인간이 삶을 영위하고 있는 경제적·사회적 제도나 조건에서 시작하여야 한다는 것이다.

1841년에 그는 예나 대학에서 철학박사학위를 취득하여 교수가 되려고 하였으나, 좌파 헤겔주의자라는 이유 등으로 강의를 맡지 못하였다.

1842년 4월에 급진적인 반정부 신문인 라인신문에서 기자로 일하게 되었으며 그 해 10월에는 편집장이 되었다.

1843년 6월에 그는 부유한 러시아 귀족집안의 딸인 에니와 결혼하였으며, 1844년 파리에서 그의 평생 동지이며 후원자였던 섬유 공장주의 아들인 엥겔스Friedrich Engels(1820~1895)를 만나게 된다.

1845년 프로이센 정부에서 프랑스에 압력을 넣어 마르크스를 파리에서 추방토록 하여 벨기에의 브뤼셀로 가게 되었다.

1847년에는 공산당주의 동맹을 창립하고 엥겔스와 공동으로 공산당선언을 작성하였다.

1848년 벨기에에서도 추방되어 독일의 쾰른으로 돌아가 엥겔스와 함께 신新 라인신문을 창간하였다.

마르크스는 1849년 독일에서 또 다시 추방되어 동년 8월부터 런던에서 망명생활을 시작하였으며, 영국 대영박물관 도서관에서 본격적으로 정치경제학 연구에 몰두하였다.

1852년에는 미국의 뉴욕 트리뷴으로부터 원고기고의 청탁을 받아 약 10년 간 게재하여 어느 정도 안정된 수입원을 얻게 되었다.

그러나 그의 쓰임새가 절약적이 되지 못한 관계로 재정적인 궁핍을 면치 못하였으며, 심지어 약을 살 돈이 없어서 세 아이를 잃게 되었고, 또한 죽은 아이의 관을 마련할 여력이 없어 돈을 친구로부터 겨우 빌려 해결할 정도였다. 그래서 그는 어느 작은 회사에 취직하려고 입사원서를 내었으나 그가 악필이고 그 회사에 필요한 존재가 아니라는 이유로 입사거부를 당하였다. 이 가운데서 그의 장모는 자기 딸을 위하여 가정부를 딸의 집에 보내게 되었는데, 마르크스는 그녀와 눈이 맞아 남자아이를 낳게 된다.

1864년에는 제1 인터내셔널(국제노동자협회) 창립에 적극 참여하여 창업선언문과 규약을 작성하고, 실질적인 지도자 역할을 하였다.

마르크스는 생애 마지막 25년을 자신의 주요 저서인 자본론을 저술하는데 할애함으로써 1867년에 자본론 제1권을 출간하였으며, 제2권, 제3권은 초고형태로 보관하고 있다가 1885년과 1894년에 엥겔스에 의해 각각 출판되었다. 제4권은 엥겔스가 임종 전에 카우츠키에 위탁하여 출판되었다.

마르크스의 좌우명은 "모든것을 의심하라"라고 하는 것이었다. 그래서 그는 신이 인간을 창조한 것이 아니고, 인간의 사고나 생각에서 신이라는 모호한 대상이 창조된 것이라고 한다. 또한 그의 동조자인 엥겔스도 노동이 인간 자신을 창조하였다고 주장한다.

"모든 것을 의심하라"라고 한 의미는 시간, 공간, 인간에 따라서 어떤 주의主義나 주장은 고정되지 않고 항상 변화되어 나간다는 것과 관련이 있다.

따라서 그는 자기가 아는 것은 단지 자기가 마르크스주의자가 아니라는 것뿐이라고 역설하고 있다. 여기서 마르크스주의는 국제 프롤레타리아 혁명이론으로서 국제적 노동계급의 공동이익이 우선시 되고, 노동자와 자본가의 계급투쟁에서 노동자계급이 승리하여 생산수단을 국가의 지배계급인 프롤레타리아가 공동소유하여야 한다는 주장을 하고 있다.

(2) 마르크스의 사상

마르크스의 사상은 서구산업발전과 더불어 형성된 자본주의 하에서 생산수단을 소유한 사회의 강력한 소수의 지배계급인 자본가가 노동만이 그 소득의 원천이 되는 대다수의 노동자를 착취함으로써 발생하는 사회적 갈등을 해소하고, 노동자가 자유롭고, 창의적이며 평등하게 노동행위를 실현할 수 있는 정치·경제·사회제도의 기틀을 마련하고자 하는데 있다.

마르크스 사상의 배경 및 기초는 노동가치설, 역사적 유물론, 계급투쟁론의 관점에서 검토할 수 있다.

1) 노동가치설

노동자는 자기의 노동력을 투입하여 상품생산에 기여하고 그 대가로 임금을 받게 된다. 그런데 자본가가 상품생산에 기여한 노동자의 생산가치보다 적게 임금을 지급함으로써 그 차액인 잉여가치를 착취하게 된다는 것이다.

상품은 사용가치와 교환가치가 있으며, 물과 공기는 사용가치는 있지만 교환가치는 없다. 그런데 상품은 다른 사람에게 사용가치를 부여함과 동시에 교환가치를 보유하게 된다. 상품가치는 그 사회의 정상적인 생산조건, 평균노동숙련도, 평균노동강도의 상황을 가정하고 파악된 평균노동시간에 의해 결정된다고 보고 있다. 그리고 이 노동시간은 과학기술, 생산수단, 생산조직, 자연조건, 평균숙련도 등에 의하여 형성되는 노동생산성에 의해 결정되는 것으로 추정하고 있다.

잉여가치는 필요노동시간을 초과하여 노동한 시간에서 그 원천을 찾을 수 있으며, 이 초과 노동시간에 대한 대가가 노동자에게 부여되지 않을 때 잉여가치 착취의 문제가 발생한다.

잉여가치는 절대적 잉여가치와 상대적 잉여가치로 나눌 수 있다. 절대적 잉여가치는 필요노동시간을 초과·연장시켜 만들어진 잉여가치로서 그 노동시간은 다음과 같이 표시할 수 있다.

노동시간 = 필요노동시간 + 잉여노동시간

상대적 잉여가치는 노동생산성을 높여 필요노동시간을 줄이고 잉여노동시간을 상대적으로 증대시킴으로써 형성되는 잉여가치이며, 노동생산성은 노동감독의 강화나 새로운 과학, 기술, 방법 등으로 시스템을 개선시키는 경우에 향상되어 진다.

동일한 상품을 생산하는 경우에 노동생산성 향상 전과 그 향상 후를 비교 표시하면 다음과 같다.

노동샌산성정도	필요노동시간	잉여노동시간	총 노동시간
향상 전	13시간	7시간	20시간
향상 후	9시간	11시간	20시간

위의 비교 표시에서 총 노동시간은 고정되어 있지만 노동생산성의 향상에 따라 필요노동시간은 감소되고, 잉여노동시간은 증대되고 있다.

그런데 상대적 잉여가치에 있어서 노동생산성 향상에 따라 필요노동시간 뿐만 아니라 총 노동시간 및 잉여노동시간도 감소되어지며, 경우에 따라서는 잉여노동시간이 소멸되어 질 수 있다. 그리고 오늘날 경영에 있어서는 상품의 가치는 노동시간의 장단에 의해 결정되기보다도 새로운 아이디어에 의해 가치증대가 증폭될 수 있다.

노동자도 기업의 생산과정에서 과학·기술이나 노하우 Know How 등을 교육·훈련받아 자기의 창조적 아이디어를 가미시킴으로써 노동자가 아닌 차별화된 생산수단을 가진 자본가나 기업가로 발돋움 할 수 있다는 것이다.

이는 기업 경영의 잉여가치에서 노동자는 자기의 노동력에 대한 대가로서 급료 및 임금 이외에 자기를 위한 인적자원 개발 이익을 이전·부여받게 될 수도 있다.

2) 역사적 유물론

마르크스주의는 기본적으로 인간이 일정의 경제제도의 사슬에서 자유로워지며 주체성을 확보하여 평등한 정의의 사회제도 하에서 인간소외를 극복하는 인본주의 철학을 간직한 인간중심의 사회주의를 그 목표로 하고 있다. 그러므로 마르크스 철학은 어느 의미에서 관념론도 유물론도 아니고 그 종합으로서의 인본주의 및 자연주의로 보아야 한다는 주장도 있다.

그런데 마르크스는 인간과 역사를 연구함에 있어서 인간의 정신이나 의식보다도 그 생산력과 생산관계에 관련된 정치·경제·사회·문화 등의 제도나 환경에 우선적으로 초점을 두고 그 발전 과정을 전개해 나가는 관점에서 일반적으로 역사적 유물론에 귀속시켜 설명되고 있다.

유물론Materialism은 움직이는 물질이 우주의 근본적인 구성요소라는 논리에 중점을 두고 더 많은 물질적 이득과 여유를 얻고자 하는 소망이 인간행동의 주된 동기라는 견해라 할 수 있다. 이에 대하여 역사적 유물론은 역사의 발전을 생산력 발전의 관점에서 해석·설명하고 있다.

이는 물질적 기초인 경제로서의 하부구조와 정치·법률·종교·문화·이데올로기 등의 상부구조로 나누어 상호 영향을 주면서 발전한다는 것이며, 하부구조가 상부구조에 미치는 영향력은 상부구조가 하부구조에 미치는 영향력과 비교할 때 훨씬 크다고 주장하고 있다. 예컨대 역사의 발전은 하부구조의 발전에 상응하여 상부구조가 변하게 되며, 따라서 의식이 생활을 규정하는 것이 아니고 생활이 의식을 형성하게 된다는 것이다. 이는 보다 구체적으로 인간의 생산력과 생산관계의 발전과정으로 파악할 수 있다. 여기서 생산력은 인간의 재화생산 능력으로서 과학·기술의 진보에 따른 생산도구의 출현에 의해 개선되어진다. 생산관계는 생산과정에서 인간상호간의 관계로서 생산수단소유, 분배형식, 지위 및 권리·책임의 구조 등으로 파악할 수 있다.

3) 계급투쟁론

자본주의체제 하에서는 생산수단은 자본가가 소유하여 지배자계급을 형성하고 법도 이 지배자계급의 권력을 옹호함으로써 그 지위가 약한 노동자계급은 자유롭고 평등한 상황 하에서 생산활동을 할 수 없는 소외된 노동인간으로 전락할 수 밖에 없다는 것이다.

그래서 마르크스는 국제 프롤레타리아의 공동이익을 위하여 자본주의에 맞서 계급투쟁을 하면 궁극적으로 프롤레타리아 계급이 승리하게 된다는 이론을 전개하고 있다. 자본주의가 고도화되면 불변자본에 기초로 둔 생산능력규모 확대로 생산·공급의 과잉상태에 대하여 노동자의 임금 감소로 인한 구매력 및 수요 감소가 나타나게 되며, 여기에 토지임대료·배당이자율·세금 등 조세공과 증대, 고정자산유지비 증가, 원자재가격 상승, 새로운 투자 감소, 상품가격 경쟁 격화 등의 사태가 발생하면 자본이윤율이 저하되어

불황이 발생하고 나아가서는 공황이 생성될 수 있게 됨에 따라 자본가계급의 쇠퇴를 예측할 수 있는 것이다.

공산주의는 생산수단의 사적소유를 금지함과 동시에 생산수단을 사회의 공동소유로 하여 인간이 평등한 관계에서 고도로 발전한 사회적 생산력을 토대로 계획을 세워 공동으로 생산하는 사회 및 경제체제를 유지하고자 한다. 공산주의는 인류 역사상 최후의 단계이며, 민중들은 계급이 소멸하고 생산력이 극도로 발전한 이상사회에서 의욕에 따라 일하고 필요한 만큼 소비할 수 있다고 주장한다.

마르크스는 노동계급이 관료 위계체제에 바탕을 둔 국가를 파괴한 다음에 전적으로 새로운 원리에 바탕을 둔 새로운 국가를 건설해야하며, 프롤레타리아 혁명은 전 세계를 대상으로 하여야 한다고 역설하고 있다.

그러나 사유재산폐지를 전제로 하는 공산주의 운동과 그 국가는 이미 그 효능성이 없음을 실증적으로 보여줌으로써 마르크스는 자기는 마르크스주의가 아니라고 말한 사실이 현실적으로 보다 적절한 표현이 되고 말았다.

제47장

불출호 不出戶

문 밖에 나가지 않아도

不出戶 知天下 不窺牖 見天道 其出彌遠者 其知彌少 是以聖人不行
而知 不見而明 不爲而成

문 밖에 나가지 않고 세상을 안다. 창문으로 보지 않아도 하늘의 도를 안다. 더 멀리 나가면 아는 것은 더 적어진다. 그래서 성인은 나가지 않고 다 안다. 보지 않아도 훤히 안다. 억지로 하지 않아도 이룰 수 있다.

문 밖에 나가지 않아도

보편타당한 지혜를 얻게 되면 집 밖의 여러 곳을 넓게 돌아다니지 않아도 세상일들이 어떻게 이어져 나가는지를 잘 알 수 있다.

주역周易을 보면 소형여정길小亨旅貞吉이라는 말이 나온다. 세상살이에서 자기가 작아지고 겸손하게 되면 형통할 것이며, 인생의 여정에서 바르게 언행을 하면 잘 되어 나갈 것이라는 의미이다. 이 이치는 외부적으로 많은 정보를 얻는다고 진실을 저절로 얻을 수는 없다는 의미이다.

성인은 창문을 통하여 하늘을 뚫어지게 보지 않아도 저절로 운행되고 있는 하늘의 자연적 도道를 꿰뚫게 된다. 천체의 음양陰陽의 변화, 태양의 만물을 살리는 빛의 사랑, 달빛의 반사적 회향^{廻向}은 인간생활에 그대로 운용되는 진리가 되고 있다.

세상일에 집착하여 자기를 내세우거나 자기만 옳다고 주장하면 할수록 자기 속의 번뇌나 인간 상호간 갈등을 해소할 수 있는 지혜로부터 멀어지게 된다. 이기주의에 편향된 분별지^{分別智}에 매달리다 보면 자기를 이겨내는 극기^{克己}에 이르기 어렵고 자비와 사랑의 베풂이 가득하지 않아 서로 마음이 통할 수 있는 통일지^{統一知}로부터 멀어지게 된다. 그래서 성인은 나서서 알려고 애쓰지 않아도 저절로 알 수 있고, 보지 않아도 훤히 파악할 수 있으며, 억지로 이행하려고 하지 않아도 쉽게 이룰 수 있다. 이는 마치 신^{神}이 자기는 가만히 있어도 만물을 창조하고 움직여 나가는 현상을 설명하는 것과 같다.

무의의 도^{道}는 문제가 발생하였을 때 문제를 해결하려고하는 것보다도 사전에 문제를 지움으로써 우리들에게 놓여 있는 어렵고 고뇌에 찬 일들을 간단하고 쉽게 헤쳐나갈 수 있는 강한 에너지를 내포하고 있다.

소크라테스의 부끄럼없는 경영

(1) 너 자신을 알라.

소크라테스(B.C 469~B.C 399)는 시간과 공간을 초월하여 우리들에게 "너 자신을 알라"라고 하는 교훈을 남겼다. 그는 대화의 대상이 되는 사람마다 올바르지 못하거나 틀린 주장 및 사고방식이 자기는 물론 타인에 대해서도 얼마나 악영향을 미치는가를 깨닫도록 하는데 온 몸을 아낌없이 다 바쳤다.

그는 아테네의 남쪽인 아로페케 구에서 출생하였고, 그의 아버지는 뛰어난 석공으로서 부유한 생활을 하였으며, 그 당시 석공은 일종의 조각가로서 예술가의 범주에 속했다. 그래서 소크라테스는 자기 아버지 밑에서 석공에 관련된 견습을 얼마간 받았으나 철학보다는 적성에 맞지 않았다.

그는 일정한 수입 없이 아버지의 유산으로 그럭저럭 생활하였으며 세 차례나 중무장병으로서 전쟁에 나가게 되었으며, 그 당시 중무장병의 군사장비는 개인비용으로 구입하였다.

소크라테스는 49세 때 결혼하였으며, 이 때 그의 부인이 된 크산티페는 17세였다.

그는 가정을 돌보지 않고 젊은이들을 교육시킨다는 명목으로 무보수로 그들과 대화만 하고, 세 아들을 포함한 가정살림은 전적으로 젊은 아내에게 맡기었다. 이로써 그녀는 소크라테스를 존경스러운 태도로 대할 수 없는 상황 하에 놓이게 되었으며, 악처 아닌 악처로써 소문을 얻게 된 것이라 할 수 있다.

그 당시 그리스에서는 궤변학자로서 소피스트Sophist들이 지주, 장인, 신흥상인 등의 자녀들을 대상으로 수사학, 웅변술, 논리학, 철학 등을 가르쳤다. 소크라테스는 소피스트들이 수사학이라는 수단으로써 사람이 사람답지 않은 행위를 한데 대해서도 정당화시키고 있음을 간파하였다. 따라서 그는 소피스트들이 다양한 수사술을 도구삼아 마음대로 타인을 지배하고 인간의 탐욕을 충족시킬 수 있는 길을 서슴지 않고 열어 놓으려고 한다고 비판하였으며, 이들의 주의·주장을 바로잡고 극복하여 올바른 사회나 국가를 확립하는데 정열을 다 바쳤다.

소크라테스는 상대방이 형성시키고 있는 잘못된 지식이나 지혜를 주로 질문 형식으로 대화하여 상대방 자신이 스스로 무지함을 깨닫고 부끄러워하는 마음을 자극함으로써 그 거짓된 신념체계를 정화시키고자 하였다.

그는 인간이 변화하는 시간과 공간 내에서 자기의 이기적 욕망에 따라 일시적인 어려움을 해결하는데 수단 방법을 가리지 않는 언행을 표현해 나가는 것이 과연 참된 행복을 가져올 수 있는지를 묻고 있는 것이며, 이것이 소크라테스의 도덕철학의 시발점이다.

그는 어떠한 인간이 되어야하고, 어떻게 하면 잘 살 수 있으며, 궁극적으로 참된 행복은 무엇인가를 항상 염두에 두고 자기의 진리를 관철해 나간 것이다. 그런데 소크라테스는 유명한 소피스트들을 대화로써 격파함에 따라 그 당시 탁월한 소피스트라고 소문이 났다.

그는 자신에게 제안해오는 어떤 정의나 명제도 모두 파괴해버리며 질문만 던지고 자신의 정의는 결코 제시하지 않는 부정변증법Negative dialectic의 대가였다.

소크라테스는 소피스트들에게 자기는 아무것도 모른다는 겸손의 극치를 보이면서 대화에서 상대방의 무지를 이끌어 냄으로써 상대방에게 혼란과 모욕을 안겨주는 결과를 낳게 되었다. 이러한 상황에 대해 소피스트들은 소크라테스가 자기들을 무시하고 마음속으로 쾌감을 느끼고 있는 것처럼 보일 수 있었다. 이 반목과 갈등이 소크라테스를 재판에 회부하게 된 원인 중의 하나이기도 하다. 이에 대하여 소크라테스는 자기 자신은 어떤 것에 대하여 전연 혹은 거의 모르고 있다는 것을 알고 있으며, 자기가 모르고 있다는 것을 알지 못하는 사람에 비하여 조금 더 지혜롭다는 것을 알게 되었다고 역설한다. 그리고 그는 신神으로부터 사람들이 무지하다는 사실을 깨닫게 하도록 하는 과업을 신탁받았다고 생각하고 평생 무보수로 질문위주의 대화를 나누었다.

그가 주장하는 삶의 방식은 절제와 정의로써 한점 부끄러움 없는 생애를 자신을 포함한 모든 사람이 이끌어 나가도록 하는 것이며, 진·선·미의 형이상학에 그 기초를 두고 있다.

"너 자신을 알라"라는 암시는 어느 의미에서 맹자가 제시하는 수오지심羞惡之心과도 관련이 있다. 수오지심은 정의와 절제가 무너질 때에는 부끄러운 마음을 가져야 한다는 것이다.

소크라테스는 사람들이 살아 있을 때 가장 중요하게 생각해야 할 것은 단순히 사느냐 죽느냐 하는 것이 아니라 얼마나 선하고 얼마나 의롭게 살고 죽느냐 하는 것이며, 오직 지성이나 양지良知에 의한 건전한 도덕성만이 인류를 구원할 수 있다고 설파하였다.

(2) **철인정치**

소크라테스가 인정하고 있는 바람직한 정치지도자는 철인哲人과 같이 진선미를 갖춘 성숙한 인간이 되어야 하며, 우매하고 지성이 없는 인간은 여기에서 제외하여야 한다는 것이다. 그의 정치철학은 덕과 지식을 가진 자가 통치하고 나머지 사람이 이에 복종해야 한다는 반민주적인 사고방식이 자리를 잡고 있었다. 따라서 그에 의하면 이상적인 전제군주정치를 실현하기 위해서 군주는 양떼를 지키는 목자와 같이 양을 잘 인도하고 양들은 인도자의 명령에 잘 좇는 형태를 보여야 한다는 것이다.

그는 민주주의 의사결정의 대원칙인 다수결의 수행이 경우에 따라서 우매한 다수에 의한 마녀사냥이 될 수 있으며, 언론의 자유도 개화된 소수의 특권으로 남아있어야 한다는 주장을 펴고 있다. 이에 대하여 민주정부를 옹호하는 아테네 사람들은 민주주의를 지키기 위해서는 시민남자의 다수결에 의거하는 것이 최선의 방법이라고 믿고 있었다. 소크라테스는 젊은이들에게 일관성있고 계속적으로 철인과 같은 인격을 갖춘 소수의 엘리트를 중심으로 한 반민주적인 정치철학을 가르쳐왔다.

기원전 411년, 404년에 적국 스파르타와 공모한 불만세력들은 민주정부를 전복시켜 30인 과두통치제제를 수립하고 공포정치를 시작하였다. 민주정부를 전복시킨 주동자로서 과두체제의 실질적인 권력자는 크리티아스와 알키비아테스인데 이들은 소크라테스로부터 정치철학을 배운 제자들이었다. 그런데 이 과두체제의 정부가 붕괴되고 민주정부가 부활하자 이들은 소크라테스가 반민주주의 전제국가를 내세웠고, 과두정부에 가담·협조하였다는 사실을 이끌어내어 그 재판을 받도록 하는 하나의 계기를 마련하였다.

(3) 소크라테스의 변명

B.C 469년 소크라테스는 국가가 인정하는 신들을 믿지 않고 새로운 신들을 끌어들였으며, 청년들을 타락시켜 법을 어기었다고 주장하는 아테네의 정치·문화·교육 분야 등의 반대세력들이 고발

함에 따라 재판을 받게 되었다. 소크라테스를 고발한 사람들은 정치지도자이며 부유한 피혁업자인 아니투스Anytus, 시인대표인 멜레투스Meletus, 웅변가인 리콘Lycon이다.

소크라테스는 다이몬Daimon이라는 신령이 음성을 통해서 인생의 지침·계시를 보낸다고 하여 이 사상이 아테네의 사람들 간에 입에서 입으로 전해져서, 이것이 그가 새로운 신을 끌어들인다고 보게 된 고발 내용요소가 되었다. 그 당시 아테네에서는 제우스신, 아폴로신 등 여러 신을 믿고 있었다. 소크라테스는 한 고소인에게 신령도 신이나 신들의 자식으로 여기지 않는가를 질문한 결과 그 고소인은 그렇다고 대답하였다. 그래서 소크라테스는 "어떤 사람이 말이나 당나귀의 새끼인 노새는 있다고 믿으면 말과 당나귀는 있다고 믿지 않는 경우 이상한 일이 되지 않을까?"라고 반문하였다. 그는 일신론자의 믿음으로써 그리스의 여러 신들의 우화적인 세계를 강력하게 거부하였다.

소크라테스는 민주정부를 반대하고 소수의 현명한 엘리트를 위주로 한 전제정치 철학의 실현을 바라고 있었으며, 그로부터 배운 크리티아스와 알키비아테스는 민주정부를 파괴시키고 독재정치를 수행한 결과를 낳게 되었다. 따라서 민주정부 측 인사들은 소크라테스화한 젊은이들이 많이 나타나 또 다시 내전이 되풀이 될 것이라고 걱정하여 그가 청년들을 타락시킨다는 명목으로 고소하게 된 것이다. 이에 관하여 소크라테스는 "나는 아직 어떤 사람에게도 지식을 가르쳐 주겠다고 약속한 일이 없으며, 따라서 가르친 일도 없습니다. 다만, 젊은 사람이거나 나이 많은 사람이거나, 나의 본업이라고 할 수 있는 이야기를 듣고 싶어한다면 들려주기를 거부한 일이 없습니다. 그리고 만일 내가 청년들에게 정말로 나쁜 영향을 주고 있다면 그들 중에는 장년이 되어 자기가 젊었을 때 내게서 어떤 나쁜 권고를 받았다는 것을 깨닫는 사람이 있을 것입니다. 이런 사람이 있다면 그는 반드시 여기 나와서 나를 고발하고 복수해야 할 것입니다. 또한 만일 그 사람들이 원하지 않더라도 그의 집안 사람들 즉 아버지라든지 형제들이나 그 밖의 친척들 중 어떤 사람이 나에게 무슨 해를 입었다고 폭로하여 그것을 복수하리라고 생각한다"고 변론하였다.

이어서 그는 자기가 패소한 원인 중의 하나는 여러분이 가장 듣고 싶어하는 말을 하지 않았기 때문이며, 즉 내가 울며 애원을 하거나 그 밖에 어울리지 않는 짓을 하지 않은 결과이고 구차한 변명을 늘어놓고 살기보다 당당한 말을 하고 죽는 것이 낫다는 의견을 피력하였다. 그에 의하면 어려운 것은 죽음을 면하는 것이 아니고 오히려 비열한 짓을 하지 않는 것이 훨씬 더 어렵다는 것이다. 왜냐하면 비열한 짓을 하기가 쉽기 때문이라는 것이다.

그 당시 아테네에서는 상당수의 배심원이 1차 재판은 유죄판결, 2차 재판은 형량판결을 하게 되는데 제 1차 재판에서 소크라테스는 500인의 배심원 중 280 대 220으로 유죄판결을 받았고, 제 2차 재판에서 360대 140으로 사형판결을 받았다. 이와 같이 2차 재판에서 보다 많은 표차로 소크라테스를 사형시켜야 한다는 결과가 나온 것은 자신의 목숨을 버리는 한이 있더라도 자신의 철학 및 소신, 나아가서는 삶의 방식을 변경하지 않겠다는 단호한 의지로 변명하였기 때문이다.

한편 그를 재판에 회부한 반대세력들은 소크라테스가 젊은이를 선동하여 민주정부를 무너뜨리거나 약화시키는 것을 방지하고자 하는 의도를 가졌을 뿐 그를 사형에 처하여 자신의 진리를 굳건히 지키는 순교자를 만들고자하는 기도는 가지지 않았으며, 또한 그가 충분히 도피할 수 있는 시간과 여건도 마련된 상태에서 그가 도피하거나 도망을 간다 하더라도 비난하지 않았을 것이다. 그러나 소크라테스는 자기 나름대로의 진리, 철학, 가치관을 자기의 목숨을 던져서라도 지켜나가겠다는 의지를 실현시킨 것이라 할 수 있고, 따라서 그는 의도적으로 사형선고를 받으려고 한 것 같이 상황을 만들어 갔으며, 아테네 법정의 재판 과정에서 파생된 자기의 생활방식에 따른 교훈이 아테네시민 뿐만 아니라 인류에게 제시되기를 바라고 있었을는지도 모른다. 그런데 자기의 소신을 밀고 나가기 위하여 자기 목숨을 대수롭지 않게 버린다는 사실이 과연 옳은 것인가는 오늘날에 있어서도 수많은 논란을 낳고 있으며, 하나의 풀기 어려운 수수께끼로 남아 있다.

  그는 우리 앞에 삶과 죽음 어느 쪽이 더 좋은 것이 기다리고 있는지는 신 이외에 아무도 분명히 알지 못한다고 되뇌면서 독배를 마셨다.

제48장
위도일손 爲道日損
도로써 매일 악을 없애나간다

爲學者日益 爲道者日損 損之又損 以至於無爲 無爲而無不爲 取天下 常以無事 及其有事 不足以取天下

학문은 매일 쌓아가게 되고 도는 매일 없애 나간다. 없애고 또 없애면 무위에 도달하게 된다. 무위가 되면 되지 않는 일이 없다. 그러므로 세상을 얻는 데에는 항상 삿된 욕심없이 저절로 되어야 한다. 억지로 천하를 얻으려고 한다면 천하를 다스리는데 충족되지 못한다.

도로써 매일 악을 없애나간다

학문을 꾸준하게 계속하다보면 지식이 쌓아지게 마련이다. 우리의 물질적 생활을 개선·윤택하도록 하기 위하여서는 자연과학이나 사회과학이 발전되어 나가야 한다. 그러나 인간은 빵만으로 살 수 없으며 사람이 사람답게 살 수 있어야 하는 가치인식이 요구된다.

도가 무엇인가 정의하기는 어렵지만 그 실천적 관점에서 탐·진·치를 매일매일 줄이고 또 줄여 나간다면 무위의 도에 이르게 될 것이다. 자기가 가지고 싶은 만큼 가지는 것이 무소유無所有라고 말하는 종교인도 있다. 도가 높아지면 높아질수록 그 무엇을 소유하고 싶은 필요성이나 욕망은 줄어든다고 할 수 있다.

어느 이름 없는 50대 스님은 자기가 지금까지 살아오면서 가장 탁월한 선택을 한 사실은 중이 된 것과 결혼을 하지 않은 것이라고 말하였다. 이것이 만약 거짓이 아니라면 그로 인하여 야기될 여러 가지의 문제가 사전에 지워져 그만큼 번뇌가 줄어드는 것도 사실이다.

탐·진·치를 없애고 무위의 도를 얻게 되면 일도출생사一道出生死하여 지옥, 아귀, 축생, 아수라, 인간, 천상의 육도윤회六道輪廻에서 벗어나고, 일체무애인一切無碍人이 되어 우리 생활에 아무런 걸림이 없는 생기있는 존재로서 상락아정常樂我淨이 된다. 이러한 무위의 진리는 과학, 철학, 예술, 종교 등에 빛을 던져주고, 인간의 평화와 평등에 진실로 기여하며, 잠재하고 있는 창조적 인간성을 진정으로 개발시켜 각자의 삶에 자유의 가치와 능력을 부여함으로써 관여되지 않는 영역이 없을 정도로 무한하다. 나아가서 세상을 바로 잡고자 하는 자는 언제나 사적인 탐·진·치의 삼독三毒을 제거하고 순리에 따라야 하며, 그렇지 못하면 천하를 이끌고 다스려 나가는데 기본을 충족하지 못한 것이 된다.

셰익스피어의 탐·진·치 삼독제거 경영

(1) 셰익스피어의 인생행로

인생이라는 무대는 대부분 삼독三毒이라는 탐貪·진瞋·치痴(탐욕·화냄·어리석음)에 근거하여 비극이 노출되어진다. 탐진치를 매일 줄여 나감으로써 성숙된 인격을 가진 인간으로 거듭나게 되며, 이러한 인간에게만 행복의 여신이 축복을 내리게 마련이라고 역설하는 자들이 많다. 셰익스피어(1564~1616년)는 인간의 지위, 상황, 상호관계가 어떠하든 간에 공간과 시간을 초월하여 삼독이라는 독화살에 맞아 신음하면서 죽어가는 불쌍한 인간들의 모습을 적나라하게 연극대사에서 표현하고 있다.

셰익스피어는 영국 중부의 조용한 시골인 스트랫퍼드에서 8남매 중 3번째로 태어난 장남이었다. 그의 아버지는 농산물매매, 피혁상 등을 한 부농이었으며 정치에도 참여하여 시의회 의장 및 시장대리에 선출되었으나 1577년부터 사업에 실패하였고, 1586년에는 시의회에서 종교관계 등의 이유로 축출을 당하였다. 셰익스피어는 1571년경 스트랫퍼드에 있는 문법학교에 입학하였으나 5년 중퇴를 하였으며, 이것이 그의 학력의 전부이다.

그는 1582년 11월에 18세의 나이로 자기보다 8세나 많은 한 부농의 딸인 앤 해서웨이와 결혼하였으며, 1592년에는 런던으로 이주하여 배우와 시와 희곡을 쓰는 극작가로서 자리를 잡기 시작하였다.

그가 속한 극단은 궁내대신 소속의 극단으로서 권력의 비호를 받았으며, 그 후 얼마되지 않아 그 극단의 대주주이자 공동경영자의 위치에 놓이게 되었으며, 부동산에도 투자를 할 정도의 부자가 되어 있었다.

(2) 셰익스피어의 4대 비극

인간이 자기의 명예, 부귀, 출세, 남녀관계 등에 과도하게 집착함으로써 멸망의 과정으로 나아가는 것을 셰익스피어는 햄릿, 오셀로, 리어왕, 맥베스의 4대 비극의 극작에서 잘 나타내고 있으며, 이는 오늘날에도 어김없이 우리 생활에서 벗어날 수 없는 인과因果의 법칙이 되고 있는 것이다.

1) 햄릿Hamlet

햄릿의 아버지인 선왕은 자기 동생인 클로디어스에 의해 독살되고, 이 살인자는 다시 햄릿의 어머니도 차지하게 된다. 햄릿은 이 사실을 유령이 되어 나타난 선왕으로부터의 독백에 의하여 알게 되었고, 선왕은 아들 햄릿에게 그 비열하고 무도한 암살을 복수해 달라고 부탁하였다. 그 내막을 알고 난 이후 햄릿은 마치 정신이 나간 듯 미치광이와 같은 언행을 나타내기 시작하였다. 햄릿은 왕의 고문관이며 재상인 폴로니어스의 딸인 오필리아를 사랑하게 되었는데, 독살자의 아내가 된 자기 어머니의 처사에 환멸을 느낀 나머지 자기 애인도 거들떠보지도 않게 되었다. 왕은 이 실성한 햄릿의 언행을 관찰한 연후에 영국에 지체된 조공을 독촉한다는 명목으로 그를 파견하기로 결정하였다.

영국을 떠나기 전에 햄릿은 왕비의 부름을 받아 면담하게 되었는데, 울분을 참지 못한 햄릿은 자기 어머니인 왕비를 죽이려고 침실의 커튼 뒤에 숨어서 모자간의 대화내용을 귀담아 듣고 있던 폴로니어스가 햄릿에게 발견되어 죽임을 당하게 된다. 이에 따라 폴로니어스의 딸이고 한 때 햄릿을 사모하고 사랑해 마지않았던 오필리아는 자살을 하였다.

영국을 향하여 떠난 햄릿은 선실에서 찾아낸 왕의 칙서에서 햄릿을 왕의 생명을 해치는 암적 존재이므로 그 칙서를 받는 즉시로 목을 치라는 내용이 쓰여 있는 것을 보고 왕궁으로 혼자 되돌아오고 말았다. 폴로니어스의 아들인 레어티스는 자기 아버지인 폴로니어스와 누이동생인 오필리아가 햄릿에 의해 죽음을 맞이하였다는 사실을 알고 복수를 하려고 하던 참에 왕이 햄릿과 레어티스의 검술시합을 제안하여 햄릿이 이에 응하게 되었다.

왕비는 이 시합에서 자기 아들의 행운을 빌기 위하여 시합장에 있는 술잔으로 축배를 들고 마셨는데, 여기에는 왕이 독을 넣은 술이 담겨져 있었다.

이 검술대회는 3회전 무승부로 끝나는 것으로 선언되었는데 이 순간 레어티스는 독약이 칠해진 칼로 햄릿에서 상처를 입혔다. 그 이후 두 사람은 또 다시 대결하기 시작하여 이번에는 햄릿이 우연히 독약이 칠해진 칼을 바꿔 잡게 되어 레어티스를 찌르게 된다. 이 독칼에 찔린 레어티스도 잠시 후 죽음을 맞이하게 되었으며, 이때에 독을 넣은 장본인이 왕이라는 것을 햄릿에게 알린다.

햄릿은 왕에게 억지로 독잔을 마시게 하였으며, 자기도 독칼에 입은 상처로 인해 죽었다.

이 비극은 자기 형을 독살하고 왕이 된 클로디어스의 탐욕에서 비롯된 것이라 할 수 있다. 또한 햄릿의 어머니인 거트루드의 어리석음과 이에 햄릿과 레어티스의 성난 복수심이 함께 어우러져 비극에 비극을 몰고 오게 된 것이다. 이들은 조금만 더 깨끗하고 여유있는 마음을 간직하였더라면 현실적으로 가장 행복하게 살 수 있는 유리한 위치나 환경에 있었음에도 불구하고 가장 비참한 최후를 마감하지 않으면 안되었다.

2) 오셀로Othello

베니스 정부에 근무하는 왕족 출신으로서 흑인 무어인 오셀로는 원로원 의원인 브라반시오의 딸 데스데모나와 열애를 하여 결혼을 하게 된다. 이 과정에서 브라반시오는 목숨을 바쳐서라도 이 결혼을 막고자 하였으나 그 딸이 오셀로가 없는 세상에는 살아있어도 의미가 없다고 할 정도로 그를 사랑하고 있었기 때문에 딸의 의지를 꺾을 수가 없었다.

여러 전쟁에서 혁혁한 무공을 세운 오셀로는 터키 함대가 사이프러스를 진격해 올 때 총사령관이 되어 이를 격퇴시켜 앞날에 영광만이 있을 것 같았다. 그런데 오셀로의 충실한 부관인 캐시오는 어느 날 밤에 술에 만취되어 길거리에서 칼로써 난투극을 벌려 사고를 냄으로써 오셀로로부터 부관면직통고를 받게된다. 한편 오셀로의 기수旗手가 된 이아고는 오셀로의 부관이 되고 싶었으나 캐시오가 됨으로서, 오셀로와 캐시오의 관계를 떼어 놓음과 동시에 이들을 파멸의 구렁텅이로 몰아넣도록 하는 계략을 쓰고자 하였다. 그래서 아이고는 그 음모의 시작으로 부관에서 해직된 캐시오에게 오셀로가 지극히 사랑하고 있는 그의 아내인 데스데모나에게 복직 부탁을 하라고 종용하도록 하였다. 아울러 아이고는 오셀로에게 캐시오와 데스데모나 사이에 치정의 관계가 있다고 거짓말을 하였으며, 그 증거로써 오셀로가 자기 부인에게 준 첫 선물인 딸기를 수놓은 손수건으로 캐시오가 수염을 닦고 있는 것을 목격하였다고 둘러대었다. 그래서 오셀로는 자기의 아내에게 그 손수건을 가지고 있느냐고 물어보았으나, 이때는 그녀가 이미 그 손수건을 분실하고 난 이후였다. 이 손수건은 이아고가 자기 아내인

에밀리아에게 훔쳐오라고 여러 번 재촉하였는데, 데스티모나가 모르고 흘린 손수건을 우연히 이아고의 아내가 줍게 되어 이아고에게 전달하고, 이아고가 이를 캐시오의 방에 일부러 떨어뜨리고 가버렸는데 캐시오가 줍게 된 것이다.

오셀로는 캐시오가 그 손수건을 가지고 있는 것을 보았다고 데스티모나에게 말하고 나서 자기 아내의 목을 졸라 죽인다. 그런데 이 손수건은 이아고의 아내인 에밀리아가 줍게 되어 자기 남편에게 주었던 것이라고 오셀로에게 말을 하게 되었으며, 이에 화가 난 이아고는 자기의 아내를 칼로 찔러 죽이고 도망을 간다. 이 사실을 알게된 오셀로는 침대에 쓰러져 자살을 하게 된다. 한편 캐시오는 이아고의 칼에 찔려 상처를 입고, 그 이후 일단의 악당들로부터 기습을 받아 다리를 못 쓰게 될 정도가 되었으나 생명만은 겨우 건지게 되었다. 그리고 이아고는 감옥에 보내지게 되었으며, 그의 생사는 사이프러스의 총독이 된 캐시오에게 맡겨졌다.

자기의 조그만 출세를 위하여 중상모략을 함으로써 가정의 행복과 국가발전에 지대하게 기여할 수 있는 젊은이를 정신적으로 마비시킴으로써 큰 비극을 야기시키고 말았다. 오늘날에 있어서도 이러한 일들은 끊임없이 일어나고 있고 우리들이 여기에 집착하여 헤어나지 못함에 따라 그 괴로움과 비극은 중독되어만 가고 있다. 남을 의심하도록 만드는 사람도 큰 문제이지만, 의심하는 사람은 남의 말에만 의존하여 성급하게 현혹되지 말고 우리의 사고를 현실의 시간적, 공간적 범주로부터 한 단계 벗어나서 자기 자신을 재성찰해보는 충분한 여유를 가져야 할 것으로 본다. 요컨대 남을 용서하고 배려할 수 있는 마음의 자세와 그에 따른 수양이야

말로 우리의 삶을 윤택하고 행복하게 할 수 있는 기본적 바탕이 되는 동시에 어떤 지식이나 기능보다 더욱 더 중요한 필수적 요건이 된다는 사실을 인식하지 않으면 안 된다는 것을 시사해주고 있다.

3) 리어왕 King Leor

리어왕은 자기에게 아첨하지 않고 과감하게 바른 말을 하는 셋째 딸 코델리아 공주를 배은망덕한 못된 인간으로 취급하고, 그녀가 시집갈 때 지참금을 한 푼도 줄 수 없다고 사위가 될 프랑스왕에게 전하였다. 그러나 그 프랑스왕은 그녀의 깨끗하고 숭고한 마음을 값을 매길 수 없을 만큼 귀중하게 여겨 왕비로 맞이하겠다고 선언하였다.

그런데 리어왕의 맏딸인 고너릴과 둘째딸인 리건은 감언이설로 왕으로부터 환심을 얻어 많은 재산과 영토를 물려받았다. 리어왕이 실질적인 권좌에서 물러나자 맏딸인 고너릴은 왕의 시중들이 음탕하고 난독한 행동을 한다고 하여 리어왕에게 어떤 조치를 내려주기를 간청하고 나섰다. 이에 대하여 리어왕은 자기의 부하는 엄선되었고 신중하게 행동하여 자기의 명예를 무엇보다도 존중한다면서 자기의 딸을 원수와 같이 생각하여 저주의 말을 쏟아내고 둘째딸이 살고 있는 궁전으로 향해 발길을 옮겼다.

둘째딸 리건도 리어왕을 모시는 것을 거절하고 자기 언니인 고너릴의 집으로 돌아가기를 종용하며, 왕의 시중 50명을 절반으로 줄이기를 요청한다. 그리고 성문을 굳게 닫고 리어왕이 추운 밤중에 황야에서 노숙하도록 내버려두게 된다.

이들로부터 외면을 당하고 배신 및 학대를 받는 처지가 된 리어왕은 실성한 듯이 정신착란을 일으키게 된다. 또한 리어왕에 대하여 지극한 충신이었던 글로스터 백작에게는 서자인 에드먼드가 있었는데 그 가문의 비극의 씨앗이 되었다. 이 에드먼드는 자기의 명예와 출세를 위하여 이복형인 에드거를 중상모략을 써서 죽여 없애려고 하였으며, 자기 아버지인 글로스터를 모함을 하여 두 눈을 잃도록 하였다.

에드먼드는 첩의 아들인 사생아로서 재산상속권을 박탈당한 상태에 있으며, 적자로서 자기 형뻘인 에드거를 중상모략에 의해 몰아내려고 한다. 즉 에드먼드는 에드거가 자기 아버지인 글로스터를 죽이는 것을 결코 단념하지 않는다고 거짓으로 말하는 계략을 구사하였던 것이다. 또한 에드먼드는 그 당시 정권을 잡고 있는 리어왕의 둘째 사위인 콘월에게 자기 아버지인 글로스터가 앞으로 조국을 침공해 올 프랑스군을 돕는 첩자라는 사실이 판명되었다고 밀고하였다. 그래서 콘월은 하인을 시켜 글로스터를 꼼짝 못하게 해놓고 직접 그의 한쪽 눈을 뽑아서 땅에 내던지고 짓밟는다. 콘월은 자기 아내인 리건이 글로스터의 다른 한쪽 눈도 뽑아버리라고 종용함에 따라 그 남은 한쪽 눈도 뽑아버린다. 이 과정에서 콘월은 그 잔악무도한 행위에 대하여 반감을 가진 하인의 칼에 찔려서 결국 죽게 된다.

한편 리건과 고너릴은 둘 다 에드먼드를 마음속으로 사랑하게 되었으며, 리건은 자기 남편이 이미 사망하였으므로 고너릴의 집사를 통해 에드먼드를 자기에게 양보해달라고 부탁하였으나, 고너릴이 이를 들어줄 리가 없었다.

정권을 잡게 된 리어왕의 첫째 딸의 남편인 알바니는 에드먼드의 추악한 행위가 알려짐에 따라 그를 대역죄로 체포하게 되었고, 에드거가 에드먼드에게 결투를 신청하여 에드먼드가 쓰러지게 되었으며, 그 이후 에드먼드는 자기의 잘못을 뉘우치고 죽게 된다. 알바니는 리어왕에게 다시 나라의 통치권을 양도하려고 하였으나 리어왕이 갑자기 기절하여 죽게 된다.

과거는 물론 현재에 있어서 아주 친밀한 부모와 자식 간에도 자기의 명예나 부귀를 위하여 서로 이용하여 배신·반복하는 상황이 연출되고 있었다. 리어왕의 비극은 리어왕의 잘못된 마음에서 그 근원을 찾아볼 수 있다. 리어왕은 자기에게 아첨하는 말을 하는 자만을 엄청나게 감싸고 좋아하며, 자기에게 바른말을 하거나 비방을 하면 그 즉시 그들을 원수로 취급하는 성격상 결함을 버리지 못하였다.

이와 같이 가정에서의 교육이 잘못되거나 소홀히 되면 그 속에서 자란 자식들은 부모에게 효도하기보다도 원수로써 앙갚음을 하는 사태를 낳을 가능성이 높다. 이 리어왕은 수신제가평천하修身齊家平天下에서 수신제가의 중요성을 실감나게 일깨우는 이야기라 할 수 있다.

4) **맥베스**Macbeth

맥베스는 노르웨이군을 용감하게 격파시키는데 큰 공을 세워 스코틀랜드 왕인 던컨으로부터 코터의 영주로 봉하여 지게 되었다.

던컨왕은 국가에 아낌없이 충성을 다하는 맥베스를 만나기 위하여 코터성을 방문하고자 하였다. 맥베스는 이 기회를 이용하여 왕을 살해하여 정권을 차지하려고 자기 부인과 모의를 하였다.

그런데 맥베스는 온화한 얼굴로 자기를 친밀하게 대하고 있는 던컨왕을 차마 죽일 수 없다고 망설이고 있었으나, 자기 아내는 한번 정한 거사는 맹세코 용기를 잃지 말고 실행할 것을 부추기었다. 결국 맥베스는 술에 취해 곤히 잠든 던컨왕을 단검으로 찔러 죽이고 만다. 이리하여 맥베스는 마녀들이 이미 예언한 바와 같이 왕위에 오르게 된다. 그런데 마녀들은 뱅쿼우 장군도 대대로 왕가의 근원이자 조상이 될 사람으로서 예언을 하였다. 이를 눈치챈 맥베스는 자객을 시켜 뱅쿼우 장군과 그의 아들 플리언스를 죽이도록 하였는데, 뱅쿼우는 살해되었으나 플리언스는 달아나버렸다.

한편 던컨 스코틀랜드 왕의 아들인 맬컴이 영국 국왕에게 가서 맥베스를 몰아내기 위한 원군을 청하여 영국군이 진격해오기 시작하였다. 맥베스는 결국 영국군과 함께 공격해온 스코틀랜드의 귀족에게 살해되고 말았으며 맥베스의 아내는 이미 그 전에 자살을 하였다.

사람은 옛날이나 지금이나 가릴 것 없이 자기의 분수에 맞추어서 여유있게 생활해 나가는 것이 하나의 순리라 할 수 있다. 맥베스는 자기 신분에 맞게 최고의 영예를 지닌 장군으로서 존경을 받으며 나라의 발전에 이바지해 나갔다면 그의 주위는 칼부림에 의한 살벌한 권력투쟁 대신에 봄과 같은 평온한 분위기가 감싸지게 되고 아름다운 향기가 넓게 퍼질 수 있었을 것이다. 그러나 맥베스는 왕권을 무리하게 찬탈하기 위하여 자기를 자랑스럽게 여기면서 인자한 얼굴로 대하는 왕을 무참하게 죽임으로써 스스로의 무덤을 파게 된 것이라 할 수 있다.

49
성인무상심 聖人無常心
성인은 고착된 마음을 가지지 않는다

聖人無常心 以百姓心爲心 善者吾善之 不善者吾亦善之 德善 信者吾信之 不信者吾亦信之 德信 聖人在天下 歙歙焉 爲天下渾其心 百姓 皆注其耳目 聖人皆孩之

성인은 고착된 마음을 가지지 않는다. 백성의 마음을 자기의 마음으로 삼는다. 착한 자에 대하여 착하게 대할 뿐만 아니라 착하지 못한 자에 대해서도 착하게 대하면 착함을 얻는다. 믿음이 있는 자에 대하여 믿음으로 대할 뿐만 아니라 믿음이 없는 자에 대해서도 믿음으로 대하면 믿음을 얻는다. 성인이 세상에 있을 때에는 조심스럽게 주의를 기울이면서 세상에 대하여 온 마음을 다 쓴다. 사람들은 모두 성인에게 귀와 눈을 기울이게 되고 성인은 모두를 어린아이와 같이 다룬다.

성인은 고착된 마음을 가지지 않는다

성인은 마음이 어느 한 곳에 머물러 집착하지 않고, 물과 같이 이타행利他行을 위하여 유연하게 흘러나간다. 백성의 마음을 자기의 마음과 같이 함으로써 백성을 내 목숨과 같이 소중히 여긴다. 착한 자에게 착하게 대할 뿐만 아니라 착하지 않은 자에게도 착하게 대함으로써 선한 자와 악한 자를 구별함이 없이 착한 자를 만든다는 것이다. 마치 빗물이 깨끗한 것과 더러운 것을 구분함이 없이 깨끗하게 씻어주는 것과 같다. 신의가 있는 자에 대하여 믿을 뿐만 아니라 신의가 없는 자에 대해서도 믿음으로써 그 신의를 얻게 된다. 자비무적慈悲無敵이라는 말과 같이 상대방에 대하여 긍정적으로 자비와 사랑을 베풀어 줌으로써 적도 친구가 될 수 있다는 것이다.

나를 괴롭히고 억울하게 만드는 자가 있다고 할지라도 원수로 바라보지 말고 나를 강하게 만드는 원동력을 제공하는 자로 생각하면 어느 의미에서는 고마운 존재가 되기도 한다. 이것이 남을 미워하지 않도록 하는 수행이 될 수도 있다.

성인은 이 세상에 대하여 자기가 분별심을 가지고 있지 않을까 하고 조심을 하면서 온 마음을 다 쓴다. 그래서 백성들은 분별지가 없는 성인을 주목하여 경청하게 된다. 또한 성인은 모두를 어린아이 달래듯이 더욱 사랑하여 한 사람도 포기하지 않고 훌륭하고 성숙한 인간을 만들려고 한다.

: **톨스토이의 포용경영**

톨스토이(1828~1910)는 모스크바에서 남쪽으로 약 290km 떨어진 야스나야 포리야나라고 하는 전원적인 마을에서 백작의 네 번째 아들로 태어났다. 톨스토이 가문은 러시아 황제와 친척되는 귀족의 집안인 관계로 백작의 칭호를 얻게 되었다. 톨스토이의 어머니는 대지주인 볼콘스키공작의 딸로서 영어, 프랑스어, 이탈리아어,

러시아어의 5개 국어에 능통하였으며 피아노도 능숙하게 다룰 수 있었다. 그러나 그녀는 톨스토이를 낳은지 1년 6개월 후 미아샤라는 딸을 얻게 되었으나 얼마 지나지 않아 후유증으로 죽게 되어, 이 다섯 남매는 가까운 친척인 타치야나라고 하는 부인에 의해 키워졌다.

1836년 가을 톨스토이가 9세 되던 해에 모두 모스크바로 이사하였고, 1837년 여름에는 톨스토이의 아버지가 친구를 만나기 위해 먼 지방으로 가는 도중에 갑자기 길에서 쓰러져 숨지고 말았으며, 그들은 다시 고향인 야스나야 포리야나로 돌아가게 되었다.

그 후 얼마 안되어 그들은 고모가 사는 카잔으로 이주하게 되었으며, 톨스토이는 1844년 카잔대학에 입학시험을 쳐 불합격 하였으나, 1년 후에 다시 시험을 쳐 합격하였다. 그런데 그는 카잔대학의 1학년에서 2학년으로 올라가는 진급시험에서 떨어졌으며, 실속없는 대학생활에 환멸을 느껴 대학에서 중퇴하고 카잔에서 시골 고향으로 내려가 지주로서 농장경영을 하였다.

여기서 그는 농사꾼과 귀족이 뒤섞여서 살고 있는 러시아 사회생활의 모순점을 절실히 느끼고 이를 개선시킬 방안을 모색하던 중 소설이라는 매개체를 통하여 보다 밝고, 강자가 약자를 포용할 수 있는 사회를 형성시키고자 하는데 기여하고자 다짐하였다.

1851년 4월 그가 23세 때 코카스 포병대에 장교 후보생으로 입대하였으며, 1851년 가을부터 1852년 7월까지 그의 처녀작품인 『유년시대』를 써서 현대인이라는 잡지사에 원고를 보내 그 발행인인 네그라소프로부터 훌륭한 작품이라는 답신을 얻어 그 잡지에 연재되었고 또한 각처에서 호평을 받기 시작하여 작가로서 재능을 인정받았던 것이다.

이 이후 그의 약력을 소개하면 다음과 같다.

1853년 11월 : 황제 니콜라이 1세는 터키와 크리미아라고 하는 전쟁을 시작하였는데 영국과 프랑스가 터키의 편에 서서 러시아와 맞서 싸우게 되었다. 이 때 톨스토이는 장교로서 파견군에 임명되어 도나우강 어구에서 싸우게 되었으나, 크리미아 파견군으로 전입시켜 달라고 신청하여 1854년 11월 러시아군에 배속되었다.

1858년 : 고향에 학교를 세우고 농민계몽운동을 시도하였다. 그 교목 방침으로 빈손등교, 자유로운 수업방식, 일정하지 않은 수업시간 등을 내세웠고 수업시간 이후에는 숲속 산책을 했으며, 착한 일에는 적극적으로 상을 주었으나 체벌은 될 수 있는 한 피하도록 하였다.

1862년 : 그가 34세 때 베루스댁의 셋째 딸로서 18세인 소피아와 결혼하였다. 그 당시 베루스는 황제와 황족의 주치의였다.

1869년 : 6년에 걸쳐서 『전쟁과 평화』를 완성하였다.

1876년 : 3년에 걸쳐서 『안나카레리나』를 마무리 하였다.

1895년 7월 : 코가시스 북쪽 지방인 카프카즈에 살고 있던 즈호볼 교도들이 하나님의 나라는 너희 속에 있으며 따라서 교회의 형식적인 의식철폐나 정부의 폭력적인 침략행위의 중지를 주장하는 톨스토이의 정신에 따라 대대적인 종교운동과 정부에 대한 반란을 일으켰다. 이에 관련하여 톨스토이는 즈호볼교도를 살육하지 말고 나라 밖으로 나갈 수 있는 길을 열어달라고 황태자에게 탄원하여 그 수용이 이루어지게 되었다. 그러나 12,000여 명의 즈호볼교도가 해외이주 하는 데에는 막대한 자금이 요구되어 그는 『부활』을 쓰기 시작하였다. 그의 엄청난 노력과 영국 퀘이커교도들의 도움을 얻어 1899년 즈호볼교도들은 캐나다로 이주하였다.

1899년 : 『부활』을 발표하였다.

1901년 2월 : 그는 정부의 지시에 의해 러시아 정교회로부터 파문을 당하였다. 정부가 러시아 정교에 소속되지 않는 교도들을 탄압하기 시작함에 따라 톨스토이는 이에 관련하여 「신앙은 자유로워야한다」는 글을 써서 항의하였다.

1910년 10월 : 그는 82세의 나이로 가출하였으며, 이 때 자기 부인에게 남긴 글은 다음과 같다. "당신이 싫어서 가출한 것이 아니고 나는 오래 전부터 러시아의 순례자들처럼 여기저기를 돌아다니고 싶었어요. 그러므로 조금도 걱정하지 말고 지내기 바랍니다. 이제까지 나를 도와준 일에 대하여 깊은 감사를 드립니다."

1910년 11월 : 그는 아스타포보역에서 죽음을 맞이하였으며, 그가 죽기 직전 자녀들에게 남긴 유언은 다음과 같다. "이 세상에는 나보다 불쌍한 사람들이 훨씬 많다는 사실과 내가 죽거든 너희들은 나 대신 많은 불쌍한 사람들을 도와주어야 한다는 부탁을 너희들은 절대로 잊지 말아야 한다."

톨스토이가 발표한 대표적인 소설은 『전쟁과 평화』, 『안나카레리나』, 『부활』이라 할 수 있으며, 이들에 포함된 그 사고나 사상은 다음과 같이 기술할 수 있다.

1) 항상 변화하는 내적·외적 환경 변화 속에서도 인간의 순수성과 용서 및 양보는 금강석과 같이 빛나기 마련이다.

2) 자기가 저지른 과오로 인하여 다른 사람이 피해를 입었거나 파멸로 나아가게 되는 상황이 되면 이를 치유할 수 있도록 하는데 최선을 다하여야 한다.

3) 건전한 정신과 육체로써 이타행利他行을 끈기있게 실행하지 않으면 궁극에 가서는 몰락의 비극을 맞이하게 된다.

4) 농민과 귀족이 엄격하게 구분되어 차별을 받게 되는 사회적 제도 하에서 농민을 계몽시키기 위한 진실된 교육이 필요하며, 귀족은 사회적 약자인 농민을 배려하고 포용하여 그 지위를 향상시킬 수 있는 사회적 개혁에 솔선수범을 보여야 한다.

5) 자기 자신에게 처해있는 상황이나 환경을 감사히 여기면서 긍정적인 태도를 가지고 생활해 나간다면 뜻밖의 행운도 찾아올 수 있다는 것이다. 나아가서는 불쌍한 이웃을 자기의 목숨과 같이 사랑할 수 있는 마음의 자세가 기초가 되어 조화로운 사회가 형성되어 나가야 한다.

제50장
출생입사出生入死
벗어나야 살고 빠지면 죽는다

出生入死 生之徒十有三 死之徒十有三 人之生 動之死地 亦十有三 夫何故 以其生生之厚 蓋聞善攝生者 陸行不遇兕虎 入軍不被甲兵 兕無所投其角 虎無所措其爪 兵無所容其刃 夫何故? 以其無死地

이 세상에서 벗어나면 살고 빠지면 죽는다. 산 사람은 다만 10명 중 3명이다. 죽는 사람도 10명 중 3명이다. 살자고 하는 활동이 죽음의 길로 나아가게 되는 자도 역시 10명 중 3명이다. 왜 그런가 하면 그 삶을 너무 잘 살려고 집착하기 때문이다. 들어보니 대체로 삶을 잘 영위하는 자는 산에 가도 들소나 호랑이를 스치지 아니하고 군에 가도 무기에 의해 상처를 받지 않는다. 들소가 그 뿔로 들이받을 데가 없다. 호랑이가 발톱을 댈 데가 없고 군인이 그 칼날로 들이칠 데가 없다. 왜냐하면 죽음을 초월한 영역에 머물기 때문이다.

벗어나야 살고 빠지면 죽는다

우리의 생활 중 육도윤회에서 벗어나야 살 수 있고, 그 곳에 집착하면 죽게 된다.

 도道에 따라서 인생에 초연하여 건강하고 잘 사는 사람이 10명 중 3명 정도이고, 쓸데없는 것에 집착하여 제대로 살지 못하는 사람이 10명 중 3명 정도이다. 이와 같이 부질없는 일에 매달리지 않고 인생을 여유롭고 건강하게 사는 사람이 상대적으로 적다는 것을 의미하고 있다. 그리고 자기의 의도대로 하면 잘 살 수 있을 것으로 보고 어리석은 행동을 취함으로써 결과적으로 죽음의 길로 나아가는 사람도 10명 중 3명 정도이다. 왜 이러한 현상이 나타나고 있는 것일까? 이는 재화, 이성, 명예 등에 대하여 너무 지나치게 욕심을 내고 집착하기 때문이다. 인생을 잘 영위하는 자는 대체적으로 다음과 같은 모습으로 살아나가고 있다는 것을 알 수 있다.

 산에 가도 자기를 해칠 들소가 호랑이를 스치지 아니하고 군에 가서도 안전하게 지낼 수 있다. 이는 자비무적慈悲無敵과 같이 만물을 살리고자하는 순수하고 깨끗한 마음이 자리 잡고 있음에 따라 이러한 파동이 상대에게도 퍼져나가 그들로부터 아름다운 파동이 메아리쳐 오기 때문인지도 모른다. 여기서 자慈는 남에게 즐거움을 부여하라는 여락與樂이며 비悲는 남의 괴로움을 없애주라는 발고拔苦를 지칭하고 있다. 예컨대 들소가 뿔로 받을 수 없으며, 호랑이가 발톱으로 할퀼 곳이 없고, 적군이 칼날로 칠 수 없다. 왜냐하면 내가 중생을 해치겠다는 악의가 없고, 옹달샘물과 같이 아무런 바람도 없이 만물을 살리겠다는 티 없는 무심無心이 되면, 그 인과응보因果應報의 진리가 소멸될 수 없다는 것이다.

무심無心 경영

장기려張起呂(1911~1995)는 평안북도 용천군 양하면 임암동에서 출생하였다. 그는 일생동안 자기의 이익을 위한 일들에는 무심하였고 될 수 있는 한 어렵고 불쌍한 사람들의 벗이 되고 도움이 되도록 하는데 전력을 다하였다.

평북 용천에서 아버지가 세운 5년제 의성학교에서 수석으로 졸업한 장기려는 1923년 신의주고보입학시험에서 예상과 달리 낙방하여 개성에 있는 송도고보에 시험을 쳐 합격하였다. 이곳에서 그는 낮에는 정구에 열중하고 밤에는 화투에 손을 대기 시작하여 성적이 그렇게 좋지 않았으며, 따라서 만주에 있는 여순 공과대학 예과에 입학시험을 쳤으나 합격하지 못하였다. 그래서 그는 1년 수업료가 35원으로 세브란스의전에 비해 1/3 밖에 되지 않는 국립 경성의전에 시험을 쳐 운 좋게 합격하였다.

사촌형 장기원은 그에게 최이순(1911~1987)을 신부감으로 권하였다. 그녀는 이화여자전문학교, 미국오리건대학교 대학원 졸업, 그 이후 연세대학교 가정대학장, 대한적십자사 부총재를 지낸 바 있다. 장기려는 그녀가 1930년대 초반부터 이름을 날리고 있었으며 천하의 재원이라는 소문에 무턱대고 청혼할 용기가 나지 않아 포기하였다. 이 때 동창인 백기호의 주선으로 평양여고를 나왔으며 내과의사 김하식의 딸인 김봉숙(1911~2004)과 다방에서 맞선을 보게 되었다.

김봉숙은 키도 작고 너무나 평범한 외모이며, 아기를 낳고 시부모를 봉양하기에 충분하지 않을 정도의 가냘픈 몸매여서 장기려는 그렇게 마음에 들지 않았다. 그러나 중매하는 친구가 워낙 청혼하도록 재촉하는 바람에 결혼하기에 약간 어려운 조건을 붙여 신부될 사람의 집에 편지를 썼다. 그 내용은 그녀가 예수교를 믿어야하고 부모를 잘 섬기며, 공부하는 기간 동안은 생활비를 벌 수 없으니 살림을 부모와 함께 꾸려 나갈 수 있어야 한다는 것이었는데, 상대 쪽에서는 의외로 그 조건을 수락하여 경성의전을 졸업하자마자 새문안 교회에서 결혼식을 올렸다.

이 당시 김봉숙은 음악과 미술 등 예술방면에 소질이 있었고 피아노를 더 공부하기 위해 일본유학을 가려고 하던 참이었다. 그러나 장기려가 그렇게 탐탁하게 생각하지 않았던 김봉숙은 끼니때마다 시아버지로부터 생활비를 타서 썼고, 남편이 돌아오기 전까지는 잠을 자지 않고 기다렸으며, 나중에는 병원 환자복을 만드는 바느질삯으로 생활에 보태어 나갔다.

지성이면 감천이라는 말이 있듯이 그녀는 여섯 명의 아이와 부모님을 정성껏 봉양하는데 전심전력을 다하였으며, 자기 남편을 깨끗하고 순수한 마음으로 존경하고 사랑함으로써, 장기려는 점차적으로 그녀를 내팽개쳐 버릴 수 없는 보배로 믿게 되었고, 남한에서의 재혼에 대한 유혹도 쉽게 뿌리칠 수 있는 힘을 가지게 된 것이다.

1932년 경성의전을 졸업한 후 백인제 교수의 조수로 일해 왔던 장기려는 1940년 11월에 나고야대학에 제출한 박사학위 논문이 통과되었으며, 경성의전대학의 교수나 대전도립병원 외과과장이 될 것을 백교수로부터 권유를 받았으나 이들을 거절하고, 1940년 3월 가난한 환자를 돌보기 위해 평양에 있는 기홀병원의 외과과장으로 취임하게 되었다.

그가 이 병원에 부임한지 일 년도 안 되어 강제출국 조치를 당한 앤더슨 원장이 귀국하면서 박사학위가 있는 장기려에게 원장직을 맡기었다. 그런데 기홀병원에서는 세브란스 출신 의사들이 대부분을 차지하여 장기려에게는 반목관계를 형성하는 분위기였다. 이로써 의사들 사이에 내부적 갈등이 심화되어 마침내 이사회에서 김명선 박사를 병원장으로 교체하여 그는 다시 외과과장으로 강등되었다. 그러나 그는 주어진 의사의 일을 근면성실하게 수행함으로써 자기에게 배척운동을 벌렸던 의사들도 그를 존경하기에 이르렀다.

1947년 초 김일성대학교 부총장 박일이 찾아와서 김일성대학교 외과대학 교수가 되어달라고 하여, 그는 처음에는 변증법적 유물론을 잘 모르고 일요일은 주님의 날이므로 일을 할 수 없다고 거부하였으나 간곡한 부탁에 의해 그 직책을 맡게 되었다. 1947년 말에는 그의 헌신적은 환자 치료에 대하여 김일성으로부터 두터운 신임을 받고 그 당시 이북의 지식인에게 주어지는 최고의 상인 모범일꾼상을 받았다. 1980년경 김일성 주석은 머리 뒤의 혹을 떼어내고 싶었지만 누구도 믿을 수 없어서 수술을 못 맡겼다. 그러나 어느 날 김일성은 장기려가 있으면 수술을 맡길텐데라고 아쉬워했다. 그래서 아랫사람들이 남한에 있는 장기려를 납치하려고 하는 의도도 가지고 있었다.

1950년 12월 3일 중공군이 평양을 포위하여 흉악한 짓을 할 것이라는 우려에서 12월 4일 장기려 가족은 피난가기로 결정하였으며, 가족이 함께 움직이는 것은 위험하다는 생각에서 부인 및 3남

2녀와 그 친정부모는 먼저 대동강을 건너 남한으로 가겠다고 길을 나섰다. 이 날 오후 2시 장기려는 신정현교회에서 기도를 올리고 있었으며 둘째 아들 가용은 아버지 짐을 교회로 가져왔다. 이들은 평양역에서 오후 6시에 국군야전병원 안광훈 소령이 타고 온 구급차에 타고 부모님을 데리러 집으로 갔으나 그들은 피난가기를 거부하였다.

장기려와 둘째아들이 구급차를 타고 가던 중 대동강 선교리 쪽으로 피난가고 있는 자기 가족들을 발견하고도 차를 멈추게 할 수 없었다. 왜냐하면 차가 일단 서게 되면 피난 가는 사람들이 몰려올 것이 뻔한 사실이기 때문이다. 며칠 간 남하했던 부인과 가족은 피난민보다 앞질러가는 중공군 때문에 평양으로 다시 돌아오게 되었다. 1984년 3월 북한에서 온 서신에 의하면 북한에 남게 된 다섯 자녀는 모두 김일성 대학을 졸업하였으며, 큰아들 장택용은 약학박사가 되어 가끔 국제회의에 참석한다는 소식을 전하고 있다.

장기려는 차남 가용과 함께 대동강을 건너 선교리에 도착하여 여기서부터 걸어서 남하하기 시작하였으며, 식사는 빈집에 남아 있는 양식을 찾아내서 밥을 해 먹었다.

그는 마침내 12월 11일 개성 땅을 밟게 되었고 그 다음날 기차로 신촌역에 도착하여 간단한 조사를 받고 자유의 몸이 되었다. 그리고 신촌에서 사촌형 장기원을 만나게 되었고, 그의 동생이 부산 육군부대에 소위로 근무한다는 것을 알고 부산으로 가기로 결심하였으며, 무개화차를 타고 부산으로 내려오게 된다.

장기려는 1950년 12월 18일 부산에 첫 발을 내딛었고 해군본부 정문 앞에서 뜻밖에도 평양의대 부속병원장이었을 때 피부과 과장으로 재직하였던 이상토 대위를 만나 대청동 남일초등학교 자리에 있던 제3 육군병원에 소개되어 근무하게 되었다.

미국 유학생 전영창이 1951년 1월 초에 귀국하여 국제연합민사원조 사령부로 찾아가 병원을 개설하면 매일 50명분의 약을 원조해 주겠다는 약속을 받고 개업한 것이 복음병원의 초창기의 모습이었다. 이 병원의 경영책임자는 한상동 목사로 정하고, 원장과 총무는 장기려와 정병창이 각각 그 업무를 맡았으며, 제 3 영도교회의 창고에 천막을 쳐서 개업하게 되었다. 이는 무료진료병원으로서 미국개혁교회 선교부로부터 매월 500달러의 원조를 받아 운영되었다.

이 병원은 무료진료 소문 때문에 매일 100명 이상의 환자가 몰려왔으며, 4년째 되던 해 부터는 1인당 100환씩 받기로 하였다. 이 병원은 얼마 후 보다 넓은 영선초등학교 옆 공터로 옮겨 진료하기 시작하였다.

1953년 휴전협정이 체결되고 모교인 서울 의과대학에서는 교수로 와달라고 요청하였다. 이에 대하여 그는 복음병원을 떠날 수 없어 1960년대까지 부산에서 서울까지 강의 시간에 맞춰 통근을 하게 되었다.

1954년 말 재정난에 허덕이던 복음병원에 말스베리 선교사, 한상득, 한부선 목사가 찾아와 고려신학교와 합쳐주기를 부탁하였다. 따라서 미국에서의 모금, 각 교회의 헌금, 기타 선교기관의 자재공급 등으로 1956년 송도에 제 1차로 250평 규모의 병원이 준공되었다.

고려신학교가 문교부 인가를 얻기 위하여 복음병원을 학교재단의 수익기관으로 편입할 때 명의만 빌려주면 병원 수익에 대하여는 일체 간섭하지 않겠다고 약속을 함으로써 1951년 7월부터 1972년 까지 재정이 관여하지 않았다. 그러나 그 이후 고신재단 이사장이 복음병원의 행정에 간섭하기 시작하여, 이를 계기로 병원 내 구성원간 폭력사태가 발생함으로써 몇 명이 검찰에 구속되는 사태에 이르게 되었고, 결국 장기려는 1973년 8월에 부산복음병원 원장직을 물러나는 사표를 쓰게 된다.

장기려가 키워준 제자인 박영훈 의사가 장기려의 반대편에 서서 투쟁한 결과 제2대 복음병원의 원장이 되었다. 이에 대해 장기려는 박영훈 의사가 그만큼 능력이 있기 때문에 자기 자리를 찾은 것이라고 보아 넓은 관용을 베풀었다.

1956년 그는 부산대학교 의과대학에 외과를 창설하여 교수 겸 학장이 되었으며 그 후 병원장을 지내게 되었고, 1959년에는 처음으로 간염환자에 대한 대량 간절제 수술에 성공하였다.

그는 1968년 청십자 의료보험조합을 설립하였으며, 1979년에는 막사이사이 사회봉사상을 받게 되었다.

1985년 정부당국이 북한에 있는 아내를 만나게 해줄테니 방북 신청을 하라고 제안 하였으나 이산가족이 많은데 나 혼자만 갈 수 없다고 거절하였다.

1994년 남북정상회담이 이루어져 남북화해의 분위기가 성숙되면 그의 고향방문도 이루어 질 것으로 보았으나, 동년 7월 김일성 주석의 사망으로 그 소원이 이루어지지 못하였으며 1995년에는 뇌출혈로 혼수상태에 빠져 세상을 떠나게 된다.

장기려가 6.25 사변 중에서도 북한과 남한에서 자기 인생의 길을 막힘이 없이 나아갈 수 있는 원동력은 다음과 같은 그의 삶의 모습이나 철학이 반영된 결과라 할 수 있다.

1) 자기의 적성에 맞는 평생직장을 구하여 그 분야에서 끊임없이 연구·노력하여 최고의 위치를 보유하고 있었으며 후배 양성에도 온 정력을 다 바쳤다.

2) 자기의 개인적 이익보다도 남을 위해 봉사한다는 신념으로써 대부분의 사람들이 정신적, 육체적 혜택을 부여받는 방향으로 이끌어 나갔다.

3) 그는 옳은 것은 옳다 하고 아닌 것은 아니다라고 하는 자세와 용기를 가지고 있었지만, 어떤 문제가 자기에게 관련된 사항이면 그것은 먼저 자기의 책임이나 자기 탓이라고 믿고 그 처리나 해결을 하도록 하였으며, 사랑의 동기 없이는 언동을 삼가야 한다는 절제의 정신을 가지고 있었다.

4) 인자무적仁者無敵의 생활태도로 일관함에 따라 타인으로부터 신뢰를 얻게 되고, 나아가서는 주위의 사람들이 그를 기꺼이 도와주고자 하는 존경의 마음이 저절로 생기도록 하는 결과를 낳게 하였다.

5) 모든 일은 될 수 있는 한 순리에 따라서 나아갈 수 있도록 하였으며, 주어진 환경에 유연성 있게 최선을 다하여 맡은 바 일들을 마무리하고자 하였다.

제51장
도생지 道生之
도는 모든 것을 낳는다

道生之 德畜之 物形之 勢成之 是以萬物莫不尊道而貴德 道之尊 德之貴 夫莫之命而常自然 故道生之 德畜之 長之育之 亭之毒之 養之覆之 生而不有 爲而不恃 長而不宰 是謂玄德

도는 낳고 덕은 기른다. 만물은 형태가 생기고 기운이 생긴다. 그래서 만물은 도를 존중하고 덕을 귀하게 여기지 않을 수 없다. 도를 존중하고 덕을 귀하게 여기는 것은 누가 그렇게 하라고 해서 된 것이 아니고 언제나 저절로 된다. 도가 모든 것을 낳고 덕이 길러줘서 뻗어나가게 하고 자라게 하며 이루게 한다. 무르익게 하고 받들어 먹이며 더 발전시킨다. 낳지만 자기 것이라 안 한다. 기르지만 의지하지 않는다. 자기가 주인이지만 자기가 장악하고 있다고 내세우지 않는다. 이것이 신비하고 높은 덕이다.

도는 모든 것을 낳는다

도는 모든 것을 낳는 기본이 된다. 여기서 도는 무극無極, 진리, 무위자연無爲自然으로 파악될 수 있다.

　도道가 섬으로써 만물은 그 모습이나 형태가 생기고 또한 힘이나 에너지를 형성하게 된다. 이는 마치 자식을 아버지가 낳고 어머니가 기르게 되어 가정이라는 구성체가 이루어져 생명력을 유지해 나가는 것과 같다. 그래서 만물은 도를 존중하고 덕을 귀하게 받들지 않을 수 없다. 자연이 우리에게 안겨주는 무위의 도와 덕은 우리가 생기 있고 바르게 살 수 있도록 하는 원천이 되고 있다. 도를 존중하고 덕을 귀중하게 여기도록 하는 것은 누가 그렇게 하도록 억지로 지시하거나 명령하여 이루어진다라기 보다도 항상 저절로 되어 진다.

공즉시색空卽是色이고, 색즉시공色卽是空이다. 공이라는 진리를 잡게 되면 우리의 언행이 그에 따라 표현되어지며, 또한 현실적 삶에서의 언행에 대한 기초도 공이라는 진리에 의존하고 있다. 따라서 도가 모든 것을 낳게 하고, 덕이 길러져서 이를 기초로 하여, 만물은 크고 자라고 이루어지며 무르익고 다스림을 받아 더욱 발전되어 나간다.

그런데 자기가 낳지만 자기 것이라고 보거나 주장하지 않으며, 뻗어 나가도록 길러주지만 의지하려고 하지 않는다. 그리고 비록 자기가 어떤 일의 중심에 서서 리드하는 위치에 있지만 이를 장악하고 있다고 내세우지 않는다. 이것이 무주상보시無住相布施를 대변하고 있는 신비하고 높은 덕이라 할 수 있다.

아담 스미스의 이기심 조화경영

도道가 형성이 되면 만물이 저절로 움직여 나가듯이 아담 스미스 Adam Smith(1723~1790)는 개개인의 이기심이나 이익 추구가 조화롭게 이루어져 나갈 때 사회 전체의 공익도 자연적으로 달성될 수 있다고 주장하였다.

아담 스미스는 스코틀랜드 동부 해안에 있는 커컬리에서 태어났으며, 세관 검사원인 아버지는 그가 태어나기 몇 달 전에 세상을 떠났으며, 홀어머니 밑에서 평생 독신으로 살았다.

그는 14세 대인 1737년에 글래스고대학에 입학하였으며, 1740년에는 장학금을 받고 옥스퍼드대학에 들어갔다. 이 당시 옥스퍼드대학의 강의가 성실한 편이 되지 못하여 주로 도서관에서 여러 분야에 걸친 독서에 열중하여 학문의 폭을 넓혀갔다.

그 후 1748년에서 1750년까지 에든버러에서 문학 2회, 법학 1회의 공개강의를 하여 명성을 얻게 됨에 따라 1748년에 에든버러대학 강사가 되고 1751년에는 글래스고 대학의 논리학 교수로 부임하였으며, 그 후 그의 은사이고 도덕철학을 가르친 허치슨 교수가 갑자기 강단을 떠나게 됨에 따라 이를 이어받아 1752년부터 1764년까지 글래스고대학에서 도덕철학을 강의하게 되었다. 1778년에 그는 스코틀랜드의 세관고문이 되었으며, 1787년에는 글래스코대학의 명예총장으로 추대되었다. 1759년 그는 도덕감정론The Theory of Moral Sentiments를 발표하여 호평을 받았으며, 여기서 인간은 신성神聖만으로써만 살 수 없으며, 이기심과 자비심이 조화되어야 바른 행동을 할 수 있다고 역설하였다.

그가 40세가 되던 1763년에 타운센트 재무상의 초빙으로 그의 의붓아들인 버클릭공의 개인교수가 되어 3년간 유럽여행을 떠나게 되었으며, 이 여행 과정에서 볼테르, 케네, 튀르고 등의 학자들과 교류하여 깊은 영감을 얻게 되고, 이것이 『국부론』을 쓰게 된 직접적인 원인이 되었다.

그런데 버클럭공이 열병으로 갑자기 죽게 되자 1766년에 고향으로 돌아와 10년간 『국부론』을 집필하여 1776년 3월 이 책을 출간하게 되었으며, 그 초판이 6개월 만에 다 매진되었다.

국부론은 국가의 부를 증진시키는 근원, 인간성에 대한 전제 및 기본적 구조, 부의 증진정책론 등을 기술하고 있다.

중농주의의 케네(1694~1774)에 의하면 국부는 유일하게 농업생산에서 나오며, 제조업은 주어진 가치의 물체를 동일한 가치의 다른 물체로 변형시키는데 지나지 않으며, 상업은 생산된 가치를 분배하는 역할만 할 뿐이라고 주장하였다. 이 당시 프랑스에는 농업생산이 총생산의 약 80%에 이르고 있었다. 이에 대하여 아담 스미스는 기술진보로 인한 산업사회에 있어서는 제조업이 국부를 축적시키는 초석이 된다고 기술하였다.

(1) 국부증진의 근원

아담 스미스에 의하면 국부의 증진은 생산적 노동의 비중과 노동자의 기능 정도에 두고 있다. 생산적 노동의 비중은 총 노동인구 중 생산적 노동에 종사하는 자의 비율이 어느 정도인가를 나타내어 준다. 그에 의하면 노동대상의 가치를 증가시키지 못하거나 상품으로써 형성Stock되지 않고 그 수행된 순간에 소멸되어지는 노동은 비생산적인 노동으로 분류하고 있다.

비생산적 노동의 예는 다음과 같다.

1) 상품화되지 않는 서비스 노동

가사사용인, 주식소유자, 사법관, 군인, 성직자, 법률가, 의사, 문필가, 배우, 도화사,. 음악가, 오페라 가수 및 무용수 등

2) 국가의 역할

국가의 역할은 주로 정부자체, 사법, 개인의 이익과 관련 없는 공공사업·공공시설 설립 및 유지하는데 있다고 인식하고 있었다.

그런데 노동자의 기능 정도는 분업에 의해 달성할 수 있다고 강조하였다. 한 사람의 직공이 핀 제조의 모든 공정을 혼자서 하는 경우 하루에 1개의 핀을 만드는 것도 어렵지만, 10명의 직공이 분업체제로 생산하는 경우에는 한 사람 당 하루에 4,800개의 핀을 만들 수 있다는 것이다.

이 분업의 이점은 다음과 같다.

1) 단순작업의 반복으로 노동자기능의 향상을 쉽게 한다.
2) 노동자들의 작업 전환시 소요되는 시간을 절약할 수 있다.
3) 전문화된 분업을 하는 과정에서 작업능률을 향상시킬 수 있는 공구나 기계를 고안해 낼 가능성이 높다.

분업은 작업장 내 분업과 사회적 분업으로 나눌 수 있다. 사회적 분업은 다양한 산업이나 직업으로 분화되는 것으로서 그 중요성이 강조되고 있다. 그런데 이 분업에 대한 문제점은 다음과 같이 지적되고 있다.

1) 분업이 간단한 작업에만 계속적으로 반복하게 함으로써 인간의 시야를 좁게 하고, 그 이외의 방면에 대한 인간의 두뇌활동시간을 빼앗게 되어 우둔화 현상을 낳게 한다.

2) 단순작업을 기계적으로 강요하게 됨에 따라 그 업무에 대한 권태감이 생기고 충실도가 떨어져 이직률이 증대하거나, 다양한 직무를 수행할 때보다 조직적 업무태만이 발생할 수 있다.

(2) 인간성에 대한 전제 및 기본적 구조

아담 스미스에 의하면 인간행위의 원동력의 중심은 이기주의에서 근거하고 있는 것으로 기술하고 있다. 또한 모든 인간행위는 이기주의의 관점에서 다음과 같이 설명할 수 있다.

1) 자기만을 위한 이기주의
2) 상호타협에 의해 서로의 이익이 되도록 하는 이기주의
3) 이타주의로써 자기존재가치를 증대시키는 이기주의

그런데 아담 스미스는 각 사회구성원의 이기주의 행위가 그 집합체인 사회전체의 이익과 어떻게 자연스럽게 조화될 수 있는가를 중요한 문제로서 설정하였다. 그에 의하면 인간의 이기심은 자기 자신만을 위한 단순한 이기심이 아니고 동감同感에 의해 규제되거나 조정된 이기심이 작동하는 것으로 보고 있다. 이 동감의 원리는 인간에게는 타인의 감정이나 처지를 고려하여 사고하거나 행동하는 경향이 있으며, 이것이 자기만을 위한 이기심의 발동에 일정한 제약이나 방향을 제시해 준다는 것이다. 이는 상대방의 처지나

입장으로 바꾸어서 생각한다는 역지사지^{易地思之}와 같은 의미가 된다. 즉 이는 자기의 사고나 행위가 타인으로부터 동감을 얻을 수 있는 적정선을 가질 때, 타인으로부터 악감정의 반응을 받음이 없이 인간관계가 원활하게 형성될 수 있다는 논리이다.

이 절제된 이기심을 기본적 전제로 하여 각자의 이익을 타인의 간섭없이 독자적으로 추구할 수 있는 자는 자유경쟁적인 시장체제 및 자본주의사회에 있어서 경제인의 성격을 제시하고 있다. 우리가 식당에서 저녁식사를 할 때 먹는 음식은 그 음식을 만드는 박애심의 덕분이라기보다도 그들의 이기심의 발로라 할 수 있는 돈벌이에 대한 관심에 근거를 두어야 한다는 것이다. 그러므로 인간의 이기심은 훌륭한 자원이 될 수 있기 때문에 국가나 사회는 이기적 인간을 단순하게 억압하여서는 안된다는 것이다. 어느 의미에서 사람들이 모두 각자의 이익을 추구하여 각자의 길을 가는 것이야 말로 사회 전체로 볼 때 서로 화합하고 돕는 길이 될 수 있다.

오직 자신의 이익만을 도모하는 자는 그 이익획득 과정에서 보이지 않는 손Invisible hand에 이끌려 의도하지 않았던 부수적 결실을 얻게 된다. 이 보이지 않는 손은 경제적 조화를 담당하는 진정한 지휘자와도 같은 자유방임시장free market체제를 의미한다. 자유방임시장은 수많은 공급자와 수요자가 각자의 이익의 관점에서 생산, 판매, 구매를 하게 되므로 그 가격과 이윤도 자동적으로 이에 근거하여 결정되어 나가는 시장을 지칭하게 된다. 그런데 자유경쟁시장의 자동적 작동장치는 다음과 같은 경우, 그 공정한 경쟁원리가 침해를 받게 된다.

1) 상공인들의 비도덕성에 근거한 가격단합
　　2) 독과점업자의 공급량 축소 및 가격인상
　　3) 정부가 강제적으로 자유경쟁을 규제하고 소수의 상공업자에게 독과점의 특권 부여

　요컨대 아담 스미스는 개인이 정의의 법을 범하지 않는 한 개인의 이기심이 자유롭게 발동될 수 있는 보장제도가 마련되어 자신이 요구하는 대로 자신의 이익을 추구할 수 있는 경제환경이 형성될 수 있어야 한다고 역설하였으며, 나아가서는 정부로부터 부여받게 되는 독점들과 같은 각국의 특권을 반대하였다.
　도덕은 지혜의 도덕과 정의의 도덕으로 나눌 수 있다. 여기서 지혜의 도덕은 나의 이기심을 희생하더라도 자비심을 발휘하여 다른 사람들의 어려움을 도와주어야 한다는 관점에서의 도덕이고, 정의의 도덕은 다른 사람의 이기심을 나의 이기심만큼 존중해 주어야 한다는 의미에서의 도덕이다.
　아담 스미스가 시장경제의 거래과정에서 요구하는 도덕은 정의의 도덕으로서 다른 사람의 이기심을 침해하지 않는 범위 내에서 자기의 이기심을 추구함으로써 그 각 이해관계자의 이기적 행위가 자연적으로 공공의 이익에 기여할 수 있다는 것이다. 그는 생산력이 기술과 도구의 발전에 의해서만 자동적으로 증대되는 것이 아니고 사회의 도덕적 행위능력에 따라서 크게 좌우하게 된다고 보았다. 정의의 도덕적 행위에 의해 쌓게 되는 정직과 신뢰는 거래 상호간의 자연스러운 동감natural sympathy의 기준이 근거하여 비추어 볼 수 있는 것이다.

아담 스미스는 사회를 자연적 자유체계와 인위적 통제체계로 나누고 있다. 자연적 자유체계는 모든 사회 구성원이 인간의 자연스러운 본성이라 할 수 있는 정의의 도덕으로서 이기심을 자유롭게 표현할 수 있을 때 이루어지게 되는 사회의 모습이며, 따라서 이러한 사회체계가 잘 운영되면 국가의 생산력도 증대될 수 있다는 것이다.

인위적 통제체계는 자연스러운 동감의 원리에 따라 진행되는 것보다도 인위적인 법과 권력 등에 의해 통제되는 시스템으로 특정 지배층의 특권을 정당화하게 되고, 그 생산력도 감소되어 진다는 것이다.

요컨대 아담 스미스는 각자의 이기심에 따라 자유스러운 시장 경제활동을 추구함으로써 개인적 이익뿐만 아니라 국가의 소득도 증대할 수 있으나 이는 어디까지나 정의의 도덕이 준수되는 범위 내에서 이루어져야 한다는 것을 역설하고 있다. 예컨대 다른 사람의 이기심을 무시하고 자기의 이기심만을 앞세우는 것은 자유주의 경제활동에서는 배격되어야 한다는 것을 강조하고 있다.

(3) 부의 증진정책론

아담 스미스의 부의 증진정책은 각 개인의 이기심에 의한 이익이 보이지 않는 손이라 할 수 있는 자유경쟁시장에서 타인의 간섭을 최소화한 상황에서 보장되고 촉진됨으로써 사회 전체의 이익과도 조화를 이룰 수 있다는 관점에서 수립되고 있다.

1) 노동가치론

상품의 가치는 그 상품에 투하된 노동량에 의해 결정되며, 이 노동량이 상품간의 교환비율을 가늠하는 중요한 기준이 되고 있다는 것이다.

2) 가격론

가격에는 시장가격과 자연가격으로 분류하고 있다. 시장가격은 시장의 수요와 공급에 의해 결정되는 가격이며 자연가격은 인금, 이율, 지대로 구성되는 장기생산비에 의해 결정되어지며 모든 시장가격이 자연가격을 중심으로 하여 움직인다고 기술하고 있다.

제52장

천하유시 天下有始

천하는 시작이 있다

天下有始 以爲天下母 旣得其母 以知其子 旣知其子 復守其母 沒身不殆 塞其兌 閉其門 終身不勤 開其兌 濟其事 終身不救 見小曰明 守柔曰强 用其光 復歸其明 無遺身殃 是爲習常

천하는 시작이 있다 그것으로써 세상의 어머니를 삼는다. 어머니를 알면 그 자식을 알게 된다. 이미 그 아들이 자기 자신을 알게 되어 어머니를 다시 모시게 되면 몸이 다하여도 위태롭지 않다. 입을 막고 문을 닫으면 몸이 끝날 때까지 힘들지 않는다. 문을 열고 그 일을 치루면 몸이 다하여도 구원받지 못한다. 작음을 보는 것이 밝음이고 부드러움을 지키면 강하게 된다. 광명(진리)를 이용하여 밝음으로 다시 돌아간다. 몸을 망치는 일은 없게 된다. 이것이 영원한 진리이다.

천하는 시작이 있다

세상에는 모범이 되는 원천이 있다. 그것은 마치 세상의 어머니라 할 수 있는 근원으로서 도道라 할 수 있다. 어머니인 무위의 도를 깨닫고 실천에 옮길 때 비로소 자기 자신을 알 수 있다. 함이 없이 추구해 보고자 trying without trying 하는 무위의 도는 탐貪 · 진瞋 · 치痴를 없애고 진선미로 나아감으로써 천하가 그 조화를 이룰 수 있다는 것이다. 또한 그 아들이 철이 들어 자기 자신을 꿰뚫어 볼 수 있게 되고 나아가서는 어머니라 할 수 있는 도를 스스로 지킬 수 있게 되며, 따라서 어떠한 분야에 몰두·헌신하더라도 위태롭지 않게 된다.

입을 막는다는 것은 먹는 문제를 적절히 절제해 나가야 한다는 의미가 될 수 있다. 먹는 문제는 우리의 삶을 유지하기위한 수단이지 전적으로 그것이 목적으로 전도되어서는 안된다. 문을 닫는다는 것은 남녀문제로서 극기克己되지 않고서는 넘기 어려운 험준한 산과 같다. 이들 문제가 사전에 지워지게 되면 편안하고 여유있는 생을 보낼 수 있다.

도에 근거하지 않고 먹는 행위와 남녀관계가 문제화되어 나갈 때 우리의 삶은 구원을 받지 못하는 결과가 된다. 밝아지기 위하여서는 작음의 발견에 기초를 두어야 한다. 작음은 자기를 내세우지 않는 무아無我가 됨을 의미한다. 무아가 되면 자연적으로 무욕無慾, 무착無着, 무상無相, 무념無念으로 이어지게 된다.

성경에서 말하는 자기를 높일수록 낮아지고, 자기를 낮출수록 높아지며, 마음이 가난한 자가 행복을 얻게 된다는 것도 그 작음의 밝음을 암시해주고 있다.

물과 같이 상황의 변화에 유연성 있게 적응할 수 있는 부드러움이 생기면 바르게 설 수 있는 능변여상能變如常이 되므로 강함을 이길 수 있는 보다 강한 힘을 내재할 수 있는 것이다.

도라고 하는 광명의 진리를 이용하면 탐·진·치에 집착하게 되는 무명無明이 없어지게 되어 몸에 재앙이 없어지게 된다. 이것이 영원히 변화하지 않는 진리이다.

: **박정희의 저돌적 경영**

박정희(1917~1979)는 우리나라의 경제개발과 조국 근대화에 사심 없이 진력하여 오늘날 우리가 잘 살 수 있도록 하는데 지대한 공헌을 하였다고 칭송되고 있다. 그러나 그는 권력의 강함에 너무 집착하여 지도력에 유연성이라는 기초가 무너져 위태롭지 않은 경영의 리더십에 악영향을 미치게 되었다.

(1) 박정희의 청년시대

박정희는 경북 선산군 구미면 성모리에서 5남 2녀 중 막내로 태어났다. 아버지인 박성빈(1871~1938)은 동학관에 참여하여 붙잡혀 생명에 위협을 받았다. 운좋게 살아남아 소작농으로서 그럭저럭 생활하며 거의 술에 취해 있는 상태였다. 집안 일은 어머니인 백남의(1872~1949)가 살림을 도맡아 처리하였다. 그 당시 맏아들은 빚에 쪼달려 만주로 달아났고 넷째아들은 정신지체자였다. 백남의는 45세에 박정희를 임신하였으나 기를 형편이 되지 못해 여러 번 낙태를 시도하였으나 실패하였다. 그러나 박정희가 태어난 후 그의 어머니는 그에 대하여 병적으로 편애·집착하기 시작하였다.

박정희는 구미보통학교에 입학하여 학업성적이 1등이 되면 자동적으로 급장이 되는 규정에 따라 3학년부터 6학년까지 급장이 되었으며, 그는 급장이라는 신분을 최대한으로 발휘하여 말을 잘 듣지 않는 급우에 대하여는 뺨을 후려갈기는 위세를 떨쳤고, 이로써 그는 차별화된 권력의 단맛을 보게 된 셈이다.

그는 1932년 4월 대구사범학교에 입학하게 되는데 그가 집을 떠나 자기로부터 멀어짐을 한사코 만류할 정도로 애착을 가지고 온 정열을 쏟고 있는 어머니와 한마디의 상의 없이 진학문제를 혼자 결정하였다.

5년 과정인 대구사범학교에서 그는 하급생이었을 때에는 입학생 100명 중에서 중간 정도의 성적을 올렸으나, 상급생이 될수록 하위권으로 쳐지기 시작하였다.

대구사범학교는 식민지 엘리트학교로서 뺨맞을 만큼의 성적이 나쁜 급우가 드물었으며, 상급생도 하급생에게 존댓말을 쓸 정도의 평등성이 형성된 상태였으므로 박정희의 적성에는 약간 맞지 않는 일면도 있었던 것 같다.

그래서 그는 권투, 서예, 검도, 나팔불기에 전념하였으며 교련 과목은 최우수가 되어 총검술시범의 단골이 되었다. 이로 인해 3학년 때에는 소대장이 되었다.

대구사범학교를 졸업하고 1937년 3월부터 1939년 9월까지 문경보통학교 교사로 재직하였으나 교사 체질이 아닌 것을 깨닫고 만주군관학교에 들어가기로 하였다. 그런데 박정희는 만주군관학교에 들어가기에는 나이가 많아 호적상 한 살 낮추었고, 그 입학을 보다 더 확실하게 하기 위하여 동료교사의 조언에 따라 진충보국盡忠報國 멸사봉공滅私奉公(충성을 다하여 나라에 보답하고, 사적인 나를 버리고 공적인 국가를 위해 봉사한다)이라는 혈서를 편지와 함께 보낸 결과, 이 내용이 만주신문에 보도되었고, 1940년 3월 식민지 출신 청년 입교생 240명 중 15등으로 합격하였으며, 그로부터 2년 후에는 1등으로 졸업하였다.

만주군관학교를 졸업 후 군인으로서 약 5개월의 현장실습을 마치고 1942년 10월 일본육군사관학교 3학년에 편입하였으며 1944년 4월에는 동 사관학교생도 300명 중 3등으로 졸업하여 만주에 있는 일본관동군 제8단 소위로 배속되었다.

일본의 패망에 따라 그가 속해있던 일본관동군 부대는 1945년 8월 중국군민당 군대에 의해 무장해제 당하였으며, 1946년 5월 박정희는 중국 텐진에서 미군수송선을 타고 부산항에 도착하였다.

1946년 9월 그는 조선경비사관학교 제2기로 입학하여 3개월 훈련 후 대위 계급장을 달게 되었으며 1948년 8월에는 소령으로 진급하였다. 그러나 1948년 11월에 박정희는 육군 내에서 남로당군사부 부책임자라는 것이 발각되어, 1949년 2월에 군사법정에서 무기징역 선고를 받았다. 이에 대하여 박정희는 만주에서의 군 동료였던 백선엽 대령, 김안일 소령, 김창룡 대위를 끌어들여 구명운동을 하도록 하였으며, 군부대 내 남로당조직과 그 구성원을 모두 털어놓아 수사에 지대한 협조로 기여하였다는 사유로 살아남을 수 있었으며, 얼마 후 형 집행면제가 되었다. 이로 인해 박정희는 군대에서 쫓겨났으나 그가 별다른 직장을 얻어 갈 곳이 없다는 딱한 사정을 인지하고 있던 백선엽 대령 등의 선처로 무보수로 육본 정보국에서 문관으로 일하게 되었다.

그 후 백선엽 대령의 후임 정보국 국장인 장도영이 육군참모총장인 정일권에게 부탁하여 국방장관인 신성모에게 복직을 건의함으로써 1950년 7월 소령으로 육군본부 전투정보과 과장이 되었다.

그의 셋째 형인 박상희는 1946년 10월경 선산군민전(공산주의통일전선조직)의 사무국장 겸 동위원회 내무부장으로 재직 중 경찰에 의해 사살되었다.

박정희는 1935년 집안의 강제에 의하여 마음에도 없는 16세의 김호남과 결혼하여 딸을 낳았으나 1950년 11월 이혼절차를 끝냈다. 1947년 9월 그는 동료 장교 결혼식에서 미모의 이현란을 만나 1948년 초에 약혼하고 용산군인관사에서 동거생활을 시작하였다. 이현란은 원산 루시여고를 졸업하고 단신 월남하여 이화여대에 다니고 있었으며, 박정희가 남로당 사건으로 구석되자 그녀는 1950년 2월 보따리를 싸고 어디론가 사라져 버려 그는 얼마간 술과 눈물로 세월을 보내는 신세가 되었다.

1950년 12월 박정희는 육영수(1925~1974)와 결혼하게 되었는데, 육영수는 옥천에서 미곡상, 금광, 인삼가공업 등을 하여 갑부가 된 육종관의 1남 3녀 중 차녀이다. 육종관은 개성여자 자매를 첩으로 맞이하고, 봉건적이며 카리스마적인 사고방식으로 가정을 운영하여 육영수와는 그렇게 원만한 관계를 유지하지 못한 것 같았다. 육영수는 박정희와 선을 보고 그 뒷모습의 든든함에 이끌려 결혼하게 되었으나, 육종관은 이들의 결혼을 반대하였을 뿐만 아니라 그가 대통령이 되어도 외면할 정도로 소원한 관계를 유지하였다.

(2) 박정희 혁명시대

1960년도 4.19혁명에 의하여 이승만 정권이 무너지고 내각책임제 정치제도 하에서 장면 정권이 탄생하였으나 정국 주도권을 잡지 못한 상태에서 끊임없는 학생데모로 인하여 사회질서가 혼란을 거듭하였으며, 이 당시 1인당 국민소득은 겨우 100달러에 이르고 있었다. 군대 내부에서도 부정부패가 만연하여 육사 8기생을 중심으로 4.19혁명 정신으로 깨끗한 군대를 만들어야 한다는 운동이 전개되었고, 이들은 그 당시 비교적 청렴·공평하고 개혁적 사고방식을 가지고 목표달성에 대한 리더십이 강한 박정희를 육군참모총장에 임명하여야 한다는 제안을 국방장관에게 하게 되나 뜻대로 되지 않았다.

박정희와 육사 8기생이 주동이 되어 일으킨 1961년 5.16 군사쿠데타는 약 3,500명의 소규모 부대가 출동하였으며 군사작전이라는 측면에서 치밀하게 계획된 것도 아니므로 실패할 가능성이 높았고, 그 쿠데타의 모의나 시도가능성도 사전에 반 공개적으로 노출된 상태에 있었다. 박정희는 자기 자신이 쿠데타의 최고 주모자가 되는 것에 상당한 부담을 느껴, 이종찬, 송요찬, 장도영 등에게 혁명의 최고지도자가 되어줄 것을 권유하였으나 거절당하였다. 쿠데타 발생 시 이를 진압하여야 할 군대 내부의 핵심세력이 미온적인 태도를 취하였고, 미국도 쿠데타 발생 이후 다음 날에 중립적인 입장을 견지하였다. 또한 쿠데타 성공에 대한 결정적인 열쇠를 쥐고 있는 윤보선 대통령은 장면 정권의 운영방식에 마찰을 빚고 있던 탓인지 군사 쿠데타에 대한 거부 의사를 단호하게 내리지 않았다. 무엇보다도 군사반란군의 진압에 앞장서서 진두지휘 하여야 할 국무총리 장면은 수녀원에 자기 몸을 피신하는데 급급하였다.

군사 쿠데타 성공 이후 장도영이 군사혁명위원회 계엄사령관이 되었으며 그 후 국가재건최고회의 의장으로 추대되었으나, 육사 8기가 주축이 된 군대 내 박정희 세력은 장도영을 얼마간 가택연금하고 난 이후에 반혁명혐의로 구속시켜 밀어내고, 박정희가 그 혁명의 최고지위인 국가재건최고회의 의장에 취임하게 된다.

5.16 쿠데타를 성공시키는데 김종필의 역할이 커 그의 위치가

박정희와 대등한 수준에 있었으나, 미국 측에서 박정희에게 더욱 힘을 실어주고자 하였으며, 따라서 김종필은 우여곡절 끝에 중앙정보부장 자리에서 해임되기에 이른다.

쿠데타에 성공한 박정희는 반공을 국시로 하여 정치·사회적으로 국민단합을 시도하였으며, 각계 각층의 지도자나 구성원에 대한 정신 및 생활 개혁·교육운동으로서 새마을운동을 전개하여 농촌개발의욕고취, 잘살기운동, 기업생산성 증대 등을 도모하고자 하였다.

그 이외에 그는 자립경제와 자주국방을 위하여서는 어떠한 어려운 난관이라도 거침없이 일소해 나갔으며, 이에 따른 엄청난 정치·경제·사회적 희생도 감수할 굳은 의지를 유지하고 있었다.

박정희는 저돌적인 리더십과 잘 살아보겠다는 국민의 염원이 어우러져 민정 이양 이후 대통령 선거에서 두 번 승리하였다. 그는 그 권력을 보다 장기적으로 보장받기 위하여 1972년 11월에 유신헌법을 만들어, 통일주체국민회의에서 대통령과 국회의원 정수의 1/3을 선출하고 국회가 발의한 헌법을 의결하고 확정 짓는 역할을 하도록 하였다. 이 장기집권에 대한 과도한 욕망이 그를 비참하게 몰락시키는 주된 원인이 되었다.

(3) 박정희의 자립경제와 자주국방

박정희가 쿠데타를 일으킨 1961년도 경의 우리나라의 경제는 농업부문과 삼백산업三白産業(제분, 제당, 방적)이 주류를 이루고 있었으며, 1인당 연간 국민소득은 100불 미만이고, 실업자가 많은 빈민국에 속하였다. 그래서 그는 자기가 정권을 잡았을 때 마치 도둑

맞은 폐가를 인수한 심정이라고 토로하였다.

1962년도 1월 경제기획원이 설립된 이후 수정된 제 1차 경제개발 5개년 계획을 발표하였으며, 그 내용은 주로 다음과 같다.

1) 경제발전에 장애가 되고 있는 부족한 전력과 석탄 등의 주요 에너지 원천 확보
2) 시멘트 · 비료 · 정유 생산을 위한 기간산업의 확충과 사회간접자본의 구축
3) 농업생산력 향상으로 농가소득을 증대하여 국민경제의 불균형 시정
4) 수출 진흥으로 인한 국제수지 개선
5) 과학기술 발전

경제개발을 하기 위하여서는 우선적으로 그 소요되는 자금이 필요한데 1961년 화폐개혁을 실시하였으나 실패하여, 국내에서의 자금염출보다도 외자도입에 의한 조달 방향으로 전환하게 되었다. 이 소요자금을 마련하기 위한 수단의 하나로서 1963년 12월부터 서독에 광부와 간호원을 파견하여 이들이 벌어들이는 급여를 담보로 하여 서독으로부터 4,000만 달러의 상업차관을 받았다. 또한 1961년 11월 박정희는 미국을 방문하여 케네디 대통령에게 월남전에 한국군 파병을 제안하여, 1964년부터 1973년까지 한국군 312,000명이 월남전에 나가게 된다. 이 파병대가로 한국은 차관도입, 항만 · 도로 등의 건설 수주, 기타 물품 수출 및 군납, 한국군의 장비현대화 등의 이득을 보게 되었다. 그러나 이 파병으로

인해 한국군은 전사자 약 5,000명, 부상자 약 16,000명이라는 젊은 이의 희생이 따랐다. 그리고 1964년 7월에 재산 및 청구권에 관한 문제의 해결과 경제협력에 관한 한일간 협정을 체결하여 3억 달러의 보상청구권 자금을 받았으나, 개인적 피해보상청구권은 그 이후에 각자가 국내 문제로 해결하도록 타결함으로써 국가가 개인적 피해 소구권리를 박탈하게 되는 결과가 되어 굴욕외교라는 비난을 면치 못하였다.

　1962년부터 울산공업단지 등을 조성하여 공업화에 역점을 두고, 수출 주도형 경제발전을 촉진하였으며, 아울러 대기업에 대한 보다 빠른 성장을 근거로 하여 그 사업영역을 넓히면 많은 중소기업도 그 아래에서 자동적으로 활성화될 수 있다는 관점에서 경제정책을 일사불란하게 수행한 결과 제 1차 경제개발 5개년 계획기간(1962~1967)에 연 평균 경제성장률은 7.9%에 이르게 되었다. 그리고 제 2차 경제개발 5개년 계획기간(1967~1971)에는 연 평균 경제성장률 9.5%를 실현하였다. 특히 이 기간 중에 428km에 달하는 경부고속도로 건설을 3년간(1967~1990. 7. 7 개통)에 걸쳐 완성시켜 물류소통을 신속 · 원활하게 하도록 하는데 기여하였다. 1973년 1월에는 중화학공업화를 선언하여 철강, 조선, 전자, 비철금속, 기계, 화학 등의 산업발전에 박차를 가하였으며, 1973년 7월에 포항제철건설을 준공하여 자동차 및 조선산업 등에 대한 원자재 공급의 안정화에 기초를 마련하였다.

　오늘날 우리나라가 이와 같이 어느 정도 여유롭고 풍요하게 잘 살 수 있는 토대는 박정희 시대의 경제개발정책 아래에서 국민 모두가 잘 살아보겠다는 열정적인 각오와 단합된 힘으로 밀어붙인 결과라 할 수 있다.

자주국방을 위하여 1973년 4월 자주적 군사력 건설에 관련된 정책을 다음과 같이 발표하였고, 그 후 박정희가 권좌에서 물러날 때까지 계속 추진하여왔다.

1) 자주국방을 위한 군사전략수립과 군사력 건설 착수
2) 작전 지휘권 인수 시에 대비한 장기전략 수립
3) 중화학공업 발전에 따라 고성능 전투기와 미사일 등을 제외한 주요무기 · 장비의 국산화
4) 1980년대 미군전원 철수 시에 대비한 독자적인 군사전략, 전력증강계획수립

박정희의 자주국방에 대한 군사전략은 그 35년이 지난 오늘날에 있어서도 해결되지 않는 논란의 문제가 되는 것으로서 그의 탁월한 선견지명先見之明을 반영한 것이라 할 수 있다.

(4) 박정희의 사상

박정희가 이루어 놓은 대인관계나 국가발전방향은 어느 의미에 그의 사상에서 파생된 것이라 할 수 있다. 그러므로 여기서는 그의 사상에 대한 골격을 재조명 해보고자 한다.

1) 그는 자기의 적성을 청년시대부터 잘 인지하고 리더십에 있어서 카리스마가 잘 발휘될 수 있는 군대라는 조직에 들어가 탁월한 실력을 발휘하였다.

2) 그는 시대적 흐름을 살펴보고 어떻게 나아가는 것이 권력추구에 유리한가를 판단하려고 하였다. 예를 들면, 그가 대구사범학교를 나와 얻은 안정적인 초등학교 선생을 팽개치고 만주군관학교에 혈서를 써가면서 입학하여 그 당시 한국인으로서 보다 쉽게 권력추구가 가능한 군인이라는 직업을 선택하였고, 1948년도 육군본부정보국에서 소령으로 재직하면서 남로당 군사부 부책임자로 이름을 올리고 관여하였던 것은 공산당이 더 우세한 권력을 보장해 줄 수 있다면 그 곳으로 옮길 수도 있다는 기회를 노린 것이지, 그가 진정한 공산주의가 되어야 하겠다는 생각과는 거리가 먼 것이었다. 요컨대 그는 권력지향적 기회주의자라 할 수 있다.

3) 그는 현장점검을 근거로 하여 현실적으로 실현가능한 계획을 세웠고, 실행하며, 그 목표달성여부를 파악하는 경영지침을 충실히 수행하였다. 예를 들면, 경제개발 5개년 계획, 식량증산 10개년 계획, 전원개발 5개년 계획, 산림녹화 10개년 계획 등의 보다 구체적이고 뚜렷한 계획을 세워, 이 계획 수행에 장애가 되는 요인은 독재적인 지휘·통제라는 가혹한 수단 등을 동원하여서라도 거침없이 제거하여 그 목표를 어김없이 달성하였다.

4) 국가가 발전하기 위한 기본적인 구조는 무엇이고 어떠한 방향으로 추구해야 할 것인지를 잘 파악·예측하고 난 이후에 그 실행방법이나 수단을 구체화해 나가는 본립도생^{本立道生}의 국가성장 전략을 제시하였다.

우리나라가 가난에서 벗어나기 위하여서는 자립경제를 이루어야 하고, 안정적인 국민생활을 영위하기 위하여서는 무엇보다도 자주국방이 형성되어 있어야 한다는 사실을 인지한 것이다. 이 자립경제가 잘 운용되기 위해서 수출주도형 공업화, 고속도로 등 원활한 물류유통을 위한 기반시설 확충, 농업생산성 향상을 위한 비료공장 완공, 공업화의 필수원자재 공급원 확보를 위한 포항종합체철건설 등을 구체화 시켜나갔다.

자주국방이 형성되기위한 방안의 하나로서 미군이 1980년대에 한반도에서 전원 철수시에 대비하여 전력증강하여야 한다는 선견지명을 내어 놓았다.

5) 어떤 목표를 달성하기 위하여서는 비용 · 편익 분석 cost/ benefit analysis를 철저히 하여 효과적인 경영전략을 구사하였다. 예를 들면 한국군의 월남 파병 시에 그 정치 · 경제 · 사회적 이득과 손실을 사전에 철저하게 분석하고 난 이후에 이루어 졌다.

6) 제1차 경제개발 5개년 계획기간에 연평균 경제성장률 7.9%, 제2차 경제개발 5개년 계획 기간에 연평균 경제성장률 9.5%를 실현하여 단기간에 초고속 경제성장을 하는 스피드 speed 경영을 이루었다. 이에 관한 또 하나의 예로서 428km에 달하는 경부고속도로의 건설이 3년 이내라고 하는 단기간에 완성됨으로써 세상을 놀라게 하였다.

7) 박정희는 자기가 지향하고자 하는 권력이나 목표에 과도하게

집착한 나머지 그 달성을 위하여서는 수단과 방법을 가리지 않았다. 예를 들면, 그가 육군 내에서 남로당 군사부 부책임자로 발각되었을 때 자신이 살아남기 위하여 그 조직과 동료의 명단을 수사기관에 제출하였다. 또한 김일성의 대남밀사이고 형의 친구이며 그 자신이 청소년 시절에 존경하였던 황태성을 간첩혐의로 사형시켰는데, 이는 자기 자신에게 향한 공산주의의 의심을 없애기 위한 수단일 수도 있다.

8) 자기에게 항명하는 자에 대하여는 아들이나 부하가 아버지나 상관에게 버릇없이 행동하는 것으로 간주하여 용서하지 않았으며, 가차 없이 도태시켜 버렸다.

9) 박정희는 한국경제발전에 지대한 기여를 하였지만 장기집권 욕망에 집착함으로써 유신헌법을 도입하여 민주주의의 기본인 경선競選의 평등과 자유 논리를 제거해 버렸으며, 자기가 아니면 안 된다는 관념에 사로잡혀 후계자 양성에도 소홀히 하였다. 그리고 최소한도 자기의 가까운 주변의 인사관리에도 보다 세밀하고 신중한 처신을 하였다면 하는 아쉬움이 남는다.

제53장

사아개연 使我介然

일시적 아집에 머물면

使我介然有知 行於大道 唯施是畏 大道甚夷 而民好徑 朝甚除 田甚蕪 倉甚虛 服文采 帶利劍 厭飮食 財貨有餘 是謂盜夸 非道也哉

내가 굳어서 순응하기 어려운 조그만 지혜·지식에 머물면 큰 도의 세계를 나아가는데 오직 그 베풀기를 잘 할지 두렵다. 대도는 그지없이 넓고 평탄하나 사람들은 샛길을 좋아한다. 조정은 몹시 말쑥하고 깨끗하다. 농토는 황무지이며 그 창고는 심하게 비었는데 빛나는 비단옷을 입고 날카로운 칼을 차고 싫도록 먹고 마셔도 물자가 넘쳐흐른다. 이것이 도적이 누리고 있는 사치가 아닌가. 도라고 할 수 없다.

일시적 아집에 머물면

내가 가지고 있는 조그만 지식이나 지혜를 최선의 길이라고 탐닉하여 집착한다면 무위의 큰 도^道를 이어나갈 수 있을지 두려운 생각이 앞서게 된다. 시간의 흐름이나 공간의 변화에 따라 상황이 바뀌게 되며, 그에 관련된 인간을 포함한 만물도 자연적으로 순응하는 물결을 타게 된다. 마르크스는 자기가 살던 시대의 소외된 가난한 인간을 활성화시키기 위하여 공산주의 이론을 전개하였다고 알려지고 있다. 그러나 그 자신도 자기가 아는 것은 단지 자기가 마르크스주의자가 아니라는 사실이라고 역설하였다. 그러므로 어느 한 시대에 명성을 떨쳤던 주의·주장에 사로잡혀있을 어리석음으로부터 벗어나야만 할 것 같다. 큰 도는 마음먹기에 따라서 쉽게 얻을 수도 있으나, 사람들은 탐·진·치에 고착되어 호명好名, 호색好色, 호화好貨, 호식好食이라는 것으로써 자기 생활을 장식하고자 한다. 예를 들면, 정치를 하여 권력에 빠진 자들은 위엄과 권세를 뽐내려고 하며, 혹은 아랫사람을 부리고 착취하여 농토와 같은 생산원천은 황무지처럼 되고 창고는 텅텅 비게 된다. 관리 등 권력층은 겉치레를 번드르하게 하고, 언제든지 자기보다 약한 자를 날카로운 칼로써 처단할 수 있을 정도의 권력의 위세를 떨치며 산해진미山海珍味를 싫증이 날 정도로 먹어치우나, 그 재력은 없어지지 않고 계속 넘친다. 이것은 힘없이 약한 일반 백성을 핍박하고 탈취하며 그 기름을 짜서 자기 탐욕만 채우는 것 밖에 되지 않으므로 도적이 누리고 있는 향락에 지나지 않으며, 더욱이 무위자연의 도와는 그 거리가 멀다.

: 이승만의 불퇴진 경영

이승만(1875~1965)은 일제의 침략·지배통제시기에 한국의 독립을 위하여 헌신하였으며, 1945년 8월 15일 남한 단독정부를 수립하여 우리나라의 정치·경제·사회적 기초를 설정하는데 없어서는 안 될 인물로 부각되고 있다. 그러나 자기만이 국가와 국민을 살릴 수 있다는 아집에서 장기집권의 굴레를 벗어나지 못하여 본인은 물론 그 주위에 관련된 일반대중에게도 비극을 초래하는 결과를 낳았다.

(1) 이승만의 학창시절

이승만은 황해도 평산군 능내동에서 6대 독자로 태어났다. 위로 형 둘과 누나들이 있었지만 형들은 어려서 천연두와 홍역으로 사망하였다. 그의 아버지 이경선李敬善(1937~1912)은 몰락한 선비로서 경제적으로 무능하였으며, 족보와 풍수지리에 심취하였고, 일년에 절반 이상은 집을 비웠다. 그의 어머니 김씨는 독실한 기독교신자로서 집안 일을 도맡아 하였으며 이승만의 교육에도 열정적으로 관심을 기울였다.

이승만은 6세 때 천연두를 앓고 그 후유증으로 두 눈이 보이지 않게 되어 한방 등 여러 가지 약을 다 써 보아도 낫지 않았으나, 일본인 양의사가 주는 물안약을 하루에 세 번 넣고 사흘 만에 낫게 되었다. 그는 7세 때 양반집 자제 30여명을 가르치는 이건하의 서당에 입문하여 천자문, 동몽선습, 자치통감 등을 1등으로 마치는 뛰어난 학습능력을 발휘하였다. 1895년 12월 그는 서당 친구인 신긍우의 권유로 배제학당에 입학하였으며, 선교사인 하이팅에게 월 20달러를 받고 조선말을 가르쳐주게 되는 기회를 얻게 됨으로써 영어실력이 급속도로 발전하기 시작하였다. 이로 인해 1897년 7월 졸업식에서 한국의 독립이라는 제목으로 영어를 연설할 정도가 되었으며, 그 이후 배제학당 초등반 영어교사로 발탁되었다. 그는 배제학당에서 서재필(1863~1951)에게 1896년 5월부터 매주

목요일마다 세계지리, 역사, 정치학, 의사진행법 등의 강의를 듣고 새로운 서구식 사고방식을 키워나갔다.

이승만은 1894년 고종으로부터 중추원의관으로 임명되었는데, 왕비를 제거하고 고종을 폐위시키고자 음모를 꾸미다가 사전에 발각됨과 동시에 일본으로 망명한 박영효를 내각에 임명하여야 한다고 건의하게 되자, 이에 노한 고종이 그를 의관직에서 파면하였다. 그는 배제학당 졸업 후 1898년 3월경부터 독립협회를 중심으로 만민공동위원회의 연사로서 강연 등을 함으로써 정치활동을 본격적으로 시작하였다.

1899년 1월 그는 고종황제를 폐위시키고 새로운 혁신정부를 수립하여 급진적인 정치개혁을 시도하려는 음모로 체포되어, 태(笞) 100대 및 종신징역으로 선고받아 한성감옥에서 5년 7개월간 옥살이하다가 1904년 8월 특사로 석방되었다. 이 투옥기간 중에도 그는 시간을 낭비함이 없이 독서, 사색, 글쓰기 등을 통하여 그 안목을 넓히는데 정진을 거듭하였다. 감옥에서 풀려난 이승만은 1904년 11월 포츠마스 회의에서 미국의 힘을 빌려 나라의 독립을 보장받기 위하여 고종의 밀사로서 미국에 파견되었으나 별다른 성과를 올리지 못하였다. 그 대신 이승만은 1905년 2월 조지워싱턴대학의 학장과의 면담을 통해 그 학문적 수준을 인정받아 2학년 2학기에 편입되고 선교장학금 혜택으로 등록금 전액이 면제되었으며, 매 학기 도서관 이용료도 1달러만 내도록 되었다. 교회에서 신앙간증강연 등을 하여 필요한 생활비를 마련하는 등 어려운 생활환경 속에서도 끈기있게 학업을 연마하여 1907년 여름 동대학을 졸업하였다. 나아가서 그는 1907년 9월 하버드대학교 석사과정에 입학하여 1년 후인 1908년 8월에 졸업하였다. 그러나 그는 여기에 만족하지 않고 1908년 9월 프린스턴대학교 박사과정에 입학하여 약 2년 후인 1910년 6월에 「미국의 영향을 받은 중립 혹은 중립론」이라는 박사학위 논문으로 미국 대통령이 된 월슨총장으로부터 국제법 박사학위를 직접 받게 된다. 그의 성적은 세계사를 제외하고는 별로 우수하지 못하였으나 그 당시 서양식 신학문에 익숙하지 못한 그로서는 상당한 굳은 의지와 성실성이 없었다면 단지 약 5년 만에 학사에서 출발하여 박사과정을 종료하기가 매우 어려운 과업이라 할 수 있다.

그 이후 이승만은 서울 YMCA 학생부 간사로 초빙받고 1910년 9월 귀국길에 오르게 되었으며, 한국에서 YMCA 간사겸 학감의 직을 맡게 되었다. 그러나 그는 1912년 봄 한국 기독교인에 대한 탄압과 검거 선풍을 피하기 위하여 미국으로 다시 떠나게 된다.

이승만은 16세 때 동네에 사는 동갑내기 박승연과 중매로 결혼하여 외아들 이봉수를 낳았으나 1912년 이혼하게 되며, 이병수는 미국에서 병사하게 된다. 일설에 의하면 불교에 심취한 박씨가 얼마 남지도 않은 재산을 절에 시주하여 이승만이 격분하였다고 한다. 해방 이후 돈암장에 머물고 있는 이승만을 박씨가 찾아왔으나, 만나주지를 않았다.

이승만은 1933년 임시정부 외교를 전담하는 구미위원부 대표로서 제네바에 있는 국제연맹을 방문하여 한국독립을 호소하고자 하였다. 이 당시 프란체스카 여사는 어머니와 함께 프랑스를 여행하고 귀국길에 제네바에 들러 레만호반에 있는 호텔 도뤼시에 묵고 있었다. 만원이 된 식당의 4인용 식탁에서 지배인이 "동양에서 오신 귀빈이 자리가 없으신데 합석해도 되겠습니까?"라고 물어본 결과 승낙이 되어 서로 대화가 이루어지게 되었다. 58세의 이승만과 33세의 오스트리아 여인과의 사랑은 시작되었으며, 1934년 10월 8일 뉴욕의 몽클레어 호텔에서 결혼식을 올리게 되었다. 프란체스카는 그 전에 경기용 자동차 선수와 결혼하였으나 그에게는 이미 동거녀가 있었기 때문에 그녀와 결혼 후 얼마되지 않아 어디론가 사라져 버렸다.

(2) 일제하의 독립투쟁

1912년 3월 기독교인에 대한 일본의 무자비한 숙청을 피해 또 다시 미국으로 망명한 이승만은 그 다음 해부터 하와이에 근거지를 마련하고 한국독립운동을 전개하였다. 1915년경 하와이에서 한국독립운동을 위하여 중요한 역할을 한 주된 인사는 박용만, 안창호, 이승만으로 일컬어지고 있다.

박용만은 철원에서 태어났으며, 1903년 보안회사건으로 한성감옥에 수감되었다가, 1904년 도미하여 1906년 헤이스팅스대학에서 정치학 공부를 하였고, 1912년 11월 하와이에서 신학국보의 주필을 맡았다. 그는 우리나라의 독립을 위한 투쟁수단은 무엇보다도 일제에 대항하는 무력혁명에 근거하여야 쟁취할 수 있다고 역설하였다.

안창호는 한국독립을 기반으로서 우리민족의 도덕성 함양과 과학·기술에 대한 지식체득을 위한 교육을 통하여 우리 국민의 단합된 실력양성이 앞서 나가야 한다는데 역점을 두고 있었다.

이승만은 서구 열강의 외교적 지원과 미국 국민의 우호적 관계

유지에 의하여 한국독립이 실질적으로 실현가능한 것이라고 강조하였다.

이와 같이 한국독립형성에 관련하여 각자의 사고방식에 상당한 차이가 나타나게 됨으로써, 하와이에서의 각 독립단체간에 화합이 순조롭게 이루어지기가 어려운 상황에 놓여있었다. 한국이 독립을 쟁취하기 위하여서는 무력투쟁수단, 교육에 의한 실력양성, 외교적 타결이 모두 요구되고 있었다.

그런데 보다 현실적이면서 신속하고 강한 한국의 독립을 위한 방법론은 우선적으로 미국 등의 강대국을 외교적으로 해결할 수 있는 노하우Know how를 개발시키는 것이라 할 수 있다. 요컨대 한반도의 운명은 주로 강대국간 군사력 투쟁의 부산물이므로 무력투쟁론에 앞서 외교적 역할에 의해 한국의 독립을 쟁취·유지하여야 한다는 것이다.

1919년 3.1운동 이후 우여곡절 끝에 이승만이 임시정부의 대통령이 되었다. 이승만은 이 임시정부를 열강과의 외교를 위한 도구로 밖에 인식하지 않았다. 그런데 1925년 3월 상해임시정부의 의정원은 이승만 임시정부 대통령에 대하여 다음과 같은 관점에서 탄핵안을 통과시켰다.

1) 재정적으로 어려울 때 상해임시정부에 아무런 도움을 주지 않았다.
2) 내정을 통합시키지 못했다.
3) 외교적인 실패를 가져왔다.

그 이후에 이승만은 임시정부에 대한 외교 공관이라 할 수 있는 구미위원부의 대표로서 국제연맹 등에 한국독립을 호소·주장하는 외교적 노력을 계속적으로 전개해왔다.

이승만은 1941년 미국이 일본을 견제하지 않으면 상호간 충돌할 수밖에 없고, 미국정부가 한국임시정부를 인정하지 않으면 한반도의 공산화가 이루어질 것이며 또한 한반도에 내전이 일어나 미국과 소련이 격돌하게 될 것이라고 예견하였다.

(3) 해방 이후의 리더십

1) 한국정부의 수립

1945년 8월 15일 한국이 일본으로부터 해방되자 동년 10월 16일 이승만은 김포공항을 통하여 귀국하였다. 그런데 1945년 12월 26일 미국, 영국, 소련의 3국 외상회담에서 한국의 자주독립보다도 신탁통치안을 결의하였다. 이에 대하여 이승만, 김구 등의 독립지사들은 외세에 의한 신탁통치를 결사반대하였다. 이 당시 미 국무성은 한반도 문제 해결에 있어서 소련과의 협력을 중시하고 좌우 세력 모두에 균형의 입장을 취할 것을 남한 주둔 사령관인 하지 중장에게 지시하였다. 따라서 하지 중장은 한국 신탁문제를 다루는 역할을 하는 핵심기관으로서 미소공동위원회를 성공적으로 이끌어 나가는데 주안점을 두고 있었으며, 이승만의 의도가 자신이 내건 조건대로 권력을 잡아보겠다는 개인적 야욕에 따라 정책을 추진하고 있다고 간주하였다. 이에 대하여 이승만은 한국의 자주독립국가를 세우기 위해 미·소에 의한 신탁통치를 반대하고, 우선 남조선만이라도 임시과도정부를 세우고 장기적으로 통일정권을 향해 나아간다는 복안을 가지고 반공·반소를 주된 내용으로 하는 정치투쟁을 하였으므로 상호간 반목이 계속되었다. 그런데 이승만 측의 외교적 노력도 부분적으로 작용하여 1947년 11월 14일 유엔에서 1948년 3월 31일까지 한국선거를 감독할 유엔한국임시위원단을 설치하며, 한국독립정부 수립 후 1948년 7월 1일까지 미소양국군대가 철수하기로 결의하였다.

한국의 총선에 관하여 소련이 북한에서의 선거를 허락하지 않음에 따라 남한단독으로 1948년 5월 10일 제헌국회를 열어 이승만이 초대국회의장으로 당선되고 1948년 7월 17일 대통령 제도에 의한 헌법을 공포하였으며 국회에서 1948년 7월 20일 정·부통령 선거에서 이승만이 대통령으로 당선되었다. 그리고 1948년 8월 15일 대한민국 정부수립 공포식이 중앙청광장에서 이루어졌다.

한국 측은 일본에 대하여 식민지 통치와 전쟁피해 등에 따른 배상으로 20억 달러를 요구하였다. 이에 관련하여 일본은 한국의 36년간 식민통치가 한국발전에 기여하였고 한국에 압류된 일본재산을 반환하라고 억지주장을 하였다. 그런데 한국에 있는 대부분의 생산시설과 자원은 2차 대전 중 총력전을 치른 일본사람들에 의해 철저하게 착취되었다. 또한 일본정부는 1947년 6월 울릉도와 독도의 영유권을 주장하는 서류를 맥아더 사령부에 제출하였는데, 이승만은 대통령에 취임하자마자 울릉도, 독도는 물론 대마도까지도 한국 영토라고 잃어버린 국토를 찾기 위해 맥아더 사령부에 협조를 요청하였으며, 1949년 1월 1일 신년연설에서 한국에 대한 배상형식으로 일본에 대마도를 요구하였다. 나아가서 1952년 1월 그는 평화선 peace line을 선포하여, 한반도 해안선에서 200마일 거리의 해역을 한국의 해양주권이 미치는 지역으로 선언함으로써 이 해역을 침범하는 일본어선은 무조건 나포하도록 명령하였다. 이 한일평화선 선포는 한일어업의 격차를 줄이고 어업 및 대륙봉자원을 보호하는데 기여한 것이라 할 수 있다.

2) 6.25 전쟁의 발생

1950년 6월 25일 한국전쟁이 발생하기 이전에 소련은 북한의 군사강화를 위하여 보다 직접적이고 중점적으로 지원하였으나, 미국 트루먼 정권은 남한에 대하여는 군사력 증강보다는 건전한 경제재건에 역점을 두는 방향으로 전략을 구사하였다.

    이 당시 한국군 유지는 전적으로 미국에 의존하고 있는 상태였으나, 1949년 6월 1일 미국은 한국에서 미군사고문단만 잔류시키고 미군의 완전철수를 단행하였다. 1950년 6월 25일 남한보다도 우세한 중장비와 탱크로 침범한 북한은 파죽지세의 전과를 올려 낙동강 전선이 무너지면 한반도가 공산화될 지경에 놓여 있었으나 1950년 9월 15일 동경에 있는 미국 극동군사령관 맥아더 원수가 인천상륙작전을 감행·성공시켜 1950년 9월 28일 서울을 탈환하게 된다. 그런데 1950년 10월 하순경 중공군이 한국전쟁에 개입하여 전쟁이 확산 일로에 이르자 트루먼 대통령은 전면전을 포기하고, 1951년 4월 11일 전면적 확대를 주창하여 마찰을 빗고 있는 맥아더를 유엔군 총사령관에서 해임하게 된다. 그 후 북한군은 한국전쟁에서 불리한 형편에 놓이게 되자 1951년 6월 23일 유엔주재 소련대표를 통하여 정전을 제의하게 된다.

    미국정부는 남한의 이승만 대통령에게 될 수 있는 한 빨리 휴전

협정을 하도록 종용하였으나 그는 이에 응하지 않았다. 왜냐하면 이 휴전협정조인 후 미국이 한국을 떠나면 또 다시 한반도에 전쟁 발생 가능성이 높으므로, 한국의 생존과 안보를 미국으로부터 확실히 보장을 받는 한미상호 방위협정이 요구되었기 때문이다. 그리고 그는 남한 단독만이라도 감행하는 북진통일론을 주장하여 대내적으로 긴장을 고조시켜 내부통합을 이루고 대외적으로 남북 충돌격화 가능성을 암시함으로써 미국으로부터 더 많은 원조를 기대하고자 하였다. 아울러 이승만은 1953년 6월 18일 원용덕 헌병총사령관에게 명령하여 반공포로를 27,000여명 독자적으로 석방시켜 미국, 영국, 소련 등이 경악을 금치 못하였다.

미국은 이러한 일련의 사태 등이 유엔군의 통제를 벗어난 것으로 보고 이승만 제거계획을 거론하기 시작하였다. 그러나 한국군부 및 국민이 이승만을 계속 지지하자 그 실행이 불가능하였다. 결국 1953년 7월 27일 한국정부의 불참 속에서 그 휴전협정이 조인되었다.

1953년 10월 한미상호방위조약도 체결되어 한반도에 전쟁이 발생할 경우 미국의 자동적 개입이 확실히 보장되고 미군의 남한 내 주둔을 의무화하도록 하였다. 그러나 한미상호방위조약 체결만으로 한국의 안보가 완전하게 보장되지 않는다고 판단한 이승만은 한국군 현대화와 전후 복구를 위해 장기간 경제원조제공을 줄기차게 요구하여 이에 상응하는 결실을 보게 되었다.

3) 정치·경제·사회의 개혁

① 농지개혁과 의무교육 실시

미국에서 박사학위를 받은 이승만은 한국의 독립과 생존을 위하여 자국의 국익을 의식하고 실리주의적이고 현실적으로 달성 가능한 정책을 수행하고자 하였으며, 민주주의를 기본적 정치개혁의 수단으로 적용시키고자 하였다. 그래서 그는 관민, 남녀, 빈부, 지역, 직업 등에 대하여 차별을 없애는 평등주의와 정치, 경제, 교육 등 각 방면에 있어서 국민 각자에게 충분한 참여의 기회를 부여하여 국민균등의 복지를 증진하고자 하였다. 개인의 평등이 보장되어야 이 토대 하에 국가가 보다 건전하게 발전할 수 있고, 불평등 사회가 되면 공산주의가 득세하게 된다는 관점에서 평등국의 사상을 강조하게 되었다.

그 당시 한국국민의 70% 이상을 차지하는 소작농에게 농지를 배분하고 양반지주계급 중심의 부의 편중을 타파하기 위하여 1950년 6월 23일 농지개혁법이 공포되었다. 이 법에 의하면 토지를 분배받은 농민은 소작물 연평균 생산량의 1.5배를 5년간 분할 상환하여야 하고, 지주에게는 정부에서 지가증권을 발행·배부하여 이를 귀속자산의 불하에 이용하도록 함으로써 지주들이 농지개혁을 통해 산업자본가로 전환될 수 있도록 하였으나, 6.25 한국전쟁으로 인하여 지가증권의 가치가 인플레이션으로 하락하여 소기의 성과를 얻지 못하였다. 또한 1949년 12월에 제정된 교육법 제8조에 의하면 모든 국민은 6년간 의무교육을 받을 권리가 있는 것으로 규정하고, 이를 시행함으로써 1959년까지 전국학력아동의 약 95.3%가 취학하는 결과를 나타내었으며, 이것이 1960년대의 경제적 발전을 이룩하는데 기초가 되는 요인으로 작용하게 되었다. 1945년도에는 우리나라 국민의 한글에 대한 문맹률이 78%이었으나, 이 의무교육의 덕택으로 1958년에 이르러 그 비율은 4.1%로 감소하였다.

② 경제재건

1953년부터 1960년까지의 한국 정부의 총수입의 72.5%는 대외원조에 의한 것이었다. 미국 원조의 목적은 주로 인플레이션 하에서 국민 경제생활의 안정을 도모하고, 원조자금을 국방비로 사용하도록 하여 건실한 반공국가를 형성시키고자 하였다. 따라서 그 원조의 주된 의도는 소비재 물자공급의 원활화를 기하고자 함에 따라 총 원조 중 소비재 및 원자재 원조가 81%를 차지하였다. 이에 대하여 이승만 정부는 한국전쟁으로 황폐화된 산업을 복구하여 경제재건에 역점을 두고자 하였다. 그러므로 이승만 정부의 입장에서는 될 수 있는 한 소비재 위주의 수입대체산업을 촉구하여 면방업, 제분업, 제당업의 삼백산업三白産業을 발전시키고자 하였다. 그 이외에 경제발전에 중추적인 역할을 할 수 있는 비료, 시멘트, 판유리의 생산공장 시설을 마련하고 전력개발사업, 석탄증산계획 등에 집중투자 하고자 하였다.

③ 정치적 리더십

이승만은 미국의 정치적 현황이나 미국인의 사고방식을 충분히 숙지하고 있었을 뿐만 아니라 소련의 공산주의에 의한 한반도에 대한 지배야욕, 일본의 약삭빠른 이기적인 행위를 잘 간파하고 있었으므로 반공, 반일, 반소주의를 일관하였으며 미국에 대하여는 한국의 입장이나 약점을 장점화시켜 실리를 추구하는 현실주의적 정치를 펼쳤다.

　그는 1945년 해방 이후 국내의 정치·경제·사회의 혼란기에 처하여 민주주의에 입각해서 남한만의 단독정부를 수립하고 6.25 한국전쟁의 어려운 난관도 극복하여 건국의 기초를 마련하는데 강력한 리더십을 발휘한 것이라 할 수 있다.

　그러나 이승만은 1945년 8월 15일부터 1960년도에 실각할 때까지 장기집권을 노골화시킴에 따라 그의 리더십이 현실의 정치상황에 유연성을 잃게 되었다. 이승만은 자신의 개인적 권위에 의존하는 카리스마적 리더십으로 영도하고자 하였고 상대방의 비판을 매우 못마땅하게 여겼으며, 따라서 그 사고가 한 방향으로 경직화되어 자기에게 실질적으로 도움이 될 수 있는 조언일지라도 경청하지 않아 현장의 내용이나 그 변동상황에 대한 의사소통이 원활하지 않게 되었다. 인사문제에 있어서도 그는 장관을 위시한 정부 요직인선을 능력이나 적성보다도 개인적 친분이나 충성심에 큰 비중을 두었다. 그러므로 이승만을 둘러싸고 있는 충복들은 80세가 넘는 이승만의 눈치를 살피는 일이 중요하게 되었으며, 1960년 3월 15일 정·부통령 선거에서 이기붕이 부정선거로 부통령에 당선됨에 따라 1960년 4월 19일 학생봉기로 그 실각을 하게 되었다. 이승만은 1960년 4월 26일 국민이 원한다면 하야하겠다는 조건부의사를 밝히었는데, 미국의 사전 하야 압력에 태도를 변경하여 1960년 4월 27일 대통령 사직서를 국회에 제출하고 사임성명을 발표하였다. 미국은 1952년부터 입안했던 이승만 제거계획을 한국인들의 봉기에 편승하여 교체계획으로 변화시켜 보다 세련된 방법으로 그 실천에 옮긴 것이다. 그러나 이승만 정부 몰락의 결정적인 요인은 민중의 힘으로부터 나온 것이라 할 수 있다.

제54장
선건자불발 善建者不拔
건전한 자는 뽑히지 않는다

善建者不拔 善抱者不脫 子孫以祭祀不輟 修之身 其德乃眞 修之家 其德乃餘 修之鄕 其德乃長 修之國 其德乃豊 修之天下 其德乃普 故以身觀身 以家觀家 以鄕觀鄕 以國觀國 以天下觀天下 吾何以知天下然哉 以此

도를 세운 자는 뽑히지 않고 잘 안은 자는 벗어나지 않는다. 자손들의 제사가 그치지 않는다. 몸을 닦으며 그 덕이 참되게 된다. 집을 닦으면 그 덕이 넉넉하게 된다. 마을을 닦으며 그 덕이 오래 존경을 받는다. 국가를 닦으면 그 덕이 풍성해 진다. 천하를 닦으면 그 덕은 널리 퍼진다. 그러므로 내가 성숙되어야 자기를 잘 알 수 있다. 가정이 잘 되어야 가정을 잘 볼 수 있다. 마을이 잘 되어야 마을을 잘 파악할 수 있다. 나라가 잘 되어야 나라를 잘 인식할 수 있다. 천하가 잘 되어야 천하를 인지할 수 있다. 어떻게 해서 천하가 그러한 것인가를 알 수 있는가. 이는 도를 실천함으로써 이룰 수 있다.

건전한 자는 뽑히지 않는다

무위의 도로 잘 세운 자는 뽑혀나가지 않을 정도로 굳건한 심신으로 무장하게 되고, 이 도를 잘 안은 자는 그 속에서 벗어나지 않게 된다. 공자는 70세에 이르러 자기 마음이 원하는 바에 따라 언행을 하더라도 진리의 틀에서 이탈하지 않는다고 하는 종심소욕 從心所慾

불유구不踰矩를 증명하였다.

조상에 대한 자손들의 제사가 대를 이어 끊이지 않는 것과 같이 공간적 뿐만 아니라 시간적으로도 예수, 석가, 공자 등의 성현들이 세운 도가 이어져 나간다. 몸을 잘 닦으면 그 덕의 실천이 진실해지고, 집안이 도로써 관계가 유지되면 서로 배려하고 용서하게 되는 여유있는 덕이 생기게 된다. 그래서 우리의 마음이나 한나라에서도 도가 널리 퍼져 향기를 뿜게 되면 그 실천하는 덕은 존경을 받거나 왕성한 결실을 맺게 되어 여러 훌륭한 사람들이 모여들게 된다. 결국 도의 파도가 온 세상에 물결치게 되면 그 덕이 온 세상을 장악하게 된다. 요컨대 자기 자신, 가정, 마을, 국가, 천하는 무위의 도로써 형성되어짐으로써 참되고, 착하고 아름다운 실재實在를 인식·파악할 수 있다는 것이다.

소크라테스는 "너 자신을 알라"고 역설하였다. 이는 너 자신이 정의롭고 절제하는 생활체계를 만드는 도道가 기본으로 형성되고 있는지를 묻고 있는 것이다. 요컨대 네 탓 보다도 내 탓에 문제발생의 근원을 찾을 수 있어야 하며, 이로써 사전에 문제를 지울 수 있는 기초를 세울 수 있다.

소니의 건전경영

(1) 소니Sony의 뿌리

소니는 1946년 5월 7일 20여명의 직원으로 구성된 동경통신공업

회사로 설립되어 근년에 이르러 소니 분사는 10개 회사로 분할되고 자회사는 1,000개를 초과하고 있다. 소니는 한 때 적자를 감수하지 않으면 안되는 경영 악화 현상을 나타냈으나, 아직까지 그 존재가 사라지지 않고 인류사회에 활기차게 기여하고 있는 것은 창업자가 제창한 건전한 상도의와 경영철학에 근거를 둔 튼튼한 뿌리와 그 이후 이를 계승해 나가도록 힘쓰는 후계 경영자들의 투철한 정신에서 찾아볼 수 있다.

이 회사의 창업자는 그 당시 38세의 이부카 마사루井深大(1908~1997)와 25세의 모리타 아키오盛田昭夫(1921~1999)였다. 이부카는 쿠라마에공고(동경공업대학의 전신)의 전기화학과를 수료하고, 1933년 와세다대학 이공학부를 졸업하였다. 모리타는 300년 가까이 영업해 온 양조장 가문의 장남으로서 오사카제국대학 이학부 물리과를 졸업하고, 그 후 직업군인 자격시험에 합격하여 기술중위로서 도쿄에 있는 해군 항공기술국에 배치되었다. 이부카는 대학시절에 특허청으로부터 천재발명가로 주목을 받을 정도였고, 1936년부터 1940년까지 광학음향 연구를 계속하여 2차대전 중 선박탐지 시스템을 개발하여 군대에 납품하였으며, 그 회사 설립 후에는 진공관 전압계를 제조·판매하였다.

이들은 1944년에 만나 약 40년간 이웃한 사무실에서 동업하게 되었으며, 그 간 상호간 심각한 의견차이도 있었던 적이 있었으나 원활하게 해결해 나갔다. 모리타는 이부카로부터 훌륭하고 그리고 멋진 인생을 선사받았다고 술회할 정도였다. 이부카는 기술자들이 기술을 발휘하는 일에 큰 기쁨을 느끼고 열심히 일할 수 있도록 하여야하며 자유롭고 활달·유쾌한 일터를 건설하여야 한다고 역설하였다. 그리고 기술은 남의 것을 그대로 모방하여서는 안되며, 다른 사람이 할 수 없다고 생각하는 것과 하려고 하지 않는 것을 하는 것으로 발전시켜 나가야 한다는 것이다. 모리타에 의하면 소니의 경영전략은 소비자 대중에게 어떤 제품을 원하는지 묻기보다도 새로운 제품을 개발하여 그들을 이끌어 가는데 중점을 두고 있다. 즉 대중은 어떤 제품이 생산가능한지 알지 못하지만 기업은 알 수 있기 때문이다. 따라서 시장조사에 많은 비중을 두는 대신에 신제품을 개발하고 대중에게 제품의 효용성 가치에 대한 교육과 커뮤니케이션을 통해서 시장을 창출하는데 역량을 집중시켜야 한다는 것이다. 이는 신제품의 편리성·유용성·가치성 등에 대한 개념이나 내용을 소비자에게 전달하거나 교육하여 소비행태의 촉진 및 변화에 중점을 둔 마케팅전략이라 할 수 있다. 또한 모리타는 소니와 이해관계에 있는 모든 사람에게 행복을 선사하는 것이 경영자의 사명이라고 설명하고 있다. 예를 들면, 사원이 세상을 떠날 때 소니에 근무해서 정말 행복했다라고 생각하도록 만들어주어야 한다는 것이다. 그래서 그는 신입사원 환영회에서도 "만약 소니에 들어온 것을 후회한다면 즉시 회사를 그만두십시오. 왜냐하면 인생은 한 번 뿐이니까요"라고 말할 정도였다. 그리고 소니의 구성원은 특정분야의 전문가 Specialist인 동시에 그 이외의 다양한 분야에 있어서의 지식이나 취미를 갖추어 전반적 상식이 충분히 갖춰진 일반적 지식인 Generalist이 되기를 요구하고 있으며, 직위가 더 높을수록 더욱 정열적으로 일할 수 있는 시스템이 형성되고 있다. 소니의 기업문화는 누구든지 자기의 의견을 자유롭게 제시할 수 있는 여건을 조성하고자 하며, 각자의 입장이나 사고방식에 따라 경영에 대한 토론의 장을 적극적으로 마련하고자 한다.

소니에서 아부카는 주로 기술개발과 그 제품화에 치중하였고, 모니타는 해외시장 개척이나 글로벌경영에 기여하였다고 평가되고 있다.

소니는 1955년에 일본 최초로 트랜지스터 라디오를, 1960년에 트랜지스터 텔레비전을 개발·판매하였다.

트랜지스터는 1948년 미국 벨 연구소에서 발명하여 웨스턴 일렉트릭Western Electric사가 그 특허를 보유하고 있었는데, 소니사는 그 특허사용료 25,000 달러를 지급하고 트랜지스터 라디오 개발사업에 착수하였다. 그 당시 트랜지스터는 당시 보청기에 쓰는 것이 적당하다고 판정하였으나, 이부카는 이것이 라디오에도 사용될 수 있을 것으로 확신하였다. 이는 기존기술이나 지식을 개선·결합하여 보다 새롭고 차별화되는 제품을 개발함으로써 소니는 소형라디오 시장에서 일본은 물론 해외에서도 석권할 수 있었으며 이로써 소니가 세계적 기업으로 발돋움 하게 되는 계기를 마련하게 되었다. 요컨대 소니는 보유하고 있는 유능한 물리나 화학분야의 전문가를 잘 활용하여 트랜지스터 전자산업에 몰두함으로써 30년 이상의 장기적 시장 경쟁에서 우위성을 가질 수 있게 된 것이다.

소니는 무엇보다도 시장에 존재하지 않는 새로운 개념을 가진 제품을 출시하려고 하는데 역점을 두었다. 예를 들면, 그 마케팅의 기초는 대형 라디오에서 어디나, 언제든지 가지고 다니기에 편한 소형 트랜지스터 라디오를 개발하고자 하는 아이디어에서 출발한 것이다. 그리고 보다 안정성 있고 성장성 있는 시장을 만들기 위하여서는 상품을 팔려고 하는 것에 앞서 신용을 팔아야 한다고 강조하고 있다. 이 신용은 우수한 품질, 신속·정확한 인도, 저렴한 가격, 확실한 사부서비스 등의 경영역할이 장기간 이행됨으로써 쌓아지게 된다.

(2) 소니의 재창출

오늘날 소니는 전자공학사업 이외에 음악, 영화, 게임, 방송통신사업에 진출하고 있다. 그런데 2000년도에 이르러 소니의 수익성은 떨어지고 삼성과 같은 경쟁회사에 밀리게 되는 지경에 도달하게 되었다. 그 이유를 열거하면 다음과 같다.

1) 아날로그 제품으로 경쟁우위에 있었던 워크맨이나 텔레비전 등이 디지털 제품 시장으로 수요가 변화하였음에 불구하고 이에 따른 사업구조조정 등 신속하게 적응하지 못하였다.

2) 소니는 워크맨, CD, MD시대의 단품 위주의 제품개발에 편향하였으나, 그 경쟁사로서 삼성전자는 탁월한 디자인과 첨단 기술력을 통해 홈미디어 센터(PC와 DVD플레이어 등을 결합한 패키지 상품) 개발부문에서 앞서가고 있었다.

3) 소니가 내세웠던 과거의 소형화기술이 디지털 제품에서 더 이상 유효하지 않게 되었다. 왜냐하면 디지털 제품에서는 하나의 반도체에 모든 기술이 축약됨에 따라 그 소형화가 쉽게 그리고 자동적으로 될 수 있으며, 칩이 불량이 아닌 이상 고장이 나지 않는

특성을 가지고 있기 때문이다.

4) 제조업 이외에 부가가치가 높은 음반, 영화, 게임사업에 진출하였으나 큰 이득을 얻지 못하였다.

1994년부터 2005년까지 소니의 사장을 역임한 이데이 노부유키出井伸之는 디지털 기술에 의한 소니의 재창출regeneration 전략을 주창하였다. 이데이에 의하면 이 재창출을 위해서는 수익체감의 법칙이 일어나는 조립형 산업이나 전자산업으로서 하드웨어hardware에서 탈피하여, 수익체증의 법칙이 적용될 수 있는 디지털 산업으로서 소프트웨어software로 전환시킴으로써 기업혁신을 이루어야 한다는 것이다. 수확체감의 법칙은 수익이 증가하면 증가할수록 그 순이익은 점차적으로 감소하여 수익이 원가에 접근하게 되고 나아가서는 경영관리의 효과성이 떨어지면 결손도 발생하게 된다는 것이다. 이는 수익이 증대됨에 따라 설비투자 및 인원 증대, 기타 일반관리비 상승 및 비효율성에 따른 고정비 부담이 수익증가에 비하여 체증하기 때문에 발생되어진다. 수확체증의 법칙은 수익이 증가되면 증가될수록 인원 및 고정설비와 기타 일반관리비가 체감되거나 일부의 변동비만 발생하게 되어 그 순이익이 체증하게 된다는 것이다. 이는 창의적인 지식집약적 산업이라 할 수 있는 반도체 산업에서 실현될 수 있는 현상이다.

1994년 소니의 총수로 지명된 이데이는 경영조직에 컴퍼니 제도를 도입하였다. 이는 각 해당 사업부가 보다 독자적인 자율경영을 할 수 있도록 그 권한과 책임을 부여하도록 하는 조직체계라 할 수 있다. 각 컴퍼니는 일정한도의 투자결재권, 컴퍼니 내의 인사권 등이 부여되었으며, 각 해당 사업별로 대차대조표와 손익계산서에 대한 책임이 부과되어 매출·손익 뿐만 아니라 보유자산 및 부채에 대한 관리책임이 위양되었다. 그런데 이 컴퍼니 제도는 다음과 같은 문제점이 발생하여 이데이가 총수에서 물러나자 소멸되었다.

  1) 단기적인 수익 및 부가가치 창출을 위주로 하여 운영되었다.
  2) 현행의 현금흐름 개선을 위하여 연구개발비가 삭감되고 따라서 기업 경쟁우위를 유지할 수 있는 신제품 개발투자가 축소되었다.
  3) 컴퍼니 간의 견제와 갈등이 심화되고 조직간 유기적 통합·조정이 결여되었다.

제55장

함덕지후 含德之厚
진리가 충만하다

含德之厚者 比於赤子 蜂蠆蟲蛇弗螫 攫鳥猛獸弗搏 骨弱筋柔而握固 未知牝牡之合而朘怒 精之至也 終日號而不嗄 和之至也 知和曰常 知常曰明 益生曰祥 心使氣曰強 物壯則老 謂之不道 不道早已

진리가 충만하다는 것은 갓난아이에 비유할 수 있다. 독충이 쏘지 못하고 사나운 짐승도 덤비지 못하고 채가는 새로부터도 잡히지 않는다. 뼈가 약하고 근육이 부드럽지만 주먹의 잡는 힘은 단단하다. 아직 남녀의 짝짓기를 모르지만 고추가 일어나며 그 정력이 지극하다. 종일 울어도 목이 쉬지 않는다. 화합의 극치에 이른다. 화를 알면 영원하다. 영원을 알면 밝음이 된다. 삶에 너무 욕심을 내면 요사스러움이 된다. 마음이 쓸데없는 곳에 머물러 기를 사용하게 되면 강하게 굳어져 자유스럽지 못하게 된다. 모든 것은 한창일 때가 있으나 쇠하기 마련이다. 이는 도가 아니다. 도가 아니면 일찍 망한다.

진리가 충만하다

순수하고 깨끗함을 내포한 진실이 두터워진다는 것은 이는 마치 아무 욕심이 없는 천진난만한 자연 그대로의 갓난아이에 비유할 수 있다. 갓난아이가 자기를 내세우지 않고 머무르지 않는 물과 같은 무위자연의 도를 함축한 것으로 상징할 때 그 감화력은 무한하다

할 것이다. 따라서 독충, 맹수, 독수리 등과 같은 짐승이라도 무위자연의 도에 거역하여 해를 끼친다기보다도 이에 순응해 나가지 않을 수 없다. 어린이의 뼈는 약하고 근육은 부드럽지만 그 쥐는 힘이 예상보다도 세다는데 놀라지 않을 수 없다. 아직 남녀의 교접은 알지 못하지만 고추가 일어서고 그 정기가 지극히 왕성하며, 하루 종일 울어도 목이 쉬지 않는다. 이는 물이 언제나 희로애락^{喜怒哀樂}에 감정을 발산하거나 갈등을 조성하지 않으며, 어린이와 같은 깨끗한 옹달샘물은 마치 우리에게 끊임없이 생기를 부여해주는 에너지를 연상토록 한다.

　어린이는 자연적인 순수성 및 유연성, 무분별지^{無分別智}, 소욕지족^{小欲知足} 등과 같은 무위자연의 도에 접근하는 특성을 가지고 있다. 이 무위자연의 도는 궁극적으로 온 세상에 대한 화합^{和合}의 극치를 이루어 나가고 있다. 화^{和}를 알고 성취하게 되면 자기를 극복하는 극기^{克己}가 되고, 이웃이나 주위의 환경을 잘 다스리게 되는 극치^{克治}가 됨으로써 모순해결이라는 영원한 진리를 얻게 된다. 너 자신을 알고 사랑을 베풀 수 있는 영원한 진리^{眞理}·진실^{眞實}·진정^{眞情}을 알게 되면 무명^{無明}이 없어지고 밝아지게 된다.

　일상적인 생활이나 수명에 너무 집착하여 헤어나지 못하면 결국 불길한 징조가 나타나기 마련이다. 마음이 무명이 되어 생기를 소진하게 되면 굳어져서 유연성을 잃게 된다. 희로애락이나 탐진치를 중심으로 한 세상은 한 때는 번창할 수 있지만 결과적으로 쇠퇴하게 된다. 이 삼차원적 세계는 도가 형성되지 않는다. 무위자연의 도가 없으면 우리가 바라는 현상이나 환상은 곧 사라지게 된다.

∶ 히딩크의 진실경영

(1) 히딩크의 인생여정

히딩크(1946~)는 2002년도 월드컵 축구대회에서 우리나라 축구팀을 4강에 오를 수 있도록 한 네덜란드 출신의 감독이다.

그는 2000년 11월 한국대표팀 감독을 수락한 후 2001년도에 프랑스, 체코 등의 축구팀에게 5:0으로 패하기가 다반사였기 때문에 오대영이라는 별명을 얻었으나, 사심없이 정열적으로 진실되게 리더십을 발휘하여 의외로 놀라운 성과를 얻었다.

히딩크는 네덜란드의 바르세벨트라는 작은 농촌마을에서 태어났으며, 그의 아버지는 공립초등학교의 교사를 거쳐 교장선생에 이르게 되었다. 그는 어렸을 때부터 바르세벨트 축구 클럽에서 뛰었으며, 14세부터는 고향의 최고 축구클럽에 소속되기도 하였다. 그는 인성테스트 결과 지도자로서의 역할이 최적이라고 하여 17세 때에 체육교사 양성을 위한 중앙학원에 들어갔다.

그의 약력을 연도별로 대강 열거하면 다음과 같다.

1956~1967 : 바르세벨트 축구클럽 선수
1965~1967 : 체육교사를 위한 중앙학원 교육과정
1967~1982 : 네덜란드, 미국, 터키 등에 축구선수 생활
1984~1990 : PSV(Philips Sport Vereniging)에서 부코치 및 코치로서 축구지도
1994~1998 : 네덜란드 국가대표팀 코치
1998~1999 : 스페인 Real Madrid 코치

1999~2000 : 스페인 Real Betio 코치

2000~2002 : 한국 국가대표팀 코치

2002 이후 : 네덜란드 PSV팀, 오스트레일리아 국가대표팀, 러시아 국가대표팀 등의 코치

히딩크는 어려서부터 축구를 좋아하였으며, 개인적 적성에도 맞아 축구선수나 그 지도자로서의 생활을 천직으로 여기고 열심으로 정진하고 있다. 그러나 그는 축구에 필요한 지식은 물론이고, 우리 삶을 영위하는데 요구되어지는 일반론적 지식이나 지혜도 갖추어야 축구지도자로서 성공할 수 있다고 사고하며, 이를 위하여 다양한 독서를 권장하고 있다.

(2) 히딩크의 리더십

히딩크는 초등학교와 2년간 체육교사 양성학교에서 수학한 학력 밖에 없으나, 개인적으로 독서나 사색 등을 통하여 축구 운영에 관한 훌륭한 리더십을 꾸준하게 연마해 나갔던 것 같다.

그가 축구생활을 지도하면서 이끌어 온 리더십의 중요한 내용을 기술하면 다음과 같다.

1) 축구가 잘 운영되기 위하여서는 무엇보다도 기본적 축구가 형성되어야 한다는 것이다.

기본적 축구는 기초체력, 기본기량, 정신력의 관점에서 검토할 수 있다. 그가 한국대표팀을 처음 만나 지도하려고 하였을 때 우리나라 선수의 체력이 유럽의 일류급 선수들에 비하여 50%정도 밖에

되지 않다는 것을 인지하고 여기서부터 훈련을 집중·강화시켰다. 축구의 기본기량을 논할 때 패스pass의 중요성을 인식하고 선수들에게 패스 연습부터 먼저 시켰으며, 공 잡은 자는 성급하게 공격진에게 패스하지 말고 공격진과 호흡을 맞춘 뒤 전진하도록 하였고, 수비는 확실히 공을 걷어내도록 하였다. 선수들에게는 항상 고개를 들고 시합하도록 하여 주위의 상황을 정확하게 파악·판단하도록 함으로써 유연성있는 경기운영을 이끌어 나가게 하였으며, 선수들은 공격과 수비를 모두 경영할 수 있는 선수multi player로 양성시켰다.

정신력에 있어서는 자기 역할을 다하는 책임감, 감정통제능력, 자신감, 열정·투지, 상황전개에 따른 창의성 발휘 등을 강조하였다. 또한 그는 훌륭한 선수만으로 이길 수 없으며, 훌륭한 인간이 아니면 이길 수 없다는 사실을 주장함과 동시에 그 지도과정에서 선수들이 이를 인식하도록 하였다.

2) 그는 골을 많이 넣는 것보다도 득점기회를 많이 만들도록 하는 것이 보다 중요한 과제라고 설명하고 있다. 왜냐하면 이렇게 되면 골은 자동적으로 들어가게 된다는 것이다. 이는 개인적 욕심을 극복하고 팀 전체를 위해 열심히 뛰다보면 목표가 더욱 쉽게 이루어질 수 있다는 것이다. 요컨대 그는 스타 중심의 경기운영 보다도 팀워크teamwork 유지력을 강조하고 있다.

3) 자기보다 강한 팀과 상대하여야 강팀이 된다는 생각에서 세계 일류의 축구팀과 20여회 이상의 시합을 하였다. 처음에는 유럽

강호와의 시합에서 5:0으로 지는 사례가 많았으나, 이기고 지는 것에 너무 과도한 신경을 쓰기에 앞서 그는 자기가 맡은 2년의 계약기간에 단계적이고 체계적으로 훈련계획을 세워 밀고 나갔으며, 선수 선발에 있어서도 능력 위주로 하여 학연, 혈연, 지연 등을 일체 고려하지 않고 최선을 다하는 성숙한 인간을 선수로서 공정하게 발탁하였고 성실하지 않으면 탈락시켜 버리는 카리스마를 발휘하였다. 그리고 축구팀 운영의 질서를 유지하는데 적어도 요구되는 사항으로서 대표팀에 합류한 선수나 기타 구성원은 시간엄수, 식사나 회의 중 전화통화 자제, 복장통일, 숙소에서 비디오 상영금지 및 금주 등의 규율을 지키도록 하였고, 이를 어기면 아무리 공을 잘 차는 선수라 할지라도 퇴출시켰으며 그 이외의 사항은 각자의 자율에 맡기는 원칙을 엄격하게 고수하였다. 또한 그는 상대방의 말에 경청하여 선수들의 애로사항이 무엇인가를 파악하려고 하였으며, 될 수 있는 한 즐거운 팀 분위기를 형성하려고 최선을 다하였다

4) 그는 낙관적으로 긍정적인 사고를 바탕으로 하여, 오대영도 월드컵에서 우승할 수 있다는 자신감을 간직하고 있었으며, 자기 자신이 언행일치를 솔선수범함으로써 선수나 기타 구성원들로부터 신뢰성을 얻게 되었으며, 이로써 축구대표팀이 한 마음으로 화합하는 계기를 마련하였고, 그의 카리스마적인 리더십이 순조롭게 통용될 수 있었다.

5) 그는 상대팀 경기내용의 장단점을 컴퓨터에 입력하거나 그

경기에 대한 비디오를 통하여 상대방을 철저하게 분석을 하였으며, 또한 우리 선수들의 능력, 성격, 잠재적 발전가능성 등을 예리하게 파악하여 적재적소에 필요한 시기에 기용하였다. 이는 손자병법에서 자기를 알고 상대방을 알게 되면 승리하는데 위태롭지 않다는 지피지기^{知彼知己} 승내불태^{勝乃不殆}라는 문구를 연상하게 한다.

6) 그는 축구를 좋아하기 때문에 돈의 액수에 관계없이 한국에서 이 과업을 계속한다면서 무엇보다도 자기가 하고 싶은 일로서 축구를 하고 있다는 것이다. 요컨대 그는 축구공에 지배되지 말고 축구공을 지배하여야 한다는 사고방식으로 축구를 대하고 있으며, 따라서 축구에 예속되거나 집착하는 것보다 축구를 즐기면서 자기의 삶을 개척해 나가는 가치성을 역설하고 있다.

제56장
지자불언 知者不言
깨달은 자는 말로 내세우지 않는다

知者不言 言者不知 塞其兌 閉其門 挫其銳 解其紛 和其光 同其塵
是謂玄同 不可得而親 不可得而疏 不可得而利 不可得而害 不可
得而貴 不可得而賤 故爲天下貴

아는 자는 말로 내세우지 않는다. 말로 내세우는 자는 알지 못한다. 그 입은 막고 그 문은 닫으며 날카로움을 무디게하고 얽힌 것을 풀어서 빛의 조화로움을 티끌과 같이 한다. 이것이 신비한 도와 같이 있음을 나타낸다. 그러므로 굳이 친해지려고 해서도 안되고 굳이 멀어지려고 해서도 안된다. 억지로 이익을 주려고 해서도 안되고 억지로 손해를 주려고 해서도 안된다. 함부로 높이지 못하며 함부로 낮추지 못한다. 따라서 그 도를 천하가 귀중하게 여긴다.

: 깨달은 자는 말로 내세우지 않는다

도道를 아는 자는 말로 내세워서 그 도를 표현할 수 없다. 왜냐하면 도는 말이나 문자에 구속되거나 한정되지 않는 깨달음을 그 실체로 하기 때문이다. 따라서 말로써 도를 전달할 수 있다고 내세우는 자는 도를 진정코 알지 못한 것이다. 도는 말보다도 오히려 꾸준한 수행과정에서 성취될 수 있다. 먼저 그 입을 막아서 남자의 구멍을 막고, 그 문을 닫아 여자의 문을 닫게 함으로써 그들 자신이 청정하게 되며, 나아가서는 불행의 씨앗을 사전에 지울 수 있다.

네 탓보다도 내 탓에 초점을 맞추어 예리한 비판을 가하고 그 성냄을 억제할 수 없으면 고뇌의 생활에서 벗어날 수 없다. 또한 다른 사람이 자기를 비난하는 문제에 대해서도 어느 정도 둔감할 수 있는 망인聾人이 되어야 한다.

옳고 그름에 대한 시비는 따져 보아야 하지만 상대방에게 양보하거나 배려해 줄 수 있는 여유도 가져볼만 하다. 나 자신의 혼란한 마음이 깨끗이 정화될 때 얽히게 된 일들을 풀 수 있는 첫걸음을 디딜 수 있게 된다. 자비나 사랑의 빛이 온 세상에 비추어질 때 어둠이 사라지게 되며, 상호간 화합을 맞이하게 된다. 이는 반야심경에서 중생의 육체 및 정신에 공空이라는 빛이 비추어 졌을 때 모든 고난과 재앙으로부터 벗어나게 된다는 설명(조견오온개공照見五蘊皆空 도일체고액度一切苦厄)과도 같은 의미가 될 수 있다.

나 자신이 언행일치가 되고, 시비만을 위한 예리함을 꺾고, 혼탁한 뒤엉킴을 풀어나가, 청정한 지혜의 빛을 중생에게 부여할 때 진공묘유眞空妙有의 경지에 이르게 된다. 예컨대 필요없는 생각, 논쟁, 행동은 처음부터 부득이한 경우를 제외하고는 내세우지 않는 것이 우리의 삶을 여유롭게 하며, 생명의 에너지인 기氣를 모아 우리의 할 바를 다할 수 있는 무불위無不爲로 나가가게 된다. 그러므로 시간, 공간, 인간을 초월하게 되는 공空이나 무위無爲의 세계에서는 친하고 멀어짐, 이익과 손해, 귀하고 비천함을 따지는 분별심이 사라지게 되며, 따라서 대립되는 상호간 모순이 자연적으로 화합·통일되게 된다. 그래서 무위의 도를 온 세상이 귀중하게 여기는 까닭이다.

테일러의 불언경영不言經營

(1) 테일러의 인생여정

테일러Frederic Winslow Tayler(1856~1915)는 공장현장에서 작업연구, 시간연구 등을 시행하여 노무관리나 생산관리에 과학적 관리법을 적용시킴으로써 기업경영에 혁신적인 영향을 미쳤을 뿐만 아니라 갈등관계에 놓여 있었던 자본가와 노동자를 화합시켜 상호간 이득을 가져올 수 있도록 하는데 헌신하였다. 그는 어떤 말이나 주장을 위한 주장을 한 것이 아니고 기업의 생산성 향상에 실질적 혁신을 보여준 것이다.

테일러는 펜실베니아주 저먼타운german town에서 태어났으며, 그의 아버지는 퀘이커교도 집안 출신으로서 성공한 변호사였고, 그의 어머니는 청교도의 혈통을 이어받았다. 그는 하버드대학교의 법과대학에 우수한 성적으로 합격하였으나 건강과 시력이 좋지 않다는 이유로 학업을 포기하였으며, 1874년 필라델피아의 작은 펌프공장에서 무보수의 견습공으로 입사하여 4년간의 도제생활을 마치었다.

테일러는 1878년 미드베일제철회사midvale steel mill에 입사하여 기계공, 조장, 직장, 기사보를 거쳐 6년 만에 기사장으로 승진하였으며 여기서 12년간(1878~1890)공장현장 실습과 실험을 계속적으로 수행하여 노동자의 생산능률이 제한받는 이유와 그 해결책 등을 제시하고자 하였다. 그가 미드베일제철회사에 근무 중 인식한 경영관리상 문제점은 다음과 같이 기술되고 있다.

1) 경영층이 노무관리 책임에 대하여 명확한 개념을 가지고 있지 못하였을 뿐만 아니라 그 경영의사 결정은 육감, 과거경험, 주먹구구식 평가에 기반을 두고 있었으며, 효과적으로 적용될 작업기준이 마련되지 않고 있었다.

2) 노동자의 작업실적을 개선시키는데 필요한 수단으로서 성과급 등 사기앙양 요인이 고려되지 않고 있었다.

3) 능력이나 적성을 고려하지 않고 노동자를 부적절하게 배치하였다.

4) 경영관리층은 노동의 업무실적이나 성과가 높아질수록 경영자와 노동자 모두에게 도움이 될 수 있다는 사실을 간과하였다.

그는 공장현장을 중심으로 하여 그 당시 운영되고 있었던 생산과정 및 노무관리를 개선시키기 위하여 시간 및 동작연구를 거듭하여 이를 개념화시키고 아울러 과학적 관리법으로 규범화시킨 것이다. 테일러는 미드베일제철회사에 근무하면서 뉴저지의 호보콘에 있는 스티븐스 기술연구소의 통신교육코스에 등록하여 2년 6개월 만에 스티븐스공과대학의 기계공학사 학위를 취득하였다.

그 후 그는 베들레헴 철강회사Bethlehem Steel Company를 대상으로 하여 그가 연구한 과업관리의 실제 적용상 문제점과 그 개선사항을 검토하였다.

1890년에는 제지회사의 전반관리자가 되었으며, 1893년부터 1901년까지는 생산 및 노무관리에 관련된 상담사무소를 개선하였다.

1906년에는 미국기계공학회 회장이 되었으며, 1909년부터 1914년까지 하버드대학교에서 매 겨울학기에 강의하였으나, 그 강사료와 여행경비를 받지 않았다.

그는 1895년 『성과급제도』, 1903년 『공장관리』, 1911년 『과학적 관리의 원리』라는 책을 각각 출간하였다.

(2) 테일러의 과학적 관리법

종래의 생산 및 노무관리는 노동자가 보다 긴 시간에 걸쳐 노동 강화를 심화시키도록 하는데 초점을 맞추고, 저임금으로 보상함에 따라 노사간 반목이 생기는 경우가 많았고, 조직적 태업Systematic Soldiering도 파생시켰다. 그 당시 조직적 태업이란 일을 너무 빨리 하거나 많이 하게 되면 일거리가 줄게 되어 자신이나 동료들이 직장을 잃게 됨으로 자기들이 맡은 업무를 태만하게 처리하게 되는 현상을 말한다. 따라서 테일러는 노동자가 하루 일할 수 있는 과업을 보다 과학적으로 설정하고, 그 성과에 따른 보상을 적정히 시행하며, 아울러 그 생산성을 향상시켜 나감으로써 노동자에게는 고임금을 지급하고, 기업경영에 있어서는 저노무비가 발생하도록 설계하였다.

과업관리는 노동자의 1일의 표준작업량을 설정하기 위하여 동작연구와 시간연구를 하게 된다. 이는 구체적으로 해당 작업에 대하여 구성되는 각 동작요소로 분해하고, 각 동작요소에 필요한 소요시간을 스톱워치stop watch로 측정하며 그 달은 소요시간에 여유시간을 가산하여 표준작업시간을 산정하게 된다. 표준과업을 위한 표준작업시간을 결정하기 위하여서는 기계·공구, 출고방법, 조명, 작업지시방법, 작업면 높이 등에 관한 표준화가 마련되어야 하며, 그 과업은 일에 열의가 있고 적성이 맞는 잘 훈련된 일류의 노동자가 담당하여야 한다는 것이다. 그리고 그 과업에 성공한 자에 대하여는 높은 임률도 보상하고 그 실패자는 낮은 임률로 지급하는 성과급제도가 도입하여야 한다고 강조되고 있다.

테일러의 과학적 관리원칙은 다음과 같이 기술되고 있다.

1) 작업에 대한 참된 과학의 개발
2) 노동자의 과학적 선발
3) 노동자의 과학적인 교육과 계발
4) 노동자와 경영자 사이에 일과 책임의 평등한 분담과 그 상호간에 있어서 친밀한 협동의 유지

그 당시 철강회사에서 노동자들이 약 92파운드의 철 덩어리를 열차에 적재하는데 하루 평균 작업량이 12.5톤이었으나, 테일러의 과학적 관리방법을 적용시킴으로써 하루에 48톤을 운반할 수 있었다. 미국은 제1차 및 제2차 세계대전 때 테일러의 과학적 관리법을 이용함으로써 과거 노동자가 수년간 소요되어야 파악할 수 있는 광학기술 등을 단지 수개월 만에 습득하여 일본이나 독일을 전쟁에서 패배시킬 수 있는 중요한 원동력이 되었다고 한다.

테일러는 작업분석에 기초하여 노동자를 적절히 훈련·교육시키면 단기간 내에 필요한 기술을 배우게 되어 5년~7년 동안의 오랜 도제생활을 한 노동자와 같은 능력을 보유할 수 있고, 누구나 일류의 노동자가 되어 최상급의 임금을 받을 수 있다고 강조한데 대해서 미국의 국영 병기창과 조선소는 강력하게 반발하여 의회에

압력을 넣어 그 과업연구를 하지 못하도록 하였다.

칼 마르크스는 노동가치설에 입각하여 노동자의 잉여노동시간을 생산수단의 소유자인 자본가가 착취하게 되며, 따라서 평등사회를 구현하기 위하여서는 잘 사는 사람 것을 빼앗아 못 사는 사람에게 분배하여야 한다고 역설하였다. 그런데 오늘날 상품의 가치는 노동시간의 장단보다도 새로운 아이디어에 의해 차별화되고 증대되어지므로, 그 가설에 문제점이 내포되고 있다. 테일러는 노동자가 열심히 오래도록 일하는 것보다도 과학적 관리법에 의하여 잘 살 수 있는 방법을 체득시키는데 중점을 두고 있다.

1930년경 테일러의 과학적 관리법에 의하여 노동생산성이 증대하고 임금이 상승되어 마르크스가 말하는 노동자계급인 프롤레타리아가 더욱 혜택을 받아 최소한 중산층까지 그 지위가 올라가 있었다. 그런데 테일러의 과학적 관리법은 다음과 같은 문제점을 나타내고 있다.

1) 연구대상영역이 전반적인 경영관리가 아니고 공장관리, 생산관리, 노무관리에 국한되고 있다.

2) 표준과업설정 시 동작연구 및 시간연구가 그 연구자의 주관성에 따라 영향을 받게 된다.

3) 일류의 노동자를 전제로 하고 있으므로 인간노동을 기계화하고, 노동조합의 존재를 부정하고 있다.

4) 제조업 등에 종사하는 육체노동자에 대한 과업관리로서 과학적 관리법에 의한 생산성 향상만으로는 오늘날 기업경영의 경쟁상 우위를 실현시키는 데에는 한계가 있다.

현대경영에서는 단순한 작업연구에 의한 지식을 생산 및 노무관리에 활용시켜 생산성 혁명을 이루는 범위를 벗어나서 기존지식을 결합·개선·추가 시키는 경영혁명이 부각되고 있다.

제57장
이정치국 以正治國
바름으로써 나라를 다스린다

以正治邦　以奇用兵　以無事取天下　吾何以知其然哉　天下多忌諱
而民彌貧　民多利器　而邦滋昏　人多伎巧　奇物滋起　法物滋彰　盜賊
多有　故聖人云　我無爲而民自化　我好靜而民自正　我無事而民自富
我無欲而民自樸

나라를 다스리는 데에는 바름이 필요하고 군사를 쓰는 데에는 기발한 작전이 요구된다. 그런데 천하를 얻기 위해서는 무위로써 일을 처리하여야 한다. 나는 어떻게 그러함을 알게 되었는가, 그것은 무위의 도이다. 세상이 꺼리고 숨기는 것이 많을수록 백성은 더욱 가난해진다. 사람들이 편리한 기구를 많이 가지면 나라는 더욱 어두워진다. 사람들이 교묘한 재주가 많으면 별 이상한 사기꾼이 생긴다. 법령이 더욱 요란하면 도적이 많아진다. 그러므로 성인이 말하기를 내가 억지로 욕심내어 착취하지 않으면 백성은 스스로 저절로 되어 나간다. 내가 고요함에 익숙되면 백성은 스스로 바르게 된다. 내가 나의 삿된 목적으로 일을 꾸미지 않으면 백성이 저절로 부자가 된다. 내가 욕심이 없으면 백성은 자연적으로 순박해진다.

: **바름으로써 나라를 다스린다**

나라는 바르게 다스려야하고, 군사 운영에 있어서는 기발한 작전이 요구되어진다. 그런데 천하를 얻는 데에는 탐욕·성냄·어리석음이 제거된 깨끗한 마음으로써 무심無心이 바탕이 되어야 하며, 이로써 정치나 군사작전이 구체화되는 것이라 할 수 있다. 예컨대 이는 기본이 서야 길이 생긴다는 본립도생本立道生에서도 그 의미를 찾아볼 수 있다. 왜냐하면 세상에 거짓이나 사기가 난무하여 꺼리고 숨기는 것이 많아지면 많아질수록 부패가 만연되어 힘없고 순박한 일반 서민은 살기가 더욱 더 어려워지고, 사회생활에서 유리한 위치를 선점하여 이를 부당하게 활용할 수 있는 부자나 권력자는 더욱 더 돈을 많이 벌거나 그 세력을 광범위하게 떨치기도 한다. 또한 사람들의 생활이 보다 편리한 기구나 수단에 의존하면 할수록 세상은 더욱 혼미해진다.

오늘날 우리들은 3C$^{Car,\ Cellphone,\ Card}$인 자동차, 개인휴대전화, 카드와 밀접한 관련을 맺으면서 보다 편리한 생활을 영위할 수 있는 것 같지만 그에 따른 폐해도 만만치 않다. 이는 자동차에 의한 공해 발생, 개인휴대전화에 의한 사색 차단, 카드에 의한 낭비 등을 그 예로 들 수 있다.

사람들이 교묘한 재주를 부려 쓸데없는 욕심을 채우고자하면 낭패가 되는 이상한 경제 및 사회현상을 낳게 한다. 예를 들면, 어떤 계약이나 권리를 상품화하여 거래가 되도록 고안한 파생상품은 각 거래자의 신용을 담보로 운용되는 것이므로 그 신용이 무너지면 그 경제적 피해상황은 엄청난 것으로서, 실제로 이 신용붕괴로 인하여 오늘날 세계적 경제공황을 경험하게 된 것이다.

정치, 경제, 사회의 제반 현상을 법으로써만 해결해 보겠다는 의도를 가지고 수만 가지의 법령을 공포하여 시행토록 하지만 이를 피해서 저지르는 범죄는 줄어들지 않고 늘어만 간다. 이는 마치 세균을 죽이는 약을 만들지만 그 약을 이겨내는 보다 내성이 강한 세균이 증식되어 나가는 이치와 통하게 된다. 그래서 성인은 말하기를 먼저 주체가 되는 자기가 무위라는 도로써 솔선수범하면 백성은 저절로 그리고 자연적으로 감화되어 평상심을 가지고 바른 생활을 할 수 있다는 것이다. 내 마음이 혼란을 일으키지 않을 만큼 통제를 잘 할 수 있으면 백성은 스스로 바르게 되고, 내가 걸림이 없고 공정하여 큰 문제를 일으키지 않으면 백성이 저절로 잘 살 수 있게 되며, 내가 욕심이 없으면 백성은 자연적으로 순박해진다.

발생된 일들의 원인이나 결과에 대하여 네 탓이라고 말하기 전에 내 탓이라는 사고를 길러 나감으로써 자기 자신이 보다 성숙한 인간이 될 수 있고, 사전에 상호간 갈등이나 문제를 해소시킬 수 있는 지름길이 될 수 있다.

모택동의 권모술수경영

모택동(1893~1976)은 30년 이상 중국을 막강한 권력으로써 지배·통제한 지도자이며, 그가 국민을 위하여 바른 경영을 하였을 때에는 이에 따른 성과로써 승리의 월계관을 쓸 수 있었으나 그렇지 못한 경우에는 일반국민에게 엄청난 시련과 고통을 안겨주었다는 사실을 직시하지 않을 수 없다.

(1) 모택동의 인생여정

모택동은 후난성 샹탄현 사오산이라는 마을의 농부 집안에서 5남

2녀 중 3남으로 태어났으며 위의 두 형과 여자형제들은 어릴 때 죽었다.

그는 8세부터 13세까지 서당에서 유교경전을 외우고 서도書道와 시작법詩作法을 배웠는데, 고집이 세고 선생 말을 잘 듣지 않아 적어도 세 곳의 서당에서 쫓겨났다. 그는 14세 때 마을처녀와 결혼하게 되었는데 그녀는 21세 때 사망하였다. 그는 17세 때 창사에 있는 중학교에 입학하였으나 자기의 적성에 맞지 않아 6개월 후 학업을 포기하였으며, 1913년 제 4사범학교에 입학하여 5년 후에 졸업하였다. 이 사범학교에서 그는 영국의 에딘버러대학에서 유학하고 돌아온 양창제楊昌濟 교수를 만나 새로운 안목으로 세상을 바라볼 수 있게 되었는데, 양창제 교수는 베이징대학 교수로 임명되고, 모택동은 양 교수의 소개로 베이징대학 도서관 사서 보조로 일하게 되었으며, 이 대학의 도서관장으로서 마르크스 연구를 지도한 이대교의 영향으로 마르크스주의에 심취하게 되었다. 1920년 그는 양창제 교수의 딸인 양카이후와 결혼하였는데 그녀는 1930년 내전 중 후난성 사령관에 의해 체포되어 모택동과의 결별 선언을 하도록 강요받았으나 이를 거부하여 28세의 나이로 국민당 군대에 의해 총살형을 당하였다.

1920년 7월 그의 또 다른 옛 스승이 창사사범학교의 교장으로 취임하여 모택동을 부속 소학교의 교장으로 임명함으로써 그의 형편이 어느 정도 나아지게 되었으며, 1921년 7월에 모택동은 상해에서 열린 제 1차 전국대표회의에 후난지역의 공산당을 대표하여 참석한 것을 필두로 마르크스주의 운동을 전개하였다.

1923년에 공산당과 손문이 주도하는 국민당은 각지에서 할거하고 있는 군벌 타도를 위해 서로 손잡기로 합의 하였으며, 이에 따라 모택동은 1925년 9월 광저우에서 국민당의 간부가 되어 정력적으로 일하였으나 극도의 불면증으로 인해 수면제를 먹지 않으면 잠을 잘 수가 없었다.

그런데 1925년 손문이 사망하자 장개석이 국민당을 장악하게 되었으며, 1927년도에 장개석 국민당은 공산당과 결별하고 상해에서 공산당에 대해 테러를 개시하였다. 이에 1927년 4월 모택동은 중국공산당 중앙위원회에 복귀하였으며, 동년 8월에는 농민봉기를 일으켜 군대의 사령관이 되었다. 이 당시 모택동은 권력을 잡기 위하여 동지들에게 엉뚱한 누명을 세워 제거해 나갔으며, 남이 모아놓은 군대를 권모술수를 부려 자기의 통솔 하에 두도록 하였고, 소련 공산주의에 충성다짐을 우선적으로 맹세함으로써 홍군부대를 모택동 수중에 넣도록 소련이 지시할 정도로 긴밀한 관계를 유지하였다. 요컨대 모택동에게 가장 큰 상처를 주게 된다고 보는 것은 공산국가의 붕괴나 자기 아들과의 이별이 아니라 개인적 권력의 상실이었다.

1935년 모택동은 장개석군대의 공격을 피해 계속 남하하여 베트남 국경선에 이르게 되는데, 이 남쪽 행군은 군사적으로 큰 의미가 없는 행군으로 고려되었으며, 주로 공산당 홍군의 실력자인 장궈타오가 당권을 장악하지 못하도록 하고 모택동의 지배를 더욱 강화시키기 위한 수단에 지나지 않았다.

1935년 8월로 홍군이 북으로 이동할 때 모택동은 편한 길로 나아가고 있는 장궈타오의 군대를 함정에 몰아넣기 위해 험악하고 습지이며 밤낮의 기온차가 심한 행군길을 택하도록 하였다. 또한 대장정을 하는 동안에 모택동부대는 거의 공격을 받지 않는 반면 장궈타오부대는 그 규모가 크고 강하였기 때문에 가는 곳마다 전투를 벌여야만 했다.

따라서 모택동은 아군이라도 자기의 권력유지나 확대에 장애가 된다고 생각하면, 아군이 적군에 의해 타격을 받아 섬멸되기를 바라고 있었을 정도였다.

1937년 8월경 중일전쟁이 시작되었는데, 여기서 모택동의 전쟁전략은 국민당군대와 일본군이 싸우도록 하고 자기 군대는 이 전쟁에 휘말리지 않도록 함으로써 공산당의 홍군전력을 보존하고, 일본이 국민당에 의해 패배될 때까지 기다렸다가 일본군 점령지를 탈환하여 홍군 점령지역을 확장시키도록 하는데 중점을 두었다.

1940년 5월 그는 일본이 중경에 공습을 강화시키고 있는 와중에서도 국민당을 격퇴시키기 위하여 전면 내전을 모스크바에 요청할 만큼 교묘한 수단을 써서 자기가 권력을 장악하는데 집착하고 있었다. 1948년 모택동의 공산당부대는 옌안지역에서 1년간 믿기 어려운 승리를 거두었으며, 1949년 4월경에는 120만 명 병력의 공산군은 양쯔강을 건너 장개석의 수도 난징을 함락하여 중국 본토에 대한 약 20년 이상의 국민당 정부통치에 마감을 하도록 하였다.

모택동은 1928년경 세 번째로 허쯔전과 결혼하게 되었으며, 그녀는 모택동의 장부를 처리하는 비서 역할을 하였으나, 공산당원으로서 게릴라전에 참전했던 그녀는 이에 만족하지 못해 1938년 모택동의 의견을 무시하고 공산당 연구를 위하여 모스크바로 갔다. 그녀는 모스크바에서 정신분열증으로 인해 정신병원에 입원하게 되었고, 1947년 정신병원을 나온 그녀는 9년 만에 중국으로 돌아왔으나 여러 가지 사정으로 인해 모택동과 재결합하지 못했다.

1938년 11월 45세가 된 모택동은 24세인 경극 여배우인 강청(1914~1991)을 네 번째 부인으로 맞이하게 되었다. 그녀는 결혼 후 얼마 되지 않아 모택동으로부터 인간적으로 외면당하였으며 정치적으로 이용수단에 지나지 않았다. 모택동이 죽고 난 후 그녀는 사형판결을 받고 10여년의 옥살이 끝에 1991년 5월 목을 매어 자살을 하였다.

국민당 군대를 몰아낸 모택동은 1949년 10월 1일 천안문 광장에서 중화인민공화국 수립을 선포하고 정권을 잡은 후, 그가 사망한 1976년까지 중국 공산당의 최고 실권자로서 역할을 하며, 자기에 대한 개인숭배 및 신격화를 위한 운동을 전개하였다.

(2) 중국공산당의 승리와 중화인민공화국의 수립

1934년에 이르러 중국공산당은 국민당의 우세한 군사력에 밀려 거의 섬멸되는 위기에 몰렸으나, 국민당 실권자인 장개석의 갑작스런 구금사태, 국민당 정부의 지속된 관료의 병폐, 마르크스 종주국인 소련의 적극적인 호응, 모택동의 중국적 마르크스국의 현실적 적합성 등의 복합적인 요소가 어우러져 그들의 약세가 힘찬 기운을 얻게 되어 되살아나게 된 것이라 할 수 있다.

이들의 요인을 구분하고 제시하면 다음과 같다.

1) 공산당 부대의 대장정

134년 패색이 짙어진 공산당의 주력부대로서 8만이 넘는 홍군은 국민당의 공격을 피하고 소생할 수 있는 기회와 시간적 여유를 갖기 위해 서금을 탈출하여 대장정大長征을 시작하였다. 이 대장정은 서금에서 옌안까지 약 12,000km의 거리였으며, 1936년도 가을에 끝나게 되고, 그 종료 후 남은 병력은 약 8,000명에 지나지 않았다. 공산당은 이 때 산시성을 돌아다니며 실용적이고 방어하기 쉬운 장소를 찾아다닌 끝에 1936년 가을 옌안에 그 본부를 두기를 결정하였다. 이 옌안은 상당한 규모의 상업도시이며 황토를 파서 만든 동굴집이 많아 추위와 더위를 피하기가 안성맞춤이었다.

그 이외에 모택동은 대장정 이후 북서지방에 위치한 옌안에 안착함으로서 소련관할 영토의 국경에 이르는 통로를 개척할 수 있었고 이에 따라 자기 세력권 확장을 위한 무기와 기타보급품을 보급 받을 수 있게 되었다.

2) 국민당의 혼란

장개석의 구금사태와 국민당 정부의 부패 및 관료국의 만주지방을 장악하고 있었던 장학량張學良은 중국인끼리 싸우지 말고 모두 항일투쟁에 나서야 한다는 공산당의 주장에 현혹되어 1936년 서안에 주둔하고 있는 군대를 시찰하러 온 장개석을 감금시켜 공산당과 협상할 것을 강요하였다. 이에 장개석은 공산당을 합법적인 존재로 인정하고 함께 힘을 모아 일본의 침략을 몰아낼 것을 공식 선언하였다.

모택동은 장학량에 의해 구금된 장개석을 죽이기 위한 공작을 계속하였으며, 중국 전체를 지배하기를 원한 장학량은 시간이 흐름에 따라 그의 거사가 실속 없이 모택동에게 이용되고 있을 뿐이라는 사실을 알게 되자 그 잘못을 시인하고 장개석의 안전에 최선을 다하는 행태를 보였다.

　일본은 1938년 중국의 주요 대도시와 상공업지대를 모두 장악하게 되었으며, 국민당 군대는 이 전쟁으로 상당한 소모전을 치르게 되었다.

　한편 중국 공산당군대는 일본군이 점령한 배후지역과 국민당군이 철수한 광대한 지역에서 게릴라전을 펴면서 농촌해방구를 건설하였다. 중국공산당은 농민과 농민 등 무산계급에 대한 구제, 민족상공업의 보호 등의 정책을 내세워 일반대중으로부터 호응받게 되었으나 장개석의 국민당 정권은 독재정치, 족벌경제해체, 관료 등에 의한 착취·탄압·부패 등의 문제점을 야기시켜 국민들로부터 신뢰를 잃기 시작하였다.

　1946년 11월경 국민당 정부가 통치상 위기를 초래시킨 요인은 다음과 같이 제시할 수 있다.

　1) 국민당 정부는 반공산혁명내전을 전개시키기 위해 미국에 보다 의존적이 되어 그 통치력의 자율성이 상실되고 있었다.
　2) 장蔣, 송宋, 공孔, 진陳의 4대 가족이 화폐 남발, 조세징발 등 다양한 방법으로 부를 축적하여 일부 계층에 의한 자본독점 및 경제편중이 이루어졌다.
　3) 개인적 독재정치체재 및 관료에 의한 강권탄압행정이 만연되어 사회적 불신이 높아졌다.
　4) 국민당 정부의 정치 및 정책에 항거하여 학생운동을 중심으로 하여 각계각층의 애국민주운동이 광범위하게 전개되었다.

3) 중국적 마르크스주의

모택동은 마르크스주의를 중국화하여 중국의 현실적 특성에 맞도록 개발·응용하여야 그 유용성을 증대시킬 수 있다는 것이다. 그의 사상은 농민혁명을 기초로 하여 무장투쟁, 인민민국독재, 민족상공업의 보호를 내세우고 있었다.

이 당시 중국은 반식민지半植民地·반봉건제半封建制의 대국으로 정치·경제 발전이 지극히 불균형으로 되어 있어 도농간都農間 빈부 등의 격차가 심해 농민의 무장투쟁에 의한 토지혁명이 보다 쉽게 성취될 수 있으며, 이 노동혁명을 근거로 하여 도시포위 및 유격전을 통하여 정권을 쟁취할 수 있다는 것이다. 이 농민혁명은 지주계급의 토지를 몰수하여 경작농민 소유로 귀속시키도록 함으로써 소수의 지주계급을 타파하고 그 지지기반을 확충시킬 수 있었으며 국민당의 세력이 취약한 농촌에 큰 저항 없이 침투할 수 있게 되었다.

인민민주독재를 농민이나 기타 무산계급의 혁명투쟁을 위하여 그 혁명의 적으로 간주되는 제국주의, 군벌, 관료, 지주, 매판자본 등의 계급에 대한 퇴치수단으로서 극단의 견제조치를 취하여야 한다는 것이다.

민족상공업의 보호는 전통적으로 형성되어온 민족자본을 대표하는 상공업에 대하여는 경제가 자율적으로 운용될 수 있도록 그 침해를 받지 않도록 해야 한다는 것이다.

4) 공산당부대의 운영전략

공산당부대인 홍군은 다음과 같이 기본적 기율紀律을 정하고 있다.

① 모든 행동은 지휘에 따른다.
② 가난한 농민들로부터 어떤 것이라도 **빼앗지** 않는다.
③ 지주로부터 입수한 모든 물품 등은 즉시 직송하여 그 처분을 정부기관의 관할 아래에 둔다.

그리고 1928년 이후 홍군에 대한 추가 지시사항은 다음과 같다.

① 인가에서 떠날 때에는 침대로 사용하던 문짝을 제자리에 걸어 놓는다.
② 잠잘 때 사용한 짚단은 묶어서 본래의 자리에 갖다 놓는다.
③ 인민에게 예의바르고 정중하게 대하며, 가능한 경우 무슨 일이든 도와준다.
④ 빌려서 쓴 물건은 모두 바꾸어 준다.
⑤ 파손된 물건은 모두 바꾸어 준다.
⑥ 농민들과의 모든 거래는 정직하게 한다.
⑦ 구매한 모든 물건은 대금을 지급한다.
⑧ 위생에 주의하고, 변소는 민가와 멀리 떨어진 곳에 만든다.

상기 사항은 노래말로 만들어 장병들이 매일 부르도록 하였다. 또한 1937년 공산당 인민군대의 정치사업원칙은 관병일치, 군민일치, 적국와해로 나누어 준수를 하도록 하였다.

관병일치
군관은 사병을 사랑과 관심으로 대하고 사병의 인격을 존중하며, 사병은 군관을 존중하고 군관지휘에 따르며 기율을 준수하여야 한다.

군민일치

민중이 군대를 자신의 군대로 간주할 수 있도록 민중의 입장에 서 있는 군대가 되어야 한다는 것이다.

적군와해

홍군은 포로를 관대하게 대하고 부상병을 치료해 주도록 한다. 그리고 교육개조사업을 통해 그 포로가 자발적으로 홍군이 되게 하는 것을 중시하였으며, 가고자 하는 포로에 대하여는 되돌려 보내도록 하였다.

이와 같이 중국공산당의 홍군은 인민 및 포로를 동포애로써 감싸도록 하여 호감을 가지게 하는 전력을 사용하여 온 반면, 장개석의 국민당 정부는 관료주의와 부패가 만연하고 상해 등 여러 곳에서 시위나 폭동을 일으키게 하였으며, 장개석은 군 인사에 있어서 그 능력에 의거한 합리적인 기준보다도 개인적인 감정이나 선호도에 따라 조치하는 경향을 보였다.

1948년 9월 중국공산당은 주력군 70만 명을 모집해 국공내전國共內傳에 들어갔으며, 1948년 9월 12일로부터 1949년 1월 31일까지 3차에 걸친 내전에서 중공군은 국민당군의 병력 약 154만 명과 미국원조무기의 약 30% 이상을 붕괴시켰다.

이 3차의 전투에서 장개석의 국민당군의 내부에는 공산당의 잠복간첩 등이 중요한 활약을 하여 그 전세戰勢가 더욱 더 국민당 군에게 불리한 형편으로 몰아넣도록 하였다.

(3) 중화인민공화국의 수립 이후 모택동의 정책

1949년 10월 1일 중화인민공화국이 수립되자 모택동은 중앙인민정부의 주석이 되고, 1954년에는 헌법에 의거 초대국가주석에 당선되었으며, 1959년에 대약진운동의 실패헤 책임을 지고 유소기에게 일시적으로 국가주석을 이전하였으나 그 후에는 중화인민공화국의 실권자로서 국가주석자리에 머물러 있었다.

모택동의 사상은 농민혁명을 위하여 무장투쟁을 그 수단으로 이용하였으며, 자신이나 중국공산당의 권력을 유지하기 위해서는 무자비한 계급투쟁을 실시하여 왔고, 경제적인 면에 있어서는 스탈린이 주도한 일국 사회주의사상과 계획경제방식을 계승하였다.

1) 농민사회주의적 사상

모택동은 중국의 현실적 상황에서 농민과 같이 가난하고 지식이 없을수록 자본주의에서 사회주의로 전환시키기가 더욱 쉽다고 보고, 농민과 농촌을 혁명의 근거지로 삼았다.

마르크스는 생산력이 생산관계를 결정한다고 주장한데 비하여 모택동은 생산관계가 생산력을 결정한다고 해석하여 지주로부터 농토를 빼앗아 농민에게 토지를 분배하여야 하는 토지개혁이 앞서야 한다는 견해를 가지고 있었다. 그런데 모택동이 중화인민공화국의 정권을 잡은 이후에는 토지의 개별소유제에서 집단소유제로 변경하였다. 집단소유제는 국가가 토지를 소유하여 농업집단화

생산방식을 추진하고, 그 관리는 인민공사에 편입시켰는데 이 인민공사는 군사조직화, 행동전투화, 생활집단화라는 원칙 아래에 운영되었다. 이 집단 농장형태의 인민공사관리는 식량징발에 용이한 수단으로 이용되었을 뿐만 아니라 농민 각자의 생산성과에 따른 보상이 구체화되지 않았으므로 그 생산의욕이나 사기앙양을 저해시켰고, 중국의 농업발전이 장기적으로 정체상태에 빠지도록 하는 중요한 요인이 되었다.

2) 전제정치

이는 중국적 마르크스주의에 반대하는 세력에 대하여는 모택동과 그를 따르는 일부의 관료조직이 당黨, 정政, 군軍의 권한을 모두 장악·집중하여 행사할 수 있어야 그 체제의 유지·발전이 제 기능을 할 수 있다는 것이다. 이 전제정치를 하는 과정에서 모택동은 자기에 대한 맹목적인 개인숭배 및 신격화를 강요하였으며, 문제가 있다고 간주되는 각 정부 및 기타 조직을 공격·해산하고, 자기에게 충성하는 간부를 요직에 배치하여 그 체제를 움직이도록 하였다. 따라서 당, 정부, 군 등은 관료주의가 팽배하였으며, 그 권한과 책임이 불명확하고 부패 및 무능이 일반화 되었다.

3) 계급투쟁론

모택동이나 중국공산당의 투쟁대상은 고정화되지 않았다. 시간적, 공간적으로 그 목적달성을 위하여 하나의 수단으로써 표적을 만들어 대립된 반대파로 몰아 격침시키는 전략을 구사하여왔다. 예를 들면, 중국공산당이 1957년 6월 전개한 반우파투쟁 운동은 지식인들이 모택동체제를 마음대로 발표·토론할 수 있도록 하고 이를 다 청취한 후에 그 비판적 의견을 발표한 자를 반사회주의 분자로 지목하여 탄압·숙청하였다.

그리고 1966년 5월부터 1976년 10월까지 선동된 문화대혁명운동은 자기 권력에 불안을 느낀 모택동이 정부, 군대, 문화 등의 각 영역에 산재해 있는 부르주아적 인물, 당내 자본주의 실권파를 색출·제거시키기 위해 청소년 노동자, 학생 등으로 형성된 홍위병이라는 집단을 앞세워 계급투쟁을 위한 아수라장을 만들게 하였다.

4) 폭력만능론

무장폭력이나 전쟁은 계급투쟁을 위한 필수적인 수단이며, 모택동은 정권은 총구에서 나온다는 사실을 역설하였다. 그는 맑스레닌의 노동자폭동을 농민폭동으로 대체·수정하여 농민을 선동하고 농촌으로부터 유격전을 전개하여 도시를 포위하여 탈취한다는 전략을 구상·수행하였다. 1960년대에 이르러 모택동은 현대적 무장투쟁수단으로서 핵무기나 핵잠수함의 보유를 지극히 원하여 소련으로 하여금 이에 대한 기술을 제공하도록 하여 상당한 진전을 이루었다. 따라서 그는 통치기간 중 핵물리학자와 로켓과학자는 월등한 우대특권을 부여받았다.

5) 실사구시의 사상

모택동이 의미하는 실사구시實事求是는 무산계급과 인민대중의 입장에서 객관적으로 존재하는 일체사물의 내부관계나 그 규율성을 탐구하여 모든 사업은 그 시기나 지역의 실제 상황에 근거하여 처리해 나가야 한다는 것이다. 그러므로 어떤 사안에 대한 결론은 중국마르크스주의의 관점에서 역사, 정치, 경제, 사회, 문화적 상황에 대하여 치밀한 조사·연구에서 파생되어야 하며, 이 조사연구는 장기적으로 일상적으로 하여야 한다는 것이다. 또한 이는 미래에 대한 변화를 예측하고 사전준비를 형성시켜야 한다는 의미도 포함시키고 있다. 그러나 모택동의 지시로 1958년에서 1961년까지 실시된 대약진운동의 하나로서 철 생산량 증가는 용광로를 계속 가동시키기 위하여 철야작업을 하였는데 그 40%만 양질의 강철을 생산하였을 뿐 그 외 대부분은 불량품으로 자재 및 인력을 낭비하는 결과를 낳았다.

모택동은 중국경제에 있어서 생산력 증강보다도 중국마르크스주의 관점에서 왜곡되거나 모순인 생산관계 개조에만 치중하고, 정치적 구호에만 집착하며, 과학·기술·문화의 교육을 소홀히 하였다. 그리고 지식인은 노동, 농사, 전쟁 등에 일고의 가치도 없다고 보고 그들을 경시하였다. 이로써 모택동이 이끌어 온 중국사회는 빈곤과 낙후를 면할 수 없게 되었다.

6) 마오주의의 국제적 세력 확장

권력지향적인 모택동은 마오주의를 전세계에 전파하기 위하여 1960년 1월경 중국은 대외경제연락국이라는 기구를 만들어 무기, 식량, 자금 등을 쿠바, 베네수엘라, 알바니아 등에 무상으로 원조하게 되었는데 이로써 중국은 세계에서 원조를 제공해주는 나라 중에서 가장 가난한 국가였다.

그는 문화혁명에 이어 세계혁명의 지도자가 되기 위한 운동을 강화하였다. 아울러 반소정책을 내세워 소련과는 다른 독자적인 공산주의 노선을 걷기로 하였다. 그래서 그는 알바니아, 베트남 등 60여개국 등에 자기 세력 및 영역을 넓히기 위한 무상원조를 증대시켜 나갔으며, 이로 인해 중국인민들의 생활을 혹독하게 쥐어짜게 되었다.

제58장

기정민민 其政悶悶

정치가 후덕하면

其政悶悶 其民淳淳 其政察察 其民缺缺 禍兮福之所倚 福兮禍之所伏 孰知其極 其無正 正復爲奇 善復爲妖 人之迷 其日固久 是以聖人方而不割 廉而不劌 直而不肆 光而不燿

정치가 총명하다고 나서지 않으면 백성이 스스로 즐겁다. 정치가 너무 상세히 조사하여 쥐어 째면 백성이 여유가 없게 된다. 화라고 생각한 것이 복이 되고 복이 되나 화로 돌아갈 수 있다. 누가 그 끝을 알겠는가. 정해져 있는 것은 아니다. 바름이 다시 이상한 것으로 되고 착함이 다시 사악한 위선이 된다. 사람은 이러한 미혹에 빠진지도 오래되었다. 그래서 성인은 반듯하지만 이로써 남을 분별하여 잘라내려고 하지 않는다. 자기에게는 엄하고 모나게 하나 남에게는 상처를 주지 않는다. 자기에게는 곧게 하되 남에게는 이를 강요하지 않는다. 빛나나 빛내려 하지 않는다.

정치가 후덕 厚德 하면

두터운 덕으로 정치를 하게 되면 백성들이 그 은덕의 빛을 받아 안온한 분위기에서 즐겁고 편안하게 살아갈 수 있다. 그런데 정치가 어떠한 의도를 가지고 조사나 감시를 통하여 간섭 위주로 나아간다면 백성들은 여유가 없게 되고 불안을 느끼게 된다. 그러나 불행하다고 생각한 화가 복으로 전환될 수도 있고, 잘 되었다고 보는 행운이나 복이 화가 되어 불행으로 되어지는 경우도 많다. 전화위복轉禍爲福이나 새옹지마塞翁之馬와 같은 말들은 이를 대변해주고 있다.

누가 세상일들의 끝이나 결말을 알 수 있을 것인가. 우리는 제행무상諸行無常의 틀 속에서 살고 있으므로 세상만사는 고정된 실체가 아니며, 변화하면서 나아가게 되어있다. 그러나 정치가 포용력을 가지고 운영되면 보다 밝고 여유있는 세상을 만들어 갈 수 있다.

인간의 지식이나 사고思考는 그 완전성을 보장받기가 어려우므로 한 때 올바르다고 판단하여 시행한 일들이 나중에 잘못되는 수가 있고, 또한 착한 일을 한 것으로 보이지만 위선이 될 수도 있다. 요컨대 사람들은 오랜 기간에 걸쳐서 자기 나름대로의 시비에 대한 판단이 시행착오나 혼미를 거듭하면서 살아가고 있다. 그런데 성인은 자기 마음이 바라는 대로 원행을 한다하더라도 일정한 진리의 규범을 벗어나지 않는다(종심소욕從心所慾 불유구不踰矩)는 공자의 말씀과 같이 방정하나 남에게는 칼질하듯 몰아치지 않는다. 즉 성인으로서 성숙한 인격을 가진 자는 자기 자신에게는 냉철하고 곧게 비판하는 자세를 가지나, 남에게는 윽박지르지 않으며 될 수 있는 한 여유를 가지고 관대하게 대하고자 한다. 그러므로 성인은 빛이 되어 남에게 자비나 사랑을 베풀어 나아가고 있지만 이 빛을 자랑하거나 과시하고자 하는 의향은 없다.

: 핀란드의 기회균등경영

(1) 핀란드의 협동력

핀란드는 스위스에 있는 국제경영개발원(IMD : International Institute for Management Development)에서 국가경쟁력을 경제성과, 정부효율, 기업효율, 인프라 구축의 관점에서 평가·실시한 결과 약 60개국 중 2003년부터 2005년까지 3년 연속 1위를 차지하였다. 이는 핀란드의 정부나 사회가 국민들에게 각자가 필요로 하는 성취기회를 자유롭고 평등하게 부여하였으며, 정직과 공정한 리더십으로써 정치·경제·사회·문화 등 각 방면을 유지·발전시키고 국민들이 국가를 전폭적으로 신뢰하여 서로 협동·협조함으로써 이룩된 것이라 할 수 있다.

핀란드는 인구가 약 530만 명이나 면적은 33,800㎢로써 유럽에서 다섯 번째로 큰 나라로 국토의 70% 이상이 숲으로 덮여 있으며, 겨울은 극심하게 춥고 여름은 30℃ 이상이다.

핀란드는 1807년부터 1917년까지 러시아에 의해 식민통치를 받아오던 중 우여곡절 끝에 1917년 12월 6일 독립공화국으로 선포하게 되었으나, 1939년 11월부터 1940년 3월까지 소련의 침공을 받아 그 영토의 10%를 소련에 넘겨 주었다. 1941년 6월에 독일의 히틀러가 소련을 공격하였을 때 핀란드는 독일 편에 서서 소련 영토에서 1941년부터 1944년까지 전쟁을 수행하였으며, 1944년 9월 정전협정으로 막대한 전쟁배상금을 부담하게 되고 어려운 경제난 속에서 허덕이게 되었으나, 핀란드 국민의 굳은 의지로써 이를 헤쳐나가 1952년에는 헬싱키 올림픽대회를 개최하였다.

핀란드의 국가경쟁력이 강한 요인들은 다음과 같이 열거할 수 있다.

1) 국민들이 어떤 문제나 고난을 이겨내고자 하는 끈기, 근성, 극기, 용기 등의 강인함과 규칙 · 규범을 중시하고 질서를 잘 지키는 국민성을 그 바탕으로 하고 있다.

2) 정직, 근면, 절제, 겸손을 중시하는 양심문화 Conscience Culture가 국민 전체에 만연하고 있다. 이는 국민의 약 83%가 믿는 종교로서 루터파의 정신으로부터 영향을 받는 바가 크다고 전해지고 있다.

3) 핀란드국민은 죽을 때까지 국가가 시키는 대로 살기만 하면 걱정할 것이 없다고 할 정도로 국가에 대한 신뢰성이 높다. 그래서 그들은 평균소득의 약 45%를 세금으로 기꺼이 내고자 하는 의사를 가지고 있으며, 국가는 이 세금으로 정직하고 공정하게 무상교육, 연구개발비 투자, 사회복지비 등을 지출하여 개인의 안녕과 국가의 발전에 전력을 다하여 기여하고 있다는 믿음을 주고 있다. 또한 핀란드의 국내 총생산액에 대한 연구비의 비율은 세계 2위이며, 특허출원 성공률은 세계 4위에 이르고 있음에 따라 신기술이나 신제품 개발에 끊임없는 열정으로 힘쓰고 있다. 그런데 세금 부담이 높은 핀란드에서 수년전에 어느 정당이 세금을 줄이는 것을 정강으로 내세웠으나, 가진 자와 못가진 자의 차이가 더 벌어질 것을 우려하여 그 정당이 국민들의 지지를 받지 못하게 되었다.

4) 국가나 기업은 창조와 혁신을 위한 최적의 환경을 조성하고자 하며, 조직 내 구성원간, 회사와 구성원간과의 가치의 상호 조화를 이루기 위하여 공동학습, 공동협력, 팀워크, 기회균등 등을

적극적으로 형성시켜 나가고 있다. 따라서 보다 높은 가치와 기능이 함축된 지식은 그 참여자나 필요로 하는 자가 함께 소유할 수 있는 지식공유와 그 지식이 보다 넓고 빠르게 전파될 수 있도록 하는 지식확산을 요건으로 하는 공개적인 지식경영에 역점을 두고 있다. 그리고 조직 내 벽을 쌓게 하는 관료주의, 권위주의, 무임승차 행위와 같은 정실주의는 타당한 것으로 간주하지 않고 있다.

여기서 한 번의 시험, 학위취득 및 우연한 인연으로 전 인생이 보장되는 사회제도는 국민들의 창의성과 현실적 역량증진을 계속적으로 도모할 수 없는 것으로 보고 핀란드 사회는 실용주의의 관점에서 이러한 전근대적인 사회관계를 타파시키고 있다.

5) 교육을 국민복지정책의 중요한 항목으로 보고 이에 국내 총생산의 7%를 투자하고 있다. 교육은 학교교육과 평생교육으로 나누어, 각자의 적성에 알맞은 내용을 자율적으로 습득할 수 있게 하며 정치, 경제, 사회, 문화의 관점에서 각 구성원이 독립적으로 삶을 영위하고 국가발전에 이바지하는데 직접적 관련성을 가지도록 하고 있다.

(2) 핀란드의 교육

핀란드의 국제경쟁력이 높다는 것은 그 교육의 우수성에서 찾아 볼 수 있다. 최근 경제협력기구 OECD에서 실시한 국제학력조사에서 핀란드는 다음과 같이 거의 최상위 성적을 올리고 있다.

여기서 핀란드는 한국에서 성행하는 과외수업이 한국의 1/3 수준에 머물고 있으나 수학, 읽기, 과학에서 한국을 앞지르고 있으므로 그 교육의 효과성을 재음미하여야 할 필요성이 있다.

순위	수학적 소양득점	읽기 소양득점	과학적 소양득점	문제해결 능력 득점
1	홍콩	핀란드	핀란드	한국
2	핀란드	한국	일본	홍콩
3	한국	캐나다	홍콩	핀란드
4	네덜란드	호주	한국	일본

핀란드의 의무교육은 16세까지이며, 이때가 되면 자기의 적성에 따라 일반 고등학교와 기술 직업학교를 선택하게 되고, 일반 고등학교 선택자는 대학으로 진학하며 기술 직업학교 출신자는 전문직업인의 길을 걷게 된다. 핀란드 교육은 1985년 국가적인 차원에서 학력별 반편성을 전면 중지하고, 학생들이 공부하는 것을 강요하지 않으며, 본인 스스로 흥미와 관심을 가지고 공부하고 싶은 마음이 생길 때까지 기다리는 것을 원칙으로 하고 있다. 이 나라에서는 교육을 복지를 위한 하나의 수단으로 보며, 공부를 못하는 학생들의 수준을 끌어올리는데 집중시키고 있음에 따라 교육이라는 이름의 보트에 탄 학생 중 단 한사람이라도 물에 빠지게 내버려두지 않으려고 한다. 그러므로 열등한 학생이 생기면 그에게 큰 고생이 기다리고 있다는 사실을 인식시키고 필요한 방안을 모색케 하며 그들이 자립하여 살아갈 수 있는 힘을 갖도록 한다. 그런데 잘 하는 학생에 대하여는 될 수 있는 한 자율에 맡기며 그들의 성장을 지원하나, 그들을 위한 특별교육은 하지 않는다. 핀란드에서는 누구나 언제 어디서나 마음만 먹으면 자기의 생활에 필요한 내용을 배울 수 있도록 교육여건이 잘 갖추어져 있으므로 평생교육의 기회를 쉽게 찾을 수 있다.

그 밖에 핀란드 교육의 특성은 다음과 같이 열거할 수 있다.

1) 경제·사회적으로 열악한 환경에 놓여 있는 학생들도 좋은 성적을 낼 수 있는 교육시스템을 마련하고 있으며, 부진한 성적을 내는 학생들에게는 강도 높은 개인별 지도와 적절한 학습환경을 제공하고 있다.

2) 학생들이 선택하는 교육과목은 그들이 장래에 취업하게 될 직업과 밀접한 관련성이 있고, 그 교육·훈련의 목적이 획득하여야 할 점수에 초점을 맞추는 것보다도 업무수행을 위한 실질적 능력향상을 중시하고 있다.

3) 각자의 차별화된 적성이나 능력을 발견·발전시키고 학생들이 즐겁게 그리고 집중적으로 공부할 수 있는 교육환경 및 여건을 갖추는데 역점을 두고 있다.

4) 교육책임은 기본적으로 학교 측에 위임하고 있으며 각 학교의 교육성과에 대한 조사·검토·개선은 그 자체의 자기평가를 중시한다. 아울러 교사의 전문성 및 질적 수준 향상에 적극적으로 지원하고, 교사의 자율성을 충분히 부여한다.

노키아Nokia의 경영

노키아는 휴대전화 단말기와 이동통신 네트워크를 주된 업종으로 하고 있는데, 2000년도에 세계 이동통신업계에서 약 30%의 시장점유율을 차지하였고, 핀란드 전체 수출액의 20%에 이르고 있다.

이 회사의 종업원은 약 6,000명이고, 그 중 2,000여명이 연구·

개발 부문에 종사하고 있으며 매출액의 약 8%를 연구개발비에 투자하고 있다.

주식회사 노키아는 1871년에 창업하였으며, 1915년에는 헬싱키 주식시장에 상장하였고, 1968년에 핀란드 남부의 노키아시에서 목재펄프공장을 신축하였다. 그 후 노키아는 종이, 고무장화, 케이블, 바닥재, 화장지, 자동차타이어, TV수상기 등 28개 사업부문으로 운영하여 왔으나, 1988년도에 이르러 파산 직전까지 오게 되었다. 왜냐하면 이 때 핀란드의 가장 큰 무역거래처인 소련 연방이 붕괴하여 해외수출이 감소하고 그 실업률이 20%에 달하게 됨에 따라 노키아의 잡화점식의 업종은 뚜렷한 차별화가 되지 않아 경쟁상 우위성을 상실하게 되었기 때문이다. 그래서 1990년도 초에 노키아 경영진은 글로벌 경영의 차원에서 불필요한 업종이나 부서는 폐기·축소하는 구조조정을 하게 되었고 미래에 사업전망이 밝은 업종을 발견하여 집중 투자하고자 하였다.

노키아는 1992년경 회장에 오릴라가 취임 후 고무장화, 종이, 케이블, 컴퓨터 부문 등을 매각처분 하였으며, 글로벌 경영의 차원에서 성장의 기회를 제공해 줄 수 있고 기업경영의 역량을 충분히 발휘·활용할 수 있는 분야로서 이동통신과 네트워크 인프라구축 사업을 선택하여 모든 열정을 가지고 전력경영을 함으로써, 10년 안에 전통기업을 세계 최대의 휴대전화 제조회사로 전환시켰던 것이다.

노키아가 이 부문에서 성공한 요인들을 열거하면 다음과 같다.

1) 초기의 휴대전화에 있어서는 그 무게와 크기를 줄이는데 전력을 다하여 될 수 있는 한 작고 가벼운 제품을 만들어 나갔다. 그리고 몇 가지 부속만 바꾸며 주파수와 규격이 달라도 쉽게 작동할 수 있도록 하여 소비자의 다양한 욕구에 편리하고 쉽게 사용할 수 있도록 제품 생산을 하였다.

　2) 글로벌 시장의 수요에 적응시키기 위하여 미국, 중국, 독일 등에 각각 휴대폰 제조공장을 설립하여 현지에서 그 수요를 충당하도록 하였다.

　3) 세계적으로 신뢰를 받는 노키아^{Nokia}라고 하는 브랜드^{brand}에 대한 좋은 이미지를 형성시키는데 장기적으로 노력을 경주해 왔다.

　4) 중요한 원자재 및 부품공급업체의 납품지연을 막거나 기간 단축을 위하여 물류체계를 최적화시키고, 모든 물류정보흐름을 명확하게 파악할 수 있도록 하는 정보시스템을 구축하였다.

　5) 고객의 대상은 사업자 타입, 유행에 민감한 타입, 신분 및 사회관계 중시 타입으로 나누고 이에 남녀공용, 여성전용, 남성전용 등을 고려하여 제품계층화에 따른 생산을 시도하였다. 즉 하나의 기본 모델에서 생산과정 중에 약간의 변화를 주어 다양한 고객의 요구에 맞는 제품을 생산하였으며, 여기에 휴대폰을 패션상품이라는 개념을 추가시켰다.

　6) 1992년경에 있어서 휴대전화는 사치품이나 특화제품으로 간주되었으나 1995년 이후부터는 우리 생활에서 없어서는 안 될 존재로 부각되고 있다. 이러한 제품의 수요 증대에 대한 경영자의 예측력과 그 제품의 수요유지가 계속화될 수 있도록 하는 수요창출력에 탁월하였다.

7) 구성원들은 현장을 중심으로 계속적인 학습 및 연구개발로 인한 신기술·신제품을 개척하게 되는 실용주의를 채택하고 있으며, 업무순환배치rotation에 의한 학습으로 전반적인 기업경영에 대한 교육·훈련을 할 수 있는 기회를 마련할 수 있게 하였다.

8) 신속한 경영의사결정과 이에 따른 효과적 이행능력이 결합되어 적시성 있고 활기 있는 경영과정을 형성시키고 있다.

제59장

치인사천 治人事天

사람을 다스리고 하늘을 섬긴다

治人事天 莫若嗇 夫唯嗇 是以早服 早服 是謂重積德 重積德 則無不克 無不克 則莫知其極 莫知其極 可以有國 有國之母 可以長久 是謂深根固柢 長生久視之道

사람 다스림과 하늘의 섬김에 아끼는 것보다 더한 것이 없으며 그저 오직 아낌이다. 이 아낌이 빨리 도에 이르게 된다. 빨리 도에 이르러야 많은 덕을 쌓게 된다. 많은 덕을 쌓으면 이기지 않는 것이 없다. 이기지 않는 것이 없으면 그 능력의 끝을 알 수 없다. 끝을 알 수 없는 자비와 사랑이 이루어져야 바른 나라가 된다. 나라의 어머니와 같은 도가 있으면 오래 잘 산다. 이를 일러 깊고 굳센 뿌리라 한다. 아울러 언제나 생기 있고 멀리 보는 도가 된다.

사람을 다스리고 하늘을 섬긴다

사람을 잘 다스리려고 하면 그 사람의 마음을 움직이어야 한다. 어떤 사람으로부터 공감共感을 얻기 위해서는 무엇보다도 솔선수범을 보여야 한다. 이 솔선수범은 절제節制 혹은 근검勤儉하는 것으로서 하늘을 섬기는 진리에도 통하게 된다. 이 절제에는 재물, 시간, 말, 정력, 감정 등을 아끼는 것이라 할 수 있다. 탐욕, 성냄, 어리석음을 절제할 수 있음으로써 자기를 내세우지 않고 순리에 따르는 무위자연의 도$_{道}$에 빨리 이르게 된다. 빨리 도에 이르게 되면 많은 덕을 쌓게 되며, 덕이 쌓아져 나가면 이기지 않는 것이 없게 된다는 것이다. 이는 자기가 깨끗한 옹달샘물이 되어 남도 깨끗하게 하는 자리이타$_{自利利他}$를 나타내고 있다. 절제와 근검을 바탕으로 하고 있는 자리이타의 자비와 사랑은 그 능력의 끝을 알 수 없을 것 같다. 그리고 자기 이웃과 진리에 대한 끝없는 사랑이 이어져 나갈 때 이상세계가 될 수 있다.

  한 나라를 잘 이끌어 나가는데 있어서도 국민들 상호간에 서로 배려하고, 언행을 절제하는 동시에 부득이한 경우에만 헌신하는 무위의 도가 향기를 내뿜을 때 그 영광이 오랜 기간에 걸쳐 뻗어나갈 수 있다. 왜냐하면 이는 언제나 원기 있고, 멀리 바라볼 수 있는 깊고 굳센 뿌리로서 나라를 건전하게 지탱해 나갈 수 있는 원천이 되기 때문이다.

등소평의 실사구시$_{實事求是}$ 경영

경영의 주된 요소는 인재이며 이러한 인재는 설정된 어떤 목적을 위하여 상호간 같은 공감을 가지고 나아갈 때 효과적이 된다.

  잠자는 거대한 대륙인 중국은 1980년 이후 중국의 특성에 맞는 경제 및 경영정책을 적용시켜 중국인민의 공감을 얻게 되어 정치·경제·사회적으로 발전된 모습을 나타내고 있다.

(1) 등소평의 리더십

1) 등소평의 발자취

오늘날 중국의 괄목할만한 경제성장 초기에 주된 역할을 한 사람은 등소평鄧小平(1904~1997)을 꼽을 수 있다. 등소평은 사천성 광안현 협흥향의 패방촌에서 출생하였으며, 1918년 광안현 고급소학교를 졸업하고 광안현 중학교에 입학하였으나 중도에 그만두고 중경에 있는 프랑스 유학 아르바이트 예비학교에 입학하여 약 2년간 연수 끝에 1920년 7월, 동 예비학교를 졸업하였다. 1920년 8월 그는 동 예비학교를 이수한 졸업생 80여명과 함께 프랑스 유학을 위해 출발하였으며, 프랑스 크루쉬에 있는 스내드 군수 압연공장에서 일하게 되었다.

1923년 6월 그는 파리에 있는 중국공산주의 청년단에 가입하여 마르크스주의의 신봉자가 되었으며, 1926년 초에는 5년간의 프랑스 체류를 마감하고 소련으로 가서 고급공산주의의 대학인 중산노동학교에 입학하였으나 그 해에 중국으로부터 귀국명령을 받고 국내대혁명활동에 참여하게 되었다. 그런데 1933년 등소평은 국민당부대에 대하여 유격전술로써 대처해 나가야 한다는 모택동의 주장을 옹호하였는데, 복건성 당위원회 라명羅明이 실제로 모택동의 유격전술로 국민당부대와 싸워 패배함으로써 대도시 공격전략을 앞세운 주덕, 주은래 등의 당내 반모反毛세력이 득세하여 등소평은 강서성 당위원회 선전부장에서 해임되었을 뿐만 아니라 잠시 투옥되었다가 벽촌으로 쫓겨나게 되어 처음으로 정치적으로 축출당하게 되었다.

그러나 그는 1934년 시작된 공산당부대의 대장정에 참여하였고,

1945년부터 1949년까지 전개된 국공내전에서 지휘관으로서 수차례 큰 승리를 거두어 그 지위와 세력이 커졌다. 1949년 10월 1일 중화인민공화국이 성립된 후 등소평은 사천성, 귀주성, 운남성, 서강성의 4개성을 통치하는 서남지구를 관할하는 당기구의 제 1서기가 되었으며, 1952년 8월에는 중앙정계에 진출하여 국무원부총리에 임명되었고, 1960년대 중반 중국공산당 서열 제 6위를 차지하고 있었다.

이와 같이 상당기간 위세를 떨치고 잘 나갔던 그는 1966년 문화대혁명의 시기에 자기의 권력을 약화시키는 실권파를 몰아내기 위해 모택동이 사주·출동한 홍위병들로부터 당의 총서기로서 월권행위, 모택동의 권리 추락, 흑묘백묘론黑苗白描論의 주장 등의 죄목으로 비판을 받아 외부와는 단절된 생활을 하였을 뿐만 아니라, 1969년부터 1973년까지 강서성으로 추방되어 재교육의 명목으로 오전 중에 트랙터 공장에서 일했고 오후에는 채소밭을 가꾸는 과업을 수행함으로써 두 번째로 몰락하게 되었다.

그러나 그는 1973년 3월 다행히 국무원부총리로 복직하였으며, 1975년 1월에는 국무원부총리 이외에 중앙군사위원회 부주석과 인민해방군 참모총장까지 중임하게 되었다.

그러나 1976년 4월에 이르러 등소평은 서양숭배주의자이며 1차 천안문 사건의 배후자로 지목되어 또 다시 장칭 등 4인방에 의하여 세 번째로 실각을 당하였다.

이러한 일련의 시련에도 불구하고 등소평은 1976년 10월 모택동 사망 이후 국가주석으로서 정권을 잡고 있는 화국봉華國鋒에게 편지로써 화주석을 지지하며 자기에게 중국을 위해 일할 수 있기를 부탁하여, 1977년 7월 국무원부총리, 당부주석, 군참모총장의 지위로 복귀함으로써 당 서열 2위에 놓이게 되었다. 1978년 11월 3일 중전회 준비대회에서 등소평은 사상해방, 실사구시, 일치단결, 전진이라는 명제를 내세웠으며, 1980년 9월 화국봉은 정치적 투쟁 끝에 주석직에서 사임하게 되었으며, 그 후 등소평이 중국의 실질적인 최고지도자로서 실권을 쥐게 되었다.

등소평은 중국의 최고지도자로서 약 10여년간 개혁·개방을 위해 진력해 왔으며, 1989년 공산당 제 13기 중전회에서 당 중앙군사위원회 주석직을 장쩌민 총서기에게 물려주고 건강할 때 정계에서 공식적으로 은퇴하였다.

2) 등소평의 사상

모택동은 자신이나 중국공산당의 권력이나 사상을 존속시키기 위하여 무자비한 계급투쟁, 전제정치, 계획경제, 집단 소유제 등을 수단으로 활용하였으며, 그 사회주의 이념에 더욱 박차를 가하기 위하여 현실화시킨 대약진운동과 문화대혁명은 정치·경제·사회적으로 혼란과 비능률을 초래하게 되었다. 그러나 모택동은 등소평이 중국을 고속성장시킬 수 있는 기반을 다음과 같은 관점에서 남겼다고 볼 수 있다.

① 도량형과 조세제도 통일
② 토지 개혁
③ 전국적 물자유통망과 계획지령체계 형성
④ 국민에게 교육보급과 이에 따른 공급노동력의 질적 향상

⑤ 철도인프라 등 사회간접자본의 구축과 정비
⑥ 중공업 기반 재건

1978년 정권을 실질적으로 잡기 시작한 등소평은 폐쇄경제 및 계획경제의 구조에서 개방경제 및 시장경제의 체제로 전환시켜 부분적으로 기업 및 생산수단의 사적소유권을 인정하고, 외국인 투자기업의 개방과 이윤중심 기업경영의 도입을 추천하였다. 등소평의 개혁·개방 관련된 사상이나 정책은 다음과 같이 기술할 수 있다.

① 1962년 등소평은 흑묘백묘론黑苗白描論을 내세웠다.
이는 검은 고양이든 흰 고양이든 간에 쥐만 잘 잡으면 된다는 그의 개방적이고 유연한 사고방식을 나타내고 있다. 흑묘백묘론은 중국의 기본이나 체제는 유지하되 서양의 좋은 장점을 활용하여 더 나은 방향으로 나아가야 한다는 중체서용中體西用의 사상과 그 지침이 서로 통하고 있음을 의미하고 있다.
그래서 그는 1984년 공산주의가 만병통치약이 아니라는 의견을 피력하였으며, 1986년 9월 미국 CBS텔레비전의 특별회견에서 돈을 버는 것이 죄가 되지 않으며, 다만 부富가 소수에게 편중되는 자본주의와는 다를 뿐이라는 말을 하였다.

② 등소평은 1992년 1월 19일에서 2월 21일 사이에 중국 남부에 있는 심천, 주하이, 상하이를 시찰하여 지역행정책임자들에게 신속한 개혁·개방의 촉구를 중심내용으로 역설한 남순강화南巡講話를

하게 된다. 여기서 사회주의 국가의 국력을 증강시키고 인민의 생활수준을 향상시키기 위하여서는 사회주의의 생산력을 발전시키고 시장경제를 활성화시켜야 한다는 사실을 역설하였다.

등소평은 생산력 발전이 역사유물론의 가장 중요한 원리이며, 이것이 사회주의가 자본주의보다 보다 나은 물질적 기초를 실현할 수 있다고 생각하였다. 그리고 경제에 있어서 계획이 중심인가, 시장이 중심인가는 사회주의와 자본주의를 구분하는 근본적 기준이 될 수 없으며, 계획경제가 그대로 사회주의로 규정될 수 없으며 자본주의에도 계획은 존재하게 되고, 시장경제가 곧 자본주의는 아니며 사회주의에도 시장은 있다는 것이다. 계획경제와 시장경제는 양자가 경제운용을 위한 일종의 수단에 지나지 않으며, 단지 이들 수단을 어떻게 잘 이용하느냐에 따라서 사회주의 경제를 신속하게 개선·성장시킬 수 있다는 것이다. 그는 이 생산력에 관련하여 자행되고 있는 제반 착취를 없애고 부의 양극화를 해소시켜 최종적으로 공동부유共同富裕를 달성하는 것이 사회주의의 본질이라고 정의하였다.

③ 사회주의국가인 중국에서 기업주 또는 관리자의 위치에 있는 자는 결코 노동자를 착취하거나 억압하지 않기 때문에 자본주의 사회의 자본가나 고용주와는 기본적으로 구별되며, 중국공산당과 중국사회의 핵심구성원인 노동자, 농민, 당간부, 지식계층, 해방군은 중국의 개혁·개방과 현대화를 위하여 함께 노력하는 중국사회주의의 건설자로 간주하고 있다고 주장하였다.

④ 등소평의 사회주의 시장경제는 다음의 4가지 원칙을 고수·운영하면서 그 목적을 달성하고자 하였다.

 a. 사회주의
 b. 인민 민주독재
 c. 중국공산당의 지도
 d. 마르크스·레닌주의와 모택동사상

 그런데 마르크스·레닌주의, 모택동사상, 등소평이론은 각각 그 시대와 공간의 변화에 따라서 발전되어온 중국식 사회주의의 일련의 행태行態라고 할 수 있다.
 모택동 사상은 주로 인간의 자발적 의지, 생산관계의 혁신, 계급의식, 평등주의, 자력갱신의 정신을 내세우고 있다. 이에 대하여 등소평이론은 현대의 경영사회에서 중국을 살릴 수 있는 경제발전의 기틀을 마련하기 위하여 생산력 향상에 필수적인 과학·기술을 강조하고, 자본주의 사회에서 시행하고 있는 시장경제, 대외개방, 개인적 생산의욕 앙양제도, 증권시장 및 주식회사 설립을 활용하였던 것이라 할 수 있다.

(2) 중국적 사회주의 시장경제

마르크스는 전세계적으로 계급투쟁에 의하여 노동자계급이 정치·경제·사회적으로 지배하게 되는 시대가 도래하게 되며, 아울러 사유재산제도의 폐지를 주된 골자로 주장하였다. 모택동은 농민에게 토지분배에 따른 생산관계의 개선 및 농민단결에 의한 무장투쟁을 그 힘의 바탕으로 하여 도시를 소수의 매판 자본주의자로부터 해방시키고, 인민독재를 정치적 수단으로 하여 이상적인 중국사회주의를 실현시키려고 하였으나, 현실적으로 중국을 빈곤과 낙후의 국가로 전락시키고 말았다.

이에 대하여 등소평은 검은 고양이든 흰 고양이든 간에 쥐만 잘 잡으면 된다는 흑묘백묘론을 주장하였을 뿐만 아니라 마르크스와 엥겔스는 지난 세기의 훌륭한 인물이었지만 그들이 다시 살아나 오늘날 우리의 문제를 해결해 줄 수 없다고 하는 실용적인 사고를 가지고 있었다. 그래서 그는 중국과 중국인민이 잘 살 수 있도록 개혁과 개방을 하도록 하였으며, 소수에게 부가 편중되지 않고 인민이 공동으로 부유하여야 한다는 사회주의의 사상을 견지하면서 그 생산력 향상을 위하여 자본주의에서 응용하고 있는 시장경제나 기업이윤, 동기부여 등의 제도를 응용하고 있는 것이라 할 수 있다.

이 중국사회에 대한 개혁·개방에 관련된 제도나 정책은 다음과 같이 기술할 수 있다.

1) 농촌개혁

1980년대 초에 인민공사에 의한 집단영농제에서 가족영농제로 전환하고, 이에 농가생산청부제도를 도입하여 농지를 국유나 민간소유로 연간 생산량 중에서 할당된 정부공급량은 설정된 공정가액으로 매각하고 여기서 농업세 및 부과금을 차감한 나머지는 농가소득이 되도록 하였다. 이로써 농업의 경영과 소유가 분리되고, 농민에게 이윤동기를 부여한 셈이 된다. 그리고 농촌의 고용기회

증대 및 소득향상에 기여하기 위하여 설립한 농촌지역의 비농업 기업으로서 향진기업鄕鎭企業은 농산물 가공, 의료, 봉제, 기계부품 생산 등을 취급하고 있으며, 농촌의 말단 행정조직인 향鄕 혹은 진鎭, 촌村 단위의 지방정부가 소유하고 경영하는 기업과 농민의 개인경영기업 및 공동경영기업으로 나타나고 있다. 이는 1990년대 중반 이후 중국의 소유권 개혁이 급진전됨에 따라 주식회사제도로 전환되고 있다.

2) 기업소유제도

중국의 기업은 국유기업, 집체기업, 개체기업, 사영기업, 삼자기업으로 나누어지고 있다. 중국정부는 1988년 헌법을 수정하여 사적기업경영을 합법화 하였다.

국유기업國有企業

이는 국가가 소유하는 기업으로서 1986년 말부터 청부경영 책임제도가 도입되어 국유기업의 소유와 경영이 분리되고 있으며, 중대형 국유기업에 대하여는 이윤 중 55%를 소득세로 납부시키고, 세차감후 이익 중 일부는 국가에 귀속하여 나머지는 기업에 유보시키도록 하고 있다.

집체기업集體企業

이는 생산수단을 집단으로 소유하는 기업형태로서 해당지역 혹은 단위의 소속구성원이 동일한 권리를 가지고 집단적으로 운영되는 기업이며, 실질적으로 말단 지방정부가 관할하는 기업이다.

개체기업個體企業

이는 생산수단을 개인이 소유하고 노동성과로 노동자 개인이 점유·지배하는 기업형태이다.

사영기업私營企業

이는 생산수단을 개인이 소유하나 고용 노동을 기초로 한 기업형태이다.

삼자기업三資企業

이는 외국인 투자기업을 총칭하는 것으로서 합자기업, 합작기업, 독자기업으로 분류되고 있다. 합자기업은 외국인과 중국 측이 공동 투자하는 기업이고, 합작기업은 벤쳐투자기업이며, 독자기업은 외국인이 100% 출자하여 운영하는 기업이다.

3) **화교기업**華僑企業**에 대한 개방**

1978년도를 기점으로 중국의 개혁·개방 이후 중국경제에 보다 직접적이고 효과적인 영향을 미친 요인은 화교기업의 중국 진출이라 할 수 있다. 그 투자비중은 총 외국인 투자자본 중 약 70%를 차지하고 있으며, 서방선진국에 광범위하게 분포되어 있는 화교의 우수하고 다양한 인적 자원의 지원을 받을 수 있게 되어 기초적이고 전문적인 기술이전이 보다 쉽게 원용될 수 있었다. 화교기업은 중국 이외의 지역에 거주하는 중국계 민족이 운영하는 기업을 의미하게 된다. 현재 중국인의 해외이주는 140개국 이상에서 3,800만 명을 초과하고 있으며, 전세계 500대 화교기업의 자산총액은 약 2조 3,600억 달러에 달하는 것으로 추산되고 있다.

중국화교는 그들 상호간 경제교류가 이루어지고 있는 중화경제권을 형성하고 있는데, 이는 지리적으로 중국을 중심으로 대만, 홍콩, 싱가포르, 말레이시아, 태국, 인도네시아 등 동남아시아 화교를 포함하고 있으며, 동남아시아는 해외 화교의 약 85%를 차지하고 있다.

중국은 화교에 대한 유화적 개방정책으로서 관세·공상통일세의 면제, 기타 우대조치에 관한 법률제정, 중국경제발전에 대한 적극적 참여환경 제공 등을 설정하여 그 유치를 촉진시켰으며, 화교들도 이에 맞추어 그 투자기회를 긍정적으로 활용하고자 하였다.

4) 최근 중국경제의 문제점

중국은 개혁·정책으로 인하여 최근 약 10년간 총 국민경제성장률은 연 9%~10%로 경이적이고 지속적인 고도성장을 달성하였다. 그러나 중국이 급속하게 양적으로 성장 혹은 팽창하는 과정에서 그 질적 수준의 향상은 아직 미흡한 상태로 남아있다. 그러므로 2007년경에 이르러 그 경영정책은 외국기업과의 합작을 통한 기술이전의 목표에서 항공우주, 유전자, 청정에너지, 정보통신 등 고부가치 제품을 생산할 수 있는 첨단기술의 자체적 개발로 변화하고 있다. 이는 외국기업을 인수·합병함으로써 그 기술과 브랜드를 신속하게 흡수하려고 하고 있으나, 기존의 단순기술 생산에 관련된 외자기업에 대하여는 각종우대·특혜제도축소, 신노동계약법의 강화, 면제·감면 법인세의 환수 등의 경쟁상 불리한 여건을 조성시키고 있다.

그 이외에 최근 중국경제에서 문제점으로 논의되고 있는 사항은 다음과 같이 열거할 수 있다.

① 공기업의 1/3 이상이 과도한 부채, 잉여인력, 비능률 등으로 적자상태에 있으며, 정부의 경영상 개입에 관료주의에 의한 유연성이 결여되고 있다.
② 부품개발 능력이 저수준이고 이에 대한 투자가 부족하여 기초적 기술이 체계적으로 형성되지 않고 있다.
③ 제품에 대한 가격, 품질, 사후서비스 등이 국제적 경쟁수준에 미달되고 있으며, 생산설비가 낙후되어 그 효용성이 떨어지고 있다.
④ 신제품이나 고부가가치 제품의 개발능력이 취약하다.
⑤ 도시와 농촌의 빈부의 격차가 크며, 도시에서도 소득의 양극화 현상이 나타난다.
⑥ 금융업이 선진화 되지 않고 그 대출채권의 회수불량 가능성이 높아 부실화의 우려가 있다.

제60장
치대국 治大國
큰 나라를 다스리다

**治大國 若烹小鮮 以道莅天下 其鬼不神 非其鬼不神 其神不傷人
非其神不傷人 聖人亦不傷人 夫兩不相傷 故德交歸焉**

큰 나라를 다스리는 것은 작은 생선을 조리하는 것과 같다. 도로써 세상에 임하여야 한다. 그렇게 되면 땅을 대변하고 있는 귀신도 세상에 혼란을 줄 만큼 신통하지 않다. 귀신이 신통하지 않을 뿐만 아니라 하늘을 대변하고 있는 신도 백성을 다치지 않게 한다. 성인도 역시 천지에 해가 되는 역할을 하지 않는다. 이들 양자는 서로 상하지 않는다. 그러므로 천지인天地人은 서로 조됨으로써 무위의 덕으로 돌아가게 된다.

: 큰 나라를 다스리다

큰 나라를 다스리는 것은 작은 생선을 조리할 때와 같은 상황이 될 수 있다. 작은 생선을 삶거나 구울 때 별로 필요도 없이 수시로 뚜껑을 열거나 생선을 뒤적거리면 그 요리를 망치게 된다. 나라도 자연스럽게 경영될 수 있는 체계적인 시스템에 의거하여 다스려 나가도록 하고, 그 자치성의 목적이나 궤도를 벗어날 때에 바른 방향으로 수정할 수 있도록 하는 자립성이 마련되어야 한다. 이는 나라를 다스리는데 있어서 사전에 문제를 지울 수 있는 무위의 도로서 세상을 대처해 나가야 한다는 의미이다. 이렇게 되면 땅의 기운을 가지고 있는 귀신도 신통한 힘으로 나라를 혼란스럽게 하지 못한다. 귀신뿐만 아니라 하늘의 기운을 대변하고 있는 신神도 백성을 다치지 않게 한다. 하늘이라 할 수 있는 천天은 우리에게 참된 사명使命의 빛을 부여하고, 땅이라 할 수 있는 지地는 그 사명을 수행해 나갈 수 있는 힘을 얻도록 하며, 중생의 스승이라 할 수 있는 성인은 자연의 무위의 도를 백성에게 가르치는 역할을 하게 된다. 그러므로 하늘[天], 땅[地], 성인[人]은 무위의 도道를 형성시키는데 각각의 역할분담을 하고 있을 뿐만 아니라 하나의 이상국가를 실현하는데 있어서 모순되거나 갈등을 야기하는 요소라기보다도 서로 상승하도록 하는 작용변수가 되고 있다.

: 신자유주의의 투기적 경영

물자가 풍요한 가운데 인간의 경제행위의 잘못으로 경제시스템이 순조롭게 작동되지 않게 되어 빈곤의 틀에서 벗어나지 못하는 세계 경제의 붕괴라는 쓰라린 경험을 맛보게 된다.

　1929년경에는 소비자의 수요능력을 고려하지 않고 대량생산에 의한 공급확대로 경제불황을 가져와 수많은 기업도산과 실업이 발생하여 경제혼란의 대공황이 발생하였다. 2008년도 이르러서도 확실한 신용에 기반을 두지 않고 파생상품이라는 허구에 가까운 증서를 만들어 금융기관 등에서 자금공급을 남발함으로서 부도

사태가 쏟아져 금융뿐만 아니라 실물경제를 미비시키는 결과를 낳게 하였다. 그러므로 인간이 경제적 파탄을 피해나갈 수 있기 위하여서는 경제학이라는 수치적 구조의 강조 이외에 인간의 자립경영의 기본요소가 되는 양심적 경제행위를 보다 중요하게 부각시켜 키워나가는 시스템이 체계적으로 확립되지 않으면 안 된다.

(1) 불량담보 대출에 의한 세계금융위기

최근에 이르러 미국은 신용등급이 낮은 저소득층을 대상으로 고금리에 주택마련 자금을 빌려주는 비우량 주택담보대출로서 변동금리가 적용되는 서브프라임 모기지Subprime Mortgage제도를 시행하였다. 이 제도는 부시정부의 경기부양정책과 금융감독 및 규제의 완화로 더욱 촉진되었다. 이 서브프라임 모기지에 대하여 처음에는 1~3%의 저금리를 적용하였으나, 그 이후 변동금리조건에 따라 그 이자율이 상승하게 되었으며, 아울러 해당 원리금도 회수되었다. 그런데 부동산 거품이 빠지는 상황 하에서 부동산 가격이 예상한 것보다도 오르지 않았으며, 담보대출 이자율보다 부동산가격 상승률이 적어짐에 따라 그 원리금 연체가 증대하고 주택압류건수가 확대 일로에 놓이게 되었다. 미국의 금융회사는 이 서브프라임 모기지를 근거로 하여 수차례의 증권화를 시도하여 자금창출 및 공급을 증대시켜 나갔으며, 세계의 금융시장에 이를 파생상품의 형태로 변형하여 판매를 촉진시켰다.

이 서브프라임 모기지는 주택담보대출을 제공한 모기지 은행에서 주택저당채권Mortgage Backed Securities을 발행하고 유동화전문회사 Special Purpose Company에 담보제공하여 자금융자를 받게 된다.

유동화 회사는 이 주택저당채권을 근거로 주택저당채권유동화증권Residential Mortgage Backed Securities을 발행하여 투자은행이나 상업은행에 매각하고, 투자은행 및 상업은행은 부채담보부증권Collateralized Debt Obligation을 발행하여 일반투자자에게 판매하게 되는 과정을 거치고 있다.

그런데 2006년 미국연방준비제도 이사회가 물가상승을 우려하여 연방금리를 인상하게 되자 주택담보대출이자율이 상승하였으나, 주택가격은 약 20% 하락하여 주택담보 차입자는 높은 이자를 감당할 수 없는 상황이 되었으며, 따라서 부실모기지대출회사와 그 인수투자은행은 영업중단이나 파산신청을 하기에 이르렀다. 그리고 투자은행 및 상업은행이 고수익자산에 투자하기 위해 설립한 구조화투자기관Structured Investment Vehicle이 발행하여 투자자에게 매각한 부채담보부증권CDO은 우량채권, 위험채권, 중간위험채권을 섞어서 증권화한 것인데, 이 증권평가기관인 무디스Moody's, 에스엔피S&P, 피치Fitch사 등이 이에 최고의 신용평가등급을 부여하여 그 투기를 더욱 촉진시켰다.

주택담보대출의 상환능력이 불량한 자를 기초로 하여 대규모의 자금을 공급하고, 이를 근거로 대규모 투자은행 및 상업은행이 자산 및 부채를 증권화하여 새로운 신용을 급속하게 창출하였으나, 담보대상인 부동산가격은 하락하고 그 대출금이 미회수됨에 따라 연쇄적으로 금융기관의 부도현상이 발생하여 금융시스템이 마비되고, 그 여파로 실물경제가 불황에 허덕이게 되었다.

2008년도에 금융위기에 다른 세계경제시스템의 붕괴에 대한 원인을 기술하면 다음과 같다.

1) 미국의 금융기관이 실질적 생산력 향상에 기초를 두지 않고 허구의 파생상품을 고안하여 이에 의해 대량의 투기자금을 흡수·운영하려고 하였다.

2) 상호간 거래이 있어서 신용이라는 중요한 질적 변수를 신중하게 고려하지 않고, 금융공학에 의한 수리적 가치모형에 중점을 두고 그 의사결정지침을 설정하고자 하였다.

3) 금융재벌이나 투기세력들이 별다른 자원의 투입 없이 진실성이 결여된 신용창출방법으로 기대 이상의 소득을 획득하려고 하는 부적절한 의도가 개입되고 있었다.

4) 미국의 달러가 세계경제거래의 기축통화로 통용되고 있을 정도로 세계경제에 지대한 영향을 미치고 있는 미국이 자국의 이익의 관점에서 부실한 저소득층을 대상으로 하여 주택담보대출을 하고, 이를 다시 투자은행 등을 통하여 증권화 하여 유동성 공급을 대폭적으로 확산시켰으나 담보대출의 부도상태로 인하여 경제위기를 자초하게 되었다.

5) 금융시장에서 신자유주의적인 경제정책을 운용한 결과 금융공학에 의한 창의성을 존중하는데 치중하고, 그 문제점을 사전에 검토·예방하는데 소홀히 하였으며, 채권·채무에 대한 증권화 및 그 증권의 평가제도에 대한 필요한 체계적 관리제도가 미비되고 있었다.

6) 글로벌 금융재벌의 투기적 경제행위에 의하여 야기된 세계적 금융위기를 구제하기 위하여 요구되는 막대한 금융구제자금을 세계의 기축통화인 미국달러로써 공급하게 되면 세계적 인플레이션을 파생시키며, 이 인플레이션은 보이지 않는 세금으로서 세계

시민의 재산을 약탈하게 되는 결과를 낳게 한다.

이와 같이 미국에서 형성된 금융위기는 세계적 실물경제에도 심대한 악영향을 미치고 있다.

(2) 신자유주의

오늘날 세계적 금융위기로 몰리게 한 주요한 원인 중의 하나는 미국 등이 신자유주의 경제정책을 구사한 결과이기도 하다. 신자유주의는 자본에 대한 국제간 이동의 자유화, 공급자 중심 경제, 금융자본주의 육성, 긴축재정정책 등을 주창하여 국가경제의 생산성과 효과성을 보다 장기적으로 유지·확보하고자 하는 의도를 가진 것으로서 세계경제에 있어서 강자가 보다 자유롭게 더욱 성장하는데 유리한 바탕을 마련하는데 있다.

1980년대 미국의 레이건 대통령과 영국의 대처 수상이 자국의 경제적 난국을 헤쳐나가기 위하여 이 신자유주의 경제정책을 취하게 되었다.

1) 신자유주의의 내용

신자유주의의 중요한 내용은 다음과 같이 기술할 수 있다.

세계경제의 자유화 및 개방화

이는 자본 및 외환시장과 금융거래가 각 국가의 규제가 없이 국제간에 자유롭게 유통시키고자 하는 것이다. 이로써 미국은 글로벌 투자 금융기관을 중심으로 하여 세계를 대상으로 자유롭게 투자하여 보다 높은 이익을 얻을 수 있고, 또한 달러 중심으로 세계

경제가 통합되어진다면 기축통화국인 미국경제는 경상수지적자 현상을 보다 쉽게 대처해 나갈 수 있게 된다.

공급자 중심 경제

이는 공급자가 활발하게 생산력 증강이나 창의성을 발휘할 수 있도록 세금부과의 축소, 각종 규제완화, 관세인하 등을 시행하여 국가 경제성장률을 향상시켜야 한다는 것이다.

긴축재정정책

이는 정부의 경제개입은 최소화하여야 한다는 것으로서 정부의 예산은 삭감하는 방향으로 나아가며, 공공목적 등을 위한 정부지출도 축소시키도록 하고 있다. 신자유주의에 의하면 국가는 시장을 유지시키는 기능을 수행하는데 그쳐야 한다는 관점에서 감세정책을 할 수 있으며, 복지는 개인의 책임으로 간주하여 복지예산도 축소시켜야 한다는 것이다. 감세와 복지예산축소를 하게 되면 다음과 같은 과정을 통해서 저소득층 복지는 자동적으로 향상되어 진다는 것이다.

감세 및 복지예산 축소 → 개인소득 증대 → 소비증대 → 경제성장률 증대 → 세금증대 → 공공투자 증대 → 고성장 → 일자리창출 → 복지증대

금융자본주의 지향

이는 실물경제에 기반을 두고 제조업보다도 낮은 비용으로 높은 수익을 얻을 수 있는 금융업에 치중하여 대규모 기업들이 산업

개편을 하고 글로벌 자본시장 및 금융거래의 자유화를 역설하고 있다. 그런데 국가는 금융기관이 어떤 금융상품을 만들어 판매하는지에 대하여는 될 수 있는 한 관여하지 않는다. 왜냐하면 금융시장 참여자가 스스로 자신의 판단에 다라 책임을 져야하기 때문이다. 글로벌 금융재벌은 고수익·고위험의 파생상품이나 기타금융상품 등을 개발하여 노동이 일하는 경제가 아니고 돈이 일하는 경제(Money Working Economy)를 미래 핵심성장산업으로 간주·육성하고자 하였다. 이로써 대부분의 자산이 금융화 혹은 증권화되어 경제의 국경이 없어지고, 모든 자산가격이 국제금융시장과 연결되는 결과를 낳게 되었다. 아울러 이 초국가적이고 투기적인 금융자본은 이자수익, 석유자원 수급, 부동산 임대수익, 주식투자, 기업의 인수·합병 등을 통하여 막대한 이익을 남겼을 뿐만 아니라 동남아시아 및 중남미의 각 나라에 있어서 기업경영 및 국가경제에 침투하여 해악을 끼치는 기회를 만들었다.

공공기업의 민영화

이는 국가가 관리·통제하고 공공사업 부문을 민영화 함으로써 그 경영의 효율성과 수익성을 높이고자 하는 의도를 가지고 있다. 이 민영화로 인하여 글로벌 금융재벌이 공공목적을 가진 기업경영에 보다 쉽게 참여할 수 있는 계기를 마련해 줄 수 있다.

2) 신자유주의의 한계점

신자유주의는 국가의 생산력 향상을 위하여 세계시장의 자유화 및 개방화, 개인 창의성의 존중, 공급자중시 정책 등의 유효한 장점을 내포하고 있지만 다음의 한계점도 노출되고 있다.

글로벌 금융자본의 이익확대

세계시장의 자유화로 인하여 글로벌 금융자본은 거대한 자금과 신속한 정보수집·분석능력에 의하여 주식투자, 인수합병, 금융·외환거래 등에 개입하여 각국의 기업경영 및 국가경제에 관여할 뿐만 아니라 막대한 차익을 얻고, 필요한 경우에는 단기간 내에 피투자 국가에서 자금을 이탈시킴으로써 그 피투자 국가의 금융 및 경제시스템을 마비시키고 있다.

금융산업중심개편의 허구성

제조업에 비하여 금융업이 수익성, 성장성이 높다는 관점에서 우수한 인력과 자금이 금융산업으로 집중됨으로써 금융공학에 의한 재무정책을 옹호하였으나 제품의 기술혁신 등 실질적 생산성 향상 없이는 허구의 경영의사결정이 되기가 쉽다. 또한 금융공학에 의한 수치적 해결책은 그 거래에 있어서 인간의 신뢰성이나 신용을 측정할 수가 없다. 그리고 대부분의 자산이나 부채가 증권화되어 세계적 금융시장의 시스템에 출시되었으나, 거래 당사자의 자유의사에 일임하는 사고의 관점에서 국가가 그 증권화의 과정이나 평가에 있어서 관리를 소홀히 함으로써 부실한 금융상품 및 파생상품의 양산에 따른 피해를 예방할 수 없었다.

정부의 재정긴축정책에 의한 유효수요의 감소

신자유주의는 빈곤과 실업은 개인의 문제라고 하는 관점을 가지고 있다. 그러므로 이는 보건, 교육과 같은 사회복지관련 지출을 감소시키게 된다. 또는 정부예산 지출의 축소로 정부투자의 유효수요가 감소되어 수요가 공급에 미달하게 되면 경기불황 및 공황이 발생할 가능성이 있다.

공공기업의 민영화

공공기업이 민영화되면 그 효율성 증진을 위하여 구조조정이 이루어져 실업자가 증대될 수 있고, 외국자본이 주식투자, 인수합병 등의 방법으로 공공기업에 유입되어 국민의 공공복지의 차원보다도 영리성에 집중할 가능성이 높다.

공급자 중심경제

이는 자본주의가 성장하기 위하여서는 수요보다는 공급이 강화되어야 한다는 측면에서 세금부과축소, 각종 규제완화 등을 축소시켜야 한다는 주장이다. 이는 이익이 발생할 수 있는 곳이면 보다 빠르고 정확한 정보망으로 포착할 수 있는 투기적인 글로벌 금융재벌이 보다 쉽게 접근할 수 있는 상황을 만들 수 있으므로 이에 대응하는 방어체제를 구축하여야 한다.

제61장
대국자하류大國者下流
큰 나라는 하류와 같다

大邦者下流 天下之交 天下之牝 牝常以靜勝牡 以靜爲下 故大邦以下小邦 則取小邦 小邦以下大邦 則取於大邦 故或下以取 或下而取 大邦不過欲兼畜人 小邦不過欲入事人 夫兩者各得其所欲 大者宜爲下

큰 나라는 하류와 같다. 세상의 만남이며 그것은 세상을 부드럽게 수용하는 암컷과 같다. 암컷은 고요함으로써 수컷을 이긴다. 조용함으로써 아래가 된다. 그러므로 대국은 소국의 아래가 됨으로써 소국을 얻게 된다. 소국도 대국의 아래가 됨으로써 대국을 얻게 된다. 그러므로 큰 나라가 내려가면 세계화를 조화롭게 하고 작은 나라가 내려가면 독자성을 얻게 된다. 큰 나라는 사람을 기르겠다는 갈망에 지나지 않고 작은 나라는 들어가 훌륭한 문화를 본받아 보고자 하는데 지나지 않는다. 둘이 각각 그 바라는 바를 얻기 위하여서는 큰 자가 마땅히 아래가 되어야 한다.

큰 나라는 하류와 같다

큰 나라는 여러 강의 물줄기가 만나는 하류와 같이 포용력 있고, 스스로 겸허하게 받아들이는 자세를 취하여야 한다.

 이 하류下流의 도道가 있음으로서 천하의 만남을 주선하고 암컷과 같이 부드럽게 수용하면 천하를 조화롭게 하는 원천이 된다.

암컷이 표상하고 있는 고요하고 온유함은 수컷의 특징으로 설명될 수 있는 억세게 날뜀과 강직하게 곧곧함을 이기고도 남는다.

겸허하게 되고 솔선수범의 선도자가 되어 아래 주춧돌과 같은 뒷받침이 되기 위하여서는 고요함의 도가 필요한 것 같다. 그러므로 대국이 힘의 논리에 따라 소국을 약육강식의 대상으로 삼을 것이 아니라 소국을 순수하게 도울 수 있는 밑거름의 역할을 하게 되어 소국의 신뢰를 얻게 되면, 이 신뢰의 힘이 부가로 평화스러운 환경 하에서 대국은 더욱 풍성해질 수 있다. 소국도 배우고 연구해 보겠다는 겸손한 자세로 대국의 정치, 경제, 사회, 문화의 장점이나 훌륭함을 벤치마킹하여 발전해 나간다면 대국과 같이 부강할 수 있다. 요컨대 소국도 평온이 정착된 배경에서 정도靜道의 자세를 갖추고 끊임없이 나아가 그 기운을 높이게 되면 엄청난 힘을 얻을 수 있게 된다.

따라서 큰 나라가 뒷받침이 되어 세상에 기꺼이 기여하겠다는 순결한 의도가 충만되어 있다면 세계화가 통일되어 더욱 부강해질 수 있고, 작은 나라도 세계평화와 발전을 위하여 밑거름이 되면 그 특성을 살려 독자성을 인정받게 된다.

이상적인 세계화를 위하여서 큰 나라는 좋은 문화·문명을 전파시키고 아울러 훌륭한 인재를 더욱 더 양성하여야 하며, 작은 나라는 자기 적성을 유지·개선시키는데 적합한 보다 나은 지식과 지혜를 흡수하고 응용시켜 나가야 한다는 것이다. 요컨대 큰 나라와 작은 나라가 각각 그 기대하는 바를 성취하고 상호간 이해를 조화시키기 위하여서는 무엇보다도 큰 나라가 솔선수범하여 겸허한 자세로써 작은 나라를 받드는 순수성이 요구된다.

: **오바마의 정의경영**

미국과 같은 강대국이 신자유주의와 같은 논리에 따라 무조건의 자유경쟁에 의한 세계화를 이루게 되면 약육강식의 상황이 벌어질 가능성이 높아진다. 시간적으로 빨라지고 공간적으로 좁아지는 오늘날의 정치·경제·사회·문화의 환경 하에서 인간은 양심과 정의에 입각하여 순조롭게 자연적으로 운행되어 나가는 글로벌화를 이루어 나가야 한다.

미국인들은 젊은 흑인인 오바마가 미국이나 세계에서 복잡하게 노출되고 있는 상호간 갈등문제를 정의롭게 풀어나갈 수 있는 적합한 인물로 인식하고, 그를 미국의 대통령으로 선택하게 된 것이라 할 수 있다.

(1) 오바마의 인생행로

버락 오바마Barack Obama(1961~)는 미국 중부 캔사스 중상층 가정의 백인소녀 던햄과 케냐의 흑인 유학생 사이에서 태어났다. 그의 어머니는 고교졸업 후 부모를 따라 하와이로 이주하여 하와이 대학교 러시아어 강좌교실에서 그를 만나 1961년에 그녀가 19세 때에 결혼을 하게 되었다. 오바마의 아버지는 유학 오기 전 케냐에 결혼한 부인이 있었으며, 1962년도에는 하버드대학교 박사과정에 진학하기 위하여 하와이를 떠나게 되었고, 그 후 그들은 얼마되지 않아 이혼을 하였다. 오바마의 아버지는 케냐의 작은 마을에서 염소를 치며 자랐으며 그의 할아버지는 요리사로서 영국인들의 하인이었으나, 그는 이러한 환경에 개의치 않고 열심히 노력하여 케냐에서 장학생으로 선발되어 미국으로 유학 오게 되었고 하버드대학교에서도 장학금을 받으면서 케냐 최초의 박사학위를 취득한 후 케냐로 돌아가 정유회사에 다니다가 관광부장관으로 발탁되었다. 그런데 그는 케냐의 첫 대통령이었던 케냐타와 정치적 견해 차이로 맞서게 되어 장관직에서 해고되었을 뿐만 아니라 여러 가지 정치적 탄압과 시련을 겪었으며 한 동안 가난과 절망을 안고서 술로 세월을 보내는 신세가 되었다가 케냐타 대통령이 죽은 후 다시 재무부장관으로 기용되었지만 불행하게도 교통사고로 세상을 떠나게 되었다.

이혼한 그의 어머니는 대학교에 다시 복학하여 1967년도에 인도네시아에서 온 유학생과 재혼하게 되었으며, 새 남편을 따라 그녀와 오바마는 인도네시아의 자카르타로 이사하였지만 1980년도에 다시 이혼하였다. 그녀는 이혼 후 하와이대학교 대학원에 진학하여 인류학을 연구한 후, 인도네시아로 다시 돌아가 공부를 계속하여 인도네시아 소작농 연구로 박사학위를 받았고, 아울러 포드재단의 업무담당관이 되어 자카르타 지역의 여성직업인을 중심으로 상담업무 등을 하였으며, 그 이외에도 큰 은행에 입사하여 소액대출업무를 수행하는 등 활발한 대외활동을 하였으나 1995년 난소암으로 53세의 나이로 사망하였다.

오바마의 어머니는 자기에게 부딪히는 어려운 여러 가지의 시련에도 불구하고, 인도네시아에서 매일 새벽 4시에 아들을 깨워 영어학습 통신과정을 밟도록 하였으며, 오바마가 10세 때에는 하와이에 있는 외할아버지 집에서 가정형편상 무리한 일이나 하와이 상류층 학생들이 다니는 푸나호우라는 기숙학교로 전학을 시켰다.

오바마는 고등학교 시절에 대마초 등 마약을 피우는 탈선행위를 한 적이 있으나 다시 마음을 가다듬어 1979년도에는 로스엔젤레스 옥시덴탈 대학에 입학하였고, 1981년 8월에는 뉴욕에 있는 컬럼비아 대학교로 전학하였으며, 1983년 동대학교를 졸업하게 된다. 컬럼비아대학교를 졸업한지 1년 후인 1984년경에 오바마는 아무런 연고도 없는 시카고에 오게 되었는데, 어느 교회단체에서 연봉 약 1만 달러로 커뮤니티조직자로 일하지 않겠느냐고 제안해 옴에 따라 이를 받아들여 약 3년간 근무하였고, 1988년도에는 하버드로스쿨Havard Law School에 진학하여 재학 시에는 하버드로리뷰 Havard Law Review의 편집장으로 피선되었다.

그는 뉴욕에 있는 이름난 대형 법률회사의 취업권유를 선택하지 않고, 빈곤층이나 흑인 등 사회적 약자들의 편에 서서 사회활동을 하기 위하여 시카고에 있는 소형 법률회사에서 인권변호사로 근무하였으며 아울러 시카고대학교 법률대학원에서 헌법을 강의하였다.

그는 인권변호사로서의 경험을 토대로 하여 1997년부터 2004년까지 시카고 사우스사이드 선거구에서 일리노이주의회의 상원의원에 세 번이나 당선하였다. 2004년 7월에는 보스턴에서 개최된 민주당전당대회에서 기조연설자로 선정되어 청중의 심금을 울리는 명연설을 하게 되었고, 이것이 마침 텔레비전으로 방영됨으로써 미국 전역에 그의 이름이 알려지기 시작하였으며, 이로부터 3개월 뒤 그는 연방 상원의원으로 당선되었다.

대통령이 되기에는 정치·경제·사회적으로 비교적 경륜이 미약한 상태라고 판단되고 있었던 오바마는 민주당 대통령후보경선전당대회에서 그 명성을 떨치고 있었던 힐러리 상원의원을 꺾고, 나아가서 2009년 1월에는 미국대통령선거에서 정치적 대선배격인 공화당의 매케인 상원의원을 눌러, 48세의 젊은 나이로 미국의 제44대 대통령에 흑인으로서는 최초로 당선되었다.

(2) 오바마의 정치 및 경제 등에 대한 사상 및 정책

흑인이면서 젊은 나이의 악조건에서 미국대통령에 어떻게 당선될 수 있었던 것인가 하는 의문이 남게 된다. 그런데 그가 대통령으로 선출되기까지에는 그 성과에 대응하는 충분히 능력을 키워왔다고 볼 수 있다. 먼저 그는 자기의 어려운 처지에 마음을 위축시키거나 신경쓰는 것보다도 밝은 앞날을 꿈꾸면서 끊임없는 자기정진을 해온 긍정적인 생활태도와 습관을 간직하고 있었다. 그는 하버드 로리뷰의 편집장이 될 정도로 자기분야에 열성적일 뿐만 아니라 자신을 낮추고 새로운 환경에 능숙하게 적응하는 면모를 보였으며, 자기 견해와 다른 자를 적으로 만들지 않았다. 예컨대 그는 진보파였으나 편집회의에서 진보파와 보수파의 논쟁 시에는 양자의 의견을 참을성 있게 경청하고, 양쪽이 공평하게 만족할 수 있는 결론을 이끌어 내려고 하는데 중점을 두었으며, 필요 없는 논쟁은 될 수 있는 한 피하려고 하였다. 그러므로 그가 속해 있는 조직은 분파로 분할되는 것보다도 일정방향으로 수렴 혹은 결합되어 나갔다. 또한 그는 다른 사람을 비난하지 않고 문제를 해결하는 방법을 알았으며, 필요할 때는 적극적이고 강경한 태도를 취할 수 있었으나 대세에 영향을 주지 않는 선에서 감정을 통제할 수 있는 자제력을 보였다.

그가 미국민들에게보다 참신한 정치인으로 인식·부각되기 시작한 계기는 2004년 7월 민주당 전당대회에서 기조연설자로 선정되어 행한 감동적인 연설이 전국에 텔레비전으로 방영된 데에서 찾아볼 수 있다. 그는 다양한 분야의 책을 충분히 독서하고 다른 사람의 연설도 자주 경청하며, 발표하고자 하는 내용을 간단·명료하게 정리하여 말하는 연습을 반복함으로써 말이라는 강력한 무기를 능숙하게 구사할 수 있는 자질을 갖추게 된 것이라 할 수 있다.

그 이외에 미국민들이 그를 선택할 수 있도록 한 주요한 원인이라 할 수 있는 그의 정치 및 경제 등에 대한 사상 및 정책을 열거하면 다음과 같다.

1) 미국의 독립선언문에 의하면 모든 인간은 평등하게 태어났으며 창조주에 의해 몇 가지 양도할 수 없는 권리를 부여받았다. 그 중에는 생명과 자유, 행복의 추구가 있다라고 기술되고 있다. 그는 이러한 미국정신을 위하여 우리의 모든 힘을 합쳐나가야 한다고 역설하고 있다. 이 공평성과 정의의 원칙을 다시 세울 수 있는 정직한 지도자, 정부를 부패한 세력과 특수한 이해관계의 틀에서 벗어날 수 있도록 하는 지도자가 요청된다는 것이다. 그리고 경제성장과 번영을 유지하기 위하여서는 노동자, 투자자 등 주된 경제참여자들에게 협조동기를 부여하여 기여할 수 있도록 하는 것이 필수적 요건으로 되고 있으며, 따라서 그 참여환경에 공평성과 정의의 원리가 적절히 적용되지 않게 된다면, 그 소기의 목적을 달성할 수 없게 된다는 것이다.

2) 미국의 기존 정치·경제·사회제도에 진정한 변화를 가져와 미국민에게 기대할 수 있는 희망과 공정한 기회가 제공되어 국민적 합의와 단결을 형성시킴으로써 보다 잘 살아갈 수 있는 터전을 마련하여야 한다는 것이다. 예를 들면, 정부의 고비용 소비체계, 교육관료주의, 경직된 노동조합, 변호사에 의한 불필요한 소송만능주의, 헌법 해석의 최고권위로서 국민 위에 군림하는 연방사법부, 수개의 민간단체에 의한 독과점식의 의료보험사업 등은 시급히 개선되어야 할 사항으로 지적하고 있다.

　3) 국제자유무역이 모든 당사자들에게 이득이 되는 것이 아니며 공정한 것도 아니다. 또한 미국 국민의 대다수가 자유무역에서 이득을 얻지 못하고 있다는 사실을 파악하고 있다면 그것은 재검토되거나 개선되어야 한다는 것이다. 그러므로 그는 기본적으로 자유무역을 주창하고 있지만, 자유무역을 공평하게 규제할 필요성도 인식하고 있다.

　4) 국민들은 정부가 모든 문제를 해결해 줄 것으로 기대하지는 않는다. 단지 그들은 각자의 생활환경에 보다 잘 적응해 나갈 수 있도록 정부에 대한 최소한도의 배려를 요구하고 있을 뿐이다. 예를 들면, 중산층에 불필요한 고통은 덜어주고, 근로자 가정에 발전할 기회의 길을 열어주고, 실작자에게 일자리를 주고, 집없는 자에게 집을 제공하고, 젊은이들에게 위험과 절망에서 구해주는 보다 현실적이고 유용한 방안을 모색해 나가야 한다는 것이다.

5) 미국이 직면하고 있는 주요경제문제들은 자유시장의 작동만으로 해결할 수 없는 것들이 많다. 자유시장 경제에서의 보이지 않는 손이나 개인들이 해결할 수 없는 부분은 필요한 일정 규제를 통하여 개선시켜 나가야 한다. 적절한 규제가 있는 자유시장이 근면, 노력, 헌신, 지성, 지식에 보답하고 가치 있는 제품과 서비스를 제공할 수 있다는 것이다. 여기서 규제는 모든 사람이 타고난 불공평한 이점 없이 똑같은 규칙으로 게임을 운영해 나갈 수 있도록 하는 제도에 귀속시킬 수 있다.

국가가 전쟁을 해야 이득을 보는 자유시장 참여자로서 방위산업체와 같은 조직은 전쟁과 평화에 관련된 문제를 결정하여서는 안되며, 금융시장에서 내부정보에 기초하여 증권거래를 하거나 부실담보대출을 금융상품화하여 신용남용을 야기시키는 행위는 철저한 관리 및 감독이 요청된다. 예컨대 자기중심적인 자유시장만을 지향하고 이기주의적인 이득을 취하는 사고방식 및 그 시스템의 범위나 한계에서 벗어나야 한다는 것이다.

6) 대량학살무기의 위협과 국제 테러의 위험을 줄이기 위하여 이라크에 군대를 파병하여 전쟁을 일으켜 막대한 재산과 인명의 손실을 야기시킨 것은 지도자의 올바른 판단력과 통찰력이 부족한 결과라고 보고 있다.

7) 새로운 에너지 정책을 통해서 중동의 석유사슬로부터 벗어나야 한다. 지구 온난화는 인간이 그 원인을 제공하고 있으므로 화석연료에 대한 미국의 의존성을 종식시킬 방법을 찾아내어야 한다.

이에 관련된 예로서 일본의 경우 연료효율이 좋은 자동차를 대량 생산·판매함으로써 석유소비를 줄이고 있으며, 브라질의 경우 원유의 80%를 수입에 의존하고 있었으나 현재 바이오연료에 의하여 수년 내에 그 자급자족을 실현하고자 하고 있다. 그리고 석탄산업을 유지하면서 공기를 더욱 청정하게 할 수 있는 발전된 석탄기술을 개발·운용시키는 시스템에 투자가 보다 중점적으로 이루어져야 한다.

8) 그는 폐질환, 심장손상, 혈액질환, 당뇨병, 척추손상, 알츠하이머 병 등으로 고통을 받고 있는 수많은 환자들을 위하여 배아줄기세포연구를 지지하고 있다. 이 연구가 종교·윤리상 문제가 있어 논란이 되고 있으나 고뇌하고 있는 자를 구하는 것이 보다 급선무라고 하는 데에 강조점을 두고 있다. 그리고 낙태라고 하는 임신중절이 합법화되기를 주장하고 있다. 이는 종교적 측면에서 적절한 것으로 인정되지 않고 있지만, 종교도 근본주의적 입장에서 타협을 불허하는 것보다도 현실적이고 공통적인 목적이나 이상을 구현하기 위하여 균형감각을 가지고 문제해결을 하여야 한다는 것이다. 종교가 없는 사람뿐만 아니라 종교가 있는 자들이 받아들일 수 있는 원칙에 합의하기 위하여 먼저 왜 그것이 어떠한 관점에서 잘못된 것인지를 충분히 납득할 수 있는 요인들이 설명되어야 한다는 것이다. 배아줄기세포 연구와 낙태에 관련하여 오바마는 유연성, 합리성, 긍정성을 가진 사고방식으로써 문제를 사전에 지우려고 하고 있다.

제62장
도자만물지오 道者萬物之奧
도가 만물 속에 있다

道者 萬物之奧也 善人之寶 不善人之所保也 美言可以市 尊行可以加人 人之不善 何棄之有 故立天子 置三公 雖有拱壁以先駟馬 不如坐進此道 古之所以貴此道者何 不曰以求得 有罪以免邪 故爲天下貴

도가 만물 속에 있다. 착한 사람의 보배이다. 착하지 못한 사람도 가져야 한다. 좋은 말은 널리 퍼지게 하고 존경하는 행동도 사람들에게 상당한 영향을 미친다. 사람들이 지금 착하지 않다고 해서 어떻게 버릴 수 있느냐. 그러므로 천자를 세우고 삼공을 두고자 할 때 비록 한아름의 옥을 바치고 네 말이 끄는 수레를 앞세우는 일을 한다 할지라도 이는 앉아서 스스로 도를 구하기 위해 애쓰는 것에 미치지 못한다. 옛날부터 도가 귀하다고 한 것은 무슨 까닭인가? 도가 있으면 구하는 것을 얻을 것이요, 죄가 있어도 면할 수 있다고 말하지 않았는가. 그래서 내 속의 도의 깨달음이 세상에서 귀하다.

도가 만물 속에 있다

자연과 인간관계 속에는 도가 작용하며 만물을 이끌어 나간다. 따라서 도는 착한 사람에게만 소중한 보배가 되며, 그렇지 못한 사람도 착한 사람이 되기 위하여 간직하지 않으면 안 되는 필수품이 되고 있다. 아름답고 참된 진리의 말은 많은 사람들이 경청할 만큼의 가치가 있으므로 널리 알도록 해야 하며, 존경스럽고 착한 행위는 귀감이 될 가치가 있으므로 솔선수범이 된다. 비록 사람들이 착하지 않다고 할지라도 관용이나 포용의 마음으로 그들을 일깨워 도의 길로 구원하여야 되지 않겠는가!

그래서 천자가 세워지고 삼공을 두고자 할 때, 한아름의 보석이 증정되고 네 말이 끄는 수레를 보내는 예절을 다하여 현인을 그 자리에 앉히고자 하였다. 그러나 이는 스스로가 앉아서 마음을 집중시켜 도를 구하고자 힘쓰는 데에 미치지 못하는 것 같다. 내가 도를 얻고 남도 도를 얻도록 하는 자리이타自利利他의 관계를 정치적인 명예나 출세보다도 값진 가치로 인식하고 있는 것이다. 옛날부터 진리 · 진실 · 진정을 포괄하고 있는 도가 더 귀중하다고 한 것은 무슨 까닭인가? 그것은 도가 우리 생활을 움직여 이끌어 나가게 되면 무엇을 구하면 얻게 되고, 죄를 뒤집어쓰게 되어도 결국 면하게 되는 무위자연의 에너지를 발현하게 된다. 그래서 무엇보다도 내 속에서 도를 깨닫고 실천해 나감이 우리 인생에서 갖추지 않으면 안 될 기본이 되며, 따라서 세상에서 가장 귀한 것이 된다.

김우중의 확대지향적 경영

(1) 김우중의 열정

순리에 따라서 문제를 사전에 지우거나 사후에 해결하게 되면 우리 생활 속에 하나의 도를 실천하는 결과가 된다. 김우중은 일이 즐겁고 취미라고 할 정도로 일에 대한 그의 열정은 대단하여 골프를 한 번도 쳐 본 적이 없었다고 한다. 그러나 대우라고 하는 거함이 왜 침몰하지 않으면 안되었는가?

김우중의 대우경영이 시대의 상황에 잘 맞추어 유연성을 가지고 순리라는 도를 따라 갔다면 보다 빛나는 대우가 존재해 우리나라 경제발전에 계속적으로 기여하고 있으리라고 의심하지 않는다.

김우중(1936~)은 대구 봉산동에서 태어났으며, 그의 아버지는 전라도 사람으로 제주도지사를 지냈으나 납북되었다. 그는 홀어머니 밑에서 가난하게 살지 않으면 안되었다. 그가 초등학교를 다녔던 대구 피난시절에는 방산시장에서 하루에 신문 100장을 다 팔아야 군에 입대한 형을 제외한 나머지 식구의 끼니를 해결할 수 있었다. 그는 신문을 빨리 팔기 위하여 거스름돈을 미리 삼각형으로 접어 주머니에 넣고 다녔으며, 그 다음에는 신문을 배달할 때 신문값을 받지 않고 배달 후 다시 돌아오는 길에 신문값을 받아내는 방법을 택하여 스피드 있는 신문배달로 방산시장에서 신문팔이를 석권하게 되었다.

그 후 서울에서 경기중학교 및 고등학교와 연세대학교를 졸업하고, 한성실업에서 무역업무를 담당하다가 1967년에 자본금 500만원과 구성원 5인으로 대우실업이라는 회사를 설립하였다.

김우중은 규모의 경제를 실현한다는 의미에서 적극적으로 확대지향적인 경영방식을 취하여 시설투자확대, 자본금증가, 종업원증대 등의 수단을 구사함으로써 보다 빠르게 회사를 키워나갔다. 아울러 대우는 주로 부실기업을 인수하여 단기간에 정상화 시키는데 괄목할만한 성과를 거두었다. 예를 들면, 그는 새한자동차,

대한조선공사, 한국기계 등의 부실기업을 인수하고 그 반대급부로 은행 등으로부터 융자를 받아 회생시키는데 최대한의 재능을 발휘하였다.

(2) 대우의 세계경영과 몰락

1993년경 대우는 자동차산업을 앞세워 세계경영을 내세우게 되었는데, 그 경영전략으로서 현지생산, 현지판매, 해외금융에 주력을 두었다. 대우는 그간 국내에서 섬유 및 금융산업, 부실기업인수 등에 따른 차입금융자혜택과 기타 인허가권 획득 등의 일정한 특권부여에 따라 그 성장을 하여 왔을 뿐이었다. 따라서 자동차산업에서 요구되는 기술, 정보, 노하우, 경험 등이 다른 기존의 자동차회사에 비하여 상당히 미약하였다. 그러나 대우는 규모의 경제, 조립생산에 의한 제품출시의 신속화, 세계적인 판매망 구축 등에 경영전략의 주안점을 두고 대규모투자를 시행하였다.

대우자동차는 주로 외국에서 자동차에 관련된 기술, 도면, 설비 등을 직수입하여 단기간 내에 조립·생산하는 방식을 취하고자 하였으나 자동차의 핵심기술인 엔진에 대한 차별성을 보유하지 못하면서 장기적으로 그 경쟁적 우위성을 점유할 수 없게 된다. 이 당시 김우중 및 임원진은 자동차 경영에 대한 충분한 연구 및 이해가 부족한 상태에 있었다. 다만, 그들은 뛰어난 기술력에 의한 제품차별화보다도 중급기술로 소형차를 생산하여, 박리다매의 가격경쟁, 디자인 및 판매능력, 무역장벽타개 등의 수단으로 승부를 걸고자 하였다.

김우중은 "잘 팔리는 제품을 잘 파는 것은 누구나 할 수 있다.

그러나 안 팔리는 제품을 잘 파는 것이야말로 진짜 마케팅"이라고 역설하였다. 그러나 마케팅은 생산 이전 단계에서 고객의 욕구, 특성, 용도 등의 세분화에 따라 그 품질, 가격, 디자인, 환경적합성을 세밀히 조사·분석하여 저절로 잘 팔릴 수 있는 제품을 생산하는 것이 핵심인데, 이를 간과하고 있었다. 제품이 차별화되고 다양성을 가지지 아니한 일반적인 세단차에 집중적 대규모 투자를 하고 가격할인판매를 주된 마케팅 수단으로 이용하였으나 판매량을 증대시킬 수 없었기 때문에 나중에는 원가 이하로 출혈 매출하게 되는 결과를 낳게 되었다. 1995년 이후 대우자동차는 1500cc 패밀리원$^{Faimly\ one}$ 엔진 공장을 중국(30만대), 인도(30만대), 루마니아(30만대), 부평(30만대)를 각각 5억 내지 6억 달러를 소요하여 집중적으로 건설하였으나 가동률이 낮아 유휴설비의 상태에 놓이게 되었다. 그런데 대우의 패밀리원 엔진공장은 세계에서 가장 싼 중급엔진을 제조하는데 그쳤으며, 또한 패밀리원 자동차만을 위한 전용설비이므로 다양한 모델의 제품을 수요에 맞도록 개조하기가 곤란하였다. 그리고 중국과 인도 공장에서 생산된 엔진은 일정한 물량을 자국에서 소비 못하면 대우가 원가로 되사준다는 계약내용이 들어감에 따라, 부평 공장에서 생산하는 것보다도 40~50% 더 비싼 가격으로 구매하지 않으면 안 되는 상황에 놓이게 되었다. 폴란드 자동차회사 인수의 경우에는 기존 회사의 인력 약 20,000명을 승계 받고 20억 달러 이상의 투자를 하였으나 그 판매량은 부진을 면치 못하였다.

　1997년 12월 대우의 국내 금융부채는 약 28조 7,000억 원에 이르게 되었고, 해외금융으로 동유럽, 동남아, 중국, 남미 등의 개발도상국에 투자한 자동차 사업도 별다른 성과를 내지 못함에 따라 은행 등 금융기관은 대우의 차입자금상환 능력에 대한 신뢰성 수준을 상당히 낮게 평가하기 시작하였다.

따라서 해외금융기관이 대우에 대한 대출금액을 회수하게 되었고 이에 대신하여 그 이자율이 보다 높은 국내 금융기관 차입이나 회사채 발행에 의존·대체하게 되었다. 아울러 1998년도 대우의 재무제표는 수출액을 약 30조원 과대계상하고 있음이 추정되는 것으로 전해지고 있다.

1997년 말 한국의 IMF 사태 발생 이후 경제각료들은 재벌구조 조정과정에서 과도한 무역금융과 외상수출을 개혁시키는데 중점을 두고 자산건전성 강화와 부채비율 축소정책을 강력하게 실현시키고자 하였으나, 김우중은 세계경영의 확대를 줄기차게 주장하고 무역금융에 대한 제한을 풀어줄 것을 요청함에 따라 상호간 갈등을 야기시켰으며, 2001년도에 이르러 김우중은 대우에 대한 경영권을 박탈당하게 되었다.

김우중은 임직원들에게 "자동차 생산량을 최대한 늘려라 그 다음은 내가 팔 것"이라고 지시할 정도로 세계경영을 위한 해외진출과 그 도약을 무리하게 서둘렀다. 또한 대우에 대한 중요한 의사결정은 김우중 회장이 직접 해왔기 때문에 계열사 사장들은 긴박한 상황에서도 자기들이 스스로 의사결정을 내리는 것을 주저하였다.

양명학陽明學에서 공자가 우리 생활에 있어서 중요한 하나의 지침으로 강조한 시중時中이라는 말을 아래와 같이 설명하고 있다.

시時는 시간을 지칭하는 것으로서 인시제의因時制宜 여시해진與時偕進으로 풀이하고 있다. 이는 때에 따르고 때에 맞춰 함께 가야 한다는 의미이다.

중中은 공간을 나타내는 것으로서 무태과無太過 무불급無不及으로 풀이하고 있다. 이는 너무 지나쳐도 안되고 모자라도 안된다는 뜻이다.

김우중 회장이 시중時中에 조금만 더 관심을 기울여 대우경영에 참조하였다면 세계경영의 훌륭한 리더가 될 수 있었음을 의심하지 않는다.

제63장

위무위 爲無爲

무위로 행하라

**爲無爲 事無事 味無味 大小多少 報怨以德 圖難於其易 爲大於其
細 天下難事 必作於易 天下大事 必作於細 是以聖人終不爲大 故
能成其大 夫輕諾必寡信 多易必多難 是以聖人猶難之 故終無難矣**

행함에 삿된 인위가 없어야 하고 일에 걸림이 없어야 한다. 맛에 집착이 없어야 한다. 크게 될 수 있는 자는 작은 일의 해결에 걸림이 없어야 하며 많은 어려운 문제를 사전에 지우기 위하여서는 자기를 절제할 수 있는 극기가 요구된다. 그래서 원한을 덕으로 보답하게 된다. 어려움을 해결하기 위해서는 쉬운 것부터 풀 수 있어야 한다. 크게 되려면 작은 것부터 해결할 수 있어야 한다. 세상에서 어려운 일이라도 반드시 쉬운 것으로부터 시작된다. 세상에서 큰 일이라도 반드시 작은 것으로부터 일어난다. 그러나 성인은 결국 자기가 큰 일을 할 수 있는 자라고 내세우지 않는다. 무릇 가볍게 결정하는 자는 신용을 잃게 된다. 너무 쉽다고 보면 반드시 많은 어려움을 맞게 된다. 그래서 성인은 항상 어려워하므로 결국 어렵지 않게 된다.

무위로 행하라

어떤 행위를 할 때 삿된 의도, 지나친 욕심, 위선, 쓸데없는 집착을 없애고, 허망한 기대를 버리고, 가벼운 마음으로 진척시켜 나가면 억지로 하는 것보다 저절로 되도록 함으로써 보다 쉽게 문제를 풀 수 있다. 요컨대 일도 자기의 적성에 맞게 되면 노는 것과 같이 재미있게 그 목표를 거침없이 달성시킬 수 있다.

자연적인 맛보다 인위적으로 만든 맛에 너무 집착하게 되면 우리의 건강을 해치게 되는 결과가 나타나는 경우를 흔히 볼 수 있다. 또한 우리 생활에 있어서도 어떤 목적대상으로부터 얻을 수 있는 성과나 소득을 과도하게 구하고자 하였으나 성취하지 못하면 괴로움이 가중되어 평상심을 잃게 된다.

인류에 도움을 줄 수 있는 성숙한 큰 인간이 되기 위하여서는 필수적으로 자기를 없이하는 무아無我가 되어 작은 일의 해결에 자연적으로 걸림이 없어야 하며, 세상의 복잡하고 많은 어려운 일들을 사전에 지우기 위하여서는 자기 자신이 근검·절약할 수 있는 극기의 정신과 단순하게 생활할 수 있는 자세가 요구된다. 자기가 무아와 극기가 되면 원한을 덕으로 해결할 수 있는 능력이 저절로 생겨 난제가 눈 녹듯이 사라져 버리게 된다.

어려움을 풀기 위해서는 먼저 기본적이고 핵심적인 사항을 충분히 이해하고 해결할 수 있어야한다. 이는 마치 어려운 수학문제를 풀기 위하여서는 보다 쉬운 기초수학을 이해하여야 한다는 전제와 같은 내용이 된다. 그리고 큰 일을 성취하기 위하여서는 기초적인 작은 일들이 원활히 수행되어야 한다는 것이다. 예를 들면, 축구에 있어서 골을 많이 넣기 위하여서는 선수들의 기초인 공에 대한 패스동작이 정확하고 적절하지 않으면 안되는 것과 같다. 그러므로 세상의 어려운 일들은 흔히 가장 단순하고 쉬운 기초나 원리를 소홀히 함으로써 일어나는 경우가 많다. 그리고 세상에서 나타나는 큰일들은 반드시 작은 잘못이 불씨가 되어 시작된다. 그러나 성인은 이와 같은 과정을 순리적으로 걸림이 없이 이행하고 있지만 결국 자기가 큰일을 할 수 있는 적임자라고 내세우거나 허세를 부리지 않는다. 그리고 일반적으로 일처리를 하는데 있어서 신중을 기하지 않고 가볍게 결정하는 자는 반드시 신용을 잃게 되는 결과를 낳게 한다. 또한 너무 쉽다고 경솔하게 덤비게 되면 그 속에 내포된 보이지 않는 문제점이나 어려움을 간과하기 쉬우므로 결국 생각하지도 않은 고난에 봉착하게 된다. 그러므로 성인은 항상 사전에 문제를 지우는데 신중에 신중을 거듭함으로써 일이 물 흘러가듯이 저절로 이루어지도록 한다.

: 박태준의 개혁경영

(1) 박태준의 인생경로

박태준(1927~)은 1968년 4월 1일 포항종합제철주식회사를 창립한 이래로 약 25년간 혼신의 힘을 다하여 우리나라의 철강산업을 확립하여 경제발전에 기여하는데 주춧돌과 같은 역할을 해왔다. 그는 종합제철소를 건설하는 과정에서 자금도입과 구매계약에서부터 건설현장의 볼트조임상태와 종업원의 거주 및 교육환경 등에 이르기까지 빈틈없이 그리고 소홀함 없이 하나하나 신중하게 검토·진척시켜 개혁을 단행함으로써 공든 탑이 무너지지 않도록 하는 저력을 보여왔다.

박태준은 경남 동래군 장안면에서 6남매 중 장남으로 태어났다.

1930년대 그의 아버지 박봉관은 먼저 일본에 가서 자리를 잡고 있는 큰아버지의 도일 권유 편지로 일본에 가게 되었으며, 박태준도 1933년 9월 어머니와 함께 부산항 부두를 출발하여 일본으로 가게 되었다. 이 때 박봉관은 이다미라는 곳에서 자기 형과 함께 살고 있었으며, 이톤센의 터널을 뚫는 공사현장에서 일하고 있었다. 박태준은 1936년에 아버지가 수력발전소로 직장을 옮김에 따라 이야마라는 곳에 이사하여 그가 13세가 되는 1940년도에 5년제인 아야마 북중학교에 입학하였으며, 수영, 유도(중 2학년 때 2단)에 능숙하게 되었고, 스키에도 탁월한 기량을 소유하여 교내대회에서 1, 2등을 하는 경우가 많았다. 그는 학업성적도 우수하여 1945년 4월 와세다공대 기계공학과에 입학하게 되었다. 이 입학이 허용되지 않았다면 그는 일본에서 징집되어 전선에 나가지 않으면 안되었을 것이다. 그 당시 한국사람으로서는 와세다대학교에 입학할 수 있는 확률은 거의 희박하였다. 이 일에 관련하여 박태준의 아버지는 평소 잘 알고 지내온 소메야라는 일본인 사장과 상의한 결과 박봉관의 근면성을 알고 신임하고 있었던 도매야 사장은 박태준을 소메야의 서류상 양자로 들어가게 하는 편의를 제공하여 와세다공대에 입학하게 되었다.

1945년 8월 15일 한국이 일본으로부터 해방·독립됨으로써 박태준은 귀국하였으나 마땅하게 공부하거나 취직할 수 있는 자리를 찾지 못하여, 1946년 4월 경 다시 일본 동경으로 가서 와세다공대에서 2년간 수학하다가 중퇴하고 한국으로 돌아오게 된다.

박태준은 1948년에 부산국방경비대에 지원하였는데 훈련 중에 육군사관학교 제 6기 생도로 선발되어 3개월간 단기과정을 수료하고 1948년 7월 육군소위로 임관되었다. 이곳에서 탄도학 강의를 한 박정희와 처음 만나게 되는데 이 수업시간 중 탄도학에 관련된 수리문제를 풀 수 있는 생도가 없자, 박정희로부터 지명을 받아 문제풀이를 함으로써 박정희에게 좋은 인상을 부각시켰다. 한국전쟁 동안 그는 여러 번의 생사의 갈림길에서 살아났으며, 1956년 11월에는 중령으로서 제 5기로 육군대학에 입교하였고 1958년 1월에 대령으로서 국방대학교에서 연수를 받게된다. 1961년 그가 34세 되던 때에 육군본부경력관리기구위원으로 근무 중 5.16 혁명이 일어나게 된다.

 5.16 혁명 직후 박정희는 박태준을 불러 자기의 비서실장으로 근무해줄 것을 부탁하여 같이 일하게 되었다. 박정희는 5.16 군사쿠데타를 일으킬 때 박태준을 그 거사의 명단에 넣지 않았다. 왜냐하면 이러한 군사쿠데타는 실패할 확률이 많기 때문에 박정희가 그 실패로 인하여 형장의 이슬로 사라질 때 자기의 처자식을 부탁하기 위해서 그를 쿠데타 명단에서 제외시킨 것이다.

 1963년 12월 박정희가 군대에 복귀하지 않고 대통령에 취임한 후 박태준은 미국에 유학하려고 준비하고 있었는데 박정희가 한일국교정상화 문제를 다루는데 있어서 적임자로서 그를 지목하여 일본특사로 파견하고자 하였으며, 이 때에 그는 육군소장으로 진급을 하는 동시에 군복을 벗고 1년간 그 임무를 수행한 후 1964년 10월 귀국하여 대한중석대표이사를 맡게 되었다. 대한중석 사장에 취임한 박태준은 강원도 상동광산에 도착하여 지하 1500m 막장까지 내려가 광산 내부를 시찰하였으며, 사택, 병원, 학교를 손색없이 설치·운영하고, 청탁배제·능력본위의 공정한 인사관리를 확립함으로써 그가 취임 후 1년도 지나지 않아 대한중석은 만성적인 적자에서 벗어나게 되었다.

1965년에 이르러 한국정부는 재래적 농업국가로부터 근대적 산업국가로 발돋움하기 위하여서는 산업의 쌀이라고 할 수 있는 철을 공급할 수 있는 종합제철소를 갖추지 않으면 안되었으며, 따라서 철의 생산을 국가기간산업의 으뜸으로 설정하게 되었다.

일본에서 최고의 제철소를 건설한 것으로 정평이 나있는 가와사키제철의 나시야마 야타 사장이 1965년 6월경 서울에 오게 되어 박태준은 그로부터 한국에서도 매년 100만 톤의 철강을 생산할 수 있는 대규모 제철소를 설치하여야 한다는 제안을 듣고 이를 박정희 대통령에게 전하게 된다. 이에 박대통령은 적자에서 헤매던 대한중석을 살려낸 박태준에게 제철소건설도 맡아주기를 부탁한다.

1967년도에 제철소 건설부지를 물색하던 중 공업용수, 전력, 항목, 토지조성 등에 관하여 종합적으로 검토한 결과 포항이 최적정지로 선정되었다. 그 건설을 위한 자금은 미국, 독일, 영국, 이탈리아의 4개국의 7개 회사로 구성된 대한국제제철차관단[KISA : Korea International Steel Associates]으로부터 1억 달러를 조달하고 한국이 2,500만 달러를 출자하여 1967년도 초에 공장건설 착공을 할 것을 합의하였다. 그러나 이 대한국제제철차관단으로부터 해당자금을 제공받지 못하였으며, 따라서 대일청구권자금 1억 달러를 한일각료회담에서 합의를 얻어 전용하여 사용하기로 하였다.

1968년 4월 1일 포항종합제철주식회사는 박태준을 대표이사로 정하고 상법상 주식회사 형태로 설립되었다. 박정희 대통령은 포철을 국영기업체로 발족시키고자 주장하였으나, 박태준이 민간주식회사체제가 더욱 자율적 효율성을 발휘할 가능성이 높다고 설득하여 현재의 경영조직구조가 형성되어 온 것이다.

이 당시 회사의 운영목표는 다음과 같이 설정하였다.

1) 인화단결과 상호협조
2) 기술자훈련의 적극추진
3) 건설관리의 합리화
4) 경제적 투자체제의 확립

포철의 포항에서의 제철소 건설내용을 요약·표시하면 다음과 같다.

일자	내역	연간조강능력
1973. 07. 03.	포철 1기 설비종합준공	103만톤
1976. 05. 31.	포철 2기 설비종합준공	260만톤
1978. 12. 08.	포철 3기 설비종합준공	550만톤
1981. 02. 18.	포철 4기 1차 설비종합준공	850만톤
1983. 05. 25.	포철 4기 2차 설비종합준공	910만톤

포철은 1973년도 연차결산보고서에서 조업을 시작하여 6개월만에 120억원의 순이익을 달성하여 박정희대통령을 비롯하여 주위의 사람들을 놀라게 하였으며, 1974년도에는 355억원의 순이익을 실현하였다. 포항에서 준공된 제철소는 주로 고급강 위주의 다품종소량생산시설에 치중하였고, 1984년부터 건설하기 시작한 광양제철소는 열연 및 냉연코일 위주의 소품종 대량생산에 역점을 두었다. 박태준은 1979년 박정희 대통령의 서거 이후 전두환,

노태우, 김영삼, 그리고 김대중으로 이어지는 정권의 거센 파도를 헤쳐나가면서 포철을 세계적인 철강생산업체로 우뚝 서게 하고 1993년 3월 정기주주총회에서 명예회장직의 퇴진을 끝으로 하여 포철을 떠나게 된다.

(2) 박태준의 경영철학

박태준은 중고등학교 시절에 유도, 스키, 수영 등의 운동에 뛰어난 자질을 발휘하였고, 일본 와세다대학 기계공학부에 합격할 정도로 학력도 높은 수준에 이르고 있었으므로 장래에 국가발전을 위한 개인적 핵심역량은 청소년시기에 기본적으로 갖추어진 것으로 추정할 수 있다.

그리고 그는 자기에게 주어진 책무에 대하여는 기필코 완수하고자 하는 사명의식이 투철하였으므로 그의 군대시절부터 박정희 등 여러 상관으로부터 두터운 신임을 받게 되었다.

군을 떠난 이후에도 박정희, 전두환, 노태우, 김영삼, 정주영 등이 자기들과 정치를 같이 하자고 부탁을 받아 참여하였으나, 육군, 대한중석, 포철 등과 같이 일정규율이 지배하는 체계적인 조직 같은 곳에서 얻는 성과를 우리나라 정치권에서는 발휘하지 못하였다. 그런데 2000년도에 그는 73세의 나이로 김대중 정부의 국무총리에 취임하였으나 동년도 4월 총선에서 여권과 자민련이 패배함으로써 5월 19일 그 책임을 지고 동직에서 사임하였다.

박태준이 오늘날과 같은 포철로 성공시킨 원동력이 된 그의 경영철학을 열거하면 다음과 같다.

1) 한국의 경제도약과 산업근대화를 위하여서는 그 기초가 되는 제철소의 건설이 우선적으로 완비되지 않으면 안된다는 제철보국製鐵報國이라는 단 한가지의 정신으로써 어떠한 난관도 뚫고 나가고자 하였다.

2) 포철을 건설함에 있어서 발생하게 될 문제점은 될 수 있는 한 사전에 제거하고자 하였다. 예를 들면, 대형볼트로 철 구조물을 연결하는 작업에는 볼트를 확실히 조이도록 하지 않으면 부실공사가 된다. 따라서 모든 볼트는 완성 전에 그 조인 상태를 수시로 점검해 나갔다.

3) 기술교육의 중요성을 인식하여 직원들의 해외교육을 적극 추진하였다. 1968년 11월에는 일본 가와사키제철소에 우리나라 기술자 및 연구원 등 9명을 파견하였으며, 포철 제1기 공사가 마무리된 1972년까지 호주, 서독 등을 다녀온 기술연수생이 600여명이나 되었다. 이와 같이 제철생산에 관련하여 보다 선진된 나라의 기술 및 연구를 벤치마킹함과 동시에 체계적인 연구개발시스템에 따라 포철의 독자적인 기술을 개발·개혁하였다는 데에 큰 의미를 부여하지 않을 수 없다.

4) 직원들의 복지에 많은 투자를 하였다. 1968년 9월경 포철은 유럽 최고수준정도의 전원 및 교육단지를 조성시킬 의도로 포항시 효자지구에 20만평을 1억 3,700만원에 구입하여 사원용 주택단지와 외국인 기술자를 위한 주택 등에 대한 공사를 시작하였으며, 이 단지는 공사 완료 후에 낙원같다는 세평을 받을 정도로 훌륭하게 건설되었으며 유치원, 초등학교, 중고등학교가 설치되었고 아울러 포항공과대학교, 포항산업과학연구원이 설립되었다.

이 당시 국회의원들로부터 사원주택, 학교, 기타복지시설 등에 막대한 투자를 한데 대하여 맹렬한 비난을 받게 되자 박태준은 "조직구성원들에게 최고의 대우를 하여야 최고의 노동력이 나옵니다"라고 답변하였다.

　이로써 포철은 원만한 노사관계가 자동적으로 형성되어 합심된 힘으로 소기의 목적을 달성하는데 큰 어려움이 없을 정도이었다.

　5) 박태준은 경영의 핵심은 인사에 있다고 역설하여 공정인사와 능력인사를 끈기있게 유지하였다. 따라서 어떠한 권력계층이나 사적인 인맥에 의한 인사청탁은 철저히 배제되었다.

　6) 포철 건설을 위한 구매자재나 설비는 가장 낮은 가격의 가장 좋은 품질을 구비하여야 한다는 원칙을 공정하고 일관성있게 지켜나갔다. 그리고 그 건설공기도 조기에 단축할 수 있도록 작업환경 개선 등을 포함하는 현장제일주의에 우선을 두었다.

　따라서 1973년 12월 31일 포철은 본사도 서울에서 포항으로 이전하여 박태준은 상시로 현장작업자와 동고동락同苦同樂을 하면서 제철소 건설에만 매달렸다.

제64장
기안역지 其安易持
평안해야 쉽게 나아갈 수 있다

其安也易持也 其未兆也易謀也 其脆也易判也 其微也易散也 爲之於未有 治之於未亂 合抱之木 生於毫末 九成之臺 起於累土 千里之行 始於足下 爲者敗之 執者失之 是以聖人無爲故無敗 無執故無失 民之從事 常於幾成而敗之 愼終如始 則無敗事 是以聖人欲不欲 不貴難得之貨 學不學 復衆人之所過 以輔萬物之自然 而不敢爲

평안할 때에는 유지되고 나아가기가 쉽다. 조짐이 없을 때 도모하기가 쉽다. 취약할 때 깨뜨리기 쉽다. 아직 보잘 것 없을 때 쉽게 흩어지게 할 수 있다. 아직 생겨나기 전에 조치를 취하여야 하고 난리가 나기 전에 다스려야 한다. 아름드리나무도 털끝만 한데서 생긴 것이고 구층 건물도 흙이 쌓여 세워지고 천리 길도 한 발짝에서 시작한다. 성인은 사전에 저절로 되게 함으로써 실패가 없다. 집착이 없으면 잃는 것이 없다. 중생이 하는 일은 항상 거의 일이 다 되어서 실패한다. 처음부터 끝까지 신중하면 그 일에 실패하지 않는다. 그래서 성인은 세상 사람들이 원하지 않는 것을 가지려고 한다. 얻기 어려운 보화를 귀하게 여기지 않는다. 성인은 중생들이 배우기를 꺼리는 것을 배우고자 하며 그리고 중생들이 간과하는 것을 주시하여 돌려놓는다. 만물이 그대로의 자연스러움에 어울려서 나아가고 있으며 억지로 하는 것이 아니고 저절로 되어 나간다

: 평안해야 쉽게 나아갈 수 있다

어떤 일들을 잘 유지시키고 수월하게 발전시키기 위하여서는 기본적으로 평안하고 여유가 있는 마음의 자세나 태도를 갖추어야 하며, 아울러 그 일들에 관련된 제반 여건이 안정된 관계를 형성하고 있어야 한다. 또한 어떠한 미세한 조짐이나 불씨가 일어나기 전에 손을 쓰면 쉽게 진정시킬 수 있고, 연약할 때 제압하기 쉬우며, 아직 미미하며 보잘 것 없을 때 그 힘을 분산시키기가 용이하다. 문제가 발생하여 그 문제를 해결하려고 하는 것보다도 문제가 발생하기 전에 문제를 지워야 한다는 방편이 지혜로울 것이다. 예를 들면, 병이 나기 전이나 미미할 때 조치를 취하거나 난리가 일어나기 전에 다스리면 보다 쉽게 해결될 수 있다는 것이다.

큰 나무도 조그만 묘목에서 자랄 것이고, 높은 구층건물도 한 줌의 흙으로부터 쌓아졌으며, 천리길도 한걸음에서 출발된 것이다. 예컨대 시작할 때에 아주 미세한 각도의 차이라도 그 거리가 멀어질수록 그 차이가 엄청나게 벌어지는 결과를 낳게 한다. 따라서 보기에 대수롭지 않은 하나의 말이나 사고방식, 행동이 궁극에 자기는 물론이고 타인에게도 큰 영향을 미칠 수 있으므로 그 조그만 일들을 조심스럽고 소중하게 다루어 나가지 않으면 안된다.

성인은 삿된 인위적인 행위를 사전에 지우는 무위無爲와 스스로 그러함이 될 수 있는 자연自然으로 돌아갈 때 실패하지 않을 뿐만 아니라 집착을 버림으로써 잃지 않게 된다. 그런데 이러한 무위의 도道에 기반을 두지 않는 중생들은 거의 실패로 돌아가기가 쉽다.

인위적인 삿된 행위가 없이 저절로 이루어지기 위하여서는 그 근본에는 처음부터 끝까지 신중하고 절제하여야 하는 극기克己도 필요하다. 그래서 성인은 세상 사람들이 가지려고 애쓰는 불필요한 욕망을 사전에 없애는 데 성공한 자들이다. 그러므로 성인은 처음부터 얻기 어려운 보화를 얻으려고 애쓰지 않을뿐더러 중생들이 배우기를 꺼려하는 무위의 도를 익히고자 하며, 나아가서 중생들이 지나쳐 버리는 자연의 도를 일깨워 주려고 한다. 요컨대 만물이 자연의 원리에 순응하여 저절로 되어 나아감을 가볍게 보아서는 안된다는 것이다.

경쟁력우위 경영

(1) 마이클 포터 Michael E. Porter(1947~)의 경영전략

마이클 포터는 프린스턴대학교를 졸업하고, 하버드경영대학원에서 경영학석사 및 기업경제학 박사학위를 수여받았으며, 26세 때에 하버드경영대학원교수로 임용되었다. 그는 35세 때 하버드대학교 최연소 정년보장교수가 되었고, 현재는 하버드대학교 석좌교수로 활약하고 있다.

경영전략에 관련된 그의 주요한 저서는 다음과 같다

저서명	발행연도
경쟁전략(Competitive Strategy)	1980
경쟁우위(Competitive Advantage)	1985
국가경쟁우위(Competitive Advantage of Nations)	1990

마이클 포터에 의하면 기업, 산업, 국가가 경쟁상 우위에 있기 위하여서는 각 경영주체와 관련된 제반여건이나 요소가 상호간 적합하고 안정된 관계를 형성하지 않으면 안 된다는 이론적 전제를 설정하고 이들의 내용을 분석·검토하도록 하고 있다.

1) 경영전략Competitive Strategy
각 산업의 구조분석에서 그 경쟁유발요인은 새로운 진입기업의 위협, 대체재의 위력, 구매자의 교섭력, 공급자의 교섭력, 기존 기업간의 경쟁으로 나누어 설명되고 있다.

새로운 진입기업의 위협
이는 규모의 경제, 제품차별화 및 다양화, 소요자본, 구매자의 교체비용, 입지조건, 정부허가제도 등 규제, 학습 및 경험의 축적, 원자재의 확보가능성, 브랜드, 제품가격 및 원가, 경영개선 및 혁신의 가능성, 경영유연성, 유통경로 등의 관점에서 그 진입위협의 가능성을 파악하여야 한다.

대체재의 위력
이는 대체재의 효능, 품질, 가격, 수익성의 관점에서 그 경쟁위협 가능성을 고려하도록 하고 있다.

구매자의 교섭력
이는 제품생산자가 다수인 경우 이들의 경쟁이 치열하게 되어 구매자의 교섭력의 높아지며, 따라서 생산기업은 구매자의 세련성이나 까다로움에 근거하여 제품설계, 생산, 마케팅을 전개시키지 않으면 경쟁우위성을 보유할 수 없게 된다.

공급자의 교섭력

이는 제품생산을 위해 인적·물적 자원을 공급하는 자의 교섭력을 의미한다. 그 공급하여야 할 자원이 희소하거나 고도의 질적 차별요인을 갖추고 있는 경우에 있어서 공급자의 교섭력은 증대되어 그 수요자들은 안정적인 자원획득을 위한 경영전략을 수립하여야 한다.

기존기업간의 경쟁

이는 해당산업의 성장단계, 제품에 대한 고객의 충성도, 규모의 경제, 글로벌 경영, 시설 및 연구개발 투자의 크기와 빈도, 기업집단귀속여부 등의 관점에서 그 경쟁 강도를 파악하여야 한다.

2) **경쟁우위** Competitive Advantage

경쟁우위는 경영성과의 핵심요소가 되며, 수요자를 위하여 기업이 창출해내는 가치에서 비롯된다. 일정기업이 경쟁우위를 가져오기 위하여서는 먼저 그 기업이 속해 있는 산업이 매력적이어야 하며, 그 다음에는 해당 산업에 있어서 개별기업이 경쟁적 지위를 확보하고 있어야 한다. 해당 산업의 매력도는 그 산업의 5가지 경쟁요인으로서 새로운 진입기업의 위협, 대체재의 위력, 구매자의 교섭력, 공급자의 교섭력, 기존 기업간의 경쟁에 의존되고 있다. 개별기업의 경쟁적 지위 확보는 원가우위성 Cost Leadership, 차별화

Differentiation, 집중화Focus의 관점에 검토할 수 있으며, 이것이 본원적 경영전략의 요소가 된다.

원가우위성은 타 경쟁기업에 비하여 재고수준 감소, 효율적 공정시스템 유지, 에너지 절약, 노동생산성향상 등에 의하여 보다 낮은 원가로 생산할 수 있는 시스템을 형성하고 있는 것을 의미한다.

차별화는 제품의 품질, 서비스, 효능 등에 있어서 타기업의 제품에 비하여 그 수요자에게 사용상 보다 높은 효과성을 부여할 수 있을 때 실현되며, 이로써 그 제품 브랜드의 인지성과 신뢰성이 증대된다.

집중화는 산업 내에서 좁은 경쟁영역을 선택하는 것으로서 소비자별 혹은 지역별로 세분화 할 수 있다. 그런데 원가집중화Cost Focus는 세분화된 산업에서 원가우위를 추구하는 것이고, 차별적 집중화Differentiation는 세분화된 산업에서 차별화를 구현하게 된다. 이 원가우위성과 차별화는 지속적인 경영개선과 혁신에 의하며 성취될 수 있으며, 이로써 기업의 가치가 창출되어진다. 기업의 가치창출 활동은 본원적 활동과 지원활동으로 나누어 분석·점검하여야 한다.

제품제조의 경우 그 본원적 활동은 구매, 생산, 마케팅, 사후서비스 활동 등으로 나눌 수 있으며, 지원활동은 구매원자재 검수·실험, 인적자원관리, 설비관리, 연구관리 등으로 세분할 수 있다.

3) 국가경쟁우위Competitive Advantage of Nations
국가경쟁우위 혹은 국가경쟁력의 핵심은 한 국가가 자원(노동, 자본)을 이용하여 창조한 생산성에 달려있다. 그 생산성은 단위노동과 자본에 의해 산출한 가치로서 국가의 장기적인 생활수준을 결정 짓는 주요 요소이며, 1인당 국민소득을 결정하는 근원이 되고, 구체적으로 제품의 차별화 및 세분화, 기술력, 경영효율성 및 효과성 등에 의해 좌우된다.

그런데 정부도 국가경쟁우위에 상당한 영향을 줄 수 있는 역할인자가 될 수 있으나 국가자원의 장기적인 생산성 향상의 관점에서 각 산업이나 기업이 핵심역량을 키워나가고 발휘할 수 있는 정치·경제·사회의 환경 조성이나 개선에 주력을 하여야 한다.

정부정책은 주로 강제적인 법적 권한에 의한 규제를 통하여 각 산업 및 기업의 활동에 영향을 미칠 수 있다. 예를 들면, 이는 공정거래, 품질표준, 환경, 투자장려, 지역 특성화, 보조금, 인프라구축, 과학기술, 교육·훈련, 외국기업의 국내투자 등에 관한 법률이나 행정명령으로 그 규제를 강화시킬 수 있다. 예컨대 정부의 궁극적 역할은 국가경쟁우위에 영향을 미치는 결정요소들과 협력하여 작용할 수 있거나, 그 각각의 결정변수가 발전할 수 있도록 하여 국가의 생산성 향상에 기여하는 환경을 마련하게 될 때 효과적이 될 수 있다. 따라서 정부는 경제정책의 관리·통제 변수로서 이용하고 있는 이자율, 환율, 임금율 등은 국가경쟁우위를 위한 각 항목의 조건이 상호 적절히 조합되어 실현되는 생산성 증대라고 하는 바탕에서 고려되어야 한다. 정부는 어느 의미에서 앞으로 어떠한 경제정책이나 경제전략을 시행해 나갈 것인가에 대한 지침을 제시하는 역할을 하고 있다. 그러나 정부의 역할이 경제전략에 대한 암시나 신호를 보내는데 그쳐서는 안되며, 국가경쟁의 환경변화에 따라 그 정책의 유연성이 요청된다.

국가경쟁우위를 이끌어 나갈 수 있는 결정요소는 요소조건, 수요조건, 관련 및 자원산업, 기업전략구조 및 경쟁으로 나누어 분석되고 있다.

요소조건

이는 인적·물적자원, 자본 등과 같이 국가가 생산물을 창출하는데 필요한 제 자원으로서 산출능력 Product Capacity 를 나타내고 있다. 오늘날에 있어서는 지식자원을 보다 중요한 경쟁우위의 요소로 보고 있으며, 따라서 새로운 아이디어를 창조하여 높은 생산성을 실현하도록 하는 지식노동자가 혁신의 핵심 요건이 되고 있다. 각 생산요소에 대한 국내공급자들의 질적 향상을 위하여 교육·훈련·기술 등이 지원되어야 하며, 그들 자신이 자발적으로 발전하고자 하는 의욕이 무엇보다도 중요하다. 그리고 경쟁우위를 지속적으로 유지하기 위하여서는 해외에서의 기술개발의 진척도에 대한 정보를 파악하는 등 세계 최고 투입요소에 관한 접근이 필요하다.

수요조건

이는 일정 산업에 귀속되는 제품에 관련된 수요자의 상태를 양적·질적으로 파악하는 것이다.

수요자에 대한 양적분석은 국내 수요의 크기, 독립적 수요자의 분포, 국내수요의 성장률 등을 검토하고, 국내수요조건이 국제경쟁우위에 어떻게 영향을 미치는가를 고려하여 외국수요의 성장성 여부를 예측하게 된다.

수요자에 대한 질적 분석은 해당 제품에 관련하여 수요자가 어느 정도 까다롭고 세련되어 있는가를 파악하여 그 수요자의 해당 제품에 대한 충성도가 어느 정도인지를 조사하는 것이다.

국가경쟁우위를 계속적으로 유지하기 위하여서는 세계에서 가장 까다로운 구매자를 만족시킬 수 있어야 한다. 그러므로 기업은 국내보다 세련되고 진보된 구매자들이 산재해 있는 국가를 찾아내어야 한다. 이를 위하여 초기에는 하청계약 또는 대형 유통채널의 자체상품을 통해서 파악하고, 그 다음은 틈새시장공략, 해당지역 기업과 제휴 등에 의하여 까다롭고 세련된 구매자를 발굴하여야 한다.

관련 및 지원 산업

일정산업이 유지·성장되기 위하여 그 산업에 관련 및 지원을 할 수 있는 제반 산업의 뒷받침이나 상호 협조가 이루어져야 한다. 예를 들면, 제품 제조업에 대한 관련 및 지원산업은 부품산업, 기계장비산업, 서비스산업, 전자공학산업, 통신산업, 에너지산업, 운수·보관사업, 전기산업, 철강산업, 식품과 소비재산업 등으로 열거할 수 있다.

이는 제품제조업을 중심으로 하나의 산업집단군 產業集團群인 클러스터Cluster를 형성한다.

하나의 경쟁력있는 산업은 각 산업간 상호 강화의 과정에서 보다 높은 경쟁력있는 산업의 창출에 도움을 준다. 국제경쟁우위를 갖춘 제품제조업이 되기 위하여서는 그 기반으로서 우수한 부품 및 원자재를 공급할 수 있는 클러스터가 형성되어 있어야 한다. 국내에 필요한 클러스터가 육성되어있지 않으면 이를 해외에 의존하지 않으면 안된다. 그러나 클러스터에 대한 해외의존은 국내에 있어서 고용 감소, 국부의 유출, 장기적 산업발전의 둔화 등을 초래하여 국가경쟁우위를 저하시키게 된다.

오늘날 서비스산업은 하나의 클러스터를 형성하여 보다 높은 성장성과 수익성을 실현시키고 있으며 모든 제조기업의 가치사슬에 침투되어 있다.

기업전략, 구조 및 경쟁

기업이 경쟁우위를 유지하기 위하여서는 기본적으로 제품차별화, 세분화에 의한 집중마케팅, 원가절감 등이 요구되고, 국내기업간 끊임없는 경쟁에서 강력해진 기업은 해외세장에서의 성장·발전을 도모하기 위하여 글로벌 경영전략을 설정하게 된다.

기업의 경쟁우위는 제품디자인, 품질, 제품제조공정 및 기술, 마케팅 관리기법, 인적자원의 관리, 교육훈련, 조직운영 등에 대한 지속적인 개선과 혁신을 통하여 유지·발전시킬 수 있다. 여기서 혁신은 기존의 것에 비하여 획기적으로 새로운 변화를 가져온 것으로 파악할 수 있다. 이는 배타성, 희소성, 경쟁성, 가치성 등을 내포하고 있다.

개선은 기존의 것에 비하여 보다 나은 방법이나 방향으로 고쳐나감으로써 어느 정도의 새로운 변화를 초래한 것이라 할 수 있다.

국가뿐만 아니라 개별기업의 차원에서도 경쟁우위를 차지하기 위하여는 이미 설명된 항목의 요소조건, 수요조건, 관련 및 지원산업, 개별 기업간 경쟁정도에서 적절한 관계를 유지하여 성장할 수

국가경쟁우위의 결정요소

	가치사슬에서 서비스 산업					
기업인프라	· 재무서비스 · 경영컨설팅	· 법률서비스 · 갈등해결서비스	· 회계			
인적자원관리	· 보상컨설팅 · 건강서비스	· 임시직원파견 · 고용에이전시	· 교육과훈련			
기술개발	· 계약조사 · 특정서비스	· 시험서비스 · 맞춤소프트웨어	· 시장조사			
조달	· 디자인서비스		· 평가서비스 · 텔레커뮤니케이션 컨설팅			이 익
	· 운송서비스 · 저장서비스	· 엔지니어링서비스 · 건물유지관리 · 장비유지관리보수 · 보안서비스 · 산업용세탁서비스	· 주문처리서비스 · 폐기물처리 · 운송서비스 · 보관서비스 · 신용보고 · 정보처리	· 광고 · 직업대용마케팅 · 쿠폰프로세싱 · 데이터베이스	· 설치 및 시험서비스 · 보수 및 정비	
	물류투입	운영	물류산업	마케팅과 판매	사후서비스	

있는 활력을 보유하여야 한다.

 이는 어떤 기업이 국내에서 세계적 수준의 공급자, 수요자, 타 관련 지원 산업을 근거로 하여 경영하는 환경 하에서 각 해당 개별 기업간 치열한 경쟁에서 우위성을 실현하고 있다면, 그 기업은 글로벌 기업경쟁에 있어서도 보다 쉽게 경쟁우위를 차지할 수 있을 것이다. 이와 같이 세계적인 수준의 관계를 형성시킨 국내 기업의 경영전략은 국내에 있어서는 그 경영핵심 역량을 키워나가는데 중점을 두고, 해외 경영활동은 단지 선택적으로 이용할 수 있다. 예컨대 이 글로벌 경영전략은 국내기업의 경쟁우위를 가속화시키거나 열세한 부문을 최소화 시킬 수 있다.

(2) 우리나라에 있어서 국가경쟁우위

우리나라에 있어서 국가경쟁우위도 각 항목을 분석함으로써 그 내용을 파악할 수 있을 것이다.

1) 요소조건

한국은 교육열이 지극히 높아 청소년들이 방과 후 과외수업을 위해 학원에서 많은 시간과 자금을 투자하고 있으나 대학교 졸업 이후 자기가 바라는 수준의 직장에 취업하기가 매우 어려워 실업자 수를 증대시키고 있다. 청년층이 선호하는 대기업과 공기업 등은 노동법이나 노동조합의 강성에 의하여 경기변동에 따라 고용인원을 증감할 수 있는 신축성이 없기 때문에 고용에 대한 수요가 제도적으로 고착화되거나 환경변화에 다른 적응력이 축소되어 있다. 중소기업은 일반적으로 대기업에 비하여 급여 등 보상수준이 낮으므로 취업자들이 입사를 기피하고 있는 실정이다. 그러나 중소기업도 기술혁신 등에 의하여 제품차별화를 하게 되면 국내 및 해외에서 시장점유율이 높아져 그 보상수준이 대기업에 항상 뒤떨어진다고만 볼 수 없다. 그리고 대기업과 공기업 등도 불경기에 따라 일시적 해고$^{lay\ off}$ 등을 할 수 있고, 노동생산성에 근거하여 급여 등이 지급될 수 있는 유연성과 합리성이 요구되고 있다. 취업자들도 청소년 시절부터 비교적 안정적이고 명성이 높은 직장에만 초점을 맞추는 것보다도 자기 적성에 맞는 평생직업을 구한다는 관점에서 학업이나 기술을 연마하여야 할 것이다. 국가경쟁우위를 위하여 중추적인 역할을 담당하게 될 지식노동자를 효과적으로 양성하기 위하여서는 긴밀한 산학협동이 이루어져야 하며, 대학교 등 선진적인 교육기관에 대한 개방이 필수적이다. 그리고 국내외의 교육이 단지 출세를 위한 수단으로만 간주하고 몰입하는 것보다도 자기의 적성을 키워나가 국가경쟁우위의 핵심이 되고 있는 생산성 향상에 전력을 다해 기여해보고자 하는 사고방식에 중요한 가치를 부여하는 사회적 인식이 일반화되고, 이를 위한 정치·경제·사회적인 혁신이 이루어져야 할 것이다.

한편 기업이 필요로 하는 자금은 주로 주식시장이나 금융기관으로부터의 차입에 의존하게 된다. 주식시장은 주로 기업의 수익성이나 생산성에 기초를 두고 활성화되어 나가며, 그 이외에 이자율, 부동산 등과 같은 대체 투자자산, 재무정보공개시스템, 구성주주의 성격, 정부의 규제 등에 의하여 영향을 받게 된다.

각 개별경제의 주된 투자대상이 부동산으로 몰리게 되면 기업의 설비나 연구 등에 대한 투자가 상대적으로 축소되어 장기적으로 기업의 생산성 증대가 어렵게 되므로, 장기적인 경제성장과 자원배분이 왜곡된다. 재무정보 공개시스템에 있어서도 대기업뿐만 아니라 중소기업에 있어서도 진실된 재무보고를 하고자 하는 경영자 및 회계담당자의 성실성이 뒷받침되지 않으면 안된다.

구성주주의 성격에 있어서도 단기적인 투기를 목적으로 하는 국내외 주주들을 차단시키는 구체적이고 세밀한 규제나 예방수단이 마련되어야 할 것 같다.

해외의 대규모 투기세력들은 막강한 자금력, 인력, 정보력 등을 이용하여 우리나라의 자본시장을 꿰뚫어 보고 고수익의 투기기회를 탐색하고 있으므로, 이에 대항할 수 있는 법적규제나 재무금융기술 등을 개발시켜야 한다.

금융기관은 자본시장과 아울러 각 산업 및 기업이 생산활동을 유지·성장시키는데 중추적인 역할인자로서 단기적인 극대이윤의 달성에 앞서 국가경쟁우위의 향상의 관점에서 운영되지 않으면 안된다.

2) 수요조건

소비재수요의 경우 고소득층과 중·저소득층으로 양극화되어 있으며, 중·저소득층은 총소득에서 거의 고정비의 성격을 가진 교육비, 세금, 의료보험, 차입금이자, 건물관리비 등과 일부 저축성 예금을 차감하면 가처분소득이 총소득의 약 10~20%에 지나지 않으며, 고소득층의 소비재구입에도 한계가 있으므로, 소비재 상산자는 해외시장에 의존하여 제품매출을 하지 않으면 안되는 형편에 놓여있다. 생산재 수요의 경우에 대기업에 부품·반제품을 납품하는 기업은 엄격한 납품검사를 받기 때문에 일정 이상의 품질수준을 갖추어야 한다.

최근에 이르러 정부당국은 세수입^{稅收入}을 예정액보다 초과 징수하는 실적을 거두고 있으나, 국내주둔 해외군사비, 비능률적인 인건비·사회복지비, 해외기부금, 부정부패 비용 등의 유출분 Leakage이 많아지면 많아질수록 생산재수요에 충당되는 지출액은 줄어들게 된다. 그러므로 이러한 낭비적인 예산유출을 방지하기 위한 전담기구인 예산지출에 대한 통제 및 검사부서의 설립이 절실히 요청되고 있다.

우리나라의 경우 기업 전체의 매출에 대한 해외의존도가 국내부분을 초과하고 있으므로 해외수요자의 다양하고 높은 수준의 욕구를 충족시키지 않으면 안되는 경쟁환경에 놓여있다. 우리나라의 의식주와 예술문화를 해외의 수요에 맞추어 전파시켜 나가면, 이 분야에 있어서도 충분히 국가경쟁우위에 설 수 있다.

음식산업에 있어서도 중국·일본·미국의 대도시에서 김치를 비롯한 우리나라 음식이 건강식이라는 사실을 인식시키고 음식맛도 그들의 구미에 맞도록 개발함으로써 선풍적인 인기를 얻고 있다. 아파트·도로·항만·상가빌딩 등의 해외수주도 우리나라가 건설기술에 대한 신뢰를 얻어 그 공사수주량이 증대되고 있다. 아울러 조선업은 석유탐사선이나 해방선 등이 해당 지역의 특수성에 다른 구매 욕구를 고려하여 기술개발을 함으로써 고부가가치를 실현하고 있다. 한류문화를 대변하고 있는 사물놀이나 영화 등은 해외고객에게 인기를 누리고 있으나 그 내용을 시간·공간·인간에 따라서 재편성하거나 개선해 나감으로써 그 수익성은 물론이고 보다 많은 일자리를 창출할 수 있을 것이다. 주방용 가전제품, 휴대폰, 화장품 등은 미국, 일본 등의 제품에 못지않게 그 디자인이나 품질이 우수하여 국내 및 해외고객을 상당히 확보하고 있다.

그 이외에 아직 일류가 되지 못한 제품은 외국의 선진기술을 벤치마킹하면서 일류고객의 소비성향을 탐구하여 지속적으로 연구·개발을 하여야 한다.

3) 관련 및 지원산업

우리나라는 오랜 기간에 걸쳐서 부품을 일본 등의 외국에 의존하는 경향이 많아 수입대체산업 육성을 강조해 왔으나 아직도 만족할

만한 상태에 이르지 못하고 있다. 대부분의 제품에 대한 부품공급이 국내에서 이루어진다면 안정적인 생산계획의 설정, 국내수요 및 소득의 증대, 고용확대로 국가경쟁우위에 상승요인이 될 수 있다.

최근에 이르러 대기업이 협력업체나 중소기업에 연구원 파견, 생산설비구축, 기존기술공개, 시험장비대여, 특허사용허용 등으로 지원함으로써 부품 등 새로운 제품을 생산하게 되는 사례가 나타나고 있으므로 대기업과 중소기업의 상생相生관계를 더욱 구축시킬 필요성이 점증되고 있다. 또한 서로 상이한 업종관계에 있어서도 기업간 상호협조함으로써 새로운 제품을 출시할 수 있게 된다. 예를 들면, 우리나라에서 통신장비업체와 전자회사가 업무상 제휴를 맺음으로써 통신용 네트워크 계측기 개발이 가능할 수 있었다. 우리나라의 경우 각 산업의 클러스터가 다음과 같이 형성되어 발전되고 있으므로 그 협동에 따른 시너지Synergy 효과를 가져올 수 있으며, 따라서 제품의 개발이나 생산성 향상에 개선과 혁신의 가능성을 높일 수 있다.

① 섬유·의류업
② 조선·자동차·운송장비
③ 전자제품
④ 철강업
⑤ 반도체
⑥ 건축업
⑦ 석유화학·플라스틱 제품
⑧ 전기제품

⑨ 레저산업
⑩ 국방산업
⑪ 식품과 기타 소비재 제품

4) 기업전략, 구조 및 경쟁

국가경쟁우위가 되기 위한 기업전략은 기본적으로 제품차별화, 고객별·지역별 시장세분화, 원가절감 등을 형성시켜야 한다. 예컨대 이는 가치 〉가격 〉원가의 체계를 마련하여야 한다는 의미이다.

국내외의 고객으로부터 신뢰성을 얻기 위하여서는 최소한도 기업의 재무정보는 진실되게 보고하는 체제가 되어야 한다. 세계적인 경제위기를 초래한 주된 원인은 실질적인 담보가 보장되지 않은 파생상품이나 금융상품의 남발과 그 평가의 허구에서도 찾아볼 수 있다.

우리나라의 경우에 있어서도 기업의 정상적인 재정상태와 경영성과에 관한 객관적이고 검증 가능한 회계정보를 재공할 수 있는 체계의 정비와 이에 관련되는 경영자·관리담당자들의 도덕성이 요구된다. 아울러 주식, 외환율변동, 파생상품 등을 수단으로 하여 단기차익을 올리는 국내외 투기세력을 차단시킬 수 있는 정보분석능력을 발전시켜 선의의 투자자를 보호하지 않으면 산업자본의 제공원천이 되는 증권시장이 육성되기가 어렵다.

기업경영은 항상 순풍에 돛을 달고 평온하게만 나아갈 수 없으며, 불황 등의 위기에 봉착할 가능성이 상존하므로, 이러한 어려운 시기에 기업이 존속되기 위하여서는 직업나누기Job Sharing, 노사관계의 실용주의적 해결, 담합에 의한 값 올리지 않기, 공정거래준수, 공해발생방지 등과 같은 기업의 경영자 및 구성원의 절제경영전략이 절실히 필요하다.

　국가경쟁우위를 유지·발전시키기 위하여서는 무엇보다도 기업이 변화하는 환경에 적응할 수 있는 핵심역량을 갖추어야 한다. 이 기업의 핵심역량은 세계 최고의 경쟁기업에 손색이 없을 정도로 꾸준히 개선하고 혁신을 이루어 새로워지는 시스템체제가 마련되지 않으면 안된다.

　가치있고 신뢰받는 기업을 형성시키는데 있어서 조직 내에 각 구성원이 조직의 목적을 위하여 일치단결하지 않고 상호갈등이나 분쟁이 생기면 오랜기간 축적시켜 온 기업경영의 핵심역량이 단기간 내에 붕괴되기 쉽다.

　미래에 기업의 경쟁력과 성장력을 제고^{提高}시키는데 빼놓을 수 없는 요소는 경영자의 선견지명에 의한 리더십이라 할 수 있다. 이 선견지명은 해당 경영업무에 집중^{Focus}하여 그 과업을 즐겁게^{Fun} 완수시키고자 하는 의지가 충만되어야 발휘될 수 있다. 이는 어떤 사업을 어느 정도의 시간, 인연, 자금 등을 투자하여 어떠한 방향으로 나아갈 것인가를 지혜롭게 결정하는 과정이라 할 수 있다.

　기업의 글로벌 경영전략은 선진기술이나 노하우 등을 벤치마킹하면서 우리나라 기업 경영의 실정에 맞는 개선과 혁신을 이루어야 하며, 기업경쟁의 핵심요소라 할 수 있는 제품설계, 디자인, 기본적 품질 등에 대한 원천기술은 어디까지나 국내에서 보유하고 있어야 한다. 정부는 기업들이 자유롭고 공정하게 경쟁할 수 있는 환경을 마련해줌으로써 우리나라의 기업들이 해외경쟁력도 상승될 수 있다. 그리고 우리나라는 외국기업들이 투자할 수 있는 매력적인 곳이 되기에 앞서 국내기업이 빠져나가지 않을 만큼의 매력적인 곳이 되어야 한다.

제65장
고지선위도자 古之善爲道者
옛날부터 잘 되어감은 도로써 다스리는데 있다

古之善爲道者 非以明民 將以愚之 民之難治 以其智多 故以智治國 國之賊 不以智治國 國之福 知此兩者亦稽式 知稽式 是謂玄德 玄德深矣遠矣 與物反矣 然後乃至大順

옛날부터 도를 잘 다스리는 자는 백성을 잔꾀 부리는데 영리하도록 만들지 않고 순수하고 우직하게 되도록 하는데 있다. 백성을 다스리기 어려운 것은 얄팍한 지모 智謀 가 많기 때문이다. 이러한 권모술수로 나라를 다스리면 나라에 폐해를 가져온다. 이러한 잔재주로써 나라를 다스리지 않는다면 나라에 복을 가져온다. 이 양자를 아는 것이 역시 훌륭한 이치로써 그 본보기가 된다. 이 법도를 잘 깨달으면 그것은 아름다운 덕이 된다. 현덕은 깊고 멀리 내다보는 것이므로 만물을 본래의 무위로 돌리게 한다. 그럼으로써 순리에 따른 자연에 이르게 되는 것이다.

옛날부터 잘 되어감은 도로써 다스리는데 있다

과거의 오랜 경험 속에서 볼 때 어떤 조직을 잘 다스리기 위하여서는 그 다스리는 자가 정직, 순리, 청정, 이타 利他 등과 같은 도심 道心 으로써 솔선수범을 하여야 한다는 사실이 부각되고 있다.

다스리는 자가 언행일치 言行一致 로써 착한 모습을 흔들림 없이 지속적으로 견지해 나감으로써 백성들도 자기 이익을 얻기 위하여 갖은 권모술수를 부리는데 함몰되지 않고, 자연적으로 순박하며 성실하게 자기에게 부여된 책무를 다할 수 있도록 하는데 높은 가치를 가지고 정진해 갈 수 있게 된다. 인간관계에 있어서도 자기 입장에서 이해타산만 따지는 분별지分別智 보다도 다같이 한마음이 되어 같이 잘 살아갈 수 있는 기본적인 사고를 형성시킬 수 있는 사랑이나 자비의 지혜를 나타낼 수 있는 통일지統一智가 먼저 갖추어져야 한다는 것을 의미한다.

사람들을 다스리기 어려운 것은 자기 입장에서 만들어내는 잔꾀나 기교·지혜가 만연되기 때문이다. 지도자들이 얄팍한 이기주의에 의한 술책으로 나라를 다스리게 되면 나라가 망하게 되며, 덕으로 나라를 다스리면 나라가 융성하게 된다. 이 두 가지의 인과관계를 깨닫게 되면 하나의 훌륭한 이치理致이며 법도法道로서 그 역할을 하게 된다. 이 이치의 비결을 깨닫고 실천에 옮기면, 이는 무위無爲의 현덕玄德이 된다. 현덕은 무념無念의 깊이가 있고, 무량무변無量無邊의 걸림이 없는 허공과 같으므로 만물을 본래의 성격인 자연스러움으로 돌리는 힘이 있다. 따라서 더없는 최상의 도는 자연과 같은 무위의 도로서 깨끗하고 순리에 따르며, 자기를 내세우지 않지만 저절로 문제를 지우는 중도中道에 머물도록 한다. 이는 마치 수학에는 왕도가 없다고 하듯이 수학문제를 억지로 암기나 편법으로 풀이해 보려고 하는 것보다도 수학의 기본부터 충실히 그리고 꾸준히 연마·습득하여 그 정상에 이르게 되면, 종전에 그렇게 어렵던 수학문제도 저절로 쉽게 풀릴 수 있게 되는 이치와 같다.

ː SK그룹의 기회개발 · 성장경영

SK그룹의 창업주인 최종건(1926~1973)과 그의 뒤를 이은 동생인 최종현(1929~1998)은 보다 더 적극적으로 기회를 개발하여 성장시키는 경영전략을 구사함과 동시에 우리나라의 경제발전에도 기여할 수 있었다.

최종건 회장의 창업이념은 ① 인재지상주의 ② 품질지상주의 ③ 신용지상주의 ④ 도전적 개척주의를 중심으로 하여 우리나라 직물산업경영에 매진하였다.

(1) SK그룹의 발전

최종건은 1944년 선경직물에 견습기사로 입사하여 해방 후 생산부장직을 맡고 있다가 경기도 수원시 평동에서 1953년 10월 1일 선경직물을 창립하였으며, 처음에는 직기 3대로 시작하였으나 1950년대 후반에 일본에서 최신 직물기계를 도입하여 나일론 직물을 생산·수출하게 되었다. 최종현은 서울대와 미국위스콘신대에서 7년간 화학을 전공하였으며, 1962년경 그는 시카고대학원에서 경제학을 수학 중에 있었는데 최종건의 귀국 권유로 한국에 돌아와 선경직물의 부사장으로 취임하였다.

1963년 6월 선경직물은 5.16 혁명 1주년 기념 박람회에서 직물부문에서 상공부장관상을 수상하였으며, 1966년도에는 세계 최고의 폴리에스터 기술을 가진 일본 레이진 회사와 우여곡절 끝에 기술이전 협약서명을 하게 되었다.

1968년 12월에 아세테이트공장, 1969년 2월에 폴리에스트공장을 각각 준공하여 국내 총원사 생산규모의 26%를 차지하는 대규모 섬유생산기업으로 도약하게 된다.

그런데 1973년 창업주인 최종건 회장이 50세를 넘기지 못하고 타계하여 최종현은 그 경영권을 인수하게 되었다.

1970년대에 정부는 중화학공업육성정책을 공표하고 지원하는 분위기 속에서 최종현은 1973년도 신년사에서

① 석유로부터 섬유에 이르는 산업의 완전계열화 확립

② 국제적 기업으로서 갖추어야 할 경영능력의 배양

을 역설하였다

그는 1973년도에 15만 배럴 규모의 정유공장을 설립하려고 하였으나 중동전쟁으로 인해 그 계획을 포기하였다.

최종현은 석유산업에 진출하기에 앞서 세계 최대 산유국인 사우디아라비아의 왕실과 절친한 사이를 만들었고 1973년 오일쇼크 발생 당시에 석유수출기구OPEC가 한국을 이스라엘과 우호적이라는 이유로 석유수출금지국으로 분류하였는데, 그가 석유외교를 잘 성취시켜 우리나라가 필요로 한 원유를 사우디아라비아로부터 공급 받도록 하여 석유수출금지에 따른 경제위기로부터 벗어나는 데 일조하게 되었다.

1980년 10월 대한석유공사의 민영화가 발표되자 SK그룹은 동년 12월 그 인수가격기준에서 가장 적합한 기업으로 선정되어 그 인수를 하게 되었으며, 1991년에 이르러서는 석유화학 관련공장 9개를 완공하였다. 또한, 그리고 1991년 SK텔레콤이 설립되어 정보통신산업에 진출하기위한 기반을 구축하였다.

(2) SK텔레콤의 성장

1994년 1월 선경그룹은 한국이동통신 주식회사의 민영화 계획에 따라 그 공개경쟁 입찰에서 회사 총발행주식의 23%를 취득하고, 한국이동통신주식회사의 최대 주주로서 그 인수를 하게 되었으며, 그 명칭도 SK텔레콤으로 변경하였다.

1998년 말 정부는 제3차 통신사업자 구조조정계획에 따라 기존의 SK텔레콤과 신세기통신 이외에 한국통신프리텔(현재 KTF), 한솔PCS, LG텔레콤을 개인휴대사업자PCS : Personal Communication Service로 선정하여 1997년 10월 1일부터 PCS서비스가 본격적으로 가동되었으며, 2000년대 이후에는 SK텔레콤이 신세기통신을, KTF가 한솔엔닷컴을 인수합병하였다.

SK텔레콤은 1996년 1월 디지털휴대전화서비스 표준규격 명칭인 CMDA Code Division Multiple Access를 채택하여 연구·개발한 결과 세계 최초로 디지털이동전화서비스를 상용화 시키는데 성공하였으며, 그 세계적인 기술력을 인정받게 되었다.

디지털 기술에 의한 이동통신서비스가 휴대전화의 폭발적인 수요증대를 가져왔을 뿐만 아니라 금융, 유통, 방송 등 다른 산업과 융합되면서 미래서비스산업의 주축이 될 것으로 예측하고 이에 따른 획기적인 기술혁신을 함으로써 기업의 경쟁우위성을 확보한 것이라 할 수 있다.

(3) SK그룹의 경영전략

SK그룹은 해방 이후 약 30년 이상 섬유업을 전문적으로 경영하고 발전시켜 원사제조업체, 직물생산업체, 완제품생산업체를 포괄하는 섬유기업집단의 수직적 결합을 이루어 기업그룹으로서 건전한 기반을 형성하게 되었다. SK그룹은 이 섬유기업집단 이외에 경영다각화를 위하여 1980년 12월 대한석유공사를 인수하고, 1991년에 이르러 다양한 석유화학관련공장을 완공하여 또 하나의 화학관련사업을 수직계열화 시켜 생산성향상을 기하였다. 1994년부터는 정보산업에 진출하기 위하여 한국이동통신주식회사를 인수하고, 2000년 이후에 SK텔레콤은 신세계통신을 합병하였다.

SK그룹이 양적·질적으로 보다 효과적으로 성장시키게 된 경영전략은 다음과 같이 열거할 수 있다.

1) 섬유업, 석유화학업, 정보통신업들과 같이 각 전문분야에서 수직적 결합이나 계열화를 조성하여 생산성과 수익성의 관점에서 유리한 위치를 견지하고 있다.

한 종류의 업종에서 전문화와 수직적 결합 등으로 성숙한 단계로 이행되고 난 이후에 이를 토대로 하여 국가경제 및 기업경영의 새로운 환경에 보다 적합한 업종을 선택·개발하여 발전시키는 성장전략을 구사하였다.

2) 각 업종에 있어서 선진기술 및 공정설비를 계속적으로 벤치마킹하고 자체적으로 연구·개발하여 제품차별화를 기하고, 이로써 국내 유사업종의 기업과 치열한 경쟁을 통하여 글로벌 기업으로서도 충분한 경쟁우위성을 가지게 되었다.

3) 기존의 섬유업 이외에 석유화학업과 정보통신은 발행주식의 인수·합병의 방법을 선택하여 보다 적은 비용으로써 대한석유공사, 한국이동통신주식회사와 같은 성장 잠재력이 크고 브랜드brand의

가치가 높은 기업을 소유함으로써 SK그룹 자체가 보다 빠른 기간에 비약적으로 성장할 수 있는 계기를 마련하였다.

4) 각 시대의 정치·경제·사회에 따른 수요의 변화에 부응하고, 정부가 의도하는 경제정책을 잘 분석·통찰하여 어떤 새로운 업종에 집중적으로 투자할 것인가에 대한 최고경영자의 예측과 그에 따른 경영의사결정이 적합하고 효과적이었다.

5) 타회사를 인수·합병한 이후에 피합병회사의 기존 인력에 대한 대폭적인 구조조정보다도 인간 위주의 SK그룹경영에 적합한 경영조직으로 서서히 전환시켜 구성원 간 혹은 계층 간 화합을 이루어 합병에 따른 시너지 효과를 창출하도록 하는 인적자원관리를 시도하였다.

6) SK그룹은 1979년도에 각 구성원들이 각자 가지고 있는 능력이나 가치를 최대한 성취시킬 수 있도록 하는 창조적 환경과 원동력을 부여하기 위하여 하나의 기본적 경영지침으로서 SK경영시스템 SK Management System을 개발하여 SK그룹 자체의 독자적 경영문화를 추구하고 있다.

SK경영시스템은 기본적으로 기업경영의 각 영역, 기업경영수행원칙, 기업경영요소로 분류하고 있다.

기업경영의 각 영역은 SK그룹이 사회적 책임을 완수하는 과정에서 필수적으로 고려되어야 하는 관점이나 측면으로서 기업경영의 사명, 가치성, 가치추구를 위한 SK방법론을 제시하고 있다.

기업경영수행원칙은 SK경영시스템을 실행시키는데 요구되는 원칙으로서 경영목표 및 계획, 각 구성원의 역할, 경영목표달성을 위한 내부적 환경을 예시하고 있다.

　기업경영요소는 기업경영수행원칙에 따라서 그 운영이 보다 원활히 되기 위하여 갖추어야 하는 관리항목으로써 정적요소와 동적요소로 구성시키고 있으며, 정적요소는 기획관리, 생산관리, 구매관리, 회계 및 재무관리, 연구개발관리 등으로 나열하고 있으며, 동적요소는 의욕관리, 경영능력향상관리, 조정관리, 의사소통관리, SK구성원 잠재능력관리 등으로 열거하고 있다.

제66장
강해소이능위백곡왕 江海所以能爲百谷王
강과 바다가 모든 골짜기의 왕이 될 수 있는 까닭

江海所以能爲百谷王　以其善下之　是以能爲百谷王　是以聖人欲上民　必以言下之　欲先民　必以身後之　聖人處上而民不重　處前而民不害　是以天下樂推而不厭　以其不爭也　故天下莫能與之爭

강과 바다가 모두 골짜기의 왕이 될 수 있는 까닭은 맨 밑에 있기 때문이다 그러므로 능히 골짜기의 왕이 된다. 그래서 성인이 백성으로부터 존경을 받으려면 반드시 자기가 그 아래에서 받치고 있다고 말을 낮추어야 한다. 백성에 앞서서 이끌어 나가려면 뒤에서 반드시 후원하고 책임을 지는 자세가 되어야 한다. 이렇게 되면 성인이 위에 놓여 있더라도 중압감을 느끼지 않으며 또한 앞서 있다고 하더라도 해롭다고 보지 않는다. 그리고 세상 모든 사람이 즐겁게 밀어주는데 싫증을 내지 않으며 이로써 서로 다투지 않게 된다. 그러므로 세상이 성인에 대하여 다투거나 겨루지 못한다.

강과 바다가 모든 골짜기의 왕이 될 수 있는 까닭

모든 골짜기의 물은 결국 맨 밑에서 어떤 기대도 없이 포용할 수 있는 아량과 겸손을 간직하고 있는 강과 바다로 흘러간다. 그러므로 강과 바다는 모든 골짜기의 왕이 될 수 있으며 존경을 받게 된다. 성경에서도 자기를 높이려고 하면 낮아지고, 자기를 낮추려고 하면 높아진다는 구절이 있다. 그래서 성인은 백성을 위하여 사랑과 자비를 베풀어주나 자기를 내세우지 않음으로써 저절로 존경을 받게 된다. 또한 백성들을 이끌어 나가기 위하여서는 항상 뒤편에 머물며 백성들에게 즐거움을 주고 그들의 괴로움을 없애주는 여락발고與樂拔苦의 언행을 하는 솔선수범을 보여야한다.

성숙한 인간이 되기 위해서는 그 자신이 경쟁에 이겨 출세하는 데에만 혈안이 되거나 집착하는 것보다도 그 일에 보다 적합한 사람에게 양보할 수 있는 여유를 가질 수 있어야하며, 자기가 봉사하지 않으면 안되는 부득이한 경우에만 나설 수 있는 마음의 자세를 가져야 한다. 왜냐하면 꾸준히 끈기있게 참으면서 노력하여 능력과 인격을 갖추게 되면 자기가 기여하지 않으면 안되는 상황이나 일들이 생기게 마련이다.

이러한 언행일치言行一致를 지키는 성숙한 인간이 높은 위치에 처해 있다고 할지라도 사람들은 그로부터 위압감이나 거리감을 느끼지 않는다. 또한 그가 앞선 위치에서 갈 길을 인도해 나간다 할지라도 사람들은 피해를 받게 되거나 위험하다고 생각하지 않으며, 따라서 백성들이 평안한 마음으로 그를 따르게 된다. 그래서 세상이 성인과 같은 성숙한 인간에 대하여는 저절로, 그리고 순조롭게 앞서 나갈 수 있도록 밀어주며, 또한 사람들이 이 섬김을 싫증없이 즐겁게 받아들이니 그의 주위에는 싸움이 없는 평화가 있을 뿐이다. 요컨대 이것이 세상의 성인과 다투지 않게 되는 순리의 길이며, 성인유부쟁지도聖人有不爭之道라 할 수 있다.

∶ 장수가족기업의 결집력 경영

(1) 장수가족기업의 경영철학

가족기업은 그 구성원이 보다 강한 결집력을 가지고 전통적으로 내려오고 있는 기업의 유산을 지키고자하는 확고한 의지로써 주어진 과업에 매진해 나가고, 또한 정치·경제·사회의 현실적인 변화에 유연하게 적응하게 되면 오랜 기간 존속할 수 있는 그들만의 튼튼한 기초를 보유할 수 있다.

여러 골짜기에서 흘러내린 물이 강물이나 바닷물이 되고 이것이 다시 순환작용에 의해 하늘에 올라갔다가 비가 되어 땅에 내려오듯이, 가족기업도 물과 같이 움직여나가면 그 기업의 생명력에 장수할 수 있다.

물은 만물에게 없어서는 안될 존재로서 아무런 불평이나 다툼이 없이 만물을 위하여 꾸준히 흘러갈 뿐이다. 흘러가는 물은 상황의 변화에 맞추어 여러 가지 모습을 나타내면서 자기의 역할을 충실히 수행하고 있는 능변여상能變如常의 행태를 취한다.

부드러운 물방울도 계속적으로 바위 위에 떨어지면 그 바위도 뚫을 수 있으며, 강한 나무는 부러지기 쉬우나 유약한 물은 부러지는 일이 없다(유약승강강柔弱勝强剛).

옹달샘은 보잘 것이 보이지만 왕성한 에너지로써 깨끗한 물을 끊임없이 쏟아내고 있다. 가족기업도 옹달샘처럼 사회에 새로운 창조적 가치를 제품을 통하여 제공할 때 그 존재가치가 인정되는 것이며, 새로운 환경변화에 잘 적응함으로써 그 계속성이 유지될 가능성이 높아지게 된다. 강한 나무가 잘 부러지듯이 기업도 주위

환경에 맞추어 유연하게 대처해 나가지 않으면 위태로운 지경에 처하기가 쉽다. 그러므로 가족기업은 내적인 구성원의 결속과 조직의 핵심역량이라는 열정적인 에너지로써 사회와 고객에 기여하는 실체로 성장시키지 않으면 안된다. 물은 깨끗해야 모든 생명에게 도움을 줄 수 있으며 그렇지 않으면 치명적인 독毒이 된다.

가족기업도 깨끗해야 인류사회에 기여할 수 있으며 장기존속의 터전을 마련할 수 있는 것이다. 깨끗한 가족기업은 그 구성원들이 근검, 정직, 성실, 배려, 양보, 공헌, 윤리, 절제 등의 마음이나 정신을 가지고 경영되는 조직체라 할 수 있다. 이 구성원의 깨끗한 마음이 오랜 기간에 걸쳐 전승되어 유지되지 않으면 가족기업의 장수경영은 기대하기가 어렵게 된다.

오늘날까지 장기간 운영되어온 많은 가족기업 중 12개를 열거하면 다음과 같다.

장수가족기업의 예시				
회사명	사업내용	창립년도	국가	기업 좌우명
金剛組	불교사찰건축 및 보수	578년	일본	새로운 일에는 새로운 시각으로 도전하라.
法師旅館	숙박업	718년	일본	불을 주의하고, 물에서 배워라.
Marchesi Antinori	포도주	1385년	이탈리아	최상의 품질을 추구하라.
Von poschinger	유리제조, 입업, 농업	1568년	독일	용감하고 정직하라.
Mellerio dito meller	보석업	1613년	프랑스	창조하는데 있다.
Zildjian	악기	1623년	미국	단 하나의 신중한 선택.
Shirley Plantation	국립역사유적 지내 농업	1638년	미국	너 자신을 알라.
Hugel & Fils	포도주	1639년	프랑스	완전에 가까워질수록 매일 노력해야 한다.

Van Eeghen International	해운과 무역	1662년	네덜란드	항상 인내하라, 오랜 신뢰 관계를 중시하라.
Bachman Funeral Home	장례서비스	1769년	미국	근면과 희망.
Molson, Inc	맥주제조	1786년	캐나다	서비스는 황금법칙이다.
George R. Ruhl & Son	제과용 재료공급업	1778년	미국	1769년부터 우리가족은 당신의 가족을 돌보고 있다.

(2) 장수가족기업의 경영방침 사례

가족기업이 장수하기 위해서는 그 나름대로의 경영방침을 설정하여 운영하고 있으므로, 여기서는 장수가족기업에서 실제로 적용하여온 경영방침의 성격이나 내용을 요약하여 기술하고자 한다.

신뢰성

이는 제품의 수요자인 고객의 요구에 적합하고 최상의 서비스를 제공함으로써 기업의 지지기반을 굳건히 할 수 있는 것이다. 새롭고 독창적인 고품질의 제품을 개발·생산함으로써 제품차별화를 이룰 수 있으며, 따라서 기업의 가치창조력을 높일 수 있게 된다.

고객에 기여할 수 있는 장수기업이 되기 위하여서는 경영가치시스템의 등식(가치 〉 가격 〉 원가)이 성립될 수 있도록 하는 생산성 향상이 이루어져야 한다.

유연성

이는 기업에 영향을 미치는 정치·경제·사회적 환경에 적응해 나가야 하며, 해당 시장에서의 변화도 통찰하여 새로운 관점에서 대처해 나가야 한다. 그런데 장수가족기업은 오랜기간 축적해온 경영상 가치관이나 제품생산 노하우$^{Know How}$ 등을 보유하고 있다. 그러므로 그 기업의 전통적 경영방법이나 관습 중 장점은 키워나가고 존중되어야 하지만, 가족기업의 장기간 존속을 무난하게 유지하기 위하여서는 새로이 변화하는 사업환경에 따라 개선·조화시키는 온고이지신^{溫故而知新}의 지혜도 필요하다.

집중성

전통적 장수기업들은 대부분 사업을 넓히지 않고 이어받은 핵심사업에 집중함으로써 그 기업의 장기적 계속성을 유지하고 있다. 이는 그 전통적 업종이 가장 잘할 수 있는 분야이며, 강한 틈새시장을 장악하고 있다고 보기 때문이다. 이들 업종들은 주로 의식주와 관련하여 인간의 기본적 욕구를 충족시키는 제품으로서 맥주, 포도주, 제과업, 농업, 숙박업 등인 경우에는 그 수요의 안정성이 타 산업에 비하여 높은 경향이 있다. 그러므로 의식주에 관련된 업종은 기존의 경영지식과 기술을 적절히 개선 및 혁신을 해나가면 장기존속의 가능성이 높다.

그런데 기업을 더욱 성장시키기 위하여 경영다각화를 하는 경우에 그 사업의 확장으로 인한 기업경영의 실패를 초래한다고 하더라도 최소한도 기존 장수기업이 망하지 않을 정도의 투자를 하는 것이 장수가족기업 존속에 대한 위험성을 감소시킬 수 있다.

장수가족기업은 자기자본에 의하여 운영되는 재무 건전성도 요구되고 있으므로 부채 증대에 의한 사업확대나 과잉투자는 신중한 고려를 하여야 한다.

조화성

가족기업은 가족간 기업경영을 중심으로 한 이해관계로 인하여 상호갈등이 노출되기 마련이다. 그러므로 이 갈등을 원만하게 해결 · 조화될 수 있는 방안이 사전에 설정되어야 한다.

가족기업을 지휘 · 통제하고 있는 현재의 최고경영자는 자기가 은퇴할 시기와 그 후계자 양성 및 선정에 주도적 역할을 하는 경우가 많다. 은퇴하여야 할 경영자는 자기가 아니면 안된다는 생각을 버려야 하며, 따라서 누군가가 내 회사를 나보다 더 잘 운영할 수 있다는 사실을 인식하고, 그 은퇴시기를 적절하게 결정하여야 한다.

후계자나 가족기업 참여자의 선정은 갈등문제 해결능력 등 경영자로서의 리더십과 경영지식 등을 고려하여 그 기준을 사전에 규정하여 해결하는 체계적 시스템이 준비되어야 할 것으로 본다. 후계자나 그 가족은 일반적으로 외부의 타기업 등에서 상당한 기간 경험을 쌓아 경영자 수업을 다각적으로 받도록 하는 가족기업이 증대되고 있다.

기업운영 과정에서 필요한 경우에는 전문경영인을 영입할 수 있고 외부로부터 조언과 자원을 구하는 열린 가족기업이 되어야 보다 성장 · 발전할 수 있는 계기를 마련할 수 있다.

지역사회에 있어서도 상호조화를 이루기 위하여 가족기업은 그 사회적 책임의식을 가지고 적극적으로 기여하는 업적을 실현시켜야 한다.

제67장
천하개위아도대 天下皆謂我道大
세상이 나의 도가 크다고 말하지만

天下皆謂我大 似不肖 夫唯大 故似不肖 若肖 久矣其細也夫 我有 三寶 持而保之 一曰慈 二曰儉 三曰不敢爲天下先 慈 故能勇 儉 故能廣 不敢爲天下先 故能成器長 今舍慈且勇 舍儉且廣 舍後且 先 死矣 夫慈以戰則勝 以守則固 天將救之 以慈衛之

세상 사람들이 나의 도가 큰 것으로 말하지만 그러하지 못한 것 같다. 무위라는 도가 크다고 하지만 자기가 그 도처럼 되었다고 내세우지 않는다. 자기가 그 도를 이어받았다고 고착하면 소인이 되고 만다. 나에게는 세 가지의 보배가 있는데, 귀하게 이를 유지해 나간다. 첫째는 사랑, 둘째는 검약, 셋째는 분별없는 세상일에 앞에 나서지 않는다. 사랑 때문에 용감해진다. 검소하므로 넓게 쓰일 수 있다. 세상일에 앞에 나서지 않음으로써 큰 그릇을 가진 으뜸의 지도자가 된다. 만약 사랑과 자비가 없이 용감하기만 하고 검약을 버리고 널리 베풀고자 하며 뒤에 섬을 버리고 앞에 서려고 한다면 죽게 된다. 그저 사랑으로써만 싸우면 이기고 사랑으로 지키면 흔들림 없이 굳건해 진다. 하늘도 와서 구해준다. 이는 사랑으로써 지키고 있기 때문이다

세상이 나의 도가 크다고 말하지만

세상 사람들이 나의 도가 큰 것같이 말하지만 그러하지 못한 것 같다. 무위라는 도는 견주어 볼 수 없을 정도로 한량없이 크고 걸림이

없으므로 스스로 크다고 내세우지 않는다.

자기가 그 도를 체현하여 세상에 베풂을 나누어 주고 있다는 사실을 내세우며 자랑하는 데 여념이 없다면 하나의 중생으로서 역할을 할 수 밖에 없다.

물은 모든 만물을 살리는 큰일을 하나 자기의 업적이 위대하다고 말하지 않는다.

나에게는 소중하게 보존해 나가야할 세 가지의 보배가 있다.

그 첫째는 사랑이고, 둘째는 검약이며, 셋째는 세상일에 앞장서지 않는 것이다. 사랑이나 자비의 마음이 생기면 그 행동은 용감해질 수 있다. 어머니는 자식을 사랑하기 때문에 어떠한 위기가 닥쳐오더라도 대처해 나갈 용기를 가질 수 있다.

검소해지면 그 절약분을 남을 위하여 널리 사용할 수 있다. 물질적으로 부자가 되기 위한 중요한 요건 중의 하나는 절약하는 검소의 자세가 습관화되어야 한다는 것이다. 불필요한 탐욕·성냄·어리석음도 최소한도로 줄여서 절제하게 된다면 마음에 평온과 여유가 생겨 보다 가치 있는 일들에 기여할 수 있는 폭을 넓혀 나갈 수 있다.

세상에서 으뜸의 지도자나 리더가 되기 위해서는 분별없이 앞에 나서는 것보다도 자기가 도움을 주지 않으면 안되는 부득이한 상황에 이르렀을 때에 자기의 역할을 충실히 수행할 수 있는 열정을 가지고 있어야 한다.

사랑 없는 용기, 검약 없는 베풂, 양보 없는 앞서 나감은 몰락의 과정을 밟지 않을 수 없다.

요컨대 사랑이나 자비로써 대처해 나가면 자연스럽게 문제를 지워 서로 화합할 수 있고, 이를 믿음으로써 지켜나가면 흔들림 없는 굳건한 토대위에서 물러섬이 없게 된다.

사랑이 깃든 지극한 정성으로 나아가면 하늘도 감동(지성감천至誠感天)하여 도와주지 않을 수 없다.

자비로운 자에게는 적이 없다(인자무적仁者無敵)라고 하는 말과 같이 우리가 진정한 사랑을 베풀면 싸울 필요도 없이 사전에 문제가 해결될 수 있고 적이 친구가 되는 조화로운 인간관계를 형성시켜 값있는 승리자가 될 수 있다.

미국 3대 자동차회사의 경직경영

(1) 미국 3대 자동차회사의 경영현황

오늘날 미국의 3대 자동차 회사인 GM, 포드, 크라이슬러는 판매부진 및 경영전략 실패로 파산의 위기에 직면하고 있다. 이들 3사는 1920년대 이후 50~60년간 거의 계속적인 성장을 거듭하여 왔으나 세계적인 석유위기, 불황, 외국 자동차 회사와의 경쟁 심화 등과 같은 환경변화에 겸손한 자세로써 적절히 대응하지 못하고 전통적인 자기 경영방식 대로만 밀고 나감으로써 경영위험을 스스로 초래하게 되었다.

포드자동차Ford Motor Company는 1903년 6월 16일 미국 미시간주 디어본에서 설립되었으며, 이 회사를 창설한 포드는 자동차 대량생산을 할 수 있는 콘베어 시스템을 고안하여 농부를 비롯한 일반대중들이 저렴한 가격으로 구입·소유할 수 있도록 하였으며 1980년 10월에 포드 모델 T를 발표하여 그 판매가격이 825달러까지 하락하였고 1914년에는 이 자동차가 50만대이상 팔리게 되었다.

그런데 포드의 경쟁사인 GM은 보다 다양한 디자인, 색상, 고급 기능 등을 원하는 개별적 수요자의 요구사항에 맞춰 새로운 형태의 자동차를 출시하자 포드 모델 T는 그 판매량이 감소되고 드디어 1927년도에 이 모델 T는 그 생산이 중단되었으며, 이어서 포드 모델 A를 발표하여 대처해 나갔다.

GM은 1908년 9월 16일 설립하여 1920년대 미국 자동차 시장의 10% 정도를 차지하고 있었으며, 이 회사는 포드사가 단일모델 T에 의존하는 것과는 달리 고급차, 중급차, 대중차로 구분하여 보다 다양한 자동차를 생산·판매하였다.

다이머 크라이슬러Daimer Chrysler는 1925년에 창립되었으며 "닷지 라솔"이라는 회사를 인수하여 엔진배기량과 마력을 높이면서 대형차 중심의 생산을 하였고, 1970년대 유가파동으로 기업경영에 큰 타격을 받았으나 구제금융을 받아 회생하게 되었다.

미국은 1920년 이후 약 50년 이상 자동차 왕국으로 군림하였으나 1970년대와 1980년대에 일본과 독일의 자동차 회사가 미국에 진입하여 그 경쟁이 보다 치열하게 되었다.

1970년대 미국의 소비자들은 두 차례의 세계적 석유위기로 값싸고 연비가 좋은 소형차를 선호하는 경향이 있었으나 미국 3대 자동차 회사들은 대형차 위주이고 품질과 성능이 기대하는 만큼 개선되지 않고 있었다.

이에 비하여 일본의 도요타는 미국시장에서 소비자의 욕구에 신속히 대응하는 유연성을 발휘하여 저가이면서 품질 및 성능이 좋은 소형자동차를 공급함으로써 그 시장 점유율을 점차적으로 높여 나갔으며, 또한 질 높은 노동력 이외에 부품업체 및 하청업체 등과 긴밀한 유대 및 협조 관계를 유지하여 효율적인 생산성을 달성할 수 있었다.

이 당시 소형자동차를 선호하는 수요자들이 점증해 감에 따라 미국 3대 자동차 회사들은 급속히 개발한 소형차를 미국시장에 투입 하였지만 그 디자인, 성능, 연비 등의 면에서 일본차에 뒤떨어져 저조한 매출이 실현되었다. 소형차의 경우에는 한정된 좁은 공간에 각종의 부품을 고밀도로 장치하여야하는 우수한 기술력이 요구되며, 환경규제에 적합하게 생산하여야 하나 미국 3대 자동차 회사들은 오랜 기간 대형차 중심으로 생산하여 왔기 때문에 소형차를 전문적으로 생산해 온 일본 등의 자동차 회사를 따라잡기에는 역부족이었다.

1990년대 초반부터 중반까지 미국 3대 자동차회사는 주로 대형 스포츠 유틸리티차량 SUV : Sport Utility Vehicle, 픽업트럭, 미니밴의 개발에 몰두하고, 전통적 형태의 승용차인 세단시장에 역점을 두지 않는 추세였다. 그런데 1994년부터 약 7년간 경기 호황기가 계속됨에 따라 대형차 위주의 매출실적은 일정수준을 유지해 나갔다. 따라서 이들 3대 자동차회사는 그 당시 장악하고 있었던 시장 지배력과 성장 잠재력에 대하여 낙관적인 전망을 버리지 않았을 뿐만 아니라 불황기에 대비한 구조조정, 생산성 향상, 성능개발 등을 등한시 하였다. 그러나 2001년도부터 야기된 경기침체로 인하여 GM은 그 경영성과에 대한 현상유지에 급급하였고 포드와 크라이슬러는 시장점유율이 하락하기 시작하였다.

2008년 11월경 미국의 주택담보대출에 관련된 파생상품들의 부실로 인하여 확산된 세계적 경제위기에 처하여, 미국의 3대 자동차회사는 미국 시장점유율이 1990년대의 약 70%에서 48.4%로 큰 폭으로 하락하게 되고 이에 따라 영업상 적자도 발생하게 되었다.

그런데 미국의 3대 자동차 회사의 임금, 연금, 기타 복지비용 등은 호황기가 계속될 것이라는 전제하에서 전미 자동차노조^{UAM} : United Automobile Workers와 협상하여 결정된 것이다.

이로써 미국 3대 자동차회사의 노동시간당 임금은 미국 일반기업의 약 2.3배에 달하였고, 퇴직 임직원들을 위한 건강보험료, 의료비, 연금비용도 부담하였으며, 30년 이상 근무한 퇴직자에 대하여는 그 가족에게도 의료 보험과 연금의 혜택을 부여하여 경기불황기에는 그 과중한 비용을 부담하기가 곤란한 지경에 이르렀다.

이 연금비용의 증대로 인하여 GM의 경우 차량 1대당 1000달러 내지 1500달러가 도요타 자동차에 비교하여 더 소요 되었다.

그 이외에 미국의 3대 자동차 노동조합은 노동생활의 질에 대한 프로그램, 품질관리를 위한 작업인원 배정, 현장작업통제 등과 같은 작업상 수준에서 간여를 하였을 뿐만 아니라 1970년 말 경부터는 노사공동 위원회 및 근로자 이사제 도입, 이율 및 성과배분제 등과 같은 전략적 경영의사 결정에도 참여하게 되었다.

(2) 미국 3대 자동차회사의 경영전략

미국의 3대 자동차회사가 파산 등의 위기에 직면하지 않을 수 없게 된 주된 경영전략을 살펴보면 다음과 같다.

1) 단기적인 성과주의에 치중하여 소형차보다 수익이 3~4배 높은 대형차 개발에 집착하였으며, 세계적 석유위기나 금융위기 등과 같은 기업 경영 환경의 변동에 따른 소비자 수요의 요구사항에 유연성 있게 적응하지 못하였다.

2) 임직원에 대한 과도한 복지정책의 이행에 따라 일본 등의 외국회사의 자동차판매 가격보다 높게 책정해야 하고 그 품질과 성능도 큰 차이로 우수한 편이 아니었다.

3) 경제적 불황에 대비하여 영업성과의 유보, 불필요한 투자의 축소, 연금복지비용 지출에 대한 신축성, 적절한 차종개발, 사업의 다각화 등의 장기적 경영전략이 결여되고 있었다.

4) 경직되고 대립적인 노사관계로 인하여 경영자측에 있어서 기업경영의 계획 및 집행에 있어서 그 자율성의 폭이 제한을 받게 되었다.

5) 일본, 독일 등 미국 내 외국 자동차 회사는 미국 수요자들의 기호 및 소비성향에 초점을 맞추어 차 종류, 디자인, 색상, 판매촉진 등을 민첩하게 개선시켜 나갔으나, 미국 3대자동차회사는 이들의 미국 내 생산 및 판매 활동을 중요시하지 않고 그들 나름대로의 전통적이고 관료주의적인 경영사고 방식에 안주하는데 만족하여 기업경쟁력을 강화시킬 수 있는 인적자원관리, 제품 및 기술 개발 등을 소홀히 하였다.

6) 수요에 맞는 혁신적인 제품 및 기술 개발보다도 기업 인수·합병을 통한 경영규모 확대를 하는 재무관리 중시의 경영 전략을 구사함에 따라 실질적으로 경쟁력 우위를 갖춘 제품의 차별화를 구현할 수 없었다.

7) 제품 디자인과 기술개발에 있어서 사실상의 노하우Know How를 소유하고 있는 실무적인 경영계층이 제외되고 현장주의가 아닌 소수의 최고 경영층이 선호하고 주장하는 방식에 따라 좌우되는 경우가 많았다.

제68장

선위사 善爲士

잘 이끌어 나가는 자

善爲士者不武 善戰者不怒 善勝敵者不與 善用人者爲之下 是謂
不爭之德 是謂用人之力 是謂配天 古之極

훌륭한 지도자는 자기의 실력을 과시하지 않는다. 잘 싸우는 자는 성내지 않는다. 잘 이기는 자는 싸움을 하지 않는다. 사람을 훌륭하게 운용하는 자는 스스로 낮춘다. 이것이 싸움을 하지 않도록 하는 덕이 되며 사람을 움직이게 하는 힘이 된다. 이로써 하늘과 짝함이 되어 하나님의 도움을 받을 수 있으며 이는 예부터 지극한 도리로 유래되고 있다

잘 이끌어 나가는 자

잘 이끌어 나가는 훌륭한 지도자나 전략가는 자기의 위세威勢를 내세우지 않고, 성내지 않으며, 다투려고도 하지 않는다.

물은 만물의 생명력을 유지·촉진해 주지만 자기를 내세우지 않으며, 그리고 화를 내고 대적해 나아가려고 하는 것보다 그 주어진 환경에 알맞게 자기를 처하게 한다. 그러므로 사람을 잘 리드하는 자는 머슴과 같이 기꺼이 봉사할 수 있는 겸손한 마음이 기초가 되어야 상호간 화합의 관계를 이어 나갈 수 있다.

마음이 겸손해지기 위해서는 사랑과 자비의 철학이 자리를 잡지

않으면 안 된다. 사랑과 자비가 깊게 뿌리를 내리게 되면 나 이외의 상대를 먼저 배려하게 되며, 따라서 네 탓보다도 내 탓을 먼저 찾게 된다.

이로써 네 것이 아니고 내 것이라고만 내세우는 편협한 투쟁의 관계에서 벗어나 화합의 단계로 접어들게 되며, 그리고 싸우지 않고 같은 마음이 되어 강한 에너지를 생기게 한다.

하늘은 스스로 돕는 자를 돕는다는 말과 같이 무위의 도로써 상호간의 관계를 강한 에너지로 형성시킨 훌륭한 지도자는 하늘도 뒷받침하게 되며, 이것은 예부터 지극히 타당한 진리로서 인식되어 왔다.

LG그룹의 화합 경영

LG그룹의 창업자인 구인회具仁會(1907~1969)는 조직 구성원 상호간의 양보 및 배려의 힘으로 인화 단결을 이루고 기업의 이해관련자에 대해서도 좋은 관계를 유지 할 수 있도록하는 화합경영을 중시하여 왔다.

(1) LG그룹의 역사

LG그룹의 창업자인 구인회는 경남진양군에서 중농의 구재서具再書의 장남으로 태어났으며, 서울중앙고보에 진학하였으나 학비를 마련해 준 장인이 세상을 떠남에 따라 1926년 학업을 중단하고 고향으로 돌아가 사업을 해보고자 하였다. 1931년 7월 진주에서 아버지가 준 2,000원과 동생 철회가 투자한 1,000원으로 구인회상점具仁會商店을 열어 운영하였으나 쌀 100가마 정도의 적자만 보게 되었다. 그러나 그는 집안 소유의 논밭을 담보로 8,000원을 마련하여 포목장사를 하였는데 1936년 7월 대홍수로 보관된 포목이 손상되어 상품으로 팔 수 없게 되었다. 그는 이에 따른 불운에도 굽히지 않고 옛날부터 전해 내려오는 "홍수 뒤에는 풍년이 온다"는 말을 마음에 새기고 잘 알던 약방주인으로부터 필요한 자금을 빌려 여러 종류의 포목을 구색을 갖추어 창고에 쌓아 두었다. 얼마 후 하늘이 도와 준 듯이 풍년이 들고 농가소득이 늘게 되자 물건이 잘 나가게 되었고, 1937년 중일전쟁이 발생하여 광목 2만 필을 미리 사재기한 결과 전쟁특수로 엄청난 이득을 보게 되었다. 어느 정도 부를 쌓아 올린 구인회는 1940년 6월 구인회 상점을 주식회사 구인상회로 상호를 변경하여 운영하여 왔으나, 1945년 해방과 함께 이를 폐업하였다. 해방 이후 그는 부산으로 사업무대를 옮겨 1945년 11월 「조선흥업사」라는 무역회사를 설립하였으나, 큰 재미를 보지 못하였다 그러나 부산에 있는 흥아공업에서 생산되는 여성용 화장품을 판매하는 대리점을 열고 부산 이외의 서울 등지에 공급하여 의외로 많은 수입을 얻게 되었다. 여기에 장인과 6촌간인 허만정이 사업자금을 내 놓음과 동시에 그의 셋째 아들인 허준구許準九를 사업에 참여시켰다. 1946년 일본 동경에서 학업을 마친 허준구는 만석꾼 아들이었다.

　화장품 사업의 내용을 어느 정도 파악한 구인회는 1947년 1월 5일 락희화학공업사를 창립하고 전 재산을 처분하여 마련한 자금을 화장품 원료확보에 투입하였으며, 화장품 기술자인 김준환을 영입하고 부산 서대신동에 공장을 차려 제품 생산에 성공하였다. 이 화장품은 럭키크림이라는 상표를 부쳐 출시하자마자 잘 팔려 나갔다. 이 당시 전국의 화장품 업체는 약 20여개 정도였으나 공급 부족상태에 있었다. 진주사범대을 졸업하고 부산사범대 부속 초등학교에서 5년간 교사로 근무하고 있었던 장남 구자경具慈曔도 1949년에 이 화장품 사업에 참여하게 되었다. 그런데 한국의 6.25 전쟁을 전후로 하여 일제 및 미제의 투명크림이 밀수로 대량으로 들어오게 됨에 따라 우리나라의 화장품 업계는 고전을 면치 못하였다. 이에 화공계통에 상당한 기술을 가지고 있던 구태회가 서울에서 간이 건물에 락희화학연구소를 차리고 투명크림 제조에 관한 연구를 하여 성공하였으며, 아울러 크림이 피부에 잘 퍼지게 하는 방법도 파악하게 되었고 여기에 저렴하고 질 높은 일제 향료를 수입하여 제조한 결과 전국 화장품 시장을 석권할 정도로 그 인기가 대단하였다. 그러나 우리나라에서는 화장품 뚜껑을 만드는 기술이 충분히 개발되지 않아 사용 중에 파손이 되는 경우가 빈번하여, 이를 개선시키기 위해서는 플라스틱 뚜껑을 만들어야 한다는 생각을 하게 되었다. 그는 6.25 전쟁이라는 불안한 정치·경제·사회의 환경 속에서도 전 재산인 3억여 원을 투자하여 플라스틱 공장을 짓기 시작하였으며, 1951년 10월 미국 와트슨 스틸만사에 플라스틱 사출 성형기를 1대 발주하여 10개월 만에 부산항만에 도착하였다. 이로써 플라스틱 뚜껑은 물론 빗, 칫솔 등을 만들어 판매하게 되었으며, 칫솔은 1953년 4월부터 군납하기 시작하였다. 이 당시 치약은 거의 미국에서 수입하여 소비하는 상태였으므로,

그는 치약제조에 착안하여 1955년 1월 부산 연지동에 화학공장을 건설하였으며, 치약제조방법을 알기 위하여 구평회가 미국의 콜케이트 연구소에 그 자료를 요청하였으나 거절당하고 그 주변 연구소와 납품업자 등을 방문하여 단편적인 치약 제조 지식을 정리해 서울에 보내었다. 그 송부된 치약제조 방법 자료가 빈약하였지만 밤낮을 가라지 않고 연구하는 동시에 1954년 5월 미국 Abbe Engineering 회사로부터 치약배합기 등을 도입하여 1955년 3월경부터는 럭키상표를 부착한 치약이 생산 되었으며, 1958년에 치약은 군납이 되었고 이어서 국내시장을 장악할 만큼 럭키치약의 이미지에 대한 신뢰도가 상승하기 시작하였다. 이와 같이 락희화학공업사는 한 업종의 사업이 성공하면 그 다음에 유망한 업종을 선택하여 사업의 규모를 한 단계씩 확대시켜 나갔다. 치약 생산업에 성공한 구인회는 앞으로 전기·전자계통의 업종이 성장력이 높아질 것으로 예견하고 1958년 10월 부산시 부전동에 금성사(현재의 LG전자)를 설립하였다. 1959년 금성사는 최초로 국산라디오를 생산하게 되었으며 Gold Star라는 상표를 부착하여 판매하였는데 처음에는 국산라디오라는 이유로 신뢰성이 떨어져 영업성과가 부진하였다. 그런데 1961년 5.16군사 혁명으로 외제품 밀수 단속이 강화됨에 따라 국산라디오가 팔리기 시작하였고, 구인회는 정부를 설득하여 농어촌에 라디오 보내기 운동을 펼쳐 금성사 라디오 공장은 주·야 4교대 작업을 하여야 했으며, 1962년에는 동남아, 중남미 등 해외에 라디오를 수출하기에 이르렀다. 금성사는 라디오 이외에 냉장고, 에어컨, 세탁기, 선풍기, 텔레비전, 자동 전화교환기를 생산하게 되어 가전제품 생산업체로서 국내시장에서 상위의 지위를 구축하게 되었다. 1967년 5월에는 미국의 칼텍스와 자본금 50:50의 비율로 합작하여 호남정유주식회사를 설립하여 사업의 다각화를 위한 기초를 마련하였다. 구인회 회장은 도박이나 술 등 사행사업은 물론 먹고 마시는 일과 관련된 소비성 사업이나 부동산 투자 등은 금지할 정도로 엄격한 유교적 사고방식에 따라 기업경영을 하고자 하였다. 1969년 12월 구인회 회장이 별세하고, 1970년 1월 9일 금성사 부사장인 구자경(1925~)이 그룹회장에 취임 하였다. 구자경 제2대 그룹회장의 등장으로 LG그룹은 그 경영의 다각화가 더욱 확산되었다. 1980년대에 있어서 그 경영다각화의 형태는 다음과 같다.

① 전기·전자 부문 중심
② 사업의 해외 진출의 본격화
③ 유전공학, 컴퓨터, 반도체, 광통신등 첨단 산업 진출
④ 기술 연구소의 설립
⑤ 럭키증권, 금성투자주식회사 등 금융업의 확충
⑥ 종합화학에 대한 수직적 결합 및 국제적 일류 수준으로 도약

1990년 구자경 회장은 기업경영이념으로써 고객을 위한 가치창조와 인간존중의 경영을 주창하였으며, 공장장을 거치지 않으면 사장이 될 자격이 없다고 말할 정도로 현장기술을 중요시 하였다. 1995년 1월에 럭키금성그룹은 LG그룹으로 그 명칭이 변경되었으며, 구자경 회장은 1995년 2월 창업세대 원로 경영인들과 함께 동반 퇴진하고 명예회장으로 남게 되었다. 1995년 2월 22일 LG

제3대 회장으로 구본무(1945~)가 취임하여 정직과 공정을 바탕으로 하는 정도경영을 실천하는데 역점을 두고자 하였다. 구본무는 1975년부터 기업경영에 참여하였으며, 금성사 상무를 거쳐 1989년 1월에는 LG그룹 부회장으로 활동하였다. 2005년도에는 구인회와 허준구의 1947년 락희화학공업사 설립 이후 58년간 양가의 동업체제가 별다른 잡음 없이 분리되었다. LG그룹의 창업자인 구인회 회장은 평소에 한번 사귄 사람과 헤어지지 말고, 헤어진다면 서로 양보해 적이 되지 말라고 후손들에게 강조하였다. LG그룹에 있어서 구씨와 허씨의 가계의 오랜 기간에 걸쳐 형성된 기업 경영 화합은 후배 경영자들이 창업자의 말씀을 잘 귀담아 듣고 성실하게 실천한 결과라 할 수 있다.

(2) **LG그룹의 경영 전략**

LG그룹의 경영전략은 기본적으로 상호 인간존중에 의한 화합 경영과 제조업 중심 경영에 역점을 두고 있는 것이라 할 수 있다. 그 구체적인 전략을 열거하면 다음과 같다.

1) 화장품, 플라스틱, 치약, 가전제품 등 한 단계의 사업에 정통하여 성공한 이후에 그 다음 단계의 사업으로 이전해 나갔다. 다시 말해서 한 사업의 성공이 다른 사업을 위한 전진기지의 역할을 하도록 하였다.
2) 1970년경에는 주로 가전제품 등과 같은 저위험 사업에서 1980년대부터는 첨단 산업, 금융업, 해외진출사업 등 고위험사업으로 이전해 나갔다. 이는 저위험사업의 토대위에서 고위험사업

으로 점진적인 자세로 개척함으로써 고위험사업에만 전념하는 것보다 그 안정성이 높아지게 된다.

3) 한국사회의 정치·경제 등의 여건을 충분히 검토한 후에 어떤 제품을 출시하여야 하고, 어떤 관점에서 제품차별화를 하여야 할 것인지를 적절히 파악하여 생산함으로써 대부분의 신제품들이 판매호조를 보였다.

4) 제조업에 뿌리를 내리고 있는 LG그룹은 기술 중심의 현장 위주의 경영에 종점을 두었다.

5) LG그룹의 창업주는 인화(人和)를 기업경영의 핵심요소로 강조하였다.

이 인화의 사고방식에 근거하여 설정된 경영이념으로서는 고객을 위한 가치창조와 인간존중의 경영이 제시되고 있다. 고객을 위한 가치창조는 고객중시, 실질적 가치제공, 혁신을 통한 창조의 관점에서 검토되고 있다. 고객중시는 고객 최우선의 관점에서 경영을 계획·집행·평가 하여야 한다는 것이며, 실질적 가치제공은 제품가치가 가격보다 높아야 하고, 혁신을 통한 창조는 끊임없는 개선과 혁신을 통하여 차별화된 제품을 생산하여야 한다는 것이다. 인간존중의 경영은 인간중시, 창의·자율존중, 성과주의, 능력개발·발휘의 극대화의 관점으로 나누어 기술 되고 있다. 인간중시는 인적 자원을 최대의 중요한 자산으로 설정하고 있고, 창의·자율 존중은 구성원들이 주인의식을 갖추도록 하는데 있다. 성과주의는 성과에 따른 공정한 보상을 하고, 도전적 목표를 향하여 지속적인 업적을 창출하는데 있다. 그리고 능력 개발·발휘의 극대화는 개개인의 잠재능력을 최대한으로 개발하고 그 기회를 공정하게 제공하여야 한다는 데 있다. 그 경영이념에 대한 실천방식은 윤리경영을 기반으로 꾸준히 실력을 배양하여 정정당당하게 승부하는 행동방식으로 정도경영을 내세우고 있다. 정도경영에는 정직, 공정한 대우, 실력을 통한 정당한 경쟁으로 구분하고 있다. 여기서 정직은 원칙과 기준에 따라 투명하게 일하는 것이며, 공정한 대우는 모든 거래관계에서 공평한 기회의 제공과 차별화된 대우의 제거를 의미하고, 실력을 통한 정당한 경쟁은 정정당당하게 경쟁하여 이길 수 있는 실력을 키운다는 것이다. 고객을 위한 가치창조와 인간존중의 경영이념을 기반으로 하고, 이에 대한 구체적인 행동방식으로서 정도경영을 실천함으로써, 일등 LG라고 하는 경영의 비전을 달성하고자 하고 있다.

일등 LG는 다음과 같이 기술되고 있다.

1) 고객이 신뢰하는 LG
2) 투자자들에게 가장 매력적인 LG
3) 인재들이 선망하는 LG
4) 경쟁자들이 두려워하면서도 배우고 싶어하는 LG

제69장
용병유언 用兵有言
싸우기 전에 유념하여야 할 말씀

用兵有言曰 吾不敢爲主而爲客 不敢進寸而退尺 是謂 行無行 攘無臂 執無兵 仍無敵 禍莫大於輕敵 輕敵幾喪吾寶 故抗兵相加 哀者勝矣

군사를 이끌어 가는데 이런 말이 있다. 내가 주인이 되려고 하지 말고 손님이 되도록 해야 한다. 한 치 나가려고 하지 말고 한 자 물러가야 한다. 이것이 감이 없이 가는 것이고, 팔을 쓰지 않아도 밀게 되고, 적과 싸움 없이 나아가게 되고, 무기가 없어도 잡은 것과 같다. 적을 가볍게 여기면 그 화가 막대하다. 적을 가볍게 보면 내 보배는 거의 잃게 된다. 그러므로 군사를 일으켜 서로 맞서 싸울 때는 전쟁으로 인한 비참함을 안타깝고 슬프게 여기는 자가 결국 이기게 된다.

싸우기 전에 유념하여야 할 말씀

싸움을 좋아서 한다기보다도 상대방이 공격이나 침략행위를 해왔을 때 부득이하게 방어를 하지 않을 수 없게 될 때 싸우지 않으면 안되는 경우가 발생하게 된다. 이 경우에도 내가 주인이 되지 말고 손님이 되도록 하여야 한다는 말은 적극적인 자세보다도 소극적이고 신중한 태도로 나아가야 한다는 의미가 내포되고 있다.

무모하게 앞서 나가는 것보다도 더 말리 물러가 있어야 한다. 이는 아무리 자신있는 싸움일지라도 섣불리 그리고 성급하게 진격하면 내적·외적으로 예기치도 않은 복병이나 일련의 사태가 발생함에 따라 패가망신敗家亡身을 할 수가 있다.

그러므로 자신의 실력만 믿고 만용蠻勇을 부려 나아감이 없이 부득이한 경우에 차근차근하게 그리고 착실히 나아감을 유념하도록 하고 있다.

나폴레옹과 히틀러가 전쟁으로 패하게 된 주된 원인은 자기의 전쟁기술과 세력만 믿고 무분별하게 러시아 영역을 깊숙하게 침범하여 축전된 에너지를 낭비하여 탈진상태에서 거의 헤어 날 수 없는 지경에 이르렀기 때문이라 할 수 있다. 싸움에 이기기 위하여 팔로써 무기를 사용 하지 않아도 적을 밀어 낼 수 있고, 적과 싸우지 않고 나아갈 수 있으며, 무기가 없어도 전쟁을 잡을 수 있는 무기는 다름 아닌 무위라는 높은 덕德에 달려 있다. 적을 가볍게 여기면 큰 화를 초래하기가 쉬울 뿐더러 내가 소중히 여기는 보배마저도 잃게 된다. 전쟁에서는 약자라 할지라도 자기가 살아남기 위하여 필사적으로 상대방의 우수한 무기나 전법을 벤치마킹하여 운용할 수 있는 단계에 이르게 하여 유리한 전쟁으로 이끌어 나간 수많은 역사적 사례를 관찰할 수 있다. 그러므로 적을 약한 것으로 가볍게 보는 자만은 금물인 것이다. 여기서 보배를 자慈, 검약儉約, 함부로 앞서 나가지 않는 불감위선不敢爲先으로 보는 논자도 있으며, 싸우지 않고 이김으로 주장하는 학자도 있다. 중요한 것은 싸우지 않고 이기기 위하여서는 상대방을 깔보지 않고 자기의 실력을 꾸준히 키워 나갈 수밖에 없다. 예컨대 내 자신이 상대방을 거의 이길 수 있는 상당한 에너지를 저장하고 있다면 상대방이 처음부터 싸움을 걸려고 하지 않게 된다는 것이다. 전쟁을 하게 되면 진 쪽은 말할 것도 없고 이긴 쪽에서도 상처를 받게 되며, 건설적인 방면에 사용되어야 할 물자를 낭비하게 되고, 그 정신적 피해도 가볍게 넘길 수 없을 것이므로 현명한 지도자는 전쟁의 참상이나 상처를 안타깝게 여기지 않을 수 없다. 그러므로 진정한 승리자는 싸우지 않고 이길 수 있는 무위의 도를 무기로 삼아야 할 것 같다.

: 스탈린의 철권 · 독재 경영

진정한 승리자는 싸우지 않고 이길 수 있는 여유를 가지고 있어야 하며, 아울러 인간에 대한 자비 · 사랑의 충만, 자기 절제 · 극기, 함부로 나서지 않는 신중함이 갖추어 져야 한다. 스탈린Joseph Stalin (1879~1953)은 자기가 바라는 목적을 달성하기 위하여서는 인간 대량 살육 등과 같은 무자비한 수단을 동원함으로써 인생의 진정한 승리자로 칭송될 수 없는 지경에 놓여 있다.

(1) 스탈린의 인생행로

1) 스탈린의 권력장악

스탈린은 러시아 남부지역에 있는 그루지아의 고리라는 곳에서 태어났으며, 그의 아버지는 가난한 구두수선공으로서 거의 매일 밤 술에 취해 돌아와 아내와 자식들을 심하게 구타하였고 생활력이 없어, 농노출신인 그의 어머니가 세탁일과 삯바느질로 생활비를 벌지 않으면 안되었다. 스탈린은 어릴 적에 천연두를 심하게 앓아 얼굴에 그 자국이 남아 있으며, 패혈증을 앓기도 하였다. 그는 8세 때부터 교회학교에서 교육을 받았으며, 그의 어머니는 그가 신부가 되기를 기대하였다. 그래서 그는 1894년 티플리스의 그리스 정교회 신학교에 입학하여 장학금을 받기도 하였다. 그러나 신학교 재학 중 사회주의 운동에 가담하여 마르크스주의 선전활동을 전개하여 1899년 신학교 졸업직전에 퇴학을 당하였으며, 그 후 일시적으로 개인가정교사 등으로써 생활을 영위하였으나 정치적인 야망에 불타 있는 그의 적성에 맞지 않아 1901년 티플리스에서 그루지아 사회민국당에 들어가 파업과 시위 등을 선동하는 지하정치활동을 펼쳐 나갔다. 1902년 4월 스탈린은 바투비에서 경찰에 붙잡혀 감옥에 갇혔으며, 1903년 11월에 3년 유배형을 받고 러시아 동부의 시베리아로 보내졌다. 그는 1904년 1월 썰매를 이용해 도망쳐 가짜여권을 손에 놓은 다음 동년 2월 중순에 디플리스에 도착하여 또다시 사회주의 혁명가로서 활동하였으며, 1905년에는 볼셰비키당의 자금을 확보하기 위하여 은행강도 등을 자행하는 무장투쟁단을 지도한 적도 있었다. 스탈린은 1902년과 1913년 사이에 경찰에 무려 일곱 차례나 붙잡혀 시베리아로 유배되었으며, 아울러 여섯 차례나 탈출하기도 하였다.

 1904년 러일전쟁이 일어나 형편없는 군대조직을 이끌어 온 러시아는 1905년 이 전쟁에서 지게 되고, 경제적으로 빈부의 격차도 심해져 국민의 불만은 더욱 고조 되었으며, 그 결과 1905년부터 러시아 혁명의 기운이 확산되기 시작하였다. 러시아는 제1차 세계대전에서도 독일에 패하게 되자 러시아 국민들은 그 패전이 니콜라이 2세의 잘못된 정치로부터 유래된 것이라고 비난하면서 1917년 3월 8일 혁명을 일으켜 동년 3월 15일 니콜라이 2세를 황제에서 퇴위시키고 임시정부가 들어서도록 하였다. 이 임시정부는 시베리아에서 복역 중인 스탈린과 다른 볼셰비키 당원들을 풀어 주었으며, 스탈린은 페트로그라드로 돌아와 프라우다 신문의 편집을 맡게 되었다. 그러나 1917년 여름 임시정부가 무너지기 시작하였고, 러시아 국민들은 러시아를 이끌어 나갈 집단으로 볼셰비키를 기대하고 있었다. 레닌과 트로츠키가 이끄는 사회주의자들이 무장봉기를 일으켜 노동자의 군대인 붉은 근위대가 페드로그라스의 행정관청 등 주요 건물들을 접수하였으며, 1917년 10월 볼셰비키 혁명을 마무리하였다. 러시아어로 다수라는 뜻을 가진 볼셰비키는 마르크스의 이론을 신봉하며 즉각적인 프롤레타리아 혁명을 주장한 급진파들이었다. 이로써 볼셰비키주의자들은 권력을 잡게 되었지만, 1918년 제1차 세계대전 이후 볼셰비키당은 전제정치 지지자들인 백군과 치열한 내전을 치러야만 했다. 1920년 말에 내전이 끝나고 1922년에 소비에트 사회주의 공화국 연방(소련)이 형성되었다. 스탈린은 1907년 런던에서 개최된 제5차 러시아 사회민주국의 노동당회의에서 처음으로 레닌을 만났으며, 1912년 레닌은 스탈린을 볼셰비키 중앙위원에 임명하였다. 스탈린이 레닌의 총애를 어느 정도 받게 된 것은 그의 지적 능력보다도 레닌식 사회주의에 대한 열정과 조직력을 보다 높게 평가한 결과라 할 수 있다. 1917년 경 스탈린은 당내에서 약간 알려지기는 하였으나 레닌이나 트로츠키만큼 유명하거나 존경을 받을 정도는 되지 못하였다.

그러나 그는 1917년 5월 당중앙위원회 정치국원으로 선출되었으며, 1922년 4월에 이르러서 레닌은 스탈린이 무시할 수 없는 존재가 되었음을 깨닫고 적은 가까이 두는 것이 좋다고 판단하여 스탈린을 당 서기로 임명함으로써 스탈린이 권력을 잡게 하는 계기를 마련하도록 하는 결정적인 실수를 범하게 되었다. 레닌은 1922년 5월에 첫 번째 뇌출혈로 요양하게 되었으며, 그해 12월에는 두 번째의 뇌출혈을 일으켰다. 레닌은 각 공화국이 보다 자유로운 발언권을 가지고 운영되기를 바랐으나 스탈린은 권력을 장악하기 위해서는 당원과 국민들을 배려하지 않는 강한 독재체제의 정부형태를 원하였다.

1924년 1월 레닌은 세 번째 뇌출혈 발생으로 죽게 된다. 레닌은 1923년 1월에 작성한 유서에서 스탈린은 너무나 난폭한 인간이며, 이러한 그의 결점은 당서기장의 직책에 적합하지 않으므로 그 서기장에서 제거시킬 것을 지시하고 있었다. 이 유언장은 스탈린이 사전에 인지하게 됨에 따라 이미 막강한 권력을 가진 그는 사전조정조치를 취하여 그 유언을 당대회에서 만장일치로 거부시켰다. 레닌의 사망 이후 스탈린, 카메네트, 지노비에프의 삼두체제로 정치가 이행되었고, 당의 주요 핵심 권력자이며 정적인 트로츠키에 대해서는 스탈린이 삼두체제의 힘을 합쳐 소련에서 추방시켰다. 트로츠키는 여러 나라를 전전하다가 멕시코에 머물고 있던 중 피살되었다. 그리고 스탈린은 삼두체제의 동지인 카메네트와 지노비예프도 부하린과 라이코프등과 연합하여 당에서 축출하고 처형을 시켜버렸다. 이로써 스탈린은 1929년부터 최고권력을 보유하고 그가 죽게 된 1953년까지 24년간 강력한 철권정치로 일관해 나갔다. 1904년 6월 스탈린은 아카테리나 스바나드레라는 시골처녀와 결혼하여 아코프스탈린(1904~1943)을 낳게 되나, 그녀는 결혼한지 3년 만에 죽게 된다. 그의 아들 아코프는 2차 대전 중 포병 중위로서 독일군에 사로잡히고 말았다. 이때 스탈린은 아들이 포로가 되는 것보다도 자살하기를 바랐으며, 독일 측이 아코프와 독일 장군의 상호간 포로교환에 의하여 그 아들의 석방을 제의하였으나 스탈린은 이를 거절하여 아들은 결국 죽게 된다. 1919년 3월 스탈린은 비서인 20세 연하의 나제쥬다 알릴루예바와 재혼하였다. 이 두 번째 아내는 1932년 11월 볼셰비키 혁명 15주년 기념파티에서 스탈린으로부터 모욕을 당해 위층의 자신의 방으로 올라가 권총으로 자살하였다고 알려지고 있으나, 그 숨진 원인은 미궁에 빠진 상태에 놓여 있다. 스탈린은 돈, 쾌락, 스포츠, 여자에 대하여는 크게 관심을 기울이지 않는 것 같이 보였다. 그의 주된 오락은 뷔페식 저녁자리를 즉흥적으로 마련하여 고위 당간부, 장군, 방소訪蘇 중인 외국의 유력자를 초대하는 것이었다. 스탈린 자신은 거의 술을 마시지 않고 손님들을 취하도록 유인함으로써 나중에 이용할 수 있는 약점들을 파악하기도 하였다.

2) 스탈린의 철권정치

스탈린은 사람들을 자유롭게 살게 해 주는 민주화는 물질적인 풍요를 보장하는 산업화가 이루어 진 다음에야 가능하다고 생각하였다. 그래서 그는 러시아를 19세기 농업사회에서 근대적인 20세기형 산업사회로 전환시키기 위하여 경제개발개혁을 5년씩 3차로 나누어 설정·집행하도록 하였다. 제 1차 개발계획(1928~1932)은 농업 집단화 정책을 실시하여 개인이 소유한 농지를 강제적으로 국가소유로 편입시켜 집단농장을 만들었고, 그 농민들은 집단적으로 고용되어 농사를 짓도록 하였으며, 이에 항거하는 농민은 시베리아로 유배되거나 처형되고, 농사를 짓지 않는 인력은 국가가 운영하는 공장이나 강제 수용소에서 부역을 시켰다. 집단농장에서 농민에게 할당되는 곡식은 아사를 면할 정도 밖에 되지 않아 농민들이 곡물을 감추거나 훔치는 행위가 빈번하게 발생됨에 따라 스탈린은 이 절도행위에 대하여 사형으로 대처하였다. 이 농업집단화계획은 상세하고 과학적인 방법에 의거하여 책정되는 것보다도 정치적 관점에서 기대될 수 있는 목표로서 현실적으로 거의 실현 불가능한 과도한 과업을 농민들에게 강압적으로 달성하도록 하는 무리한 것이었다. 이 계획은 농업부문에서 짜낸 잉여물이나 성과를 중공업부문에 투입시켜 공업화를 촉진시키고자 하는 의도를 가진 것으로 볼 수 있다. 제2차 5개년 계획(1933~1937)은 러시아의 공업화를 서유럽 선진공업국의 수준에 도달시키고자 하는 의도를 가진 것이며, 러시아 주요 산업으로서 철강, 전력 등의 산출량 증대와 교통망의 확충에 역점을 두었고, 이에 따라 보다 발전된 경제성장률을 나타내었다. 제3차 5개년 계획(1938-1942)은 군사비용 지출의 증대, 산업체경영진의 대규모 숙청 등으로 그 생산성 향상이 부진한 상태에 놓여 있었다. 이 3차에 걸친 경제개발계획으로 인하여 러시아는 후진농업국에서 선진산업국으로 발돋음하는 계기를 마련하였다. 1949년에는 원폭실험에 성공하여 러시아는 세계 제 2의 핵 강대국이 되었다. 그러나 국가자원의 대부분을 군사비, 경찰기구유지비, 공업화추진비용으로 소모하게 됨에 따라 러시아의 보통시민이 필요한 소비재나 생활편의품을 거의 공급받지 못할 정도의 핍박된 생활을 강요받게 되었다. 스탈린은 능숙한 권모술수로써 강력한 경쟁상대인 정적들을 차례로 제거하여 1929년에는 막강한 권력을 소유하게 되어 떠오르는 태양처럼 부상하게 되었으며 그리고 1939년대에는 3차에 걸친 숙청과 반혁명재판으로 반대파를 제거하고 독재권력을 더욱 강화하였다. 요컨대 그는 기존의 당관료제도를 뿌리 뽑고 자기에게 절대적으로 복종하는 국가 관료제도를 형성시키기 위하여 끊임없이 공포 및 공작정치를 일관하고 있었다. 이러한 절대적 권력이 계속 유지되기 위하여 스탈린은 내부인민위원회라고 하는 엘리트비밀경찰을 조직하여, 이들에게는 집, 별장, 자동차 및 운전기사가 제공되었으나 어느 누구도 자신의 신임을 배신하거나 조직에서 이탈하지 못하도록 하기 위하여 해마다 그들 중 몇 명을 죽였다. 스탈린이 자행한 피투성이의 숙청은 합리적으로 설명하기가 어렵다. 스탈린이 통치한 기간에 약 2,000만 명이 무의미하게 목숨을 잃었고 그 중 약 1,450만 명이 굶주림의 고통 속에서 죽어 갔으며, 그 이외에 100만 명의 정치범이 처형되었고 적어도 900만 명이 추방되거나 교화 노동 수용소에 감금되었다고 전해지고 있다. 1953년 3월 1일 스탈린은 공산당 간부인 니키타 흐루시초프 등 공산당 정치국원 4명과 식사를 하던 도중에 쓰러져 4일 후인 3월 5일에 사망하였다. 공식적으로 발표된 사망 원인은 뇌출혈로 되어 있으나 독살설도 난무하고 있다. 그의 시신은 미이라화 되어 보존되어 오다가 1992년 소비에트 연방 붕괴 후 화장되었다.

(2) **스탈린의 사상**

스탈린은 레닌이 이끄는 볼셰비키 노선에 따라 사회주의 활동을 해왔으며, 이들의 투쟁방침은 폭력으로 정부를 타도하는 마르크스의 사고에 기초를 두고 있다. 레닌주의는 ①경찰·군대·국가 관료체재의 폐지 ②대토지의 몰수와 토지의 국유화 ③노동자 및 농민의 정부형성 및 기업관리 ④프롤레타리아 독재의 성취에 두고 있었다. 그리고 레닌은 제국주의자의 굴레로부터 착취당하고 있는 모든 피압박국가들의 해방을 위하여 프롤레타리아 국제주의 원칙에 따라 국가들 간의 진정한 단합을 지지하고, 자국의 특권과 이익을 추구하는 배신적인 편협한 민족지상주의와 부르주아 민족주의를 철저히 규탄하였다. 이에 비하여 스탈린은 러시아의 진정한 민주주의를 위하여서는 강력한 공업국가가 형성되어야 하고, 이 과업을 보다 효율적으로 완성하기 위하여서는 세계적 사회주의의 혁명보다도 국내의 시화주의가 강화되어야 하며, 노동자나 농민의 다수가 지배하는 정부보다도 스탈린 자신을 중심으로 권력을 집중화하고 절대화 하는 관료체제의 독재정권을 유지하여야 한다는 것이다. 따라서 스탈린은 자신에 대한 개인숭배를 강요하였고, 그의 말이 법이 되었을 정도로 신격화되었으며, 방대한 비밀경찰기구를 이용하여 공포정치를 실시함으로써 볼셰비키와 레닌의 사회주의이념과는 다르게 변질된 형태로 전개되고 있었다. 또한 스탈린은 산업의 공업화 및 선진화에 기여하는 기술자들에 대하여는 유리한 보수체계를 제도화하여 새로운 사회경제적인 계층을 창출하게 함으로써 볼셰비키 혁명의 평등주의목표를 외면하게 되는 결과를 낳게 하였다. 그리고 스탈린은 당내의 다수파의 입장을 선호하지 않는다 하더라도 자기의 당내 투쟁에서 유리한 것으로 판단되면 다수파의 입장을 지지하였고, 나아가서는 다수파의 입장으로 반대파를 제거하였다. 그러므로 이론적인 일관성은 그에게 있어서는 이차적인 문제에 지나지 않았다. 이와 같이 그는 상황변화에 따라서 유리한 편에 재빨리 섬으로써 그가 정치인으로서 그렇게 성공할 수 있었다.

제70장

오언심이지 吾言甚易知

내 말은 매우 알기 쉽다

吾言甚易知 甚易行 而天下莫之能知 莫之能行 言有宗 事有君 夫唯無知 是以不我知 知我者希 則我者貴 是以聖人被褐懷玉

내 말은 매우 알기 쉬우며 실천하기도 아주 쉽다. 세상 사람들은 잘 알지도 못하고 잘 행하지도 못한다. 말에는 근원적인 진리가 있고 일에는 기본적인 원리가 있다. 그저 오직 알지 못한다. 그래서 참나를 모르게 된다. 참나를 아는 자는 드물고 참나를 이룬 자는 더욱 귀하다. 그래서 성인은 헌 옷을 입고 속에는 보석을 가지고 있다.

내 말은 매우 알기 쉽다

내 말이 쉽게 이해되고 실행되기 위해서는 나 자신이 먼저 그 내용에 대하여 거의 완전히 파악하여야 하고 그 실제상 적용시에 보다 쉽게 이용할 수 있는 방편 方便도 갖추고 있어야 한다. 또한 어떤 대상이나 일에 대하여 자기 자신이 잘 이해되고 상대방을 쉽게 이해시키기 위하여서는 그 일에 대한 적성이 맞아 재미있게 몰두할 수 있는 유희삼매 遊戱三昧에 도달할 수 있어야 한다. 일반적으로 세상 사람들은 진리나 도 道가 실제의 자기 생활에 영향을 주고 있다고 알지 못하면 그들의 관심 밖의 사항이 되어, 무위의 도가 우리 생활의 중심이 될 수 없게 된다. 이는 믿고, 이해하고, 행하고, 그리고 증명이 되는 신信·해解·행行·증證의 과정을 거쳐야 그 도의 중요성을 깨닫고 체험하게 된다. 우리들의 언행은 그 바탕이 되고 있는 기본적인 진리나 원리를 파악하고 실천해 나감으로써 진정한 자기의 것으로 만들 수 있다. 예컨대 이는 기본이 서야 길이 생긴다는 본립도생本立道生의 이치로부터 벗어 날 수 없다는 것을 의미하고 있다. 무위의 도가 우리 생활에 얼마나 중요한 지를 세상 사람들은 알지 못하며 알려고도 하지 않는다. 그러므로 참나를 알고, 참나를 얻는 자는 드물고도 귀하다. 그런데 물과 공기가 없으면 만물이 살아 나갈 수 없듯이 도를 갖춘 참나인 무아가 되지 않으면 보람된 삶을 영위하기 어렵다. 무아無我는 자기를 없애는 것이라고도 한다. 먼저 삼독인 탐·진·치부터 없애면 저절로 일도출생사一道出生死가 되고 일체무애인一切無碍人이 된다. 일도출생사가 되기 위해서는 무엇보다도 자기를 이길 수 있는 극기가 뒷받침이 되어야 하며, 이것이 오랜 기간 수행되고 생활화하여 진리가 자기와 함께 가게 되면 자기 마음이 원하는 대로 하여도 진·선·미의 굴레에서 벗어나지 않는 종심소욕從心所慾 불유구不踰矩가 되고 일체에 대하여 걸림이 없는 일체무애인一切無碍人으로 부활할 수 있는 것이다. 그러므로 현실에 집착함이 없이 내가 원래 가지고 있는 진·선·미라는 보배를 소중히 간직하여 세상에 진리의 빛, 도덕의 힘, 생명의 샘을 제공하여야 인생의 올바른 방향을 찾을 수 있다.

: 태극기의 진선미 경영

우리나라의 태극기는 경영자나 조직구성원이 기업경영을 원활하게 수행하기위한 기초적 요건으로서 진·선·미를 표상하고 있으며, 기업경영환경에 관련된 공간·시간·인간의 관점에서 그 운영의 조화를 부각시키고 있다.

(1) 태극기의 유래

태극기는 1882년 9월 수신사 박영효(朴泳孝) 일행이 일본으로 가던 중 메이지마루호 선상에서 그린 것이라고 전해지고 있다. 이때 그린 최초의 태극기 실물 원형은 아직까지 확인되지 않고 있다. 그러나 일본 동경도립중앙도서관에서 보관 중인 일본의 일간지 시사신보 (1882.10.2 월요일)에서 조선의 최초 국기가 만들어졌다는 기사와 태극기 그림이, 함께 실려 있음을 최근(1997년 8월)에 태극기 연구가에 의해 알려지게 되었다. 이 시사신보에 의하면 고종황제가 최초로 태극기를 창안하였으며, 박영효는 단순히 고종황제의 지시대로 그렸을 뿐이라는 사실도 기술되고 있다.

1882년 일본 시사신보에 게재된 태극기 도안

이 태극기의 모습은 그 후 4~5차례나 변경되어 왔다. 현재에 게양되고 있는 태극기의 도안은 1949년 10월 15일 문교부 고시 제 2호로 공표한 대한민국 국기이다. 이는 그 당시 이승만 대통령을 위원장으로 한 42인의 국기기정위원회에서 수차례의 토론 끝에 확정·법제화된 것이다.

법제화되어 현재 사용되고 있는 태극기

(2) 태극기와 진선미 경영

윤리경영은 우리나라 태극기를 바라보며 그대로 실천에 옮기면 만전을 기할 수 있다. 태극기는 주역周易이나 유교의 동양사상을 근거로 하여 작성된 것이라 할 수 있으나 서양사상도 포괄하고 있다. 태극기의 중앙에 그려져 있는 둥근 원은 무극無極으로서 진리眞理의 진眞을, 원의 중앙지점은 태극太極으로서 진실眞實의 선善을, 그 원의 음양을 구분하는 선은 양의兩儀로서 진정眞情의 미美를 의미하게 된다. 진眞은 자기뿐만 아니라 상대와의 관계에서 나타나는 모순을 해결하여 조화로움을 이룰 수 있는 통일적 사고나 진리로서 중용中庸, 중도中道, 자리이타自利利他, 사랑, 자비慈悲등의 마음이나 정신에서 찾아 볼 수 있다. 어떤 젊은이가 간디에게 "진리가 무엇입니까?"라고 물었을 때, 간다는 거짓말을 하지 않는 것이 진리라고 대답하였다. 불교의 근본경전인 빠알리대장경에 의하면 농담이라도 거짓말하지 말라고 기록되어 있으며, 천수경千壽慶의 맨 첫줄의 제목에 입으로 짓는 깨끗한 업으로서 참된 말이라는 정구업진언淨口業眞言이 나와 있다. 이와 같이 진리는 멀리 있는 어려운 것이 아니고 매일 매일의 우리 생활과 함께 하고 있다. 선善은 이 진리를 실천하는 도덕이라 할 수 있으며, 언행일치言行一致가 되어야 한다는 것이다. 도덕적인 선은 가만히 앉아서 되는 것이 아니고 반복적인 실행에 의하여 습관화됨으로써 자기 자신이 독립적 혹은 독자적으로 이행할 수 있는 능력을 갖추어야 한다. 도덕적인 선의 모델은 예수, 석가, 노자, 공자 등의 생활에서 발견할 수 있다. 이들은 공통적으로 자기를 없이하거나 지우는 무아無我가 되어 사악함이 없이 물과 같이 만물을 살리는 무위無爲의 삶을 일관되게 영위하고, 인류에 대한 봉사자로서 머슴의 역할을 해 온 것이다. 여기서 무위는 탐욕·성냄·어리석음·자만심·기대소득·자기내세움이 없이 만인의 행복을 위하여 기꺼이 십자기를 지고 간다는 의미와 같다고 할 수 있으며, 지옥·아귀·축생·아수라·인간·천상이라는 육도윤회六道輪廻의 굴레에서도 벗어난 상태라 할 수 있는 일도출생사一道出生死가 이루어진 단계이다. 미美는 깊은 진리와 높은 도덕으로써 아름다운 마음과 정신을 가진 자가 이 세상 끝까지 널리 퍼져 아름다운 이상세계를 만들어 보고자 하는 종교적 의미도 내포하고 있다. 이는 자기뿐만 아니라 남도 건강한 정신과 육체를 생기있게 유지하도록 하여, 일체무애인一切無碍人으로서의 대자유인大自由人이 되도록 일깨우는데 있다. 칸트는 진에 관하여 사람은 무엇을 알 수 있는가,

구분	진(眞)	선(善)	미(美)
태극기	무극(無極)	태극(太極)	양의(兩儀)
기독교	진리(성부)	길(성자)	생명(성령)
불교	천상(법신法身)	천하(보신報身)	유아독존(응신應身)
관련영역	철학	도덕	종교
역할	빛	힘	샘
형태	통일	독립	자유
화엄경	일도(一道)	출생사(出生死)	일체무애인(一切無碍人)
양명학	심즉리(心卽理)	지행합일(知行合一)	치양지(致良知)
노자	무지(無知)	무위(無爲)	무소주(無所住)
칸트	무엇을 알 수 있는가	무엇을 할 수 있는가	무엇을 바랄 수 있는가
경영	지식·지혜 경영	지식·지혜의 실천경영	에너지산출경영
기호	0	1	∞

선에 관하여 사람은 무엇을 할 수 있는가, 미에 관하여 사람은 무엇을 바랄 수 있는가 하는 관점에서 그의 사상을 논하고 있다. 기업경영의 관점에서 진은 참다운 지식·지혜 경영과 관련되어 있으며, 선은 이 지식·지혜 경영을 현실적으로 적절하게 실천하는 데 있고, 미는 이 진과 선의 기업경영을 조화·융화시켜 무한한 성과와 가치를 창출해 낼 수 있는 에너지 산출 경영에 매진하는데 있다

태극기에 표시되어 있는 4괘卦는 공간·시간·인간의 현상을 예시하고 있다.

공간의 관점에서 ☰은 하늘天, ☲는 불火, ☵는 물水, ☷은 땅地을 나타낸다.

시간의 관점에서 ☰은 가을秋, ☲는 여름夏, ☵는 겨울冬, ☷은 봄春을 제시하고 있다.

태극기 4괘

구분	☰	☲	☵	☷
공간성	하늘(天)	불(火)	물(水)	땅(地)
시간성	가을(秋)	여름(夏)	여름(夏)	봄(春)
인간성	의(義)	예(禮)	지(智)	인(仁)
연구 분야	철학(哲學)	예술(藝術)	과학(科學)	종교(宗敎)
적성	이성(理性)	감성(感性)	오성(悟性)	영성(靈性)

인간의 관점에서 ☰은 의義, ☲는 예禮, ☵는 지智, ☷은 인仁을 지칭하고 있다. 그 이외에 이 4개의 괘는 우리의 적성과 이에 따른 탐구분야별로도 나눌 수 있다.

☰은 이성理性으로써 철학을, ☲는 감성感性으로써 예술을, ☵는 오성悟性으로써 과학을, ☷은 영성靈性으로써 종교를 연구·습득하며, 이에 따라 새로운 창의력을 발휘하여 보다 가치 있고 차별화되는 생산성을 실현할 수 있는 것이다.

우리는 우리에게 부여된 공간·시간·인간을 잘 관찰하여 극기克己를 하게 되면 제 이해관계자 상호 간에 발생하게 되는 갈등을 해소해 나갈 수 있으며, 우리 생활에 있어서 제약 요건이 되고 있는 환경 및 시간을 조화롭게 다스릴 수 있는 극치경영克治經營을 달성할 수 있다. 보다 균형 잡힌 인간으로 성숙되기 위해서는 인간이 기본적으로 가지고 있는 다양한 적성으로써 이성, 감성, 오성, 영성을 연마하여 철학, 예술, 과학, 종교를 통달해 나가는 방향이 되어야 할 것이다. 그러나 인간은 일반적으로 모든 분야에 만능이 될 수 없으므로 우선적으로 자기의 적성에 가장 알맞은 특정분야에 전념함으로써 자기의 장점을 살려 나가고, 아울러 그 이외의 분야에 있어서도 충분히 그리고 꾸준히 그 내용을 습득해 보겠다는 의도와 노력이 필요한 것이다. 이로써 우리들은 기업경영에서 부딪치게 되는 난해한 문제들도 유연성 있게 지울 수 있거나 풀 수 있는 능력을 가질 수 있다.

제71장
지부지 知不知
알지 못함을 안다

知 不知 上 不知 知 病 是以聖人不病 以其病病 是以不病

알지 못함을 아는 것이 훌륭하다. 모르면서 아는체 하는 것은 병이다. 그저 오직 병을 병으로 인식하면 그것은 병이 되지 않는다. 성인은 병이 없다. 병을 병으로 알기 때문에 병이 없게 된다

알지 못함을 안다

자기가 잘 알지 못함을 알고 있다는 사실은 정직하다는 것을 의미하게 되고, 이 정직한 성품은 자기를 이기는 극기克己가 없으면 형성될 수 없다. 자기가 모르면서 안다고 하면 자기의 양심을 속이는 거짓의 가면을 쓰는 것이 되고 깨끗한 인간관계를 조성시키지 못하므로 갈등을 부추기게 한다. 무지를 무지로 인식하면 거짓말을 하지 않는 솔직하고 겸손한 마음의 자세가 서 있으므로 사전에 문제를 지울 수 있는 여지를 남기게 된다.

자기가 어떤 일에 대하여 잘 알지 못해서 잘 할 수 없으면 그 일에 개입하지 않아야 한다. 만약 잘 모르는 사실을 아는 체 하면서 자기를 내세우거나 어떤 역할을 하려고 하면 자기는 물론 타인에게도 엄청난 피해를 끼칠 수 있다.

성숙된 인간은 기본적으로 함부로 나서지 않는 여유와 신중을 중시하며, 자기의 문제점을 알고 고쳐 나가려고 하거나 사전에 지우려고 하므로 더 큰 불행의 불씨를 미리 끄게 된다.

소크라테스는 너 자신을 알라고 말했다. 이는 너 자신이 어떤 일을 하고자 할 때 옳지 못하다고 생각하였는데도 불구하고 그 행위를 하지 않는 절제력을 발휘할 수 없다면 자기 자신을 부끄러워 할 줄 알아야 한다는 것이다. 그러므로 여기서는 자기가 선택하게 될 언행의 옳고 그름에 대한 성찰과 그 언행을 제어할 수 있는 극기克己나 극치克治를 어려움 없이 자연스럽게 이끌어 나갈 수 있는가를 깨달을 수 있어야 한다는 것이다. 이 성찰과 극치의 부족함을 알고 고쳐나가면 바른 삶을 살 수 있으나, 그렇지 않으면 고해苦海에서 벗어날 수 없는 고질적인 병에 걸리게 된다.

ː 바보 경영

김수환(1922~2009)은 자기가 제일 바보처럼 산 것 같다고 종종 되뇌었다. 왜냐하면 하나님은 위대하시고 사랑과 진실 그 자체인 것을 잘 알면서도 깊이 깨닫지 못하고 살았다는 것이다. 이는 진실로 그가 잘 알지 못함에 대한 자기성찰知不知을 철저히 하고 있으며, 겸허한 자세로 저 높은 곳을 향하여 끊임없이 정진하고 있는 것이라 할 수 있다.

(1) 김수환의 인생행보

김수환의 할아버지 김보현은 천주교의 독실한 신자로서 1868년 무진박해로 충남 연산에서 체포되어 서울에서 순교하였고, 그의 할머니는 임신하였다는 이유로 감옥에서 풀려나 옹기가마가 있는 빈 움막에서 김수환의 아버지인 김영석을 낳았다.

충청도 출신인 김영석은 천주교 박해로 옹기장수를 하면서 여러 곳을 전전하다가 31세 때에 대구에서 17세의 서중화와 결혼하게 되었다.

김수환은 그의 어머니가 41세 때 5남 3녀 중 막내로 태어나게 되었다. 그의 아버지는 김수환이 초등학교 1학년 때 해수병으로 돌아가시게 되었으며, 그의 어머니는 한 때 선산에서 국화병 굽는 장사로 생계를 이어갔고 그 이후에는 거의 평생토록 옹기와 포목을 머리에 이고 팔러 다녔다.

그가 세 살 위의 형인 김동한과 구미에서 가까운 군위초등학교를 다니고 있을 때 그의 어머니는 두 자식을 불러 앉히고는 너희는 이 다음에 커서 신부가 되어 달라는 말을 했다. 이에 대하여 그의 형은 즉석에서 쾌히 응낙하였으나, 김수환은 장사나 취직을 하면서 결혼을 하여 단란한 가정의 평범한 가장으로 살아나갔으면 하는 생각을 막연히 가지고 있었다.

그는 군위초등학교 5년을 졸업하고 대구 성유스티노신학교 예비과에 입학하였으며, 이 신학교를 졸업한 이후에는 동한형과 함께 서울에 있는 동성상업학교의 을조에 진학하였다. 이 동성상업학교는 갑조와 을조로 나누어져 있었는데 갑조는 상업학교 코스이고 을조는 신부양성코스로써 전원 장학생으로 선발하였다. 그런데 김수환은 무슨 수를 부려서라도 이 신학교에서 빠져나오고자 하였으나 잘 되지 않았다. 그래서 그는 이에 관련하여 동성상업학교의 지도신부인 콩배르에게 상담해 보았더니, 그는 신부라고 하는 것은 되고 싶다고 되는 것이 아니고 되기 싫다고 해서 안 되는 것도 아니라는 말을 할 뿐이었다.

이 신학교 5학년 졸업반 수신과목 시험 시간에 "조선 반도의 청소년 학도에게 보내는 일본천황의 칙유를 받은 황국 시민으로서 그 소감을 쓰라"라고 하는 문제가 출제되었다. 이 문제에 대하여 김수환은 ① 나는 황국시민이 아님 ② 따라서 소감이 없음 이라고 간단하게 답안지를 작성하였다. 이로 인해 그는 교장실로 호출명령을 받고, 교장으로부터 이것이 밖에 알려지면 학교 문을 닫아야 한다고 훈시를 받았다. 이에 대해 김수환이 "그럼 그 답지를 밖으로 내보이지 않으면 되지 않습니까"라고 말하자 교장은 어른 말 안 듣고 말대꾸한다면서 따귀를 한 대 갈겼다. 이 당시 동성상업학교의 교장은 장면 박사였다.

1941년 김수환은 동성상업학교를 졸업하고 대구교구주교의 추천으로 동경에 있는 상지대학에 신학연구를 위해 유학을 가게 되었다.

1944년에는 일본군의 학병으로 끌려가 사관후보생 훈련을 받고 전체 성적이 2등이 되어, 그곳에서 관심을 끌고 있던 중 일본 교관이 일본인에 대하여 어떻게 생각하느냐의 질문에 대하여 김수환은 서슴없이 비난의 말을 함으로써, 사관후보생 자격이 박탈되고 일등병으로 강등되어 동경에서 남쪽으로 약 1,000km 떨어진 부도父島라는 섬에서 군대생활을 하게 되었으며, 여기서 1945년 8월

15일 해방을 맞았다. 그는 1947년경에 일본에서 귀국하여 동년 9월에 성신대학(현 카톨릭대학)에서 신학을 전공하고, 1951년 9월에는 사제서품을 받고 대구대교구 안동성당주임신부로 발령을 받아 부임을 하게 되었는데 신도들은 거의 가난한 사람들로 성당의 재정상태는 형편이 없었다. 그래서 그는 부산에 있는 미국주교회의 구호사업 한국지부장으로 있는 안주교님을 찾아가 성당사정을 이야기 하였더니 그 당시로서는 거금인 2,000만원의 수표를 건네받았다. 대구에 있는 최주교님에게 이 2,000만원을 전달하고 그 처분을 기다렸더니, 최주교는 김수환에게 이 돈을 다 주려고 하였다. 그러나 주위의 다른 신부의 완강한 반대로 1,000만원만 가져가도록 하여, 이로써 안동성당을 재건하고 불우한 신도들에게도 일부 금액을 나누어 주었다.

그는 1953년에 대구대교구비서 및 혜성병원원장으로 임명되었으며, 1955년부터 1956년까지는 경북김천성당주임신부 겸 성의여자 중고등학교 교장이 되었다.

김수환은 두 여인과 인연을 맺을 뻔 했다. 첫째 여인은 일본 유학시절 친구의 여동생으로서 그 친구의 권유로 만나게 되었는데 빼어난 미모를 갖추고 있었으며, 둘째 여인은 성당에서 우연히 만난 여인이었다. 첫째 여인은 쉽게 잊을 수 있었으나, 둘째 여인과는 거의 1년 간 고민 끝에 단절해 버렸다. 왜냐하면 그는 한 여성을 완전한 의미로 사랑해 줄 자신이 없고, 보다 많은 사람에게 도움을 줄 수 있는 일을 할 수 있는 신부가 자기에게 주어진 길이라고 판단했기 때문이다.

그는 1956년에 독일 뮌스터대학에서 신학 및 사회학을 전공하기 위하여 유학을 하게 되었다. 이 대학에서 지도교수인 요섭 회프너 신부로부터 그리스도 사회학을 배우게 되었고, 박사논문연구제목으로 한국가족제도를 선정 받았는데, 독일에서는 이에 관한 연구 자료가 빈약하였고 한문공부를 다시 시작하여야 하기 때문에 다른 연구과제를 정해 주기를 요청하였으나 수락되지 않았다. 그런데 그가 유학하고 있는 중에 대구교구 서정일 주교님이 독일 교회의 초청으로 독일에 오게 되었는데 폐렴에 걸려 김수환이 약 2년간에 걸쳐서 서주교님의 병간호를 맡게 되었으며, 또한 그 당시 독일로 돈 벌러 온 한국의 간호부나 광부를 위하여 상담 등 봉사하는데 많은 시간을 할애하지 않으면 안 되었다. 그리고 지도교수인 회프너 신부는 주교가 되어 뮌스터교구의 교구장으로 옮겨갔고 후임지도교수는 아무리 기다려도 배정받지 못하는 상황이었다.

1963년도에 이르러 그는 독일에 온 지도 7년이라는 세월을 흘려 보냈고, 박사학위를 받기 위해서는 앞으로 10년도 더 걸릴 것으로 예상되어 더 이상 공부하는 것을 포기하고 귀국길에 오르게 되었다.

그는 1964년부터 1966년까지는 카톨릭신문사 사장이 되었으며, 1966년에 초대 마산 교구장 및 주교로 서품되고, 1968년에 서울 대교구장으로 선임되었다. 그리고 1969년 김수환은 47세의 나이로 교황바오로 6세로부터 교황 다음가는 고위 성직자의 직책인 추기경으로 서임되었다.

1971년 말 박정희 대통령의 비상대권을 보장하기 위해 마련한 국가보위법에 관련하여 김수환은 1971년 12월 24일 밤 12시 명동 대성당에서 성탄절 자정 미사를 하는 도중에 국가보위법의 입법이 국가안보상 시기적으로나 정서적으로 필요 불가결의 것이라고 양심적으로 확신할 수 있는지를 반문하고, 민주국민의 정신위축, 위화감조성, 국민총화자체의 악영향을 가져오는 것이라고 비판하였다. 이 말씀은 사랑을 근간으로 하여 인간양심에 호소하는 절규라고도 할 수 있다.

김수환은 1998년 76세로 서울 대교구장직으로부터 물러났다. 그가 58년간 사제생활에서 깊이 새기고 있었던 좌우명은 "너희와 모든 이를 위하여" 이며, 살아오면서 가장 잘한 일은 신부가 된 것이라고 담담하게 말하였다. 그리고 묘비에 남기고 싶은 말은 무엇인가 하는 질문에 대하여 "주님은 나의 목자, 나는 아쉬울 것이 없어라" 라고 하는 구절을 술회하였다.

(2) 김수환의 사색

김수환은 인생에 있어서 제일 중요하고, 값지고, 삶을 풍족하게 해 주고 구원해 주는 것이 있다면 그것은 사랑이며, 사랑이 없다면 삶은 결국 빈 껍질에 지나지 않는다고 역설하고 있다. 김수환 사색의 기본적 바탕은 사랑에 있으며, 이 사랑을 통하여 자기를 극복하고, 각계각층의 여러 사람들이 정치, 경제, 사회 등의 이해관계에서 야기되는 어려움을 조화롭게 헤쳐 나가도록 깨우쳐 주는 데 자기의 모든 것을 불태운 것이라 할 수 있다.

김수환은 이 세상을 하직하기 얼마 전에 "고맙습니다. 서로 사랑하세요" 라는 말을 남겼다.

김수환에 의하면 자기가 가진 것 중 본래 자기 것이라곤 아무것도 없으며, 다 받은 것이요 선물이라는 것이다. 그러므로 그는 "고맙습니다"라고 말하지 않을 수 없는 것이다.

"서로 사랑하세요"라는 말은 부디 싸우거나 다투지 말고 상호화합하여 평화롭고 즐거운 인간세상을 만들어 나가라고 하는 부탁이라 할 수 있다. 그런데 사람이 사랑을 할 수 있기 위해서는 다음과 같이 사람이 사람답게 살 수 있는 깨달음이 필요한 것 같다.

주는 사람이 되어야 한다

사람들은 대부분 존경, 칭찬, 명예, 선택, 인정, 용서, 배려 등을 받으려고 애를 쓰나, 이들을 받기보다 주는 사람이 되도록 노력하고 습관화되어야 한다는 것이다.

깨끗이 하는 사람이 되어야 한다

악과 선의 선택은 각자의 자유에 의존한다. 그런데 몸과 마음을 깨끗이 하여 선을 택한 사람은 한 때 어려움이 있더라도 참되고 풍요로운 삶을 유지해 나갈 수 있으며, 이것이 생활화되면 비록 자기의 소망에 따라 언행을 한다고 할지라도 선이나 진리의 틀로부터 벗어나지 않으며, 궁극적으로는 선과 악을 초월하는 경지에 이르게 될 것이다.

참는 사람이 되어야 한다

자기를 이기고 참는 사람이 가장 강한 자가 되며, 남을 이끌어 나갈 수 있는 리더가 될 수 있는 자격이 생기게 된다. 참는 것이 습관화되면, 참는 것 자체가 힘들지 않게 되며 부드럽고 유연한 행태 行態를 갖추게 된다.

새로워지는 사람이 되어야 한다

매일매일 새로워지기 위해서는 모든 것에서 배우려고 하는 겸손한 자세가 되어야 하며, 자기 연마를 끊임없이 정진해 나가야 한다.

모으는 사람이 되어야 한다

일정 목표를 성취하기 위해서는 몸과 마음을 한 곳으로 모아서 집중하지 않으면 안 된다. 어떠한 일이라도 자기를 불태울 만큼 열성을 다하지 않으면 소기의 성과를 거두기가 어렵다.

지우는 사람이 되어야 한다

문제를 해결하려고 하는 것보다도 문제를 사전에 지우려고 하는 사람이 되어야 한다는 것이다. 하나님을 사랑하고 네 이웃을 네 목숨과 같이 사랑하면 어려운 수많은 문제들이 눈 녹듯이 미리 없어지게 된다. 김수환에 의하면 우리가 남을 참으로 용서하고 사랑할 줄 모르는 근본이유는 먼저 우리 자신이 용서 받아야 한다는 것을 깊이 깨닫지 못하는 데 있다고 한다. 요컨대 네 탓보다도 내 탓을 먼저 구명해 나가는 자세가 되면, 내가 먼저 용서 받아야 할 자로 자각하지 않을 수 없게 된다.

김수환은 자기가 잘났다고 생각한 적이 없고, 오히려 자기가 제일 바보같이 산 것 같다고 느끼며 살아갔다. 그런데 바보 같은 김수환이 47세에 추기경이 되었다. 아마 바보가 더 빠르게 성장할 수 있는 것인지도 모른다.

이 김수환의 바보철학은 다음과 같이 나타낼 수 있다.

1) 자기 개인적 출세보다도 남을 위하여 헌신하고자 하는 데 열중한다.

2) 언제, 어디서나 누구와 어떤 일을 어떻게 하더라도 자기가 맡은 직무에 만족하고 최선을 다한다.

3) 겸손한 마음을 가지고 세상에 존재하고 있는 모든 것들이나 일들로부터 항상 배워나가고자 하는 자세가 충만되어 있다.

4) 자기의 적성에 맞는 직무나 직업을 천직으로 여기고 이에 부응하는 충분한 능력을 갖추고자 하였다.

5) 자기 능력 이외에 어느 정도의 운運도 따라 주었고, 이 운이 오기까지의 기다림에 있어서 참을 수 있는 둔鈍함이 갖추어졌으며, 자기 자신이 하나의 창조적 실체가 될 수 있도록 하는 끈질긴 노력이라는 뿌리로써 근根이 마련되고 있었다.

김수환은 동성상업학교의 일본천황에 관련된 수신과목시험문제에 대하여 ① 나는 황국 시민이 아님 ② 따라서 소감이 없음이라는 답안지를 제출하였으며, 학병 사관후보생 훈련 중 일본 교관의 일본인에 대하여 어떻게 생각하느냐의 질문에 관하여 있는 그대로의 비판을 하였고, 박정희 대통령의 비상대권을 보장하는 국가보위법의 입법에 대해서도 과감하게 그 잘못을 지적하였다. 그는 정의에 어긋난 일에 관련하여 자기가 나서지 않으면 안 되는 상황에 처하게 되면, 자기에게 어떠한 재난이나 어려움이 닥쳐온다고 할지라도 바른 길을 솔직하게 대변하는 결단력을 보여 주었다.

제72장

민불외위 民不畏威

두려워 할 바를 두려워하지 않으면

**民不畏威 則大威至 無狹其所居 無厭其所生 夫唯不厭 是以不厭
是以聖人自知不自見 自愛不自貴 故去彼取此**

사람들이 두려워할 바를 두려워 안하면 더 큰 두려움이 오게 된다. 자기가 사는 거처를 좁게 하지 말고 그 살아감에 싫증이 나지 않아야 한다. 오직 자유로움에서 생기를 잃지 않고 싫증이 자연적으로 사라지면 이를 싫증나지 않음이라 한다. 그래서 성인은 자기를 내세우지 않음을 알고 자기를 사랑한다고 할지라도 결코 귀한 존재로 여기지 않는다. 그러므로 중생의 도를 버리고 무위의 도를 취하게 된다.

두려워 할 바를 두려워하지 않으면

죄나 악업을 짓는 것이 자기 양심에 비추어 두려워하지 않고 회개나 참회를 하지 않으면 결국 더 큰 재앙의 결과를 초래하게 된다. 자기가 사는 세상의 일들에 집착하게 되면 넓은 공간을 자유롭게 왕래할 수 없으며, 살아가는 시간들이 빛을 잃게 된다.

무위의 도나 진리에 따르지 않게 되면, 자기 자신을 자기가 속박하는 범위를 설정하고 그 안에서 벗어나지 못하므로 새롭고 힘찬 삶을 영위할 수 없다.

무념無念, 무집착無執着, 무소득無所得, 무상無相이 우리의 몸과 마음에 일체화가 되면, 생사의 윤회에서 벗어날 수 있고, 나아감에 걸림이 없는 대자유인이 될 수 있는 것이다. 요컨대 무위의 도를 닦는 자는 자기 집착에 의해 공간적으로 좁게 축소시켜 나감이 없이 시간적으로 한정시키는 인생으로부터 벗어남으로써 세상을 밝고 바르게 하는 데 헌신·봉사하며 모든 살아있는 삶에 생기生氣를 불어 넣도록 한다.

: 유태인의 기반경영

유태인은 유대교의 경전이라 할 수 있는 구약성서와 하나의 생활규범의 지침서라 할 수 있는 탈무드를 기초로 하여 가정에서 아버지가 중심이 되어 자녀들을 어릴 적부터 계속적으로 반복 주지시켜 가르침으로써, 그 사고가 몸과 마음에 체현되어 일생동안 두려워할 바를 두려워하고 지켜나가야 할 일들은 마치 신神과 계약을 맺은 듯이 굳게 지켜 나가고자 한다.

(1) 유태인의 발자취

유태민족은 기원 70년 로마군에 의해 예루살렘이 함락되어 나라를 잃게 되었다. 기원 135년에는 유태인의 제 2전쟁이라고 불리어 지고 있는 발-코호바에 의한 반란이 일어났으나 로마로부터 큰 타격을 받고 이스라엘에 남아있던 소수의 유태인들도 모두 북아프리카

등 다른 나라로 흩어져 갔다. 유태인은 나라를 잃은 후 1948년 이스라엘의 재건까지 약 1900년간 여러 나라에서 추방의 고난을 겪으면서 살아왔다.

622년 경 사라센제국을 수립한 아랍인들은 유태민족에 대하여 매우 관대하여, 유태인들은 오랜 세월에 걸쳐 그들과 평온하게 지낼 수 있었다. 이집트의 알렉산드리아에 살았던 많은 유태인들은 점차적으로 스페인으로 이주하여 그들 공동체의 중심이 되었다. 그런데 1492년 경에 강력한 가톨릭 국가가 된 스페인에 살고 있었던 유태인들은 가톨릭으로 개종하기를 강요받았으며, 이 개종에 반대한 약 25만 명의 유태인은 북아프리카, 이탈리아, 오스만제국 등으로 이주하였다. 1900년 경 재정 러시아시대에 러시아에 거주하고 있었던 유태인들은 심한 학대를 받고 있었다. 그런데 러시아를 거대한 세력을 가진 적으로 간주한 독일 황제 카이제르는 함부르크의 유태계 재벌과 결탁하여 러시아 혁명을 배후에서 조종하기 위하여 레닌을 러시아에 파견하였다. 러시아 혁명의 중심인물 50명 중 레닌과 트로츠키를 비롯하여 44명이 유태인이었다. 그러나 러시아라고 하는 국가사회주의를 제창한 스탈린이 정권을 잡게 되자 이에 타협하지 않는 유태인은 억압받기 시작하였다.

1933년 경 히틀러가 정권을 잡고 난 이후 그는 유태인에 의해서 독일경제가 파탄되고 독일 국민의 도덕이 타락되어 진다고 간주하여 반유태주의를 취하였으며, 따라서 1935년 제정된 법에 따라 유태인의 독일시민권을 박탈하였고 독일인과 유태인의 결혼 및 성관계를 금지하였으며, 공직에도 취임할 수 없도록 하였다. 또한 독일에 살고 있는 유태인을 해외에 이주시키고자 하였고 그들의 재산을 몰수함과 동시에 영화관·극장·전시회·문화센터시설 등의 이용을 금지시켰으며, 수영장·운동장·공원 등을 출입하지 못하도록 하였다. 나아가서 나치수뇌부는 1942년 1월 20일 반제회의에서 유태인 학살을 결정하였다. 이에 따라 유태인을 구덩이를 파게하고 총을 쏴서 죽이거나 교회 건물에 그들을 몰아넣고 불을 질러 죽이는 방법을 취하였고, 마지막에는 가스실에서 대량 학살시키는 방식을 채택하였다.

이러한 수난을 겪은 유태인들은 1939년부터 1945년까지 미국으로 몰려가기 시작하여 대부분 뉴욕에 자리를 잡고 처음에는 봉제업의 공원 등 3D업종과 잡화·인조보석 등 저가품 위주의 장사를 하였다. 그들은 자기들을 보호해 줄 나라가 없는 떠돌이 신세에서 자기들의 생존을 지켜 줄 유일한 수단은 재력과 지식이라는 것을 믿고 굳은 의지로 고난을 헤쳐 나갔다. 현재 1300만 명의 유태인 중 약 600만 명이 미국에 살고 있다.

영국은 제1차 세계대전 이후 팔레스타인 지역을 자신의 위임통치하에 편입시켰으나 제2차 대전 이후 몰락한 대영제국은 이 팔레스타인 문제를 유엔에 떠넘겼다. 따라서 1947. 11. 29 유엔총회의 표결로 팔레스타인 지역을 아랍인과 유태인의 지구로 분할하도록 결정됨으로써, 드디어 1948. 5. 14 유태인의 독립국가인 이스라엘이 탄생하게 되었으며, 현재 약 460만 명의 유태인이 여기에 살고 있다.

오늘날 세계 금융시장은 유태자본이 경영권을 장악하고 있는 미국은행이 지배하고 있으며, 세계 에너지의 중심인 석유시장도 유태재벌에 의해 영향을 받고 있고, 곡물시장도 대부분 유태인의 수중에 있는 5개 메이저가 장악하고 있다.

노벨상 수상자의 약 30%, 각 분야에 있어서 세계적 지도자의 약 20%가 유태인들이 차지하고 있는 것으로 전해지고 있다.

종교 및 사상계에서 모세, 예수, 스피노자, 칼 마르크스, 예술계에서 바그너, 멘델스존, 쇼팽, 찰리채플린, 학계에서 아인슈타인, 프로이드, 재계에서 로즈차일드, 록펠러 등이 유태민족으로 분류되고 있다.

(2) 유태인의 사고방식

유태인들은 1,900년간 그들을 보호해 줄만한 나라와 정부가 없이 떠돌이 생활을 해 왔으며, 그에 따른 권력, 지위, 존엄성도 존재하지 않았다. 그러므로 그들이 의지하지 않으면 안 되는 것으로 믿었던 것은 돈 밖에 없었다. 돈은 유태인이 어려울 때 이용할 수 있는 편리한 생존수단이었다. 이 돈을 벌기 위해서는 무엇보다도 지식과 지혜가 필수적으로 갖추어야 한다고 인식하였다. 실제 생활에 응용할 수 있는 지혜만이 진정한 지혜이며, 이 지혜는 누구도 훔쳐 갈 수 없는 귀중한 재산이라는 것이다. 그들은 이 지혜를 모으기 위하여 어릴 적부터 구약성서와 탈무드를 끊임없이 애독하고 있다.

유태인은 오늘 하루를 어떻게 잘 살 것인가 하는 데에 마음을 집중시키고 있으며, 그 중심이 되는 것이 유태교의 율법이라 할 수 있는 토라^{torah}라고 하는 구약성서이다.

탈무드^{Talmud}는 기원전 500년부터 기원후 500년까지 1,000년 간 구전되어 온 지혜가 담긴 생활규범으로서 2,000명의 학자들이 10년 동안 편찬하여 12,000페이지에 달하고 있다. 유태인이 각 분야에 있어서 세계적으로 뛰어난 지도자를 상당수 배출하고, 경제적 부를 축적할 수 있는 원동력이 된 그들 나름대로의 사고방식을 열거하면 다음과 같다.

1) 유태인은 계약을 신과의 약속으로 간주할 정도로 매우 중요시하며, 그 계약내용을 명확히 납득할 때 끝까지 물어서 파헤침으로써 계약의 오류에 따라서 발생하게 될 문제점을 사전에 지우고자 한다. 그래서 그들은 자녀들에게 학교에서 질문을 많이 하도록 권유한다. 왜냐하면 질문을 해 가면서 그 의미나 가치를 터득하게 되면 그 자신이 독자적인 지식체계를 형성할 수 있기 때문이다. 아울러 그들은 세금을 속이는 일을 하지 않는다. 왜냐하면 세금은 국가와의 계약이기 때문이다. 무슨 일이 있어도 계약을 지키는 유태인에 있어서 탈세는 국가에 대한 계약위반이므로 절대로 있을 수 없는 일이다 그래서 그들은 항상 이익을 세금차감 후 이익으로 간주하고 세금만큼 더 벌려고 하는 장사를 한다.

2) 유태인은 박리다매薄利多賣는 고생만 하고 이익이 적다는 이유로 피하고, 적은 양을 팔더라도 이익이 큰 후리소매厚利小賣의 정책을 취하고자 한다. 제품은 먼저 고소득층에 판매·유행시켜 보다 높은 이익을 취하고 점차적으로 일반 대중에게 보급해 나가야 한다는 것이다. 고소득층이 사용하는 제품은 일반적으로 2년 내에 빈곤층까지 퍼진다. 고소득층에 접근하기 위해서는 무엇보다도 제품차별화로써 그 희소성이 요구된다. 이는 유태인의 상업활동의 기준인 78:22와도 관련이 있다. 매출액의 78%는 22%의 고객이

구매하고, 이윤의 78%는 22%의 상품이 실현하며, 매출량의 78%는 22%의 시장에서 판매되고, 세계자원의 78%는 22%의 인구가 소비한다는 사실 등이다. 예컨대 돈을 많이 벌기 위해서는 부자의 틈에서 살고 그들의 돈을 노려야 한다는 것이다.

3) 유태인은 여자와 입을 중심으로 하는 상품을 선택하고자 한다. 다이아몬드, 고급핸드백·옷, 목걸이, 향수 등의 여성용품은 고가이며 이들 상품의 구매선택도 그 소비하는 여성이 주로 결정하게 되므로 여성을 대상으로 하는 상품을 보다 중요시 하고 있다. 그래서 이스라엘에서는 세계 다이아몬드의 60%를 생산하고 있다. 입에 넣는 상품을 취급하는 장사는 그 제품소비 회전기간이 빠르고 그 자금회수도 신속하며, 그 예로서 고급식당, 술집, 식품가공업, 호텔 등을 들 수 있다.

4) 유태인은 폭넓은 지식을 섭취하기 위하여 다양한 책들을 많이 읽도록 하고 토론을 하게 하는 방법을 권장하며 텔레비전 등 영상문화를 차단시키고 있다. 텔레비전에 매달리게 되면 창의력과 집중력이 떨어진다고 보기 때문이다. 또한 그들은 만나는 모든 사람으로부터 무엇인가 배울 수 있는 현명한 자세를 간직하고 있다. 모든 조건이 같을 때 정치, 경제, 사회, 군사, 체육, 오락, 시사, 천문지리 등에 관하여 조예가 깊고 조리 있게 설명할 수 있는 잡학박사가 되면 협상 시에 상대방으로부터 흥미를 끌 수 있으며, 독창적인 견해나 아이디어를 제공할 수 있어 보다 유리한 위치에 서게 된다. 또한 해당 업무 및 이에 관련 된 제반 사항에 관련하여 지식과

지혜가 풍부할수록 그 사업에 실패할 확률이 줄어들며, 다양한 각도에서 판단할 수 있고 문제의 핵심적 내용을 추출할 수 있다. 그리고 그들은 사업과 자산의 투자 및 처분에 관한 의사결정을 적절히 하기 위하여 관련된 정보를 수집·분석하는 데 집중화 시키고, 이들 정보를 현금이나 부동산보다 더 소중히 여긴다.

5) 그들은 작은 이익이 걸린 일이면 될 수 있는 한 다른 사람과 경쟁하려고 하지 않는다. 작은 이익은 약자의 위치에 있는 사람들에게 양보하는 것이 전체적으로 유리하다는 것이다.

대인관계에 있어서 좀처럼 화를 내지 않도록 가르친다. 그들은 가장 강한 사람은 스스로 자신을 억제할 수 있는 사람이거나 적을 친구로 바꿀 수 있는 사람으로 간주하고 있다. 그리고 유태인은 남을 이겨라 하는 대신에 남과 다르게 되라고 하며, 나아가서 자기가 가지고 있는 것에 만족할 줄 아는 사람이 되라고 가르친다. 왜냐하면 인간은 자기가 가지고 있는 것을 소홀히 하면서도 가지고 있지 않은 것을 갖고 싶어 하는 어리석음을 범하기 쉽기 때문이다.

6) 진정한 상술이란 자신이 가지고 있지 않은 물건을 그것이 필요치 않은 사람에게 파는 것이다. 자신이 가지고 있는 것을 그것을 필요로 하는 사람에게 파는 것은 상술이 아니다. 이는 남이 관심을 가지지 않는 분야에서 높은 가치가 잠재해 있음을 인식함으로써 새로운 사업에 대한 기회를 포착하는 선견지명을 요구하고 있다. 자신이 가지고 있지 않은 물건을 판매하기 위하여서는 과거, 현재, 미래의 상품들에 대한 다양한 정보를 입수·분석·정리하여야 하고,

필요치 않는 사람에게 파는 것은 상품차별화에 대해 수요자에게 정보를 제공함과 동시에 구매의욕을 발굴·증대시켜야 한다. 에스키모인에게 냉장고를 판매, 질레트^{Gillette}사에서 다리와 겨드랑이 털을 깎는 여성용면도기 개발, 필립모리스사에서 여성용맥주를 시판한 것은 새로운 구매의욕을 개척한 것이라 할 수 있다.

7) 유태인은 비상시를 대비하여 본업 이외의 기술을 연마해 두는 전통이 있으며, 육체노동보다 머리 써서 살 수 있는 노하우$^{Know\ How}$중심의 지식산업에 종사하도록 하고 있다. 그리고 직장의 봉급자로서보다도 자영업 등을 하여 독자적으로 이윤을 실현하도록 하며, 그 사업에 대한 현장의 업무를 학습·숙지할 수 있는 현장주의를 중요시하고 있다.

8) 상거래에 있어서 신용의 유지를 최우선으로 하여 품질과 납기를 계약내용대로 철저히 지키도록 하며, 다음의 사항은 영업상 금기로 되어 있다.

① 과대광고나 허위선전
② 매점매석
③ 계량의 고의적 오류
④ 남의 시간 빼앗기

제73장

용어감 勇於敢

함부로 나서게 되면

**勇於敢則殺 勇於不敢則活 此兩者或利或害 天之所惡 孰知其故
是以聖人猶難之 天之道 不爭而善勝 不言而善應 不召而自來 繟然
而善謀 天網恢恢 疏而不失**

함부로 나서게 되면 죽게 된다. 함부로 나서지 않으면 살게 된다. 이 양자는 이롭기도 하고 해롭기도 하다. 하늘이 싫어하는 까닭을 누가 알리오. 그래서 성인도 오히려 그것을 어렵게 여긴다. 하늘의 도는 싸우지 않고 잘 이긴다. 말없이 잘 순응하고 부르지 않아도 스스로 오며 평안하게 대책을 잘 마련한다. 하늘의 그물은 널찍하고 엉성하게 뚫려져 있으나 잃지 않는다.

: 함부로 나서게 되면

어떤 일이라도 함부로 나서서 날뛰게 되면 좋지 않은 결과를 초래하거나 죽기 까지도 한다. 그러나 함부로 나서지 않고 신중·침착하게 언행을 실천하면 살아남을 수 있다. 함부로 나서면 자기는 물론 남까지도 해를 끼치나 함부로 나서지 않는 절제가 갖추어지면 모두에게 이익을 줄 수 있다. 이러한 사실은 하늘뿐만 아니라 세상 사람들이 다 알고 있는 것이지만 그 인과의 관계를 미처 깨닫지 못하고 있다. 그런데 성인^{聖人}이라고 자처하고 있는 자 들도 이러한 사실을 말로써 외치기는 쉬워도 실제 하나의 도道로써 실행하기는 어렵다.

하늘의 도라 할 수 있는 무위無爲는 싸우지 않고 잘 이기며, 자기를 내세우는 언행에 휘말림 없이 진리에 근거하여 환경변화에 잘 순응할 수 있고, 오고 감에 집착함이 없이 저절로 이루어 질 수 있도록 한다. 우리의 마음도 자연의 이치와 같이 바라는 바 없이 여유 있고 유연성 있게 나아갈 수 있으면, 어렵고 복잡한 일들이 사전에 간단하고 쉽게 처리될 수 있는 간이簡易의 상태가 된다.

무위는 하늘의 그물과 같이 무한히 넓고 걸림이 없어 엉성한 것 같이 보일지 모르나 그 진리의 도를 운행시키는데 있어서 빈틈이 없다.

: 케네디의 용기있는 경영

(1) 케네디의 여로

1848년 10월 경 22세의 가난한 농부인 페트릭 케네디는 아일랜드 항구인 뉴로즈에서 배를 타고 미국으로 이민을 가서, 보스턴의 싼 여인숙에 짐을 풀고 일자리를 구하기 시작하여 위스키 담는 통을 제조하는 곳에 취직하게 되었다. 그 후 몇 세대가 지나 존 F. 케네디의 아버지인 조지프 P. 케네디는 그 규모가 영세한 컬럼비아신탁은행에 들어가 자금조달 등 업무 추진을 열성적으로 한 성과로 25세 때에 임원들로부터 은행장으로 추대되었으며, 1922년경에 주식거래에 손을 대고, 1926년에는 보스턴을 떠나 보다 광범위한 상거래가 이루어지고 있는 뉴욕에 이사를 가 영화산업을 영위하게 되어 큰 돈을 벌었다. 조지프 P. 케네디는 프랭클린 루즈벨트가 해군차관보로 재직 중 포앨리버 조선소 지배인으로 있은 관계로 빈번한 접촉이 있었고, 그가 대통령 출마 시 큰 역할을 하여 정부 고위층에 입성하는 데 발판을 마련하였다. 그래서 그는 루즈벨트 대통령에 의하여 1934년 초대 증권거래위원장에 임명되어 1년 간 근무 하였으며, 1937년에는 새로 발족한 해운위원회 위원장으로 선임되었고, 1938년부터 1940년까지는 영국 대사로 활약하였다.

그는 9명의 자녀를 두게 되었는데 그들이 45세가 되면 각각 1,000만 달러 이상 받도록 되어 있는 신탁기금을 마련하였다.

존 F. 케네디는 차남으로 태어났으며 두 살 위인 그의 형 조셉 케네디와 함께 코네티컷에 있는 상류층 학교인 초트스쿨을 다녔다.

존 F. 케네디는 1934년 경 초트스쿨 3학년 말 이후에 위장복통, 대장염, 등허리통증, 척추이상 등의 병으로 곤욕을 치렀으나 수영과 미식축구에 전념하여 체력을 다져 나갔다. 여기서 그는 영어와 역사에 있어서는 좋은 성적을 얻었으나 라틴어와 프랑스어는 중간 성적 정도밖에 되지 않았으며 학교공부보다 시사문제 등에 더욱 관심을 기울였다.

1935년 초트스쿨을 졸업한 존 F. 케네디는 동년 여름부터 가을까지 런던 정치경제대학에서 라스키 교수의 강의를 들었으며, 아울러 런던 사교계의 생활을 즐기는 데 더욱 흥미를 가졌다. 그는 1936년 7월 하버드대학교에 입학원서를 내지 사흘 만에 가을학기에 입학할 수 있다는 통지서를 받았다. 하버드대학교 1학년에 있어서 그의 성적은 정치, 영어가 B, 프랑스와 역사는 C정도의 학점을 받았고, 그룹활동 등 상호 친목에 더 흥미를 가지고 있었으며, 수영, 요트, 골프, 풋볼 등의 스포츠에 열을 올리기 시작하였다.

그의 형인 조셉도 하버드대학교 법대에 입학하여 건장한 체격에 학교성적, 스포츠 등에 있어서 탁월한 능력을 발휘하여 급우나 교수들로부터 매우 우수한 인재로 인정을 받았으며, 동 대학교 졸업 시에는 전교생이 탐내는 하버드트로피를 받았다. 따라서 존 F. 케네디는 하버드 대학교 1, 2학년 때에 주위로부터 출중하다고 인정받고 있는 형의 그늘에 가려 있었으나 플레이보이로서 여자를 사귀는 데 있어서는 자기 형을 능가하였다.

존 F. 케네디는 그의 아버지가 루즈벨트 대통령으로부터 영국주재 미국대사로 임명된 이후 영국 등 유럽여행을 하게 되었다. 그런데 1939년 독일의 폴란드 침공으로 영국과 프랑스는 독일에 선전포고를 하여 전쟁이 야기되었다. 그는 이러한 전시상황으로부터 야기되는 일련의 정치·경제·사회·군사적 형성과정을 목격하면서 영국의회 등 현장 정치상황의 움직임을 파악할 수 있는 기회를 얻게 되어 자기 나름대로의 정치외교적 견해를 가지면서 하버드대학교 4학년 때부터 이를 중점적으로 연구하기 시작하였으며, 따라서 1940년 하버드졸업논문으로 「왜 영국은 잠자고 있었는가Why England slept」를 써서 출간까지도 하였다.

1941년 경 존 F. 케네디는 육군과 해군의 사관후보생 선발시험의 신체검사에서 탈락하였다. 그러나 그는 자기 아버지에게 부탁해 신체검사에서 별 이상이 없는 것으로 판정을 받도록 하여, 해군정보국에 1941년 10월 해군소위로 임관됨과 동시에 워싱턴 소재

해군정보국 산하에 있는 해외정보부서로 배치 받았다. 여기서 그는 뉴욕타임즈에 일일평론을 쓰고 있는 덴마크 출신인 북유럽미인으로 알려지고 있는 잉가라고 하는 여인과 열애에 빠졌다. 이 여자는 케네디보다 4년 연상이고 두 차례의 이혼경력이 있었다. 이들은 떼려고 해도 뗄 수 없는 관계에 이르러 결혼을 하여야 하는 지경에까지 이르렀으나 그의 부친인 조지프가 둘 사이를 돈으로써 조용히 해결하였다는 풍문이 있다.

그는 1942년 봄에 척추이상이 재발하였음에도 불구하고 단조로운 지상근무보다도 해상근무를 신청하여 1942년 7월 그 승인을 받고 60일간의 전투배치를 위한 훈련과정을 마쳤다. 그는 이에 멈추지 않고 소형전함인 PT형 어뢰정에 근무하는 것을 신청하여 총 지원자 1,024명 중 50명을 선발하는 데 합격하여 매일같이 실시되는 해상훈련에 참여하게 되었고, 아울러 그의 척추통증과 복통은 더 심해져 갔다. 그가 PT 어뢰정 선장의 선발시험에 유리하게 합격된 것은 그의 아버지가 영국대사였다는 점이 상당히 참작되었다고 전해지고 있다. 이에 만족하지 못한 케네디는 1943년 1월 외조부인 허니피츠에 부탁하여 상원 해군위원회 위원장인 월시를 움직이도록 하여 교전해역인 솔로몬 제도에 배속을 받았다.

1943년 5월 케네디가 함장으로서 지휘하였던 PT109호 어뢰정이 일본 구축함의 공격을 받고 두 동강이 났다. 그는 부상당한 몇 명의 생존자와 함께 커다란 널빤지에 매달려 4시간 이상 헤엄을 쳐서 무인도의 섬에 도착하여 6일 간의 끔찍한 고통 속에서 살아남았으며, 이것이 기사화되어 전쟁영웅이 되다시피 하였다.

그의 형인 조셉은 하버드대학교 법학부 대학원 2학년 때 해군에 입대하여 비행사로서 해군소위로 임명되었다. 1944년 8월 조셉은 나치독일내의 장거리미사일 기지파괴 작전인 아프로디체에 참가하기 위한 비행 중 그가 탄 폭격기가 영국해협해안에 도달하기 전 공중에서 폭발하였다. 그런데 존 F. 케네디는 1944년 12월에 신체결함으로 인해 퇴역심사위원회로부터 해군 복무에 부적격이라는 판정을 받고 제대하였으며, 이어 척추수술을 받았으나 실패하였다. 1946년 경 보스턴 출신 하원의원 한 사람이 보스턴 시장에 출마하기 위하여 하원의원직을 사퇴함에 따라 존 F. 케네디는 29세의 나이로 이 하원의원 선거에 출마하게 되었다. 그는 처음에 선거연설에 미숙하면서도 그의 아버지에 의한 풍부한 선거자금 지원과 그를 둘러싼 가족들의 일치단결된 협조로 73%의 득표로 승리하였다.

1947년 그는 애디슨병에 걸렸다는 진단을 받았으며, 이로써 그는 매일 스테로이드약을 복용하지 않으면 부신샘이 제 기능을 하지 못했다.

그는 1952년 미 연방 상원의원 선거에 출마하여 20년 간 불패를 기록하던 중진 상원의원인 조지와 대결하여 압승을 거두었다.

1951년 찰스바틀릿이 주최한 만찬파티에서 존 F. 케네디는 재클린을 만나 사귄 끝에 1953년 9월 12일 결혼식을 올리게 되었다. 그는 재클린과 결혼한 이후에도 바람둥이의 기질은 버리지 못하고 엽색행각을 일삼았으며, 건강상태도 호전되지 않아 척추통증, 복통, 대장염, 요로감염, 전립선염 등이 그를 괴롭혔다.

그는 1956년 민주당 대통령후보 경선에 나가 탈락하였으나, 1958년에는 상원의원 재선 선거전에서는 메사추세츠 선거사상

최고득표율로써 당선되었다.

1960년 1월 존 F. 케네디는 상원 크커스룸에서 지지자 300명이 모인 가운데 대통령 입후보 의사를 공식적으로 천명하고, 1960년 5월 대통령 후보선출 예비선거에서 60.8% 대 39.2%로 험프리를 물리치고 민주당 대통령후보로 지명을 받았다.

1961년 닉슨과의 대통령선거에서 12만 표 미만에 달하는 근소한 차이로 제35대 미국의 대통령으로 취임하였다. 그는 대통령으로서 재직 중에도 척추통증, 애디슨병, 복통, 간헐적인 탈수, 불면증 등으로 고통을 받아 왔다.

1963년 11월 존 F. 케네디는 다음해에 실시되는 대통령선거에 대비하기 위하여 텍사스국의 달라스를 방문하여 민주당원들 간의 단합을 결속시키고 선거자금 각출 등을 하고자 하였다. 그 당시 달라스에는 극단적인 우익보수주의자들이 넘쳐흘러 백악관 보좌관들은 케네디에게 그 출장을 취소하라고 종용하였으나 듣지를 않았을 뿐더러 무개차를 타고 퍼레이드를 할 것을 내세웠다. 결과적으로 무개차를 탑승하고 시가행진을 하던 도중에 리하비 오스왈드가 쏜 총탄을 맞고 그의 꿈을 다 펼치지도 못하고 사망하게 되었다.

(2) 케네디의 정치철학

존 F. 케네디는 자기 형에 비하여 체력, 학교성적 등에서 조금 뒤떨어 졌지만 자기 나름대로의 적성에 맞는 분야를 연구하고 이를 실제 생활에 연관시켜 꾸준히 응용해 나갔다.

하버드대학교에 다닐 때에도 중간 정도의 성적을 실현하였으나 자기에게 맞는 주제를 선택·집중하여 관찰·연구함과 동시에 하버드대학교 졸업논문도 그 당시 세계정치외교상황을 면밀히 분석하여 「영국은 왜 잠자고 있는가」를 제출하고 출간까지 하는 저력을 보였다.

해군에 임관한 이후에도 척주통증 등 불리한 신체 조건인데도 불구하고 PT어뢰정 함장이 되어 솔선하여 지원 한 교전해역에서 일본군함에 의해 난파되었으나, 불굴의 의지로 살아남아 전쟁영웅으로 각광을 받았다.

그의 청년기에 있어서 이러한 경험과 시련은 그를 더욱 성장시키는데 굳건한 발판이 되었다.

그는 운 좋게 부와 명성을 가진 아버지의 적극적인 지원을 받아 더욱 전진해 나갔으며, 하버드대학교에서의 수학修學이나 해군에서의 근무를 자기의 능력개발에 끈질기게 접목시키는 안목을 가지고 있었다. 요컨대 그는 매일 매일 자기 자신을 새롭게 하는 데 기꺼이 집중하여 투자를 게을리 하지 않은 것이라 할 수 있다. 또한 그가 육체적인 여러 가지 질병이 그를 괴롭히더라도 긍정적인 사고방식으로 나아가는 용기를 버리지 않고 있었던 것이다. 그러므로 그는 어느 정도의 평범한 수준에 머물러서 안주하거나 만족하지 않으며 그의 능력이 최대한계까지 의미 있게 살고 싶어 했다.

그는 1961년 1월 제 35대 미국 대통령 취임식에서 "조국이 여러분을 위해 무엇을 할 수 있는지 묻지 말고, 여러분이 조국을 위해 무엇을 할 수 있는지를 자문해 보십시오"라고 연설하였다. 따라서 그가 의미하고 있는 용기는 개인적 또는 정치적 이익이 아니고 국가적 이익에 초점을 맞추고 있다. 이는 국가라는 배를 옳은 진로로 나아가게 하려는 현명하고 선견지명이 있는 이성적인 용기라 할 수 있다.

　용기 있는 사람이 되기 위해서는 학문적·실무적 능력 이외에 성실성, 신념의 정당성, 공정성, 양심적 판단 등이 요구된다. 자기의 신념이나 양심에 따라 용기를 내어 행동할 때마다 친구, 재산, 안락함을 상실하고 동료의 존경마저도 잃게 되는 경우가 있다. 그러나 그는 시간이 지나면 공명정대한 용기가 정당하게 평가될 수 있다는 정치철학을 굳건히 지니고 있었다.

　요컨대 정치인은 당리당략黨利黨略에 전적으로 의존하지 않고, 자신들을 뽑아 준 유권자가 아니고 전체 국민을 위하고, 현재 뿐만 아니라 미래의 시민들을 위해 용기 있는 야심적 판단으로 자기의 신념을 관철시켜 나가야 한다는 사실을 존 F.케네디는 역설하고 있는 것이다.

제74장
민불외사 民不畏死
사람들이 죽음을 두려워하지 않으면

民不畏死 奈何以死懼之 若使民常畏死而爲奇者 吾得執而殺之 孰敢 常有司殺者殺 夫代司殺者殺 是謂代大匠斲 夫代大匠斲者 希有不傷其手矣

사람들이 죽음을 두려워하지 않으면 어떻게 죽이는 것으로써 위협할 수 있을까? 만약 사람들이 항상 죽음을 두려워하도록 하는 이상한 짓을 하는 자가 있다면 내가 잡아서 죽일 수 있다. 누가 감히 이런 짓을 할 수 있을 것인가. 언제나 죽음을 맡아서 다스리는 자가 있어 죽이게 된다. 죽음을 다스리는 자를 대신하여 죽이게 되면 그것은 큰 목수를 대신하여 어설프게 깎는 것과 같다. 큰 목수를 대신하여 깎는 자는 그 손을 다치지 않는 것은 드문 일이다

: 사람들이 죽음을 두려워하지 않으면

말을 듣지 않으면 죽음이 기다리고 있을 정도의 공포정치를 하여도 사람들의 죽음을 두려워하지 않으면 어떻게 죽이는 것으로써 위협을 하고 문제를 해결할 수 있을 것인가.

 항상 사람을 죽이는 것을 내세워 절망, 공포, 불안을 야기 시켜 문제해결의 방법을 찾고자 하는 괴상한 자가 있다면, 내가 잡아서 죽일 수도 있다. 그러나 누가 감히 자기의 목적을 위해 죽고 죽이는

일을 서슴지 않고 실행할 수 있을 것인가.

사람의 목숨은 하늘에 있다는 인명재천人命在天이라는 말과 같이 무위자연의 섭리에 맡겨야 한다.

서툰 목수가 나무를 깎게 되면 거의 손을 다치는 실수를 범하기 쉬우므로 인간이 자기의 목적달성을 위한 수단으로써 다른 사람의 생사를 다스리는 일은 인간 한계를 벗어난 역부족力不足 현상이라 할 수 있다.

사람이 사람답게 살 수 있는 세상은 공포나 공작이 끼어들지 않는 무위의 정치로 돌아감으로써 저절로 조화롭게 그리고 힘차게 뻗어나갈 수 있는 것이다.

조만식의 소신所信 경영

고당古堂 조만식曺晩植(1883-1950)은 1945년 해방 이후 북한에 대한 소련의 신탁통치를 위한 회유를 자주민족독립의 관점에서 거절하였을 뿐만 아니라 6.25사변 직전 남한으로 피신해야 한다는 권유도 자기의 일신상 편의를 위해 북한 동포를 저버릴 수 없다는 생각에서 죽음을 두려워하지 않고 자기의 소신을 관철시킨 것이다.

(1) 조만식의 발자취

조만식은 평양과 진남포의 중간에 있는 평남 강서군 만석면 만일리 안골이라는 마을에서 조경학의 외아들로 태어났다. 그의 아버지

조경학은 1백 섬을 넘게 경작하는 중소지주로서 물산 객주의 일을 하였으므로 살림살이가 넉넉한 편이었다. 그는 6세부터 14세까지 평양 근처에 있는 서당에서 한학을 배웠다. 그 후 아버지의 권유로 1897년 14세 때부터 평양의 종로 근처에서 포목상을 몇 년간 계속 하다가 서당시절 동창생인 한정교와 대동관 근처에서 지물포를 경영하게 되었는데, 사업은 근면, 성실 그리고 신용으로 운영되었기 때문에 거의 성공적이었다. 그러나 1904년 러일전쟁이 일어나 지금까지 하던 장사를 그만두고 가족을 따라 대동강 중류에 있는 베기섬으로 피난을 가게 되었다.

이 사업들을 영위할 당시 조만식은 기생집도 출입하면서 거의 매일 밤새워 술 마시고 담배도 골초였으나, 그가 22세 때 피난길에서 동업자였던 한정교의 권유로 기독교에 입문한 이후에는 술담배를 끊게 되었다.

그는 13세 때 박씨와 결혼하게 되었는데 그녀는 1902년 조만식이 19세 때 세상을 떠났으며, 따라서 그 해 17살 난 안주 태생의 이의식을 둘째 부인으로 맞아 들였다.

그는 한정교로부터 기독교를 전도 받은 것 이외에 지혜와 실력을 갖추기 위하여서는 신학문을 공부해야 한다는 말을 듣고, 아버지로부터 진학에 대한 승낙을 받아 숭실학교에 입학 하고자 하였다. 숭실학교 입학면접 시 이 학교의 설립자이며 교장인 베어드 목사가 공부는 무엇 하려고 하느냐라고 물었을 때 조만식은 공부해서 하나님의 일을 하겠다는 답변을 하여 1905년 23세의 나이로 입학이 허락 되었다.

이 숭실학교에서 그는 체육에도 소질이 있어 높이뛰기 선수로 활약하였으며, 1908년 봄 평양 숭실학교 제 5회로 졸업하게 된다.

숭실학교를 졸업한 이후에는 일본 동경에 있는 정칙正則 영어학교에 입학하여 2년간 영어, 일본어, 수학 등을 배우게 되었으며, 1910년 4월에는 명치대학 전문부법학과로 진학하여, 1913년 동 대학을 졸업하게 된다.

그는 일본유학중에 그의 아버지로부터 매달 50원씩 송부 받아 비교적 풍족한 유학생활을 보낼 수 있었으며, 이 당시 동경조선 기독청년회의 회장도 역임하는 저력을 보였다.

1913년 4월 조만식은 오산학교 교사로 부임하여 법제경제, 세계지리, 성경, 영어 등을 가르쳤다. 1915년 5월에는 이 학교의 교장으로 취임하여 1919년 2월에 사직하였다. 이 당시 3.1 만세운동과 관련하여 일본 당국에 의해 학교관계자와 학생들이 구속되고 학교가 불타버려 거의 폐교가 되다시피 하였으나 1920년 9월 학교가 다시 문을 열게 되자 조만식이 다시 교장으로 부임하게 되었다. 그런데 1921년 3월에 창립한 평양 YMCA의 초대 총무로 취임하게 되어 이 학교를 그만두게 된다. 1925년에는 남강 이승훈의 부탁으로 다시 오산학교 교장을 맡게 되었는데 이 학교의 재직기간 약 10년 동안 거의 무보수로 일을 하였다.

조만식은 36세 때 돈을 뜯을 목적으로 가짜 형사로 행세해온 한국 불량배가 돈을 주지 않자 일본헌병대로 넘겨졌는데, 여기서 그는 3.1만세운동을 전개하였으나 실패하게 되어 빼앗긴 나라를 되찾기 위해 중국에 망명하려고 했다는 사실을 실토함으로써 1919년 4월 보안법위반죄로 징역 1년의 실형을 선고받았으며, 1920년 1월 평양 서성리 감옥에서 가출옥하게 되었다.

그는 1920년 7월 평양에서 조선물산장려회 발기인 대회를 여는데 주축이 되었으며, 평양 YMCA에 본부를 둔 국산품 애용운동은 1937년까지 인천, 서울, 경남 등 전국적으로 확산 전개됨으로써 항일 민족의식과 경제민족주의를 선양하는데 어느 정도 기여하게 되었다. 그러나 이 당시 사회주의자들은 이 운동이 무산대중의 생활향상과는 무관하게 토착자본가만 살찌게 하는 중산계급의 이기적 운동이라고 비판하였다.

이 운동은 일본 당국이 제2차 세계대전을 앞두고 대외적 행사를 일체 중지시킴에 따라 무산되었다.

1932년 6월 그는 조선일보사 제 8대 사장에 추대되었는데, 이 때 조선일보사는 극심한 경영난에 빠져 있었고, 유석 조병옥이 인수하여 운영하다가 미국으로 유학을 떠난 상태이었다. 그런데 평안북도 정주에서 조선일보사 지국장을 하다가 중간에 광산업을 하여 크게 공한 방응모가 나타나 사장은 조만식이 맡는 것을 조건으로 인수하였다. 그러나 조만식은 그 후 1년 후인 1933년 7월에 이 신문사를 사직하게 된다.

1935년 12월 두 번째 부인인 이의식 여사가 소화기 계통의 병으로 사망하였으며, 그 당시 장로회 총회 농촌부의 두 목사가 중매를 서게 되었는데 그 상대 여성은 개성 호수돈여학교와 이화여전 음악과를 졸업하고 모교 호수돈여학교 교사로 재직 중인 33세의 전선애였다. 결국 이들은 1937년 1월 서울 종로 천향원에서 화촉을 밝히게 되었는데, 이 때 조만식의 나이는 54세였다.

1945년 8월 15일 고향에서 해방을 맞은 조만식은 여운형이 세운 건국준비위원회의 평남지부위원장을 맡게 되었으며, 1945년

11월에는 민족독립, 남북통일, 민족주의 확립이라는 3대강령 하에서 조선민주당을 창당하고 당수로 취임하였다.

조만식은 미국, 소련, 영구의 삼상회의에서 앞으로 5년간 북한을 신탁통치 하도록 한 결정을 강력하게 반대한 결과 1945년 12월 말 소련군에 의해 연금되었다. 소련군은 처음에 김일성보다도 조만식을 북한지도자로 밀어주려고 하였으나, 조만식은 이 신탁통치를 식민지 지배의 연장으로 간주하여 그들의 요구사항을 단호하게 거절하였다.

예컨대 8.15해방 직후 조만식은 북한에서 실질적인 최고지도자로 활약했으며, 공산당 측에서는 그를 제거하려고 갖은 계략을 다부렸고, 소련 측에서는 조만식을 이용해서 민심을 주도해 보려고 하는 상황이었다.

조만식은 남한으로 갈 기회가 있었으나 북한민중을 버리고 자기 혼자 떠날 수 없다는 생각에서 자기 생명을 희생할 각오로 북한에 머물기로 하였다.

김일성세력은 한국전쟁 발생 후 조만식이 남한군의 북진 때 남한정부에 협력할 여지가 있다고 보아 6.25사변 전후에 피살시킨 것으로 추정되고 있다.

(2) **조만식의 사상**

조만식은 그 당시 비교적 넉넉한 중소지주의 집안에서 태어나 6세부터 8년간 서당에서 한학을 배우고, 숭실학교 3년, 일본의 영어학교 2년, 명지대학 법학부 4년이라는 현대적 정규교육을 착실히 연마하였으며, 오산학교에서 교사 및 교장으로 약 10년간 재직함과 동시에 독실한 기독교 신앙으로 그 생활을 영위하여 학문적으로나 인격적으로 훌륭한 소양을 갖추게 되었다. 그리고 숭실학교에 다닐 때에는 높이뛰기의 육상선수로 활약할 정도였으므로 유연하고 힘찬 신체조건을 구비하고 있었다고 할 수 있다. 그러므로 그는 건전한 정신과 건전한 육체를 기본적으로 갖춤과 동시에 민족의 자주통일, 자주독립이라는 명제 하에서 굳센 신념으로 그 당시의 난세를 헤쳐 나가 올바른 나라 발전을 위해 진력하였던 것이다.

조만식의 사상을 다음과 같이 살펴볼 수 있다.

1) 조만식은 오산학교에 교장으로 재직 시에 교육의 중점은 학생들이 학교규율에 따르도록 강제하는 것보다 자기 자신이 몸소 실천하는 솔선수범을 보이도록 하는 데 중점을 두었다. 예를 들면, 그는 겨울에 화장실 배설물이 넘쳐흘러서 얼게 되면 새벽에 일찍 일어나 이를 깨는 일부터 시작하였고, 학교 정문에 눈이 쌓이면 이를 스스로 치우고, 난로에 불을 때거나 장작패기 등도 마다하지 않았다.

2) 그는 오산학교 교장, 동경조선기독청년회 회장, 평양 YMCA 초대총무, 조선물산장려회 발기인, 조선일보사 사장, 조선민주당 당수 등을 추대 받거나 결성시켰다는 사실은 그가 각 계 각층으로부터 높은 신뢰성을 얻은 결과이며, 이 신뢰성은 그의 훌륭한 리더십이 큰 역할을 한 것이라 할 수 있다.

그를 중심으로 하여 여러 사람들이 함께 일해 보겠다는 열의를 보인 것은 무엇보다도 그가 지행합일^{知行合一}의 삶을 유지했기 때문이라 할 수 있다.

3) 그는 청년시절부터 고향을 묻지 말라고 외치면서 교파분열

이나 지역갈등을 승화시켜 민족정신의 화합을 중시하였다. 예컨대 그는 일본 유학시절 감리교와 장로교를 통합하는 조선예수교연합회를 만들었고 조선 유학생들 간에 만연하고 있는 지역 할거주의 문제를 해결하는 데 전력을 다하였다. 아울러 그는 마르크스주의의 유물론과 무신론에 대해서는 반대하였지만 사회주의 사회 정책에 대해서는 호의적인 태도를 보였다. 예컨대 조만식은 좌익과 우익이 공존하는 하나의 민족국가의 실현을 목표로 하였으며, 따라서 극단적인 주의·주장을 초월하여 중도中道의 길로 나아가고자 하였다.

4) 1920년부터 17년간 그가 주축이 되어 전국적으로 전개된 조선물산장려운동은 국산품 애용을 통하여 일본에 대하여 무저항주의의 관점에서 자주 민족의식을 고취시키고 절약과 검소를 근간으로 하는 경제 민족주의를 고양시키는 데 있었다.

5) 3.1운동 시작 시 조만식의 행동강령은 ① 일본인을 모욕하지 말 것 ② 돌을 던지지 말 것 ③ 주먹을 쓰지 말 것 ④ 기도하며 태극기 만들고 만세 부를 것이었다. 이는 비폭력무저항주의와 사랑으로 다툼이 없는 세상에서 해결의 실마리를 풀어 나가야 한다는 의미가 내포되고 있다.

6) 조만식은 오산학교에서 교사 및 교장으로 재직하면서 거의 무보수로 일해 왔었고, 북한에 계속 머물면 자기의 목숨이 위태롭다는 것을 인지하면서도 북한의 민중을 져버릴 수 없다는 일념으로 남한으로의 피신을 거절하였다. 이와 같이 타인을 위한 봉사정신의 뿌리는 하나님을 사랑하고 이웃을 내 목숨과 같이 사랑하고자 하는 경천애인敬天愛人의 사상에 두고 있는 것이라 할 수 있다.

제75장
민지기 民之機
사람들이 굶주리는 것은

民之饑 以其上食稅之多 是以饑 民之難治 以其上之有爲 是以難治 民之輕死 以其求生之厚 是以輕死 夫唯無以生爲者 是賢於貴生

사람이 굶주리는 것은 윗사람이 세금을 너무 받아먹기 때문이다. 그래서 굶주린다. 사람을 다스리기 어려운 것은 윗사람이 순리대로 일을 처리하지 않기 때문이다. 그래서 다스리기 어렵다. 사람들이 죽음을 가볍게 다루는 것은 잘 살아 보겠다는 데에만 더욱 매달리고 있기 때문이다. 그래서 가볍게 죽게 된다. 오직 무위로써 살아나가게 되면 잘 살아보겠다는 것보다도 더 현명하다.

사람들이 굶주리는 것은

사람들이 굶주리는 것은 권력자들이 강제적으로 징수하는 세금 이외에 고정비적인 각종 공과금이 높게 매겨져 부과되기 때문에 국민들이 자유롭게 쓸 수 있는 가처분소득可處分所得이 실질적으로 축소되어 경제적으로 어려움을 겪게 되고, 심지어는 기아선상에서 헤매게 된다. 어떤 나라에서든 권력을 쥔 자와 그 경제력을 휘어잡은 자가 상호결탁을 하여 일반 국민의 수익원천을 착취하게 되면 그들의 생활은 더욱 비참해지지 않을 수 없다.

더욱이 거둔 세금은 정당하고 유효적절하게 사용하여야 하며 그 내역을 명료하게 공개하여야 하는데, 그렇지 못하면 일부 계층의 탐욕만 충족시키는 결과가 된다. 따라서 세금을 징수하는 기술에 못지않게 세금사용에 대한 일상적인 점검과 개선이 선행되어야 한다. 이 세금 및 기타 경제관리 이외에 정치, 사회의 다스림에 있어서도 자기 개인만의 이기심에 기초하여 운용하게 되면 일반 서민이나 대중의 마음을 응집하여 합치시킬 수 없기 때문에 다스리기가 어렵게 된다. 그런데 사람들이 더 잘살아 보겠다고 자기중심적인 탐·진·치에 집착하여 매진해 나가다 보면, 자기도 모르게 죽음의 문에 도달하는 과정을 밟게 될지도 모른다.

자기의 삶을 살찌우고 잘 나갈 수 있다고 보는 언행들이 잘못하면 파멸의 길을 재촉할 수도 있다. 그러므로 자기가 건강하게 될 수 있고 남도 건강하게 할 수 있는 자리이타自利利他의 원동력을 유지·발휘시키는 것이 무엇보다도 중요하다.

이는 절제, 순리, 부드러움, 겸손, 자기를 내세우지 않음과 같은 무위의 도의 생활화가 탐·진·치로써 살아감에 기우는 우리의 삶을 더욱 현명하게 이끌어 나갈 수 있는 근간이 된다.

： 장개석의 약력균형 弱力均衡 경영

장개석(1887~1975)은 약력균형이라는 정치전략을 구사하고자 하였다. 이는 자기나 자기의 정권에 경쟁상대의 세력을 약하게 해 둠으로써 자기의 권력을 계속 유지하고자 하였다. 이로써 국민당정권하의 중국은 강한 기운이 뒷받침이 되어 힘차게 나아가기 보다는 자기 수중하의 약한 체질을 생성시킴으로써 자기 자신도 궁극적으로 약하게 되어 몰락하게 되는 결과를 낳았다. 또한 그는 일반 국민들이 굶주려 기아선상에 놓여있는 현실상황에 대한 대책을 적극적으로 마련·개선시키지 않음으로써 그 지지기반을 상실해 갔다.

(1) 장개석의 인생항로

장개석은 상해서쪽 절강성에 있는 평화현에서 태어났으며, 소금 장사인 그의 아버지는 그가 8세에 세상을 떠났다. 그는 15세 때 모복매毛福梅라고 하는 시골처녀와 결혼하였으며 그들 사이에 장경국과 딸 하나를 낳았으나 10년 후에 이혼을 해 버렸다.

장개석은 1906년 원세개가 만든 바오딩 군사학교에 입학하고 보병과를 선택하여 일 년 후에 우수한 성적으로 졸업하였다. 여기서 그는 순응적이고 성실한 점이 좋게 평가되어 원세개가 일본육군학교에 보내는 4명의 학생 중 한명으로 뽑혀서 1907년 천진을 출발하여 동경에 있는 중국인을 위하여 설립된 진무당振武堂이라는 일본육군예비학교에 진학하여 2년 간 훈련을 받았다.

1911년 그는 중국에서 손문이 주도한 신해혁명에 가담하여 군사적인 재능을 보임으로써 손문의 신임을 얻게 되었으며, 1920년 경 손문은 광주에서 국민당군사위원회를 조직하였는데 이 때 장개석을 이 군사위원회의 위원으로 임명하였다. 그리고 1923년 7월 손문은 장개석을 소련에 군사자문관으로 파견하여 소련군의 조직 등을 연구하도록 하였으며, 1924년에 손문은 광저우에 황포군관학교를 설립하고, 장개석을 초대교장으로 임명하였다. 1924년 각 지방성에 난립하고 있는 군벌을 제거하기 위하여 제1차 국공합작이 이루어 졌으나 그 체제가 무너져 국민당내에 이미 가입된 공산주의자들을 숙청하기 시작하였다. 그런데 1925년 3월 손문이 폐암으로 사망하게 되자 장개석은 국민당내의 권력투쟁에서 황포군관학교 출신의 부하들의 지지와 그 군사력을 바탕으로 권력을 장악하였다.

장개석은 1927년 상해 쿠데타를 일으켜 1928년 북경을 점령하였으며, 동면에 남경에 새로운 단독 국민당정부를 세우고 주석과 육해공군총사령관이 되어 당과 정부를 지배하게 되었다. 그는 1930년부터는 5회에 걸쳐서 대규모 중국공산당 토벌 토위전을 감행하였다. 그러나 그는 만주사변 후 일본의 본격적인 중국침공에 대해서는 대공 전쟁승리와 국내통일을 우선시하여 소극적인 대응을 하였다.

장개석은 청년시절 여자관계가 복잡하였고 화류계에도 출입이 잦아 매독에 걸리게 되었다. 1920년경 장개석이 성병치료를 받고 상해에 있는 한 병원을 나서는데 미국의 위슬리 여자대학을 졸업하고 중국에 돌아와 소년노동위원회에 참여하고 있는 송미령이 일단의 사람들과 함께 이 병원을 시찰하고 취재하고 있는 것을 목격하게 된다. 그는 이때부터 송미령(1899~2003)의 아름답고 우아한 자태에 매료되어 자기의 뇌리로부터 그 모습을 지울 수 없게 되었다.

1924년 손문에 황토군관학교의 교장으로 발탁된 장개석은 송미령의 둘째 언니인 송경령의 남편인 손문에게 달려가 그녀를 아내감으로 소개해 달라고 요청하였는데, 손문은 어느 정도 수긍하는 태도를 보였으나 송경령은 장개석의 여자관계를 어느 정도 눈치 채고 있는 상태라 이를 그렇게 달갑게 생각하지 않았다. 장개석은 이 당시 2남 1녀를 두고 있었을 뿐더러 이미 이혼한 첫 아내 이외에 마누라를 세 명 이나 거느리고 있어서 송미령과 결혼하기 위해서는 이들과 이혼하지 않으면 안 되었다. 그런데 대자본가인 공상희의 부인이고 송미령의 큰 언니인 송애령은 자기 여동생과 장개석과의 결혼을 그들의 사업번창에 도움이 될 것으로 보고, 이 일의 성사에 보다 적극적으로 찬성·권유하는 입장을 취하였다.

송미령도 미국유학시절부터 유기문이라는 미남청년과 열애를 하고 있었다. 그러나 그녀는 남을 제압하고자 하는 권세욕이 강하여 권위에 접근하고자 하였으며, 정치에 종사·참여하여 탁월한 지도능력을 나타내 보이고 싶어 하는 왕성한 활동가의 성격을 지니고 있다. 송미령은 여러 가지로 고민 끝에 사랑을 선택하여 보통여자로 살아가기 보다는 대중국의 퍼스트레이디가 되어 자기의 역량을 마음껏 발휘해보고자 하는 방향으로 기울게 되어, 1927년 12월에 40세의 장개석과 결혼하게 되었으며, 이 때 그녀의 나이는 28세였다.

그 이후 송미령은 중국항공위원회 비서장이라는 중요한 직책을 맡고 루즈벨트 대통령으로 부터 120대의 비행기의 원조를 받아내어 낙후된 중국항공사업에 공헌하였을 뿐만 아니라 미국과 중국 간의 외교에도 기여한 바가 컸다. 그런데 1930년 중반부터 중국에서는 내전정지, 일치항일을 외치는 여론이 높아져 가고 있는 가운데 장개석은 1936년 전쟁독려 차 서안에 갔다가 내국인 간의 전쟁

종식과 일본군 침략저지를 주장하는 장학량군대에 의해 연금되었다. 여기서 장개석은 주은래 등과 협상하여 국공합작에 의한 선대일전先對日戰에 참여하겠다는 조건으로 풀려나게 되었다. 이로써 공산당부대는 1934년부터 1936년까지 대장정을 끝낸 후 중국북서지방에 있는 옌안에 도착하여 패색이 짙어 거의 피신하고 있던 중 소생할 수 있는 절호의 기회를 맞이하게 되었다.

국민당군대는 조직, 훈련, 장비 면에서 확실히 우세한 100만의 일본군과 1937년부터 1945년까지 전쟁을 하게 되었다. 이 전쟁 중 장개석은 될 수 있는 한 지방군을 싸우도록 하고 자기의 산하에 있는 중앙군사단은 그 유보를 함으로써 병력과 장비를 보호하려고 하였다. 그래서 지방의 군사지휘관들은 장개석의 정치적 야심에서 발로하는 이러한 전술에 희생되기를 싫어하였다. 따라서 중앙정부와 지방군사령관들 사이에는 상호 불신이 팽배해 있었다. 국민당군대도 이 전쟁 중에 자신들의 목숨과 지위를 보호하기에 급급하였으며, 싸움에 대한 확신을 가지지 않았고 도박, 밀수 등의 퇴폐적인 일에 손대는 사례가 빈번하였다.

1945년 일본이 2차 대전에서 항복을 선언하자 1946년부터 장개석의 국민당군대는 국공내전國共內戰에 돌입하였다. 이 내전에서 처음에는 국민당군대가 우세하였으나 1947년 후반기부터는 공산군에게 전세가 유리하게 바뀌었다.

국부군의 지휘관은 교통망이 좋은 도시나 소읍에 머물러 적을 섬멸하는 것보다도 스스로의 안전유지에 중점을 두었으며 전쟁에서의 주도권을 거의 포기하고 있었다. 이에 비해 공산군은 자기들이 우세할 때만 전투를 하였으며 불리하면 신속하게 후퇴하여 손실을 최소화 하였다. 또한 그들은 국부군이 예상되지 않는 곳에 기습하고 그 다음에는 대규모의 집중공격을 하였다.

국부군은 실제 전투경험이 부족한 지휘관들이 군 수뇌부에 포진되어 있었고 군부대 내에 상호간 파벌조성이 되어 작전상 조정이 일치단결된 모습을 보이지 않았다. 그리고 고위 장교들의 부정부패가 만연하여 병사들에게 지원되어야 할 식량, 피복, 의료혜택 등이 적절히 보급되지 않아 국부군의 병사들은 배고프고 헐벗었기 때문에 싸우고자 하는 사기가 진작되지 않았다.

공산군은 모든 포로와 투항하는 자를 공산군으로 편입하여 전선이나 후방으로 배치하였으며, 이들 중 허약한 자나 전투능력을 상실한 자는 통행증과 여비를 주어 국부군지역으로 귀환시키고 특별한 기능을 가진 장교들에게는 보다 높은 계급과 봉급을 제공하였다.

공산군은 민간인에 대하여 식량을 보조하였을 뿐만 아니라 부상병은 징집에서 제외시켜 주민들의 환심을 샀고, 지역에 남아 있는 주민들은 정보망으로 이용했다. 국민당 정권은 과도한 징세와 불고정한 징집으로 지역 국민들의 협조를 얻지 못하고 무능한 군사력에만 의존하고자 하였다. 이로써 공산군에 투항하는 국부군이 생기기 시작하였다.

1945년 10월 31일 하북성에 있는 군부대 전부가 투항하였으며, 1946년 7월부터 1949년 1월까지 약 370만 명에 이르는 국부군이 투항하였다. 아울러 국부군의 총사령관 사무실에서부터 각급사령부의 사무실에 이르기까지 전부 공산군의 첩자가 침투하여 국부군의 동태를 사전에 파악할 수 있어 국부군이 포위되고 참패하는 사례가 발생하기도 하였다.

심지어 장개석으로부터 지극히 신임을 받았던 황포군관학교 졸업생으로서 국부군고위간부인 대융관은 1949년 4월 20일 공산군이 양자강을 건너서 공격을 시도하는 것을 저지하지 않고, 국부군 수비대에 공격하도록 하는 배신행위를 함으로써 공산군은 강을 건너 국민당 정부의 수도인 남경에 동년 4월 23일 입성하였다.

장개석은 그 이전인 1949년 1월 중화민국 총통과 중국 본토의 국가 원수직을 사임하고 막후에서 정치적 지휘를 계속하던 중 국공쌍방 대표회담에서 제창한 국내화평협정안에 대하여 그 수용을 거부하였으며, 1949년 12월 국민당정부를 본토에서 대만으로 옮겼다.

장개석은 1950년 3월 대만에서 총통으로 선출되고, 그 이후 4번 총통직을 연임하였으며, 국민당총재에도 당선되었다.

(2) **장개석의 지도력**

장개석은 1928년 남경국민정부주석과 육·해·공군 총사령이 되어 당과 정부의 지배권을 확립하고, 1949년 1월 중화민국의 총통직을 사임할 때까지 실질적으로 중국본토의 최고지배자의 위치에 있었으며, 국민당정부를 대만으로 이전한 이후에는 1950년 3월부터 1975년 4월까지 2~5대의 중화민국총통을 역임하였다. 그가 이와 같이 오랜 기간 장기집권 할 수 있었던 것은 그의 지도자로서 리더십이 중요한 역할을 하였다고 볼 수 있으나 자기의 정치적 권력 유지를 위한 과도한 야망 때문에 수많은 폐해를 노출시켰던 것이다.

이러한 관점에서 장개석의 지도력에 관련되어 파급된 제 문제점을 다음과 같이 검토하고자 한다.

1) 그는 국민은 병사가 장교의 명령에 복종하듯이 무조건 지도자를 따라야 한다는 1인권위주의로서 총통지위를 유지하는 데 급급하였다. 그러므로 그는 자기보다도 우세한 자가 나타났을 때는 이를 용납하지 않았으며, 약한 자들끼리의 균형을 통해 지배한다는 방식으로 이끌어 갔다.

2) 그는 자립적인 대중조직, 토지개혁, 당내의 민주적 절차, 국민을 위한 정부, 능률적인 군대개선 등을 하여 효과적인 지도체제를 형성시키는 데 등한시 하였다.

3) 권력의 유지는 기본적으로 국민적 지지가 굳건하여야 한다는 데서 찾아볼 수 있다. 이 국민적 지지기반을 얻기 위해서는 지식인, 농민, 상공계급등을 정치에 참여시켜야 하고 지방의 지도자나 군벌에게도 그 기여도에 대한 공정한 보상이 타협적으로 이루어져 원만한 조화관계를 형성되어야 하는 데 그는 이에 관련하여 적극적으로 정치·경제·사회 정책을 시행시키지 않았다.

4) 그는 그 당시 중국의 경제구조의 중요한 부문이라 할 수 있는 농촌문제를 비중 있게 다루지 않았기 때문에 토지소유의 균등화, 경작자소유, 소작료 경감 등의 토지개혁을 효과적으로 이행하지 않았다. 또한 농촌에 대한 양식의 강제징수 이외에 관리의 부패, 불공정한 징병제도 등은 농민들의 생활을 더욱 괴롭혔다. 그리고 1948년 경 토지개혁에 관련된 법을 제정하여 시행하려고 하였으나 이미 그 시기를 놓쳐버려 1948년 후반기에 국민당 정권 전체가

몰락하기 시작하였다.

  1948년과 1949년에 있어서는 전국의 양곡자원을 동원할 수 있는 정부의 능력이 약화되어 국민당정부의 재정을 궁핍하게 만들어 그 정권이 물러나지 않으면 안 되는 형편을 낳게 하였다.

  5) 장개석은 적재적소에 유능한 인재를 기용하기 보다는 자기에 대한 충성도에 따라 인사관리를 하였다.

  6) 고급 군장교와 당 간부에 대한 상황변화에 따른 교육·훈련이 결여되어 있었다. 그리고 현장의 군 지휘관 등에 대하여 전세에 따라 전진 혹은 후퇴 등의 전략에 대한 자율적 권한부여가 이루어지기 보다도 상부에서의 지시와 토론을 거쳐야 하므로 급박한 상황에 신속한 대응을 할 수 없었다.

  7) 국민당내부, 군부, 지방과 중앙정부간 파벌이 조성되어 일치단결하여 발생된 문제를 해결할 수 없었다.

  8) 정보망이 신속하고 효과적으로 작동되지 않아 군부대내 간첩침투활약, 아군의 집단적 투항, 서안사건 등을 사전에 저지할 수 없었다.

  9) 1948년 8월 상해에서 장경국이 주도가 되어 실시 된 통화개혁의 실패로 초인플레이션, 농촌사회구조 분해, 공업생산허약 등으로 경제가 마비되는 상황이 발생하여 1949년 1월 장개석은 총통자리에서 사임하지 않을 수 없었다.

  10) 장개석의 친척에 속하는 장蔣, 송宋, 공孔, 진陳의 4대 가문이 다양한 방법으로 부富를 축적하여 자본독점 및 경제편중을 시킴으로써 빈부차이를 일으키는 데 큰 역할을 하여 일반국민의 원성을 사게 되었다.

제76장
인지생야유약 人之生也柔弱
사람은 유약으로 살아야 한다

人之生也柔弱　其死也堅强　草木之生也柔脆　其死也枯槁　故曰　堅强者死之徒　柔弱者生之徒　是以兵强則不勝　木强則折　强大處下　柔弱處上

사람의 삶은 부드럽고 연약하며 죽게 되면 굳고 강해진다. 만물 초목의 삶은 부드럽고 연하지만 죽게 되면 말라 뻣뻣하다. 그러므로 굳고 강한 것은 죽음의 무리이고 부드럽고 연약한 것은 삶의 무리이다. 그래서 군대가 강하면 이기지 못하고 나무가 강하면 꺾어지게 된다. 강하고 큰 것은 밑에 놓이고 부드럽고 연약한 것은 위에 놓이게 된다.

사람은 유약으로 살아야 한다

사람은 부드럽고 연약하게 살아나가야 한다. 그렇지 않으면 삶의 생기를 잃게 되어 오래 견디지 못하며 죽음을 맞이하게 된다. 죽게 되면 굳게 되고 뻣뻣해진다.

　부드럽다는 것은 물과 같이 유연해 진다는 의미이다. 물은 상황의 변화에 따라 얼음, 액체, 수증기, 비로 변신하면서 계속적으로 자기의 본분을 지켜나가고, 바위에 부딪히면 돌아서 가며, 그 담기는 그릇의 모양에 따라서 네모, 세모, 둥근 모습으로 나타나면서 아무런 다툼을 일으키지 않는다.

　물은 현실적응력이 높아 항상 시간적, 공간적으로 변화하여 본래의 정상상태로 돌아갈 수 있는 능변여상能辯如常의 능력을 가지고 있는 것이다.

　연약한 자는 자기의 약점을 잘 인식하여 남의 의견을 경청敬聽할 뿐더러 그 대책수단을 마련하여 계속 발전하려고 한다. 그러나 자기가 강하다고 느끼는 자는 자만심에 빠져 자기개발을 등한시하여 결국 상대경쟁자들에게 추월을 당하게 된다.

　또한 인간보다 몇 배나 강한 동식물들이 있었으나 인간은 자기의 약함을 극복할 수 있는 수단이나 방편을 강구하여 만물의 영장이 될 수 있었던 것이다.

　풀과 나무가 살아 있을 때는 부드럽고 연하여 생기가 있지만 죽게 되면 말라서 뻣뻣해 진다. 그러므로 유연성과 연약함이 사라지면 그 실체가 죽어 없어지게 된다.

　군대뿐만 아니라 기타의 경영조직도 유연성이 없이 굳어지게 되면 관료화되기 쉬우며 현실적응력이 낮아져 그 조직의 경쟁우위성과 적성을 발휘할 수 없어 퇴진 될 수밖에 없다. 될 수 있는 한 싸우지 않고 이길 수 있는 노하우Know How나 소프트웨어soft-ware를 개발하여 이길 수 있는 방책을 세우는 것이 가장 잘 싸우고 최고의 승리자가 될 수 있는 것이다.

　나무도 부드럽고 연하면 잘 부러지지 않지만, 강한 나무는 꺾어지기 쉬운 상태에 놓여있다. 그러므로 유약은 삶의 생기를 가져오는 근원이 되고 있어 죽음을 표상하고 있는 굳고 강함에 앞서서 고려되어야 매우 중요한 사고방식이라 할 수 있다.

⁝ 조직 강화 기반을 위한 유약 경영

기업경영에 있어서 경영조직 및 그 구성원이 현실적응력이 높은 유연성을 갖추지 못하고 뻣뻣하게 굳어 있으면 경쟁우위성을 유지할 수 없게 된다. 여기서는 기업의 유연성 관점에서 다음과 같이 파악해 보고자 한다.

(1) 관료주의를 배격하여야 한다

1) 조직구성원은 리더에 대한 충성심보다도 능력이나 업적을 중심으로 평가, 교육훈련, 보상, 적정배치를 하여야 하고, 각 구성원의 단점 파악보다도 그 적성과 장점을 고려하여 발전시켜 나가야 한다. 구성원의 잘못에만 집중하여 문책하게 되면 능력있는 자는 감소하고, 무사안일주의자만 남게 된다.

  2) 리더는 일을 촉진시키고 격려하여야 하며, 종업원의 업무수행에 방해가 되지 않도록 하여야 한다. 아울러 관리자의 감시, 감독, 통제 등의 관리를 될 수 있는 한 적게 하여 구성원의 창의성을 활용할 수 있는 폭을 높일 수 있어야 하며, 그 성과의 결과에 대해서만 평가하는 정도에 그쳐야 한다.

  3) 생산성에 영향을 주는 창의성과 혁신은 실제로 현장에 가까이 있는 요원들에 의하여 상당한 부분이 제안될 수 있으므로, 이들에게 이에 상응한 대폭적인 권한위임이 이루어져야 하며, 그 개선사항에 대하여 각 계층 간 의사소통이 원활히 될 수 있는 시스템

체계가 형성되어야 한다.

  4) 관료조직체계에 있어서는 주로 리더가 관련 정보를 얻어 기업경영을 지휘 · 통제 하는 경향이 있으며, 서류에 의한 다단계결재, 감독계층의 검토 · 승인, 각종회의의 빈번, 관례적인 보고서 작성 등으로 시간과 비용의 낭비를 초래하게 된다. 이를 타파하기 위하여 디지털Digital 정보제공 시스템 등에 의해 관련 구성원들이 적시에 필요한 정보를 공개적으로 수집 · 분석 · 활용할 수 있게 하여 문제를 해결할 수 있는 방안이 마련되어야 한다. 예를 들면 고객의 특성, 기호 등을 전산자료화에 의해 파악한 후 특정소비층을 겨냥한 판촉활동을 전개하는 정보자료 기준 마케팅data base marketing의 효율성을 높여야 한다. 그리고 생산시스템, 제품, 고객획득상실기회, 매출실적 등의 정보가 1일 단위가 아니라 분 단위 혹은 시간 단위로 입수하여 이에 따라 문제점을 즉각적으로 시정하고 나아가서 사업의 구조조정, 새로운 기회의 포착 등을 하게 되면 기업의 수익성은 향상될 수 있다.

(2) 조직 시스템이 공개적이어야 한다

조직시스템이 공개적이 되지 못하여 각 해당 조직 부문 간 벽이 생기게 되면 경영활동에 필요한 정보를 쉽게 얻을 수 없게 되고, 자기 영역만 고수하기를 바라는 풍조가 만연하게 된다. 결과적으로 그 조직시스템 자체가 정체되고 굳어지게 된다.

  각 영역 간 생기는 벽은 계층이나 서열간의 벽으로써 수직적 벽, 기능 및 부문 간의 벽으로써 수평적 벽, 조직과 외부의 공급업자 ·

고객·규제자들 간의 외적 벽, 각 국가별 시장 간의 지리적 벽으로 나눌 수 있다. 이러한 각 영역 간 발생하게 되는 벽을 허물어 기업경영에 관련된 정보를 조직 전체가 공유하여 의사소통을 원활히 하여야 하고 기업의 핵심역량을 결집시켜 모든 계층에 파급되도록 하여야 한다.

(3) 개선과 혁신은 꾸준히 이루어져야 한다

사람은 신진대사가 잘 이루어져야 건강을 잘 유지할 수 있다. 이와 마찬가지로 기업경영도 환경변화에 원활하게 적응해 나가기 위해서 개선과 혁신이 꾸준히 이루어 져야 한다. 여기서 개선improvement은 현재에 시행되고 있는 제 사항을 보다 효율적·효과적으로 나아지도록 점차적으로 향상시키는 것이라 할 수 있다. 그리고 혁신innovation은 기존의 지식, 제품, 시장 등에 부족한 점을 발견하여 고객의 만족에 부응하는 새롭고 차별화 된 가치창조를 획기적으로 실현시킬 수 있어야 한다.

성공적 혁신을 위하여 고려하여야 할 조건을 열거하면 다음과 같다.

1) 최소한의 규모, 시간, 자금, 노력으로써 여러 번 시험 생산 및 판매를 하고, 그 실패에 따른 위험을 최소한도로 줄이려고 하여야 한다.

2) 인구통계의 변화, 가치관의 변화, 기술 및 과학의 변화를 체계적으로 분석·확인 할 필요가 있다.

3) 고객 중심적으로 접근하여야 하며 적정한 재무계획을 수립

하여야 한다.

4) 남이 하지 않는 분야로써 틈새시장을 공략하여야 하며, 창조적 모방 전략을 구사하여야 한다.

5) 혁신의 성과를 거두려면 습관적인 힘이 있어야 한다. 습관적인 힘은 연습에 의해 가능하다. 그러므로 해당되는 항목에 대하여는 사전에 충분히 습득되어야 한다.

6) 혁신은 현장근무자는 물론 각 경영계층의 전체구성원이 참여하는 방향이 되어야 한다.

7) 개발·혁신이 이루어지면 빠른 기간 내 상품화 할 수 있는 응용력을 갖추고 있어야 한다.

8) 혁신을 이끌어 나갈 수 있는 핵심적인 인재를 갖추고, 그 혁신을 효과적으로 리드하고 총괄할 수 있는 부서를 마련한다.

9) 개개의 전문지식만으로는 생산적인 결과를 얻기가 어렵다. 이는 다른 전문지식과 결합되어 새롭게 창출됨으로써 혁신적이 될 수 있다.

(4) 조직과 조직구성원은 생기生氣가 있어야 한다

조직과 조직구성원이 생기가 있기 위해서는 무엇보다도 조직구성원이 자기 맡은 바 업무에 대하여 열정을 가지고 긍정적이며 능동적으로 매진할 수 있는 환경의 조성이 요구된다. 이 환경조성은 조직구성원이 오랜 시간의 소요와 강도 높은 작업에 대하여 열악한 보상제공으로는 형성시킬 수 없으며, 부가가치생산성이 높은 업무와 이에 대응한 보상체계를 마련함으로써 실현시킬 수 있다. 부가가치생산성이 높은 업무를 수행하기 위해서는 단순노동작업자를 지식근로자로 전환시킬 수 있어야 한다.

지식근로자의 지식활동은 일의 수행 상 일반화된 계속적 작업보다도 그 능률성이나 효과성을 높이기 위하여 차별화된 어떤 방법론이나 노하우Know How를 개발·발전시켜 나가게 된다.

오늘날 지식은 핵심적인 경제자원이 되고 있으며, 경영자는 지식의 적용과 그 성과에 책임을 지는 임무를 부여받고 있다. 그러므로 지식근로자는 노동이 아니라 자본이라는 관점에서 동업자로서의 자격이 인정되는 사회적 인식도가 성숙되어야 한다.

지식근로자의 특징은 다음과 같이 기술할 수 있다.

1) 지식근로자는 오늘날에 있어서 자본가들이 필요로 하는 중요한 경영자원의 요소로써 자본가와 대등한 협상대상이 된다.

2) 지식근로자는 독특한 차별화된 노하우를 가지고 있어야 한다.

3) 보다 중요한 것은 지식근로자가 어느 정도 차별화된 지식을 보유하고 있는 지를 평가·분석 해보고 계속적으로 개발시켜 나가야 한다.

4) 지식노동자는 노동자가 아니고 자본이다.

제77장
천도기유장궁호天道其猶張弓乎
하늘의 도는 활을 당기는 것과 같다

**天之道 其猶張弓與. 高者抑之 下者擧之 有餘者損之 不足者補之
天之道損有餘而補不足 人之道則不然 損不足以奉有餘 孰能有餘
以奉天下 唯有道者 是以聖人爲而不恃 功成而不處 其不欲見賢**

하늘의 도는 마치 활을 당기는 것과 같다. 높은 쪽은 눌려지고 낮은 쪽은 올려진다. 남는 것은 덜어주고 부족한 것은 보태어 진다. 하늘의 도는 남은 것을 털어서 모자란 데에 보충한다. 사람의 도는 그렇지 않다. 모자라는 데에서 덜어서 남는 데에 바친다. 누가 능히 남는 것으로 세상에 바칠 수 있을까? 오직 도를 가진 자만이 할 수 있다. 그래서 성인은 세상을 위해 봉사하지만 내세우지 않는다. 공을 이루었으나 거기에 머물지 않으며 현명함을 내보일 의도도 없다.

하늘의 도는 활을 당기는 것과 같다

하늘의 도는 활을 당길 때 알맞은 역학적 균형을 이룸으로써 과녁을 잘 맞출 수 있는 것과 같이 우리의 삶도 상호간 조화와 공정함을 유지함으로써 다함께 잘 살 수 있는 세상을 만들 수 있다는 것이다.

활줄을 당기면 활의 위쪽은 아래쪽으로 쳐지고 그 아래쪽은 올려지게 된다. 우리들의 인간관계에서도 교만하면 비하되고, 겸손하면 존경을 받게 되는 것과 같은 이치로 통한다.

　자연의 섭리는 남는 것을 덜어서 부족한 쪽이나 모자라는 데 보태어 진다. 예를 들면, 물이 넘치면 흘러가서 연못이나 저수지에 보충되어 진다. 그러나 무위의 도를 따르지 않는 사람들은 자기의 욕망을 더욱 채우기 위하여 자기가 여유가 있고 충만해 있더라도 가난한자로부터 무엇이던지 더 빼앗아 가지려고 한다. 이로써 부익부富益富, 빈익빈貧益貧의 사회 양극화는 더욱더 심화되어진다.

　삿됨이 없이 깨끗한 자연 그대로의 도道에 성숙한 인격을 가진 성인만이 집착함이 없이 여유를 가지고 세상을 위해 봉사하지만 자기의 공功을 내세우지 않는다. 또한 자기가 따르는 무위자연의 도道에 대한 현명함에도 아무런 애착을 가지고 있지 않다.

: 경주 최부자의 덜어 주는 경영

원래 경주 최부자는 100년 간 지속되었던 배반파 최경천 가계를 지칭하는 것이었다. 그러나 이 최부자라는 호칭은 배반파에서 가암파로 이전되었다.

　가암파 부자는 초대 최신보에서 13대 최준까지 1570년대부터 1970년대에 걸쳐서 약 400년 간 지속되었다.

　경주 최부자로서의 마지막 후손인 최준(1884~1970)은 거액의 독립자금제공, 대구대학교 설립자금에 대한 기부, 국가경제발전에 꼭 필요한 기업 등에 투자함으로써 그 재산을 소진하게 되었으며, 그는 86세의 일기로 운명하였다. 경주 최부자가 이렇게 긴 세월 동안 부자라는 명망을 유지하게 된 이유는 다음과 같이 열거할 수 있다.

  1) 재물의 형성에 있어서 적정수준을 유지하여 상거래에 있어서 상대방에 손해를 가게 하거나, 투기적 상행위를 하지 않았다.
  2) 검소 절약하여 모은 재산은 이웃이 경제적으로 어려움에 처하였을 때는 덜어 주는 경영을 꾸준히 지속하였다.
  3) 경주 최부자의 사용인이라 할 수 있는 소작인과 노비에 대해서도 인간적인 배려와 대가를 제공함으로써 그들의 생활향상에 기여하고자 하였기 때문에 최씨 가문에 대한 충성심을 발휘하는 동기부여를 하여 그 재산형성에 크게 기여하였다. 그 노비들은 최부자 집을 떠나려고 하지 않았을 뿐더러 노비에서 해방된 자들도 머슴으로 머물러 일하기를 원하였다.
  1600년 경 제 4대 부자인 최주선은 병작제竝作制를 실시하여 소작인에게 수확물의 절반만큼만 토지임대료를 받음으로써 다른 곳에서 일하는 소작인이 20~30%의 소작료를 받는데 비하여 후한 대가를 지불함으로써 그 수확량에 대한 생산성 향상에 기여하게 되었다.
  4) 어느 정치세력이나 당파에 기울지 않았으며, 다만 양반 신분을 유지하여 모은 재산을 착취당하지 않고 잘 보존할 수 있었다. 그러나 벼슬도 일정 한계를 넘지 않도록 하여 진사 이상은 하지 않도록 하였다.

5) 나라가 위기에 처하였거나 흉년이 되면 적극적으로 기부하는 사회봉사정신을 발휘하여 조선 조정으로부터 청백리로 인식되는 등 칭송을 받게 되었다. 경주 최부자는 임진왜란, 병자호란 등 난리를 겪게 되었을 때는 군비지원, 전투참가 등에 스스로 참여하는 모범을 보였다.

6) 경주 최부자가 500년이라는 긴 세월 동안 부를 누릴 수 있었던 것은 무엇보다도 재산형성과 그 사용에 있어서 건전한 사고방식과 가치관에 근거를 두고 있었기 때문이다. 이 건전한 사고는 인격도야, 근검절약자세, 이웃과 나라에 대한 봉사정신, 경제적 실용주의, 적정재산형성과 그 재산사용의 정당성 등으로 파악할 수 있다.

경주 최부자 가문에서 전승되어온 법도法道로써 육연六然, 가거십훈家居十訓, 가훈家訓을 열거하면 다음과 같다. 육연은 다음과 같이 자기 자신의 처신, 대인관계, 사업수행 등에 있어서 어떠한 태도와 자세를 갖추어야 한다는 것을 제시하고 있다.

1) 자처초연自處超然 : 자기 자신이 중용의 삶을 영위하여 극기함으로써 초연한 마음가짐을 가질 수 있어야 한다는 것이다.

2) 대인애연對人靄然 : 사사로운 일에 집착하지 않는 정도正道를 갖추어야 하며, 대인관계에 있어서도 부드럽고 온화한 자세를 가져야 한다는 것이다.

3) 무사징연無事澄然 : 일을 함에 있어서 걸림이 없고, 맑고, 밝은 긍정적 태도를 취하여야 한다는 것이다.

4) 득의담연得意淡然 : 뜻이 이루어 졌다 하더라도 담담한 자세를 가져야 한다는 것이다.

5) 유사감연有事敢然 : 중요한 일이 발생하였을 때는 과감하게 결단을 내려야 한다는 것이다.

6) 실의태연失意泰然 : 뜻이 이루어지지 않았더라도 평상적 마음가짐을 버리지 말아야 한다는 것이다.

가거십훈은 3대부자 최동량이 1633년 자손들에게 남긴 훈시로써 유교적 사고를 담은 것이다.

1) 오륜五倫은 인간이 지켜야 할 기본 도리로서 명심하여야 한다. 여기서 오륜은 부자유친, 군신유의, 부부유별, 장유유서, 붕우유신을 지칭한다.

2) 어버이에 대해서는 효도를 성심껏 실천하여야 한다.

3) 임금에 대해서는 충성스럽게 섬겨야 한다.

4) 가정을 잘 다스려야 한다.

5) 형제간에 우애가 있어야 한다.

6) 친구간에 신의가 있어야 한다.

7) 여색에 빠지지 말아야 한다.

8) 술에 취함을 경계하여야 한다.

9) 농업과 잠업에 주력하여야 한다.

10) 경학으로써 사서오경四書五經에 익숙하여야 한다.

그 이외에 경주 최부자의 가훈은 다음과 같이 전승되어지고 있다.

1) 과거는 보되 진사 이상의 높은 벼슬에 집착하지 마라.
2) 어느 정도 양반신분을 유지하여 재산관리에 보호막이 될 수 있도록 한다.
3) 본업에 충실하는 데 만족하고, 기타 명예나 권세 등을 다 가지려고 하지 말라.
4) 소작농 등에게 가혹한 수단으로 착취하지 않고 생활을 보장하여 불만이 없도록 하는 범위를 유지하기 위하여 재산은 만석이상 축적하지 마라.
5) 과객에게 후하게 대접하라.
6) 흉년기에 싼 값으로 팔기 위하여 내놓은 농토를 구입하는 등 투기행위를 하여 재산을 증식하지 마라.
7) 며느리는 시집올 때 은비녀 이상의 패물을 가져오지 말고, 겸손과 근검절약을 익히도록 하는 등 어머니로서의 교육을 철저히 시키도록 하여야 한다.
8) 사방 백리 안에 굶어 죽는 사람이 없도록 하는 등 가난한 이웃과 더불어 잘 살도록 하라.
9) 수입이 나는 범위 내에서 지출을 하는 양입위출量入爲出을 하도록 하라.
10) 농어민의 생활이 어려워지지 않도록 시장이 파할 때를 기다려 싸게 사지 말고, 또한 상거래시 값을 될 수 있는 한 깎지 마라.
11) 재물의 풍족함을 과시하거나 오만하지 말고 겸허한 자세와 절제된 생활을 하도록 하여야 한다.

제78장

천하막유약어수 天下莫柔弱於水

세상에서 물보다 더 부드럽고 약한 것은 없다

天下莫柔弱於水 而功堅强者 莫之能勝 以其無以易之 柔之勝剛也 弱之勝强也 天下莫不知 莫能行 是以聖人云 受國之垢 是謂社稷主 受國不祥 是謂天下王 正言若反

세상에서 물보다 더 부드럽고 약한 것은 없다. 그런데 단단하고 힘센 것을 공격하는데 물 이외에 능히 이길 것이 없으며 이 물을 대신할 것도 없다. 약한 것이 강한 것을 이기고 부드러운 것이 굳센 것을 이긴다. 세상이 이를 알지 못하는 바는 아니지만 실행하지 못한다. 그래서 성인이 말하기를 물과 같이 나라의 더러운 일을 맡아 처리하는 자가 나라의 주인이 된다. 나라의 좋지 못한 일을 받아들여 해결하는 자가 세상의 왕이다. 그런데 바른 말은 옳지 않은 것처럼 들린다

세상에서 물보다 더 부드럽고 약한 것은 없다

세상에서 물보다 더 부드럽고 약한 것은 없으나 물은 능히 단단하고 힘센 것을 공격하는 다른 수단이나 방법으로 대체할 수 없는 무한한 에너지를 보유하고 있다.

약한 것이 강한 것을 이긴다. 비록 약한 물이라고 할지라도 바위 위에 이 물이 끊임없이 떨어지게 되면 침식당하기 마련이다.

탐·진·치에 강한 자는 궁극적으로 스스로 무너지나, 이 삼독三毒에 집착하지 않고 무저항, 비폭력주의와 같은 약한 수단을 사용함으로써 승리할 수 있는 경우를 역사적으로 그 사례를 찾아볼 수 있다. 그리고 연약한 사람이 자기 건강을 자신하는 사람보다 사전에 예방적 차원에서 몸조심을 함으로써 더 오래 살 수 있다.

부드러운 것이 굳센 것을 이긴다. 물은 부드럽기 때문에 상황의 변화에 맞추어 신축성 있게 적응할 수 있는 능력을 가지고 있다. 굳센 바위에 부딪히더라도 맞서지 않고 돌아갈 수 있는 여유를 가짐으로써 순리대로 나아갈 수 있다. 자기 키 보다 낮은 문으로 들어갈 때 뻣뻣하게 서서 그냥 통과하려고 하면 부딪히게 되나 약간 고개를 숙이는 자세를 취하면 수월하게 문제가 해결되어 진다. 세상 사람들이 이러한 이치를 알고 있다고 하더라도 실천하기가 어렵다.

물은 놀랍게도 더러운 곳을 깨끗하게 씻어 없애 버리는 힘도 가지고 있다. 나라를 다스리는 정치뿐만 아니라 기업경영에 있어서도 물과 같이 유연성 있고 겸허한 자세로 리더십을 발휘할 수 있는 지도자가 맡음으로써 생기 있는 조직체를 형성시킬 수 있다.

: 삶의 질을 향상시키는 넛지 경영

물의 부드럽고 자기를 내세우지 않고 순리에 따르는 겸허한 본성을 우리의 생활에 적용시킬 때 삶의 질이 엄청난 개선과 향상을 가져오도록 하는 요인이 되고 있으나, 그 인식과 실천에 있어서 소홀하게 되는 경향이 많다. 이와 같이 넛지^{nudge}도 기업경영이나 공공기관 운영에 있어서 삶의 질을 향상시키는 데 중요한 역할을 하는 경영기법 중의 하나이나 전반적으로 실용화되지 못하고 있는 실정이다.

넛지^{nudge}는 영어사전을 보면 자극하다, 주의를 끌다, 조금씩 밀다, 팔꿈치로 슬쩍 찌르기 등으로 기술되고 있어 명령이나 지시보다도 그 이용자에게 유용한 정보안을 제공하여 자율적으로 선택하도록 하는 방향으로 나아가고 있다. 따라서 이는 자유주의적 개입주의$^{libertarian\ paternalism}$로써 해석되고 있다. 여기서 자유주의적이란 일반적으로 사람들이 그 대처 안에 관련하여 자유롭게 원하는 바를 행할 수 있으며, 자신이 원하지 않거나 바람직하지 않은 대안은 버릴 수 있다는 의미이다.

개입주의는 어떤 대체적인 정책방안을 그 이용자가 판단하여 자신에게 유리한 선택을 내리는 데 영향을 주는 경우이다. 이는 그 설계자가 그 사용자에게 강요하거나 강제하는 것은 아니며, 선택의 자유는 그 의사결정자에 일임하고 있다. 요컨대 넛지는 그 이용자에게 새로운 관점에서의 선택가능한 제 방안이나 수단 등을 제시·자극하고 일깨워서 효과적으로 운영·해결 시키는 데 있다.

(1) 넛지의 필요성

세계적 경제파탄을 몰고 갔던 부실주택담보대출인 서브프라임모기지는 시장금리를 부담하기 어려운 자들에 제공하는 대출을 파생상품화 하여 투자한데서 비롯된다. 미국에 있어서 집값은 1997년부터 2004년까지 극적으로 상승하였으며, 이러한 상승추세는 계속되는 것이 당연한 것으로 보았으며, 아울러 1990년대 후반에서 2000년 초반까지 집값이 시간이 갈수록 계속 인상될 것이라는 보도가 잇따라 있었다. 그러나 2004년 이후 집값은 상승을 멈추고 하락하기 시작하였다. 2008년 초 수많은 주택담보대출자들이 원리금 체납을 거듭하다가 그 담보물이 압류 당하였다. 이로써 이를 근거로 한 파생상품이 부실화되자 관련 투자회사들은 유동성이 크게 감소하여 기업도산으로 이어졌다.

주택담보대출자들은 해당되는 대출 조건을 충분히 이해하지 못하였고, 이에 관련된 유동성이나 파생상품의 위험성을 파악할 수 없었으며, 이에 관련된 유동성이나 파생상품의 위험성을 파악할 수 없었으며, 그 담보대출 중개인은 그 대출이 매우 유익한 거래라고 부추겼다. 나아가서 이를 권유하였던 투자회사의 최고경영자조차도 그 파생상품의 위험성이나 이에 따른 유동성 결핍현상을 인지하지 못하고 있었다. 이 부실주택담보대출자나 투자권유회사에 파생상품의 위험성과 그에 따른 유동성부족상황을 몇 가지 통계자료를 참조하여 그 대체안을 마련하는 설계담당자가 간단·명료하게 제시하였다면 충분히 회피할 수 있는 상황이 되었을 것이다. 우리나라의 경우도 KIKO$^{kick\ in\text{-}kick\ out}$라는 파생상품의 위험성과 그에 따른 문제점을 고려함이 없이 무분별한 투자권유로 이에 가입한 회사들이 입은 피해액이 약 1조 원 이상에 이르고 있다. 또한 지방에 수도권이전 및 4대강 개발에 있어서 단순히 정치적 고려나 선거공약고수의 관점에서 그 결정을 하여서는 안 되며, 그 해당 사업에 대한 설계권유자의 요령 있고 이해가능한 개입이 요구 된다.

설계권유자가 그 이용자에게 어떤 선택 요소를 설계·제공해 주지 않으면 일반적으로 과거에 자기가 행하여 온 익숙한 방안을 선택하여 의사결정 하는 경향이 있는데, 이를 디폴트옵션default option이라고 한다.

(2) 설계권유자의 개입형태
설계권유자의 개입형태는 다음과 같이 분류할 수 있다.

1) 설명서에 의한 방법
주식투자, 담보대출, 보험계약, 신용카드제도 등 복잡한 내용을 보다 간단하게 설명하면서 그 투자자를 보호할 수 있는 유리한 선택 가능한 대안을 제시함으로써 그들에게 치명적인 피해를 끼치는 선택을 사전에 방지할 수 있고, 따라서 그 삶의 질을 높일 수 있다.

2) 선택가능한 장치나 설비의 마련
이에 관한 사례는 다음과 같다

　① 각 급 학교의 교내 자유배식 진열대의 음식배열 방식을 변경한 결과 특정음식의 소비량을 약 25%이상 증감시킬 수 있다는 사실이 인지되었다. 따라서 그 진열대의 음식배열방식을 변경하여 건강에 이로운 음식의 소비량은 증가시키고, 해로운 음식은 감소시킬 수 있게 되었다.
　② 현금인출기에 카드를 그대로 꽂아두고 가는 경우 카드를 먼저 뽑아야 현금을 인출할 수 있도록 설계하면 카드분실을 사전에 막을 수

있다.

③ 에너지 사용량을 절약하기 위하여 조명시설, 프린터, 복사기, 컴퓨터장비, 일반전자제품에 대하여 에너지 효율을 높이도록 하는 개선책을 마련한다.

④ 이메일에 분노의 내용이 담겼는지 여부를 정확히 판별하여 경고의 표시가 되도록 함으로써 불필요한 갈등을 사전에 피할 수 있다. 즉 이를 위해서 '이 이메일은 무례합니다. 따라서 24시간 이후에 재 전송명령이 입력되어야 전송할 수 있습니다' 라는 차단 시스템을 설치할 수 있다.

3) 대다수의 모범적인 사회적 규범이나 영향력을 강조

사회적 압력이 이용자들로 하여금 어느 정도 의사결정을 하는 데 영향을 미치게 한다. 예를 들면, 유명한 인기가수, 풋볼선수 등을 동원하여 쓰레기 줍는 모습을 보여주고, '텍사스를 더럽히지 말라'는 문구를 티셔츠나 커피 잔에 새겨서 판매함으로써 도로변 쓰레기가 72%정도 줄어들게 되었다. 그리고 해당 주민들의 대다수가 술을 마시지 않는다는 사실을 강조하는 대규모 캠페인을 채택하고, 해당 주의 대학생 대부분은 음주량이 일주일에 네 명 이하라고 전파시킴으로써 대학생들이 폭주에 대한 자제력을 발휘하게 되었다.

4) 법률적 대체방안 제시

이는 환경을 오염시키는 사실에 대하여 세금이나 벌금을 부과시키는 방법과 오염물배출을 일정수준 이하로 줄인자에게는 그 배출권을 현금으로 환불하는 것을 허용하는 제도이다. 전자는 휘발유에 부과되는 세금을 올리면 운전자들은 연비가 좋은 차를 구입하거나 자동차 운행을 줄일 것이다. 후자의 경우는 오염통제 기술혁신에 처벌이 아닌 보상을 부여하는 시스템이라 할 수 있다.

(3) 자유주의적 개입주의의 구축

자유주의적 개입주의를 기초로 하여 제안하는 넛지의 설계는 다음의 사항을 먼저 고려하여야 한다.

 1) 누가 이용하는가
 2) 누가 선택하는가
 3) 누가 관련비용을 지불하는가
 4) 누가 이익을 얻는가

자유주의적 개입주의의 구축절차는 RECAP을 다음과 같이 실시할 수 있다.

기록하라 record

이는 제안하고자 하는 대상에 대한 내용이 현황에 대하여 기록하는 것이다. 예를 들면, 여행사 선택의 경우 기간별·업체별 요금액수, 요금체계, 새로운 서비스의 내역 등을 기록하는 것이다.

평가하라 evaluate

이는 해당 대상 항목에 대한 장단점, 이익, 위험성, 문제점 등을 평가하는 것이다.

3) **타 대체안의 이익 및 내용을 분석·비교**compare alternative price

이는 타 대체안의 이익 및 비용이나 가격 등을 상호비교 하는 것이다. 예를 들면, 어느 회사로부터 일자리를 선택하도록 제안 받는 경우 그 장단점을 비교·파악하는 것으로써 통근거리, 영업소의 규모, 받는 보수, 근무시간, 거주지역 등의 적정성을 비교·분석하는 것이라 할 수 있다.

넛지의 작성지침은 어떤 선택을 쉽게 회피하거나 채택할 수 있게 간단명료하게 작성되어야 하며, 그 이용자에게 유익하고 실용성이 있어야 한다. 아울러 그 선택설계자는 중립성을 유지하여야 한다.

제79장
화대원 和大怨
큰 원한은 화해하라

和大怨 必有餘怨 安可以爲善 是以聖人執左契 而不責於人 故有德司契 無德司徹 天道無親 常與善人

큰 원한은 화해하더라도 반드시 여분의 원한은 있게 마련이다. 이것을 어떻게 착하다고 할 수 있는가. 그래서 성인은 빚을 받을 것이 있지만 그 사람에게 책임을 지우지 않는다. 덕이 있는 자는 그 계약을 관장할 뿐이고 덕이 없는 자는 그 채권의 회수를 관철시킨다. 하늘의 도는 누구에게 특별히 친하려고 하지 않으며 착한 사람과 항상 더불어 살려고 한다.

큰 원한은 화해하라

큰 원한은 화해를 하여도 마음의 어느 구석에서는 화해하기 어려운 감정을 가지게 된다. 이 원한은 어느 의미에서 하나의 집착이라 할 수 있다. 이로써는 아무런 거리낌이 없는 일체무애인一切無碍人이나 대 자유인이 될 수 없다.

성숙한 인간은 상대방이 곤란에 처하여 돈을 빌려줄 때 자기가 감당할 수 있는 범위 내에서 대여할 뿐만 아니라, 상대방이 갚을 수가 없을 경우에는 무주상보시無住相布施라는 덕德을 베풀자 하는 여유도 가지고 있다. 그러나 덕이 없는 자는 자기의 권리를 관철시키기 위하여 여러 가지의 수단, 방법을 구사하는 데 주저하지 않는다. 따라서 하늘의 도는 덕이 없는 자라 할지라도 용서와 배려를 함으로써 상호 조화를 이룰 뿐만 아니라 누구에게 특별히 편애하여 친하려고 하지 않으며, 단지 항상 착한 사람과 더불어 동고동락同苦同樂을 하고자 한다.

: 여유 있는 경영

상대방으로부터 야기된 원한이 고민으로 이어질 때 화해할 수 있고 용서할 수 있는 마음씨를 간직할 수 있다면, 그 원한은 눈처럼 녹을 수 있다. 우리의 인생도 어느 한 가지의 성공을 위하여 질주하는 것도 좋지만, 그것이 삶의 질을 향상시킬 수 있는 방향으로 나아가고 있는지를 사고할 수 있는 여유도 가져봄직 하다. 여기서는 이렇게 열린 마음의 여유가 우리의 삶에 어떠한 영향을 미치고 있는지를 파악해 보고자 한다.

**실패와 어려움을 참을 수 있는 기다림의 여유가
보다 값진 성공을 이끌어 낸다.**

누에나방이 번데기에서 나방으로 변하는 데에는 바늘구멍만한 구멍을 뚫고 나와야만 한다. 그런데 인위적으로 그 구멍을 넓혀주어 나오도록 하였더니 그 나방은 얼마 되지 않아 죽어버리고 말았지만, 안간힘을 써서 그 작은 구멍을 빠져 나간 나방은 영롱한 빛깔의 날개를 퍼덕이면서 신나게 날아가는 것을 보게 되었다.

인간의 경우도 처절한 고통이 다가오더라도 자기가 스스로 일어설 줄 아는 성숙한 기다림의 여유가 있어야 하며, 쉽게 남에게 도움의 손길을 내밀지 말아야 한다.

에디슨은 전구를 발명할 때 1만 번이나 실패하였다. 그가 600만 번 실패하였을 때 조수가 더 실험을 하지 말 것을 권유하였다. 그러나 그는 포기하지 않고 실험을 계속하여 성공을 거두었다. 또한 제16대 미국의 대통령인 아브라함 링컨은 주의원, 연방의원, 상원의원, 부통령 선거에 실패하였으나, 실패할 때 마다 한 단계 높은 목표를 설정함으로써 결국 대통령이 되었다. 그는 하나의 실패를 앞으로 나아가게 하는 뒷받침으로 생각하였던 것이다.

남에 대한 배려있는 여유가 사람의 마음을 변화시킨다

장발장은 빵 한 조각을 훔치다 감옥살이를 하게 되었으며, 탈옥을 거듭하다가 실패하여 19년이라는 형을 살고 출옥 하였다. 그는 출옥 후 방황하다가 한 성당으로 들어가 신세를 지게 되었는데, 이곳에서 그는 신부로부터 따뜻한 음식을 제공받고 하룻밤을 묵었다. 그런데 장발장은 훔치는 버릇을 버리지 못해 성당의 은식기를 훔쳐 달아나다가 경찰에 붙잡혀 신부 앞에 끌려오게 되었다. 이에 신부는 그 은식기는 내가 준 것이라고 경찰에게 말하였다. 장발장은 신부가 보여준 여유 있는 배려에 감명을 받고 새로운 인생으로 다시 태어나게 되었다.

불행을 전화위복으로 넘길 수 있는 여유 있는 긍정적인 사고를 하라.

1914년 12월 경 뉴저지 주에 있는 에디슨의 연구실에서 불이 나서 하룻밤 사이에 60년 간 에디슨이 실험해온 연구재료, 연구시설, 연구결과가 재가 되어 버렸다. 이 현장에 달려간 에디슨은 허탈과 실망에 빠지기에 앞서 이제 처음부터 새롭게 다시 시작해야 되겠다고 나직이 말하였다. 셰익스피어는 비록 전 재산을 잃어버려도 감사하는 마음을 잃지 않는 사람은 하나도 잃지 않는 사람이라는 말을 남겼다.

말의 시비나 논쟁에 휘말리지 말고 상대방의 자존심을 상하지 않도록 하여 좋은 인간관계를 유지할 수 있는 자세를 가져라.

상대방이 말하는 내용이 자기의 의견에 다소간 차이가 난다거나 그 인용문구가 원전에 나오는 것과 다르다고 하더라도 여기에 초점을 맞추어 대화를 계속하게 되면, 논쟁이 말싸움으로 번지게 되어 상호간 인간관계에 틈이 생길 수 있다. 이 경우 당신은 아주 좋은 말씀을 하였습니다만 거기에 저의 의견을 좀 더 첨가 시키겠다고 말하게 되면 상대방의 체면을 유지 시켜줌과 동시에 화기애애한 대화가 전개될 수 있는 것이다.

마음이 여유 있는 큰 사람이 자기의 운명을 헤쳐 나갈 수 있는 거물이 될 수 있다.

김구선생은 부모에게 효도하기 위해서는 과거에 급제하여야 된다는 일념一念으로 여러 번 시험에 응시하였으나 그 때마다 낙방하고 말았다. 그래서 그의 아버지는 김구에게 관상쟁이나 되어보라고 권유하였다. 관상책을 공부하고 있던 중 자기의 관상을 거울에 비춰 보았더니 가난과 살인으로 감옥살이를 할 상이었다. 그런데 그는 관상책을 읽어가던 중 다음의 문구를 발견하게 되었다. "얼굴이 잘 생긴 관상은 몸이 튼튼한 신상만 못하고, 몸이 튼튼한 신상은 마음씨 좋은 심상만 못하다"라고 하는 것이다. 따라서 그는 이 나라를 위하여 충성하리라는 마음으로 줄기차게 노력한 결과 우리 민족의 위대한 지도자가 된 것이다.

이와 같이 우리의 운명이 관상에 있는 것으로 알고 집착하는 것보다 여기에서 벗어날 수 있는 여유 있는 큰마음으로 자기의 맡은 바 사명을 줄기차게 성취해 나아갈 때 관상에서 나타나는 운명을 돌파할 수 있는 것이다.

칭찬과 격려로 상대방을 인정함으로써 업무의 실적을 성공적으로 이끌어 나갈 수 있다.

찰스 슈와브라는 사람은 엔드류 카네기 강철회사에 말단 잡부로 취직한 후 연봉 1백만 달러를 받기에 이르렀다. 그는 경제 · 경영에 관한 전문가도 아니며, 강철에 대하여 남보다 출중하게 잘 알고 있는 것도 아니었다. 그런데 왜 그가 연봉 1백만 달러를 받을 수 있었는가. 그에게는 다른 사람이 열정을 가지고 일할 수 있도록 하는 탁월한 능력을 소유하고 있었던 것이다. 그는 모든 성공을 자기가 이룩한 것으로 독차지하고 실패를 남의 탓으로 전가시키는 것보다도 타인으로 하여금 그들의 잠재능력을 최고한도로 발휘시킬 수 있는 기본적인 자세로서 칭찬과 격려를 하는 여유를 보여주는 데 있었던 것이다.

사고방식의 문을 여유 있게 넓게 펼쳐 보아라.

어느 백화점에서 엘리베이터의 속도가 늦어 고객들의 불평이 높아지게 되었다. 그러나 이 엘리베이터를 새로 교체하기에는 그 비용이 엄청나게 소요된다는 것이다. 그런데 이 백화점에서 일하고 있는 청소부가 단돈 5만원만 주면 해결할 수 있다고 하니 지배인은 말도 되지 않는 소리라고 생각하였지만 속는 셈치고 그 돈을 주었다. 청소부는 이 5만원으로 거울을 구입하여 엘리베이터의 벽에 걸어놓았더니 엘리베이터를 탄 손님들이 거울을 보고 자기 옷차림, 얼굴모습 등을 가다듬기 시작하여 엘리베이터의 느린 속도를 별로 감지할 수 없게 되었다. 이로써 그렇게 말이 많던 엘리베이터의 느린 속도에 대한 손님들의 불평은 거의 사라지게 되었다.

인생의 속도를 줄이는 여유를 보이자.

아프리카의 한 사막에서는 양떼들이 몇 십 마리 혹은 수만 마리씩 떼 지어 이동하는 것을 볼 수 있다. 그런데 앞에서 달리는 양들은 풀을 먹을 수 있지만 뒤에 쳐진 양들은 앞의 양들이 풀을 다 먹어, 먹을거리가 없어지게 되는 현상이 나타났다. 그래서 서로 먼저 앞서기 위해서 양들은 전속력을 다 내어 달리기 시작하였다. 이는 풀을 먹기 위해 달리는 것보다도 속력을 내어 달리는 데 집중을 하게 되어 낭떠러지가 앞에 있다는 사실도 모르고 맹목적으로 달려 결국 양들은 떨어져 죽기가 일쑤였다.

우리도 성공만을 위하여 질주하다 보니 어떻게 사는 것이 값있는 인생인지도 생각할 여유조차도 가지지 못하는 경우가 많다. 성공의 뒷면에는 권태 및 피로, 건강의 해침, 허무가 남을 수도 있다.

단지 성공으로의 매진만이 인생의 목표가 된다 하더라도 하나의 성공만이 인생의 행복을 가져오지 않는다. 또한 성취된 성공을 잘 못 운영하게 되면 한 순간에 실패로 끝날 수도 있다. 그러므로 잠시 멈추어 우리가 잘 살고 있는지를 여유있게 사고할 수 있는 공간을 비워두어야 보다 참다운 인생을 재설계할 수 있을 것이다.

제80장

소국과민 小國寡民

작은 나라이고 백성이 적어도 된다

小國寡民 使有什佰之器而不用 使民重死而不遠徙 雖有舟輿 無所乘之 雖有甲兵 無所陳之 使人復結繩而用之 甘其食 美其服 安其居 樂其俗 隣國相望 鷄犬之聲相聞 民至老死不相往來

작은 나라이고 백성이 적어야 한다. 이용할 열사람, 백사람이 있더라도 쓸데없는 곳에 그 기량을 사용하지 아니한다. 사람들의 죽음을 중하게 여겨 멀리 떠나지 않게 한다. 비록 배와 수레가 있더라도 타지 않는다. 비록 갑옷과 무기가 있어도 내보일 필요가 없다. 백성들로 하여금 다시 새끼줄을 매듭지어서 셈을 하도록 한다. 자기 음식이 맛있고 자기나라의 옷이 아름답다. 자기 사는 곳이 편안하고 자기나라의 풍속을 즐긴다. 이웃나라가 서로 바라보이며 닭과 개의 소리가 서로 들리지만 사람들이 늙어 죽을 때까지 서로 왕래하지 않는다.

: 작은 나라이고 백성이 적어도 된다

작은 나라이고 백성이 적어도 진리와 도덕을 따르고 아름다움을 유지해 나갈 때 사람이 사람답게 살 수 있는 터전을 마련할 수 있다. 나라를 확장시키고자 하는 욕망이 가득 찰 때 수많은 백성들을 전쟁터에 몰아넣어 귀중한 생명을 허울 좋은 애국이라는 구호아래 잃게 한다. 이러한 쓸데없는 탐욕을 없애 버리면 전쟁물자와 백성을 운반할 배와 수레와 같은 운반수단을 만들거나 무기의 위력을 과시할 필요도 없다. 서로간의 대차관계의 약속을 새끼를 매어서 셈하고, 자기나라의 풍습에 맞는 의식주를 즐길 수 있게 되면 무위자연의 순리를 따를 수 있는 여유가 생기는 것이다. 이웃 나라가 닭과 개의 소리가 들릴 정도로 가까이 인접해있다 하더라도 억지로 자기나라를 큰 나라로 만들기 위해서 전쟁의 혼란으로 빠지게 하는 탐·진·치를 제거하여야 한다. 남의 나라를 침범하여 빼앗아보려고 힘쓰는 것보다도 자기에게 주어진 각 나라의 특성을 잘 살려 나아감으로써 나라는 저절로 살기 좋은 이상국가가 형성될 수 있는 것이다.

뇌파진동에 의한 특성 경영

각 나라가 자주적이고 독립적이 되기 위해서는 창조성과 차별성을 발휘할 수 있는 특성 경영이 요구된다. 각 나라가 창조적 특성을 지속적으로 형성시키기 위해서는 무엇보다도 그 나라의 국민이 에너지가 충만하여 활기찬 건강을 유지하여야 한다. 이를 위한 필수적으로 고려할 사실은 뇌파진동에 관한 연구 및 실천에 있다는 것이다. 원하는 인생을 창조하고 싶다면 뇌 속에 잠복되어 끊임없이 솟아나오는 감정을 털어내는 것이 우선이다. 뇌파진동을 통해 감정을 차단시키는 것은 뇌의 주인이 되기 위한 기본적인 과정이다.

아리스토텔레스에 의하면 사람을 성공시키는 것은 능력이지만, 성공을 지켜주는 것은 인격이라고 말하였다. 그러므로 성숙된 훌륭한 인격을 가지기 위해서는 우리의 뇌가 분노, 절망, 슬픔, 공포, 패배감 등과 같은 감정에 휩싸이거나 지배를 받게 하여서는 안 된다.

뇌의 구조는 뇌간, 대뇌변연계, 대뇌피질의 3층으로 구성되어 있다. 뇌간은 생명뇌라고 불리어지고 있는 것으로써 뇌의 가장 깊숙한 곳에 자리 잡고 있으며, 주로 이는 호흡과 순환, 소화, 생식 등 생존에 필수적인 기능인 면역력과 자연 치유력을 가지고 있다. 이는 우리의 의식 하에서 일어나는 제반 사항을 자동적이고 무의식적으로 축적시키는 역할을 한다.

대뇌변연계는 감정뇌로도 불리어 지고 있으며, 뇌간의 윗부분에 자리 잡고 있고 인간의 희로애락을 관리하는 기능을 수행한다. 대뇌피질은 생각뇌라고도 불리어지고 있는 것으로써 뇌의 가장 바깥쪽에 둘러싸고 있으며, 여기서는 언어를 기초로 하여 기억, 분석, 종합, 판단함으로써 창조적인 활동을 하게 된다. 요컨대 무의식의 뇌와 생각의 뇌가 감정의 뇌에 압도당하여 제 기능을 균형적이고 조화롭게 발휘하지 못하게 되면 우리의 삶의 질은 향상될 수 없는 것이다.

따라서 뇌파진동으로 뇌가 조화롭게 통합되어지면
① 건강 면에서 자연치유력이 극대화되고
② 뇌파가 순수뇌파로 바뀌어 나오게 되면 항상 즐거운 마음을

가지고 자기 자신이 자유자재롭고 깨끗해지는 상락아징常樂我澄이 되고 습관이 정화되며

③ 뇌와 깊이 교류하여 삶의 근원적인 깨달음을 얻게 된다.

뇌파진동 조정을 위한 수단과 방편은 다음과 같이 열거할 수 있다.

건강을 위한 활동의 원활화
① 하루에 30분 이상 두 팔을 힘차게 흔들면서 걷는다.
② 참선수행을 하면서 양손을 가슴 앞에 모으고, 손바닥 사이의 느낌을 집중시키며 뇌파진동, 뇌파진동을 부르고 손끝에 진동이 오지 않을 때는 의식적으로 손끝을 상하로 가볍게 흔든다. 그리고 어깨와 목에 힘을 빼고 고개를 좌우, 상하 무한대로 자유롭게 움직인다. 또한 눈을 감고 지구를 상상하고 두 손으로 지구를 감싸고 내 손안에 지구가 들어오게 하여 나의 에너지와 지구의 에너지가 하나가 되도록 한다.
③ 누워서 발꿈치를 붙이고 발끝을 부딪친다.
④ 자신이 좋아하는 음악을 틀어놓고 듣는다.
⑤ 흡연, 음주, 폭식을 삼간다.
⑥ 잠자리 들기 전 4시간 전부터 위장을 비워둔다.
⑦ 관절과 근육을 유연하게 하는 운동을 한다.
⑧ 좋아하는 취미생활을 꾸준히 한다.

타인과의 교류를 원활히 소통할 수 있는 활동

① 미소를 지으며 부드러운 말로써 대화한다.

② 남을 비판하기에 앞서 그 장점을 찾아내어 될 수 있는 한 칭찬하는 데 인색하지 않아야 한다.

③ 다른 사람을 이롭게 도우고자 하며, 사회에 봉사하는 일에 적극적으로 참여한다.

④ 다른 사람을 배려하고 용서하는 데 아낌이 없도록 한다.

긍정적인 정보의 입력과 자기가 원하는 성공모델, 성인들의 언행 등을 그려서 뇌에게 물어보는 태도와 자세

부정적인 정보	긍정적인 정보
① 네 탓이다	내 탓이다
② 미리 할 수 없는 것으로 단정 한다	계속 노력하면 이루어 질 수 있다
③ 자기를 억울하게 만드는 사람을 원수로 본다	그 사람을 자기를 강화·발전시키는 원동력으로 생각 한다
④ 자기를 내세우려고 한다	자기 자신의 적성, 장단점을 깊이 고려하여 언행을 하도록 한다
⑤ 자기가 처해있는 환경을 원망 한다	자기 환경을 항상 감사하는 마음을 가지고 나아가도록 한다
⑥ 남의 잘못만 집중하여 용서와 배려를 하지 않는다	용서를 하여야 할지가 오히려 용서를 받아야 한다고 생각 한다
⑦ 남으로부터 인정과 칭찬을 받으려고 한다	남에게 인정과 칭찬을 주려고 한다

뇌파 진동의 수단으로써 부정적인 정보를 차단하고 끊임없이 긍정적인 정보를 입력하게 되면 그 사람의 성숙도와 운명을 결정하게 된다. 현명한 사람은 좋은 정보와 나쁜 정보를 분류하여 선택하나, 어리석은 사람은 주어진 주위의 정보에 원칙도 없이 이끌려

가게 된다.

  또한 성숙된 인간이 되기 위해서는 자기가 그리는 모습을 뇌에게 반영함으로써 형성될 수 있다. 예를 들면 예수나 부처 등을 모델로 하여 뇌에 새겨서 응답을 구하며 습관화 하거나, 자기가 바라는 성취모델을 뇌에 입력하여 뇌파를 자기의 의지대로 조절함으로써 깨달음을 얻을 수 있다.

제81장

신언부미 信言不美

믿음직스러운 말은 아름답지 않다

信言不美 美言不信 善者不辯 辯者不善 知者不博 博者不知 聖人不積 旣以爲人 己愈有 旣以與人 己愈多 天之道 利而不害 聖人之道 爲而不爭

믿음직스러운 말은 아름답지 않으며 아름다운 말은 믿음직스럽지 못하다. 착한 자는 변명하지 않으며 변명하는 자는 착하지 못하다. 깨달은 자는 많이 아는 자가 아니고 많이 아는 자는 깨달은 자가 아니다. 성인은 쌓아놓지 않는다. 이미 있는 것은 남을 위해 사용하나 자기는 더욱 더 가지게 된다. 이미 가진 것은 남에게 주었으나 더욱 더 많이 가지게 된다. 하늘의 도는 남을 이롭게 하지 해를 주지 않는다. 성인의 도는 마을 돕게 할 뿐 싸움을 하지 않는다.

믿음직스러운 말은 아름답지 않다

진실된 말은 아름답게 꾸미려고 애쓰지 않는다. 듣기 좋고 아름다운 말은 순수성이 없으면 믿기가 어렵다. 또한 도^道에 통한 자는 변명하려고 하지 않는다. 자기를 변호하고 변명하려고 힘쓰는 자는 무엇인가 자기의 떳떳한 양심을 숨기고자 하는 의도가 내포되어 있기가 쉽다. 깨달은 자는 여러 학자들이 연구하고 있는 구체적인 각 분야의 학문을 망라하여 알고자 하지 않으며, 그 필요성도 절박한 것도 아니다.

　성인은 쌓아두지 않고 허공과 같이 비워 있다. 자기가 가지고 있는 물질적인 재산뿐만 아니라 정신적인 지리나 진실을 남을 위해 사용하면, 그 자신은 더욱 더 풍요로워지게 된다. 남을 위해 사용된 재물은 은덕의 힘으로 더 풍족하게 되돌아오게 되며, 가르침이 더 배움 있게 해 준다는 격언과 같이 가르치는 자신은 더욱더 진리와 진실에 성숙해 질 수 있는 것이다. 또한 성인은 자기가 갖고 있는 것을 남에게 주었을 때 새로운 에너지와 기※를 지닌 생명력을 갖추게 된다. 왜냐하면, 물이 고여 있는 저수지보다도 끊임없이 신선한 물이 흘러나가는 옹달샘이 되었을 때 그 생동력은 무궁무진한 것이 된다. 그래서 무위라는 도는 어떤 삿된 의도가 없이 남을 이롭게 하는데 있으며, 걸림이 없어서 할 수 없는 것이 없는 무불위無不爲를 수행할 수 있게 된다. 또한 성인의 도는 남을 위해서 기여하였다 하더라도 자기를 내세우지 않기 때문에 싸움이란 것은 일어날 수가 없다.

: 노자의 도덕경과 경영리더십

아리스토텔레스(B.C 384~322)에 의하면 신은 무엇인가?
　자기는 보이지 않고 행위를 하지 않지만 만물을 움직이도록 한다. 노자의 무위자연에서 무위는 더 말할 나위가 없는 것으로써 인위적인 삿된 행위 없이 저절로 나아가도록 하며, 따라서 자연은 신통

神通에 이르게 된다. 아무리 훌륭한 비행기를 만들더라도 독수리만큼 공중에서 자유자재로 방향을 바꾸거나 상하로 이동하고 한 장소에 머물 수 없다. 그리고 태양도 가만히 있어도 모든 만물에 빛을 비추어 생동하도록 하는 무위자연이다. 그러므로 자연도 신神과 같이 최고의 경지에 이르게 된다. 그런데 피터 드러커에 의하면 경영리더십은 경영자의 지위나 특권이 아니고 책임으로 보아야 한다는 견해를 밝히고 있다.

노자의 삼보三寶 사상은 제 67장에서 자慈, 검儉, 불감위천하선不敢爲天下先으로 거론하고 있다. 자는 구애됨이 없이 베푸는 것이고, 검은 절제하여야 한다는 것이며, 불감위천하선은 자기의 이익을 위해 세상에 함부로 나서기에 앞서 한 걸음 물러나서 경영조직과 조직구성원의 뒷바라지에 충실할 줄 알아야 한다는 것이다. 이는 기업경영이 가치 〉 가격 〉 원가의 구조 하에서 형성 되어야 한다는 의미이다.

기업경영에서 가격보다 높은 가치를 창출하기 위해서는 어떠한 곳에서 그 가치가 높게 이루어지고 있는가를 파악할 수 있는 선견지명先見之明이 있어야 한다.

빌 게이츠는 컴퓨터의 과학, 계산의 전용에서 기업사무용, 가정용으로 전환하여야 한다는 발상을 하였고, 소니 사장 모리타아키노는 벨 연구소로부터 $25,000를 주고 트랜지스터 라이센스를 구매하여 소형라디오의 세계시장을 석권하였다. 카네기는 미국의 남북전쟁 시 목조다리를 철근다리로 바꿈으로써 떼돈을 벌게 되었으며, 록펠러는 석유산업이 등유의 사용에 주된 용도에 그치고 있는 것을 산업계 전반에 에너지 공급원천이 될 수 있다는 사실에 착안하였다. 또한 삼성의 이병철 회장은 팔릴 수 있는 제품을 만들어야 한다는 일반적 마케팅 개념에서 없어서 못 파는 제품을 시장에 내어 놓아야 한다는 생각으로 전환시켰다. 없어서 못 파는 제품이 판매 된다면 소비자의 만족도는 적정 만족에서 매우 만족으로 한 단계 넘어서게 되나, 이 한 단계의 상승은 소비자의 제품 충성도에 엄청난 효과를 가져오게 된다는 사실을 인지하여야 한다. 물질적, 정신적 절약이 있음으로써 소비자가 지급하고자 하는 가격에 비하여 보다 높게 가치창조를 할 수 있는 여유가 생기게 된다.

나아감보다 물러섬에 우선하라는 것은 수비와 공격 준비가 완비되어 조직 자체가 자율적 통제시스템이 형성되었을 때 나아가라는 의미이고, 나아감과 들어감은 그 적시성이 중요하며, 될 수 있는 한 부득이한 경우에만 나아가도록 하여야 한다.

노자 제 78장에 의하면 함부로 나서게 되면 죽게 되며(용어감즉살勇於敢則殺), 제 73장에는 함부로 나서지 않으면 살게 된다고(용어불감즉살勇於不敢則殺) 주장하고 있다. 즉, 만반의 준비 없이 나서면 망치기 쉬우며, 최선의 공격은 최선의 수비에 근거를 두어야 한다는 것이다. 손자병법에서도 상대방보다 못하면 피하고(불약즉능피지不若則能避之), 5배이면 공격하며(오즉공지五則攻之), 10배이면 포위하라(십즉위지十則圍之)라고 하여 유리한 상황을 만들어 공격하고 포위하라고 주문하고 있다. 더 나아가서 노자 제 68장에서는 잘 이기는 자는 적과 겨누지 않으며(선승자불여善勝者不與), 이것이 서로 싸우지 않도록 하는 덕(시위부쟁지덕是謂不爭之德)이라고 강조하고 있다. 이는 서로 싸우게 되면 누가 이기든지 간에 양측에 인적·물적 손실이 반드시 발생한다는 것이다. 손자병법에서도 백전백승하는 것이 최상의 정책이 아니고(시고백전백승是故百戰百勝), 싸우지 않고 분쟁을 해결하고 이기는 것이 최선의 방침이라고(부전이굴인병不戰而屈人兵 선지선자야善之善者也) 역설하고 있다.

노자 제 20장에 의하면 여러 사람이 즐거워하는 것(중인희희衆人熙熙)은 잔치를 지내는 것과 같으며(여향태뢰如亨太牢), 마치 봄에 높은 대에 올라서 춤추는 듯이(여춘등대如春登臺) 즐겁게 일할 수 있는 조직 분위기가 되어야 한다는 것이다.

이는 즐거운 마음을 가지고 자기가 맡은 바 일을 재미있게^{fun} 수행 하여야 한다는 유희遊戱를 지칭하고 있다. 그리고 노자 제 66장에는 세상의 모든 사람들이 즐겁게 일을 할 수 있도록 추진시키는 데 싫증을 내지 않아함(시이천하낙추이불염是以天下樂推而不厭)을 제시하고 있다. 노자 16장에 의하면 완전히 비우게 되어(치허극致虛極) 참된 고요함을 지키게 되면(수정독守靜篤), 만물이 제대로 생성하도록 한다(만물병작萬物竝作)고 기술되어 있다. 이는 자기의 업무수행에 집중하는 삼매三昧(focus)에 빠져야 한다는 의미이다. 렌즈에 햇빛의 초점을 맞추었을 때 종이가 타게 된다는 것과 같은 원리가 된다. 그리고 노자 제 43장에 의하면 천하에 지극히 부드러운 것(천하지지유天下之至柔)이 천하에 지극힌 견고한 것을 이겨낸다(치빙천하지지견馳騁天下之至堅)라고 표현하고 있다. 이는 물 같이 부드러운 것이라 할 지라도 바위를 뚫고 쇠붙이를 분해시킬 수 있는 강력한 힘을 가지고 있으면서 유연성^{flexibility}도 유지하고 있다. 또한 외부고객이나 상대방에 대하여 부드러운 말로써 친절하고, 감사하는 마음을 가지게 되면 그 조직은 번창할 수 있으나, 조직구성원의 마음이 굳어지게 되면 기업경영자체가 관료주의에 빠져 몰락될 가능성이 증폭되어진다.

노자 제56장에 의하면 조직 내에 있어서는 날카로운 것을 무디게 하고 얽힌 것을 풀어줌으로써 상호간 대립을 없애고, 오만과 과시와 같은 빛냄을 삼가며, 부정이나 부패의 더러운 티끌을 물로 씻어 깨끗이 함으로써 조화를 이루어야 다함께 하나가 되어 결집하여 나아갈 수 있는 생기를 발산할 수 있다고 설명하고 있다(좌기열挫其銳 해기분解其忿 화기광和其光 동기진同其秦 시위현동是謂玄同).

노자 제39장에서도 상호조화에 의한 만물에 생기(열정 혹은 에너지)가 집중하지 않으면(만물무이생萬物無以生), 장차 아마 그 실체는 소멸하게 될 것이라고 강조하고 있다.

경영조직은 오케스트라와 같이 조화와 균형을 이루어야 그 소기의 성과를 얻을 수 있다. 그러기 위해서는 조직과 구성원의 질도 균형적으로 개발 형성시켜야 한다.

다음은 노자의 도덕경에서 경영조직을 이끌어 나가기 위하여 리더가 갖추어야 할 자세로서 겸손humility하여야 한다는 사실을 열거하고 있다.

노자 제5장에서 천지와 성인은 자기의 인仁을 내세우지 않는다(천지불인성인불인天地不仁 聖人不仁)라고 하며, 노자 제68장에서는 훌륭한 지도자는 자기의 실력을 과시하지 않을 뿐만 아니라(선위사자불무善爲士者不武) 잘 싸우는 자는 성내지 않는다(선전자불노善戰者不怒)라고 한다. 그리고 노자 제51장은 자기 자신이 주인이지만 자기가 장악하고 있다고(장이불재長而不宰) 주장하지 않는다는 것이다.

이는 황제경영은 금물이라는 것을 나타내고 있다. 노자 제 69장에 적을 가볍게 여기면 그 화가 막대하며, 내 보배는 거의 잃게 된다 고(화막대어경적禍莫大於輕敵, 경적기상오보輕敵幾喪吾寶)한다. 이는 현재 적은 약해 보이지만 필사적 노력에 의해 강한 노하우Know How를 가질 수 있다는 것을 의미한다. 요컨대 노자 제 66장에서 경영리더가 앞서서 이끌어 나가려면 뒤에서 반드시 후원하고 책임을 지는 자세가 되어 있다는 사실로써 조직구성원에게 신뢰성(욕선민필이신후지欲先民必以身後之)을 보여주어야 한다는 것이다. 이렇게 되면 성인 즉 경영리더가 위에 놓여 있더라도 조직구성원들은 중압감을 느끼지 않으며(시이성인처상이민불중是以聖人處上而民不重), 또한 앞서 있다고 하더라도 해롭다고 보지 않는다(처전이민불해處前而民不害).

이와 같이 경영리더와 조직구성원 간에 신뢰성이 쌓이게 되면 상호간 의사소통이 원활히 되어 진다. 의사소통에 있어서 매우 중요한 사항은 삼성의 이병철 회장이 역설하였듯이 상대방의 의견을 존경하여 듣는 자세가 되어야 한다는 것이다.

세계 제 2차 대전 시 롬멜장군은 히틀러에게 독일이 이 전쟁을 승리로 이끌기에는 역부족이므로 다른 방도를 찾아야한다고 권유하였으나, 히틀러는 그에게 그것은 "자네의 소관이 아니네"라고 단호히 거절하였을 뿐만 아니라 그를 자기의 암살미수사건에 연루시켜 자살하도록 하였다.

노자 제 64장에서는 다음과 같이 문제가 발생하였을 때 문제를 해결하려고 하지 말고 사전에 문제를 지워나감으로써 기업경영의 인적·물적 자원의 낭비를 감소시키고, 아울러 예방경영의 핵심이 되도록 하고 있다. 따라서 취약할 때 깨뜨리기 쉬우며(기약이파

其弱易破) 아직 보잘 것 없을 때 쉽게 흩어지게 할 수 있다(기미이산其微
易散). 또한 아직 생겨나기 전에 조치를 취하여야 하고(위지어미유爲
之於未有), 난리가 나기 전에 다스려야 한다는 것이다(치지어미난治之於
未亂).

노자 제 49장에 의하면 착한 자에 대하여 착하게 대할 뿐만 아니라(선자오선지善者吾善之), 착하지 못한 자에 대해서도 착하게 대하면 착함을 얻게 된다(불선자오역선지득선의不善者吾亦善之得善矣)라고 기술하고 있다.

이는 조직의 운영과정에서 뒤지는 구성원에 대해서도 자상하게 배려하여야 한다는 자세를 가짐으로써 그 사회적 책임을 중시하고 있으며, 낙오자도 사기양양을 시키고 어느 정도 재기할 수 있는 기회를 부여하여 능력 있는 새사람으로 만들면 더욱더 가치 있는 인재로 탈바꿈 시킬 수 있다는 것이다. 그리고 노자 제62장에서도 사람들이 지금 착하지 않다고 해서(인지불선人之不善) 어떻게 버릴 수 있느냐(하기지유何棄之有)라고 반문하고 있다. 이와 같이 노자의 인적자원 관리는 그 구성원을 보다 넓게 포용함으로써 사회적 책임을 강조할 뿐만 아니라 평생직장이나 직업의 개념을 심어주고 있는 것이라 할 수 있다. 노자 제 45장에서는 크게 성공하는 것은 모자람에서 비롯한다고(대성약결大成若缺) 표현하고 있다.

이는 어떤 목적을 성취하였다 하더라도 여기에 머물러 멈추게 되면 상황의 변화나 경쟁자의 출현 등에 의해 뒤처지게 될 가능성이 높다. 그러므로 보다 새로운 방향을 향해 끊임없이 개선과 변혁을 게을리 하지 않아야 한다는 것을 암시하고 있다.